这才是大唐史

回味中国历史
品味千年文化

张杰 编著

遍阅盛世王朝的恢弘壮丽
尽览大唐帝国的风云传奇

中国书籍出版社
China Book Press

本书编委会

张晓华　王佳琦　王佳骥　朱彩茹
张吉杰　张云秀　王建丽　张　欣

目 录

第一章 李氏建唐

1.李渊称帝 …………………… 2
2.玄武门兵变 ………………… 3
　（1）初露锋芒 ……………… 4
　（2）功高遭妒 ……………… 5
　（3）明争暗斗 ……………… 7
　（4）李渊食言 ……………… 9
　（5）太子得势 ……………… 11
　（6）激战玄武门 …………… 14
　（7）李世民主政 …………… 18
3.君臣论治道 ………………… 20
　（1）励精图治 ……………… 20
　（2）君心若镜 ……………… 23
4.太宗谕大臣直谏 …………… 25
　（1）太宗求谏 ……………… 25
　（2）大臣触龙鳞 …………… 27
5.知人善任 …………………… 29
　（1）选人重品德 …………… 29
　（2）尽知人心 ……………… 32
　（3）举贤无所忌讳 ………… 34
6.唐与吐蕃和亲 ……………… 36

第二章 武周皇朝

1.武则天争后 ………………… 40
　（1）安然渡劫难 …………… 40
　（2）谋夺后位 ……………… 42
　（3）高宗废后 ……………… 45
2.武则天参政 ………………… 47
　（1）打击政敌 ……………… 47
　（2）培植党羽 ……………… 49
　（3）长孙无忌之死 ………… 51
　（4）李忠被赐死 …………… 53
　（5）武氏屡参政 …………… 55
　（6）武氏称天后 …………… 57
3.贞观诤臣褚遂良 …………… 59
4.武则天杀废亲子 …………… 62
　（1）毒杀太子李弘 ………… 62
　（2）控制李贤 ……………… 65
　（3）废黜中宗 ……………… 66
5.徐敬业叛乱 ………………… 69
　（1）刘仁轨上疏 …………… 69

（2）徐敬业起兵 …………… 70
（3）裴炎遭诛 ……………… 71
（4）徐敬业败死 …………… 74
6.女皇建周 ………………… 77
（1）推行恐怖政策 ………… 77
（2）铲除政敌 ……………… 80
（3）排斥李唐宗室 ………… 83
（4）诛戮贤臣 ……………… 85
（5）重用武氏宗族 ………… 87
（6）"劝进"闹剧 …………… 90

7.女皇治术 ………………… 92
（1）请君入瓮 ……………… 92
（2）酷吏恣横 ……………… 94
（3）遏制滥刑 ……………… 97
（4）皇室遭难 ……………… 100
（5）李昭德获罪 …………… 102
（6）处死来俊臣 …………… 103
（7）武则天用人之术 ……… 105
（8）狄仁杰理政 …………… 108
8.黜周复唐 ………………… 109

第三章　开元盛世

1.铲除诸韦 ………………… 112
（1）李隆基兵变 …………… 112
（2）李旦登基 ……………… 115
2.诛灭太平 ………………… 117
（1）太平结党 ……………… 117
（2）睿宗禅位 ……………… 120
（3）玄宗诛太平 …………… 122
3.姚崇、宋璟相继为相 …… 124
（1）姚崇十事疏 …………… 124
（2）姚崇治蝗 ……………… 127
（3）"有脚阳春" …………… 128

4.张九龄罢相 ……………… 131
（1）一代诤臣 ……………… 131
（2）失去相位 ……………… 133
5.开元盛世出现 …………… 136
（1）知人善任 ……………… 136
（2）抑欲而昌 ……………… 139
（3）发展经济 ……………… 141
6.李白笑傲权贵 …………… 143
（1）年轻气盛 ……………… 143
（2）不恋荣名 ……………… 145
（3）放浪江湖 ……………… 147
（4）冠盖满京华 …………… 150

第四章　天宝危机

1.专宠杨贵妃 ……………… 154
（1）受封贵妃 ……………… 154

（2）三千宠爱于一身 ……… 155
（3）一人得道，鸡犬升天 … 157

2.李林甫倾陷异己 ………… **159**
  （1）李林甫拜相 ………… **159**
  （2）大兴冤狱 …………… **161**
  （3）流放韦坚 …………… **162**
  （4）杖杀杜有邻 ………… **164**
  （5）猜忌杨慎矜 ………… **166**
  （6）献媚玄宗 …………… **168**
3.高力士弄权 ……………… **170**
  （1）高、王之争 ………… **170**

（2）权倾朝野 …………… **171**
4.府兵制废止 ……………… **174**
5.杨国忠拜相 ……………… **177**
  （1）李林甫之帮凶 ……… **177**
  （2）整治王鉷 …………… **178**
  （3）倾轧李林甫 ………… **180**
  （4）铨选混乱 …………… **181**
  （5）祸国殃民 …………… **182**

第五章　安史之乱

1.安史乱起 ………………… **186**
  （1）兵败罢官 …………… **186**
  （2）邀功取宠 …………… **188**
  （3）荣宠一时 …………… **190**
  （4）寻机叛乱 …………… **192**
  （5）范阳起兵 …………… **196**
2.二卿讨叛 ………………… **198**
  （1）二卿起兵 …………… **198**
  （2）颜杲卿兵败而死 …… **201**
  （3）颜真卿拔魏郡 ……… **203**
3.潼关失守 ………………… **205**
  （1）安禄山攻陷东京 …… **205**
  （2）封、高退守潼关 …… **207**
  （3）哥舒翰统军 ………… **209**
  （4）潼关陷落 …………… **211**
4.马嵬驿兵变 ……………… **213**
  （1）玄宗奔蜀 …………… **214**
  （2）诸杨伏诛 …………… **216**
5.宦官李辅国掌权 ………… **219**
6.浴血睢阳 ………………… **221**
  （1）雍丘之捷 …………… **221**
  （2）张巡败尹子奇 ……… **224**

（3）张巡死守睢阳 ……… **226**
7.收复两京 ………………… **229**
  （1）留太子讨逆 ………… **229**
  （2）太子即位 …………… **231**
  （3）李泌辅肃宗 ………… **233**
  （4）收复两京失败 ……… **235**
  （5）安史内讧 …………… **238**
  （6）郭子仪平河东 ……… **240**
  （7）收复洛阳 …………… **241**
8.平息叛乱 ………………… **244**
  （1）史思明降而复叛 …… **244**
  （2）征讨安庆绪 ………… **246**
  （3）李光弼代郭子仪 …… **248**
  （4）李光弼连胜叛军 …… **251**
  （5）史朝义败死 ………… **253**
9.藩镇割据 ………………… **258**
  （1）魏博崛起 …………… **258**
  （2）藩镇勾心斗角 ……… **260**
10.德宗治政 ……………… **264**
  （1）德宗即位，整肃朝纲 … **264**
  （2）猜忌大臣，姑息藩镇 … **265**

第六章　元和中兴

1. 永贞改革 …………… 268
2. 宪宗平淮蔡 …………… 270
　（1）吴元济反 …………… 270
　（2）李愬雪夜袭蔡州 …………… 273
3. 韩愈谏迎佛骨 …………… 277
　（1）宪宗迎佛骨 …………… 277
　（2）韩愈冒死上疏 …………… 279
4. 杜甫忧国忧民 …………… 282
　（1）早年出游 …………… 282
　（2）困守长安 …………… 283
　（3）官场沉浮 …………… 285
　（4）客居蜀梓 …………… 287
　（5）晚年漂泊 …………… 289
5. 大书法家颜真卿 …………… 291

第七章　唐朝没落

1. 宦官开始废立皇帝 …………… 294
　（1）宪宗暴死 …………… 294
　（2）宦官无法无天 …………… 296
2. 甘露之变 …………… 298
　（1）贬宋申锡 …………… 298
　（2）夺王守澄权 …………… 300
　（3）李训拜相 …………… 302
　（4）仇士良大杀朝官 …………… 304
　（5）刘从谏责宦官 …………… 306
3. 唐与回鹘交好 …………… 308
　（1）唐初交好 …………… 308
　（2）助唐平叛 …………… 310
　（3）唐回和亲 …………… 315
　（4）助唐抗吐蕃 …………… 319
4. 武宗平泽潞 …………… 321
　（1）刘稹拒命 …………… 321
　（2）诸道合力讨刘稹 …………… 322
　（3）昭义事平 …………… 326
5. 王仙芝、黄巢起义 …………… 331
　（1）义军起事 …………… 331
　（2）王仙芝战死黄梅 …………… 334
　（3）转战南北 …………… 336
　（4）力克东都 …………… 339
　（5）勇破潼关 …………… 341
　（6）挺进长安 …………… 343
　（7）大败官军 …………… 345
　（8）血洗长安 …………… 348
　（9）朱温降唐 …………… 351
　（10）撤离关中 …………… 353
6. 王朝末日 …………… 356
　（1）昭宗之死 …………… 356
　（2）朱全忠毒杀哀帝，唐朝灭亡 …………… 358

第一章

李氏建唐

武德元年（公元618年）五月，李渊在长安称帝，建国号唐。李渊称帝后，在两个儿子的帮助下完成了统一大业。唐太宗李世民，唐朝的第二位君王。即位后，他经常与群臣讨论时政得失，强烈要求大臣直谏，大臣们也的确敢于直言进谏，这为清明的政治打下了基础。太宗也特别注意重用贤臣，李靖、房玄龄、杜如晦、魏征等都是名垂千古的贤臣。

1. 李渊称帝

武德元年（公元618年），李渊称皇帝，建元武德，是为唐高祖。

四月，江都兵变，长安得到隋炀帝杨广被杀的消息，李渊在大兴后殿举哀，尽臣子之礼。五月十四，隋恭帝被迫退位，逊居代王府。二十日，李渊在大兴殿即皇帝位，更殿名为太极殿。大赦天下，改元武德，国号唐，以隋旧都长安为都城，以土运为德，崇尚黄色。六月初一，任命次子李世民为尚书令，以侄李瑗为刑部侍郎，原相府官员裴寂为右仆射、知政事，窦威为内史令，刘文静为纳官，李纲为礼部尚书，赵景慈为兵部侍郎，殷开山为吏部侍郎，韦义节为礼部侍郎，裴晞为尚书右丞，以原隋礼部尚书窦琎为户部尚书，民部尚书萧瑀为内史令，屈突通为兵部尚书。裴寂在李渊的群臣中最受宠幸，上朝时必与其同坐，退朝则引入卧室，言听计从。日常政务委于萧瑀，他也竭尽全力为李渊效力。李渊在上朝的时候，都自称名字，请大臣们与他同坐。刘文静劝谏说："过去王志说过这样的话，'假如太阳俯身与万物等同，那么它又怎么能照耀一切生物呢'？如今您的做法使贵贱的位置相互颠倒，这不是国家长久之道。"高祖回答："过去汉光武帝刘秀与严子陵一起睡觉，严子陵把脚伸到他的肚子上。现在为我效力的各位大臣都曾经是拥有崇高地位的同僚、平生的亲友，怎能忘怀过去的情谊。您不必再为此事担心了！"

初六，唐高祖祭祀四亲庙主。追尊皇高祖瀛州府君为宣简公；皇曾祖司空为懿王；皇祖景王为景皇帝，祖母为景烈皇后；皇父元王为皇帝，母亲独孤氏为元贞皇后；追谥皇妃窦氏为穆皇后。每年祭祀皇地祇、昊天上帝、神州地祇，以景帝配享，祭感明堂、生帝，以元帝配享。初七，李渊立长子李建成为皇太子，次子李世民为秦王，三子李元吉为齐王，宗室李白驹为平原王，柱国李道玄为淮阳王，蜀公李孝基为永安王，长平公李叔良为长平王，安吉公李神符为襄邑王，郑公李神通为永康王，柱国李德良为新兴王，上柱国李奉慈为勃海王，上柱国李博义为陇西王。

李渊以韬光养晦存身之计，在炀帝百般猜忌、大杀李姓时保存了自己的实力。任太原留守时暗中聚积力量，窥伺起兵良机，可谓老谋深算。大业十三年（公元617年）春夏间，隋王朝已接近分崩离析，他看准时机，杀高君雅、王威，从太原起兵。南下途中，废除隋朝的苛捐杂税，军纪严明，注意笼络人心，受到各阶层人士的拥戴。论功行赏，不问出身，士卒的斗志得到了鼓舞；一部分军队围河东，主力军则抢先入关中，最后合击长安，这样的军事策略使李渊取得了最后的成功。至于举起拥戴杨侑这样的旗号，可以拉拢隋官僚势力；虽然暂时臣服于突厥，但是减少了后顾之忧，手段也算高明。总之，他是推翻隋朝、建立唐朝的总指挥。王夫之评论说："人谓唐之有天下也，秦王之勇略志大而功成，不知高祖慎重之心，持之固，养之深，为能顺天之理，契人之情，……非秦王之所可及也。"由此，李渊以关中为基地，在儿子李建成、李世民、李元吉的帮助下终于统一了全国。

2. 玄武门兵变

武德九年（公元626年）六月，秦王李世民与太子李建成、齐王李元吉为争夺皇位继承权，互相勾心斗角。后李世民等在玄武门诛杀太子李建成、齐王李元吉及其诸子，是为玄武门兵变。

（1）初露锋芒

李渊建唐时，按继承皇位的传统立嫡长子李建成为太子，封李世民为秦王、李元吉为齐王。随着削平割据势力的战争不断告捷，太子李建成与秦王李世民之间的明争暗斗逐渐显露出来。

李世民是唐高祖李渊的次子，生于隋开皇十八年（公元598年）十二月二十二日。李世民生长在军事贵族家庭，从小就娴习武功，骑马射箭及诸武艺无所不能。他所用的箭比通常的箭要大一倍，能够在百步之外射穿门板。他也喜爱读书，写得一手好字。此外，他为人豪爽有见识，临危不乱，不拘小节，进取向上。

李世民生母是隋神武公窦毅的女儿，"文有雅体。又善书法，与高祖书相杂，人不辨也"。隋炀帝大业九年（公元613年），他的母亲仅四十五岁便去世了。李世民孩提时多受母亲教诲，也最受母亲喜爱。高祖称帝后，李世民每侍宴宫中，怀念母后之情常常溢于言表。

"世民"一名也有来历。四岁那年，在岐州有个书生自称善相面，说此子"不到二十岁便能济世安民"，李渊便"采'济世安民'之义以为名"。

李世民娶长孙氏为妻。长孙氏父病故后，长孙氏与兄长长孙无忌由舅父高士廉收养。高姓是渤海大族，从魏至隋俱为显官。高士廉颇涉文史，才望素高。长孙氏年少喜爱读书，做事通情达理，与李世民尚武喜好迥然相异。长孙氏与李世民的婚姻关系，又将渤海士族高姓牵连进来。

李世民初露锋芒是在十六岁那年，即隋炀帝大业十一年（公元615年）四月，李渊携家至河东赴任。八月，炀帝北巡，突厥始毕可汗围炀帝于雁门郡。李世民应募入伍勤王，是屯卫将军云定兴的手下。他使用疑兵之计迷惑始毕，东都及诸郡救援赶到，突厥之围即解。

大业十二年（公元616年），农民军甄翟儿与李渊在雀鼠谷作战，李世民率领骑兵冲破义军的包围，从而取得了胜利。这一仗使李世民善于领兵冲锋陷阵的才能得到充分体现。大业十三年（公元617年），在李渊由晋阳进军关中的过程中，李世民一直发挥着重要的作用。唐军占领长安，李渊以丞相辅政，李世民为京兆尹，受封秦国公一等爵。武德元年（公元618年），高祖建唐，李世民为尚书令、右翊卫大将军，晋封秦王。以击溃陇右的薛举集团的业绩又被封为右武侯大将军、太尉、使持节陕东道大行台尚书令。

（2）功高遭妒

从武德二年（公元619年）开始，李建成就嫉妒世民战绩卓著，加上他又渐渐宠幸小人，所以，礼部尚书领太子詹事李纲多次进谏，但李建成均不采纳。九月，李纲向李渊提出辞官，李渊予以挽留并提高李纲官衔，李纲再次上书谏太子，李建成依然拒而不听，仍然为所欲为。这是兄弟间争夺帝位继承权的先声。

武德三年（公元620年），刘武周被李世民平定；次年，李世民又消灭了窦建德、王世充两大势力，取得了决定性胜利。他谋取帝位继承权的欲望随着战功增高而滋长。还在讨伐王世充时，李世民就曾和房玄龄微服拜访一位著名道士王远知。王远知迎接两人时惊道："这位贤士，莫非是秦王吗？"李世民据实相告。王远知说："你将来要作太平天子，你要保重自己啊！"他听后一直牢记在心中。

李世民在率兵征战中，注意招贤纳士，将骁勇善战的李世勣、秦叔宝、尉迟敬德、程咬金、张公谨、段志玄、侯君集等都招在自己的帐下。武德四年（公元621年）七月，李世民灭掉郑、夏政权凯旋。十月，李渊因为前代官称都不足表彰李世民的伟大功绩，特创"天策上将"徽号，以李世民就任。并设"天策府"，置官员。设长史、司马各一人，从事中郎二人，军谘祭酒二人，主簿二人，典签四人，录事二人，记室参军事二人，功、兵、仓、铠、骑、士六曹参军事各二人，参军事六人。此外，李世民还兼任司徒、陕东道大行台尚书令，管辖潼关以东地区。

李世民又以天下太平为由，设立"文学馆"，延请各方文学名士。一时，麾下人才济济。有秦王府属杜如晦，记室房玄龄、虞世南，文学姚思廉、褚亮，主簿李玄道，参军蔡允恭、颜相时、薛元敬，谘议典签苏勖，天策府从事中郎于志宁，军谘祭酒苏世长，仓曹李守素，记室薛收，国子助教孔颖达、陆德明、盖文达，宋州总管府户曹许敬宗，他们都以本官兼文学馆学士。李世民叫褚亮为他们写赞词，阎立本为这些人画像，号称十八学士。当时士大夫们都以能选入文学馆为崇高荣誉，把文学馆吹嘘为东海三仙山的瀛洲，把入选文学馆称为"登瀛洲"。李世民把这些名士分为三组，每日轮流值班，恩礼优厚。他每日上朝后就到馆中，和众学士讨论文籍，谈论古今。文学馆实际是李世民政治上的顾问决策机构。这些僚佐们还煞费苦心地为他招贤纳士。洛阳被攻下时，曾依附王世充的杜淹投唐，他原想依附太子李建成。房玄龄知杜淹多权术，恐他为建成所用对秦王不利，于是禀告李世民，抢先引入天策府为官。李世民还在大臣中取得了萧瑀、陈叔达的鼎力相助。

对李世民有敌视之意的李建成也早已做着准备，他首先凭借在朝辅政的条件以及自己太子的特殊位置培植自己的势力。武德四年（公元621年），窦建德被擒后，魏征和裴矩入关降唐。魏征一到，他就恭敬拜访，引任太子洗马，将魏征收入帐下。裴矩也被重用为太子左庶子，不久又荣升太子詹事。太子中允王珪颇受建成礼遇，一直忠心不二，助他巩固太子地位。在大臣中，李建成争取了宰相裴寂、封德彝的支持。东宫太子集团从而形成。

齐王李元吉成为建成的得力助手之一，他是经过一番权衡才和长兄结成联盟的。李元吉作战英勇，屡次打得胜仗，在随李世民平定东都王世充讨伐刘黑闼时屡立战功。但是，他骄逸放纵，性好畋猎，自言："我宁愿三天不进食，也不能一天不打猎。"他狩猎时，随意践踏田野庄稼，放纵部下杀掠百姓牲畜；甚至在街上乱放箭，看行人们慌恐地躲避箭枝而放声大笑。加上他还有刘武周攻太原时弃城逃跑的不光彩历史，因此名声扫地。在东宫和秦王府剑拔弩张的斗争中，李元吉不能不考虑自己的地位和前途。长兄李建成喜欢酒色游猎，和李元吉性格相似；建成早被立为太子，太子继位又是名正言顺的事情；秦府手下虽然有很多精兵强将，但东宫和齐王府联合起来兵力也占优势；李世民战功显赫，胆略超群，而且执法很严，如果继承帝位，自己很难以自己意志行事，在李建成下面当齐王则要悠闲自在得多；特别是他也想争帝位，认为只要除掉秦王，取东宫则易如反掌。

（3）明争暗斗

　　东宫、秦府集团在后宫争取支持者的斗争也愈演愈烈。高祖晚年宠幸很多妃嫔，有近二十位小王子，妃嫔们为巩固自己的地位争相结交东宫太子李建成。李建成和李元吉都曲意侍奉各位妃嫔，贿赂、奉承献媚、馈赠，无所不用，以此得到皇上的宠爱。也有人说他们与尹德妃、张婕妤私通，宫禁幽深神秘，无法找到确凿的证据。当时，太子东宫、各王公和后宫妃嫔的亲属，在长安鱼肉百姓，为非作歹，主管部门却视而不见。李世民住在承乾殿，武德殿后院住的是李元吉，他们的住处与皇帝寝宫、太子东宫之间不再有所限制。太子李建成和秦、齐二王在皇帝寝宫出入时都身负兵器，他们之间相遇只按家人行礼。太子的令，秦、齐二王的教与皇帝的诏敕并行，有关部门不知如何对待，只好以收知令、教的先后为准。唯有李世民不去讨好诸位妃嫔，诸妃嫔争相吹嘘李建成、李元吉而诋毁李世民，挑拨李渊和世民父子之间的关系。

　　武德五年（公元622年）十一月的事件又加深了李世民同李渊妃嫔的矛盾。那是在李世民平定洛阳后，李渊派贵妃数人到洛阳挑选隋朝的奴婢和府库珍宝。贵妃们私下向李世民要宝物并为亲属求官。李世民说："珍宝已登记入册上奏朝廷，官职赏有功的人或授贤德之人。"这些遭拒绝的妃嫔们更加不满。另外，李世民因淮安王李神通在平洛阳时有战功赐良田数十顷。张婕妤的父亲也要这块地，李渊当时不知这块地已被李世民赐给了神通，于是要赐予张婕妤的父亲。李神通说这地秦王已先赐给了自己，坚决不给张婕妤父亲。婕妤向李渊诬告说："陛下手敕赐给我父的土地，反而被秦王夺去给了李神通。"李渊闻后勃然大怒，训斥李世民道："难道我的手敕还不如你的令作用大吗？"随后对左仆射裴寂说："世民长期在外，被手下的一群人宠坏了，已不是过去听话的世民了。"

不久又出了一件事。尹德妃的父亲尹阿鼠飞扬跋扈，秦王府的官员杜如晦经过他门前时，被尹阿鼠的几名家童拽下马揍了一顿并打断了他的一根手指。尹阿鼠恶狠狠地说："你是个什么东西，敢骑马在我门前行走。"尹阿鼠担心李世民告诉皇上，先让尹德妃对皇上说："秦王的亲信仗势欺压我家人。"高祖又生气地责备李世民说："我妃嫔的家人都受到你身边人的欺凌，老百姓更不用说了。"李世民极力为自己辩解，但自始至终李渊都不听他的。

李世民每次在宫中侍奉高祖饮酒，面对诸位妃嫔，想起死得早的太穆皇后有时不免暗自流泪，高祖见后大为不满。各位妃嫔于是暗中一同诋毁李世民说："天下一片太平，而陛下年寿已高，正需要娱乐调养，而秦王总是暗自流泪。这实际是对我们的忌恨，陛下百年之后，我们一定不为秦王所留，都会被杀掉！"说罢相互悲啼。又哭诉道："皇太子仁孝慈爱，陛下要把我们母子托付给他，才能保我们安全。"宠妃们的娇啼悲诉，使李渊黯然神伤。此后，待世民渐渐疏远，而渐渐亲近了李建成、李元吉。李世民也深知父亲的妃嫔是一股庞大的力量，也使尽手段对她们进行收买，以求得李渊和一些妃嫔的同情和谅解。

为使李建成在和李世民的角斗中充实党羽增加政治资本，太子洗马魏征、太子中允王珪劝他主动请求征讨再起河北的刘黑闼。他们说："秦王功盖天下，天下百姓都拥护他；而殿下不过是因为年长才被立为太子，没有卓越战功能够镇服天下。现在刘黑闼的兵力溃散鼠窜之后，不到一万人，又面临着资源缺乏，如果用大军进逼，势如破竹，殿下应当亲自去攻打以建立军功声望，乘机结交山东的豪杰。这可能会提高自己的威望。"于是太子向高祖请求带兵出征。高祖准奏，命太子统兵东讨，山东道行军元帅、陕东道大行台、河南河北诸州并受太子节制，并得以全权处理军政要务。一道东征的还有齐王李元吉，大约在此时他被太子拉拢。

这是李建成在统一全国战争中所建的唯一战功。他还借机外结了镇守幽州的燕王罗艺。后来，庐江王李瑗调任幽州大都督，也被建成所收买。建成在河北地区发展了自己的势力。

（4）李渊食言

武德六年（公元623年），双方斗争愈演愈烈。李世民后来回忆说："当时，我不为兄弟所容，虽然功勋卓越，但没有犒赏。"次年三月，辅公祏反唐失败，江南趋于安定，战乱较少。随着统一战争的完成，争夺皇位继承权的倾轧已公开。李元吉曾劝建成除掉李世民，并夸下海口要亲手为建成除去李世民。六月，李世民随李渊到齐王府第，李元吉竟将护军宇文宝埋伏在寝室内，要行刺李世民。这时李建成还不忍手足相残，由于他的制止，暗杀才没进行。李元吉对李建成说："我是为了你，对自己并没有什么好处！"随后，他又多次说以利害，终于使李建成点头。

李建成在全国招募了两千多名武士充当东宫卫士，让他们分别在东宫左右长林门驻扎下来。还在背后指使右虞候可达志从燕王罗艺那里调集来幽州骁勇精锐的骑兵三百人，将他们在东宫东面的各个坊市中安插下来，打算用他们补充在东宫担任警卫的低级军官，后因人告发而事败。于是，高祖把李建成叫去加以责备，并将可达志流放到巂州。

李建成一计不成，又生一计。曾宿卫东宫的庆州都督杨文干和太子关系亲密，建成便暗中指使他私自在庆州（今甘肃庆阳）招募士兵进入长安。这时，李渊将要到宜君县新落成的仁智宫休养，让李建成留守长安，让李世民、李元吉前往。李建成认为良机已到，对李元吉说："生死存亡，就在此一举了。"他叫李元吉寻机暗杀世民，又派校尉桥公山、郎将尔朱焕到庆州送给杨文干铠甲，令他速速举兵和自己内外相应，力图政变篡位。尔朱焕、桥公山走到豳州觉得此事不可轻于尝试，因恐怕获罪而驰往仁智宫告密。又有宁州人杜凤举也到行宫揭发此事。李渊知道平素东宫、秦府有隔阂，但万没想到形势发展如此迅速而险恶，非常生气，假托他事，亲笔写诏令建成速来仁智宫。

李建成见诏后心里非常害怕，不敢前去。太子舍人徐师暮劝他发兵起事，占据京城，以成其蓄谋已久的霸业；詹事主簿赵弘智劝他免去太子的礼制，摒除随从人员，去高祖面前承认罪责。于是，李建成决定前往仁智宫。还未到达，李建成便将所属官员，全留在北魏的毛鸿宾遗留下来的堡栅里，带领十余人骑马前去觐见皇帝，向皇帝承认罪责，猛力地伏地叩头，弄得几乎晕死过去。但是，高祖仍然怒气未消。这天夜里，高祖将他放在帐篷里，只给他麦饭吃，让殿中监陈福看守着他，司农卿宇文颖被派去传召杨文干。宇文颖急速来到庆州，将情况告诉了杨文干。当即，杨文干起兵反唐。高祖派遣左武卫将军钱九陇和灵州都督杨师道平息叛乱。

　　事态发展很快，二十六日，李渊召李世民商量对策。李世民说："杨文干造反，不用费太大力气，州府官员便可将他平息，若不行，也只需一名将领就足以擒获反贼。"李渊说："事情并不如你所想，文干的事牵连建成，恐怕会有不少人响应。你还是亲赴战场，事成之后，太子位我会让你坐。但我不能仿效隋文帝，要封建成为蜀王，蜀地兵弱，如果他日建成顺从，你要保全他的性命；反之，你除掉他也很容易。"这是李渊第一次正式答应立李世民为太子。

　　建造在山中的仁智宫，地形不太有利，高祖担忧盗兵突然发难，连夜出山。走了数十里地的时候，太子东宫所属的一些官员也相继赶来，高祖让大家以三十人为一队，派军队分别包围、看守着他们。第二天，高祖才又返回仁智宫。

　　李世民奉命后欣然前往，李元吉和倾向太子的妃嫔们则整日整夜地向李渊为建成求情。

　　封德彝本是降唐的隋朝旧臣，为人智略过人但却有阴险狡猾的一面。武德三年（公元620年）任中书令，执掌机要大权，曾多次随李世民征讨，李世民对他恩宠有加。在太子和秦王的倾轧中，他不时献策李世民，李世民以为忠于自己，前后赏赐以万计。但他也受到太子的重金收买。他表面脚踏两只船，骨子里实际倾向李建成。此时，封德彝在外暗中配合李元吉和妃嫔们活动。当李渊征求废立太子的意见时，他认为坚决不可。在内外两股势力的夹攻下，于是，高祖改变了原来的主意，又让李建成回去驻守京城。李渊只是轻描淡写地责备他兄弟不和，而归责任于太子中允王珪、天策兵曹参军杜淹以及左卫率韦挺三人身上。事后三人被流放到嶲州。

七月，宁州（今甘肃宁县）被杨文干攻陷。但李世民大军一到，其党羽便四处溃逃。五日，杨文干被部下所杀，宇文颖也被擒斩首。可是另立李世民为太子之事，李渊已不再提及。

一波未平，一波又起。初十，原州受突厥侵犯，高祖派遣宁州刺史鹿大师前去援救，杨师道被派去奔赴大木根山。十二日，突厥侵犯陇州，护军尉迟敬德前去迎击突厥。突厥十五日攻阴盘，二十一日攻并州，关中安全频频受到危胁。二十六日李渊忙回长安商议对策。有人劝李渊说："因为子女金帛都在长安，所以突厥才接连攻扰关中。若烧毁长安迁都远处，突厥之患自然就烟消云散。"李渊同意这一看法，中书侍郎宇文士及被派出逾南山至樊、邓等地寻找新都地点。李建成、李元吉、裴寂顺旨赞同，虽知不可，但萧瑀等人也不敢谏阻。

这时，秦王李世民劝谏说："戎狄造成的祸事，从古时起就经常发生。陛下凭着自己的圣明英武，开创大唐王朝，统辖着中国的领土，拥兵百万，所向无敌，怎么能够因有胡人搅扰边境，就想迁都躲避呢？这会在全国上下留下羞辱，使后世讥笑陛下。那霍去病不过是汉朝的一员将领，尚且决心消灭匈奴，何况您还封我为王呢！希望皇上给我几年时间，请让我把绳索套在颉利的脖子上，把他制服。假如不能获得成功，再迁徙都城，也为时不晚。"高祖说："好。"于是，高祖不再迁徙都城。李建成与妃嫔因而向高祖共同诬陷李世民说："虽然多次遭到突厥的进攻，但并无大碍，并且他们只要得到财物就会撤军。秦王表面上假托抵御突厥的名义，实际上是通过此事独掌军权，成就他篡夺帝位的阴谋罢了！"

（5）太子得势

李建成和李元吉加紧谋害李世民的活动。一次，李渊到城南打猎，李建成、李世民、李元吉随从。李渊令他们比赛射骑，李建成有匹胡马，体肥壮、性暴烈而喜蹶，他把这匹马牵给李世民说："此乃良马，能腾跃几丈。你技艺高超，骑骑看。"李世民明知太子心怀鬼胎，但身经百战的他，有何惧怕？闻听此言，一跃上马追逐野鹿。果然在奔驰中马突然扑地而卧；但在马扑地之前，李世民已腾身离鞍，跃立于数步之外；马刚站起，他又翻身而上。一连三次，没伤他一根毫毛。李世民对宇文士及说："想用这种手段害死我，可死生有命，暗算岂能左右。"李建成知后，心中暗恨，唆使妃嫔们向李渊诋毁道："秦王自称有天命，要称天下之主。"李渊听罢大怒，先召李建成、李元吉询问，然后召来李世民大肆训斥道："天子自有天命，靠智力强求是无力回天的，你谋取帝位的心也太急了吧！"李世民大惊，免冠叩头，连称冤枉，请求将这事交司法衙门审问清楚。李渊怒气冲冲，正巧此时突厥入侵，才改容安慰李世民，叫他冠带整齐，共商对策。闰七月二十五日，诏令李世民、李元吉率兵出幽州抵御突厥。此后，每有寇盗，就令李世民征讨；国家安定之后，对李世民的猜忌却总是更加严重了。

武德九年（公元626年）六月，李世民深知和东宫集团的斗争已到你死我活的地步。洛阳是形胜之地，必须牢固占有作为自己根基，以防政变时的不测事件。所以就让行台工部尚书温大雅镇守洛阳，派秦王手下车骑将军荥阳人张亮率五保等亲信一千多人前往洛阳，暗中结交山东的豪杰，等待时势的变化，拿出大量的金银布帛，任凭他们使用。李元吉告发张亮，张亮被交付法官考察验证。但是张亮始终不发一言，朝廷无奈便释放了他，让他返回了洛阳。

李建成召李世民夜宴，在酒里下了毒。李世民不知，饮酒中毒，吐血数升。李渊得信前来探望，试图采取平衡的办法使三子不至骨肉相残。于是写敕给李建成说："秦王素来不善于饮酒，以后不准与他饮酒。"高祖因此对李世民说："首先提出反隋策略，消灭国内的敌人，都是你的功劳。我准备将你立为继承人，你却不愿接受。李建成年纪最大，作为继承人，为时已久，我也不能将他废除。我看你们兄弟似乎难以相容，同处京城，必定要发生纷争，我决定派你返回行台，让你留居洛阳，陕州以东都由你主持。我还要让你设置天子的旌旗，仿效汉梁孝王。"李世民哭泣着，不愿意远离高祖，表示推辞。高祖说："天下一家。东都和西都两

第一章 李氏建唐

地,不算太远,只要我想念你,就可动身前去,你不用烦恼悲伤。"

李世民刚要走,李建成、李元吉商议道:"秦王如到洛阳,有了土地军队,想控制就困难了。留他在长安,除掉很容易。"就密令数人上奏,说:"秦王的谋臣都是山东人,让他们去洛阳他们肯定如鱼得水不愿再回来了。"又托近幸大臣从中劝阻。结果李渊又改变了主意,此事不再提及。

争夺皇位继承权使兄弟三人走到不共戴天的地步,宰相陈叔达为防止高祖贬黜李世民,力谏道:"秦王对建立大唐天下有赫赫战功,不可贬黜。而且他的性格刚烈,若加压抑,恐怕他身体难以承受,一旦得了不治之疾,皇上悔之晚矣。"李渊觉得有理,打消原来的念头。李元吉还上奏请杀秦王,李渊问:"他有平定天下战功,没有什么谋反罪证,以什么理由杀他?"李元吉道:"他初平定东都时,观望不回。散钱帛网罗私人势力,这不是谋反吗!当你想要他死,理由是很轻易就可以找到的。"李渊难以勾销父子之情,没有答应。

李渊倾向东宫,形势对李世民愈来愈不利。秦王府所属的官员都忧心忡忡,不知如何是好。行台考功郎中房玄龄对长孙无忌说:"事已至此,一旦发生祸患岂只是秦王府!实际上国家的存亡都成问题。应采取周公平定管叔与蔡叔的行动,以安定国家宗室。存亡的枢机,就在今天!"长孙无忌说:"我有这一想法已经很久了,可一直没胆量说出来。你说的这一番话,正好符合我的心愿。我定会禀报秦王。"于是,长孙无忌进去告诉了李世民。李世民传召房玄龄计议此事,房玄龄说:"大王神功盖世,应为天子。如今大王心怀忧虑戒惧,但不知现在正是天助您时。请您不要再举棋不定了!"于是,房玄龄与秦王府属杜如晦共同劝说李世民诛杀太子、齐王。但世民一时还下不了决心。

东宫集团也在紧张策划着。秦王府拥有许多勇猛的将领,李建成与李元吉准备诱为己用,便暗中赠送金银器物给左二副护军尉迟敬德,并且写书信招引他说:"希望您能够屈驾眷顾,以便加深我们的交情。"尉迟敬德推辞说:"我本来只是一介小民,遭遇了隋末的战乱,长期沦落在抗拒朝廷的逆境,罪大恶极,死有余辜。秦王赐我再生的恩泽,今为秦王府官,只能尽忠秦王,不敢对秦王怀有二心。如只因贪图财利而忘掉忠义,殿下要我这种人又有何用处呢！"李建成大怒，断绝同他的往来。尉迟敬德把此事告诉了李世民。不久，李元吉指使勇士想夜间杀死尉迟敬德，尉迟敬德得知以后，将所有的门户都层层打开，自己却泰然地躺在床上，刺客到他的院子多次，而最终还是未敢进屋动手刺杀。谋刺一招不行，李元吉又诬告敬德谋反。李渊令逮捕审讯，竟定成死罪，幸亏李世民据理力争，才使他逃过此劫。接着，李建成、李元吉又想收买秦王府右二护军段志玄，段志玄也不为之动心，暗将此事禀告了李世民。因此尽管太子集团不断对李世民手下重臣进行收买，却结果很难成功。

李建成为了瓦解秦王集团，剪除李世民的羽翼，诋毁秦王府左一马军总管程咬金，远调他为康州刺史。程咬金拒不赴任，劝李世民早做打算。

李建成、李元吉分析秦王府谋士中最厉害的是房玄龄和杜如晦，于是又加以诽谤。结果两人被革去官职。

秦王府党羽接连被调被逐，形势逼人。李世民只剩下亲信长孙无忌还在秦王府中，以及秦王府外的其舅父高士廉，右侯车骑将军侯君集及尉迟敬德等人。他们日夜地劝说李世民诛讨太子、齐王，李世民犹豫不决。后来，李世民向灵州大都督李靖以及行军总管李世勣问计，都得到严辞拒绝，不肯参与。两人都看到秦王集团处于劣势，难料事变结局。

（6）激战玄武门

在这关键时刻，关中又受突厥侵扰，数万骑兵入塞后围攻乌城，李建成立即推荐李元吉督帅诸军北征。李渊同意了他的建议，命李元吉率右武卫大将军罗艺、天纪将军张公瑾等救乌城。这正是削弱秦府势力的良机，李元吉还要求将尉迟敬德、程咬金、段志玄及秦府所有的军事力量归自己调遣。李建成与李元吉私下里商议：当他和李世民一起到昆明饯行时，要安排伏兵，将秦王刺杀，谎称秦王暴病而死；然后再坑杀尉迟敬德等秦府猛将。李建成还答应自己即帝位后，让李元吉做皇太弟。不料王晊得知此阴谋后秘密报告了李世民。

第一章 李氏建唐

　　王晊是东宫的低级官员,任东宫率更丞,暗中已被李世民收买。玄武门之变中的另一个重要人物是常何,此人在武德五年(公元622年)随李建成平定刘黑闼第二次起兵,因此被建成收为部下,武德七年(公元624年)调入京城守卫宫城北门即玄武门。玄武门是进入禁内的必经之路,是政变的必争之地。常何也被李世民收买了。此外,屯守玄武门的将领敬君弘、吕世衡也被收买,成为秦府死党。李世民主要收买李建成手下的次要人物,因为这些人既不是最重要的,也不是无足轻重的,所以一方面容易达到目的,另一方面也能够发挥内应的功用。特别是他精心收买的驻守玄武门的禁卫军将领,在政变中发挥了重要作用。在李世民的势力和地位处于劣势的情况下,最后能诛杀太子,这一策略起了关键作用。

　　听了王晊的密告,李世民忙召集长孙无忌和尉迟敬德商议。长孙无忌等人劝说李世民设法在事发以前对付他们。李世民叹息着说:"骨肉兄弟相残,自古以来就是大逆不道的事。我诚然知道祸事就要来临,但我准备在祸事发动以后,再以正义的名义声讨二人,这不也是可以的吗!"尉迟敬德说:"人之常情,又有谁愿意去死?但是大家都誓死拥护大王,这是天意。祸患就要发生,大王却仍旧安然处之,不为此事担忧。即使大王看轻自身,又如何对得起宗庙社稷呢!如果大王不肯接纳臣下的建议,我就打算隐居野外了。我是不能留在大王身边,任人宰割的!"长孙无忌说:"假如大王不肯听从尉迟敬德的主张,事情便无法成功。尉迟敬德等人必定不会再追随大王,我也应离开大王,不能够再侍奉大王了!"李世民说:"我讲的这些意见并不能完全舍弃,还是再商量一下,仔细考虑吧!"尉迟敬德说:"现在大王处理事情摇摆不定,这是不明智的。面临危难,不能决断,这最终会坏事的。况且,大王平时蓄养的勇士全都整装以待,一触即发,怎么能制止得住呢?"

　　生死攸关,李世民又访问秦府其他幕僚的意见。大家都说:"齐王生性暴虐,将来也决不会顺从他的长兄。听说,薛实曾对他讲,'大王之名,合起来恰成唐字,最终要成为天子'。齐王听后高兴地说:'只要能把秦王除掉,夺取江山易如反掌。'他和太子谋乱未成,就有取代之心,像这种狼子野心的人,没有什么下不了手的。若两人阴谋得逞,大唐的社稷就不保了。凭您的贤德才能,杀二人如拾草芥,为何要拘泥匹夫之节,而不顾江山社稷呢！"李世民仍然没有做出决定。大家说："大王认为虞舜如何？"李世民说："是圣人。"大家说："如果虞舜在疏浚水井的时候没有躲过父亲与哥哥在上面填土的毒手，如果他在涂饰粮仓的时候没有逃过父亲和哥哥在下面放火的毒手，又如何能够使自己恩泽遍及天下，法度流传后世呢！所以，虞舜忍受父亲用棍棒笞打时，虞舜心里所想的大事大概就是被父亲用大棍棒笞时逃走了。"李世民仍然感到没有把握取胜，就命人取来龟甲，以卜凶吉。正好幕僚张公谨进来，见此情景，抓起龟甲扔到地上，说："卜是用来解决疑惑的，而今天之事已不再令人迷惑，还用来卜什么呢！难道说卜后不吉利就罢手不成！"这时，李世民才终于下了立即政变的决心。

长孙无忌秘密地把房玄龄等人召来，房玄龄等人说："皇上下敕书是不允许我们大家再侍奉秦王。如果我们如今私下去谒见秦王，必定要因此而被降罪致死，因为如此我们不敢接受秦王的教令。"李世民生气地对尉迟敬德说："难道房玄龄与杜如晦要背叛我吗！"他交给尉迟敬德佩刀说："您去察看一下，如果他们不愿意来，您可以砍下他们的头颅。"尉迟敬德前去，与长孙无忌一起暗示房玄龄等人说："秦王已经决定采取行动，你们最好赶紧前去共同计议大事。"于是房玄龄与杜如晦和长孙无忌一同进入秦王府。尉迟敬德则绕道返回。房玄龄、杜如晦面见世民后，随即制定了周密的政变计划。

六月初三，李世民突然密奏李建成、李元吉淫乱后宫，并说："我没有做对不起他们的事，可他们却要谋害我，我如含冤而死，永离君亲，魂归地下，实在死不瞑目。"李渊看罢奏章，大惊失色，半晌才说："明日朝会当面审问，你要来与建成、元吉对质。"

初四，李世民事先部署妥当，亲率长孙无忌、尉迟敬德、张公谨、侯君集、公孙武达、刘师立、杜君绰、独孤彦云、郑仁泰、李孟尝等十人，在玄武门内伏兵。不料，张婕妤暗中得知了李世民上表的大意，忙告诉了李建成。李元吉被李建成叫来商议此事，李元吉说："我们应当统率好各自的军队，假称有病，避免和李世民相见，以便见机行事。"李建成说："军队的防备已很严密了，你我应当亲自入朝看个究竟。"于是，二人一起入朝，向玄武门走来。当时，李渊召来了裴寂、萧瑀、封德彝、陈叔达、窦诞、宇文士及、颜师古等，准备会审，查清真假。

李建成、李元吉行至临湖殿，感觉情况不正常，立即拨马掉头，东归宫、府。李世民突然出现，在背后大声呼喊着追赶。李元吉回头张弓就射，情势危急之下总是无法拉满弓，连射三箭不中，李世民突发一箭先射死李建成。尉迟敬德率七十骑兵赶到，乱箭齐发，李元吉被射下马，逃入园林。李世民跃马向前，紧紧跟随，不料马被树枝所挂，人重重摔在地上，李元吉见状，夺过李世民手中弓要扼杀他。尉迟敬德飞马前来救李世民，李元吉慌忙弃了李世民，向宫内逃去。尉迟敬德纵马追杀，背后一箭射死。李建成死时三十八岁，李元吉仅二十四岁。东宫将军薛万彻、冯立和齐府亲将谢叔方闻听李建成死，要为他报仇，率东宫、齐府精兵两千急驰玄武门。力量超群的张公谨，独闭城门挡住来兵。东宫、齐府拼死猛攻。驻守玄武门的宿卫将领敬君弘也挺身而出，有的亲信制止道："事情结局如何尚不明朗，不如静观变化，等军队集中以后再战不迟。"敬君弘不从，与中郎将吕世衡大呼而进，寡难抵众，战死沙场，形势险恶。李世民在玄武门，急忙将秦府中的将士入宫支援。李世民妻长孙氏亲自慰勉，将士们斗志高昂。高士廉甚至将狱中囚犯放出，授给兵甲，编入军队，迅速赶到芳林门，打算与秦王府兵联手。秦府兵、玄武门宿卫军和东宫、齐府兵激战多时，不分胜负。薛万彻要进攻秦王府。秦府空虚，临战的秦府将士大为惊恐。在这千钧一发之际，尉迟敬德持李建成、李元吉首级示众。宫、府兵全体将士都知主人已死，纷纷逃亡。薛万彻带数十骑逃入终南山。因为斩了敬君弘等，这时冯立对随从将士说："总算报了太子知遇之恩。"

玄武门刀兵相见，激战之时，李渊和应诏来会审的大臣们正在太极宫中的海池内泛舟。李世民让尉迟敬德入宫担任警卫，尉迟敬德手握长矛，身披铠甲径直来到高祖所在之处。高祖极为震惊，便问他："你为何这般打扮，出了什么事？"尉迟敬德回答说："由于太子和齐王作乱，秦王诛杀了他们。秦王恐怕惊动陛下，将我派来担任警卫。"高祖对裴寂等人说："怎么会这样呢？你们认为应当如何呢？"陈叔达和萧瑀说："李建成与李元吉原来就没有参与谋划反隋，又没有为天下立下功劳。他们对秦王功勋大、威望高十分嫉妒，才发生了今天的事情。如今，秦王已经声讨并诛杀了他们，他的功绩布满天下，人们都诚心归附于他。如果陛下能够决定立他为太子，交给他国家大事，就不会再发生事端了。"高祖说："好！这也是我的想法。"当时秦王府的兵马和宿卫军与东宫和齐王府的亲信交战还未停止，尉迟敬德请求高祖命令各军都接受秦王的处置，高祖接受了建议，妥善安置了人马。天策府司马宇文士及由东上阁门出来宣布敕令，战事才得以停止。高祖又让黄门侍郎裴矩开导东宫和各位将士，将士们便都纷纷溃散。

　　李渊召见李世民，安抚道："由于建成频频诋毁，我几乎像曾母投杼，不能分辨真假，实在委屈你了。"李世民跪地痛哭了许久。

　　接着，李世民把李建成、李元吉之后都以谋反者家属而坐诛，并除去皇室原籍。当时李世民未即位，他和李建成、李元吉相杀只是兄弟间的恩怨，不属谋反罪，但唐高祖坐视众孙以反律株连而不能相救，说明秦王威势之大，李渊也自身难保。

（7）李世民主政

　　当年，李建成同意李元吉在自己即位后封他为皇太弟，所以李元吉为李建成尽死效力。李世民手下打算把李建成和李元吉的一百多名亲信全部诛除，并且抄家，将他们所有家产充公。尉迟敬德再三争辩说："罪过都在两个元凶身上，他们的死已经是对他们的处罚。假如还要牵连他们的党羽，就不是要国家稳定的做法了！"于是各位将领停止追杀党羽。当天，高祖颁诏赦免天下罪因，只是不肯放过李建成和李元吉两个人叛逆的罪名，对其余的党羽全部不加追究。同时把国家一般行政事务的处理权交给了秦王。

　　五日，冯立到李世民那里自首请罪。李世民责问他道："你在东宫挑拨离间，离析我们兄弟之间的感情，此罪一；昨日又出兵来战，杀伤我将士，此罪二。如此罪责，怎能饶你一死？"答道："我侍奉主人，就应一片忠心。任职之日，无所畏惧。"李世民听其言后大为感动，表情由阴转晴，并安慰一番，令冯立大为感激，决心效忠李世民。谢叔方也到秦府请罪。经秦王数次派人晓谕，薛万彻才敢出来。李世民说这些人都忠于职守，对他们都不再追究。

初七，李世民被唐高祖立为皇太子，还颁布诏书说："自即日起国家的行政、军事等大权都交付太子处理。事后报告朕即可。"李世民实际开始执掌了国家大权。十二日，原秦王府重要文武官员加官晋级，组成新的东宫班子：宇文士及为太子詹事，杜如晦为左庶子，房玄龄、高士廉为右庶子，尉迟敬德为左卫率，程咬金为右卫率，褚亮为舍人，虞世南为中舍人，姚思廉为太子洗马。并赐给尉迟敬德齐王府所有的金玉器物。

李世民是个眼光长远、胸怀宽阔的政治家，在即太子位后，对原东宫集团的文武人才，尽力争取，为自己效力。太子洗马魏征经常劝告太子李建成趁早除掉秦王，李建成被诛杀以后，李世民便传召魏征说："你为什么挑拨我们兄弟之间的关系呢？"大家都为他担惊受怕，魏征却面不改色地回答说："如果已故去的太子早点听从我的进言，肯定不会有现在的情况。"李世民一向器重他的才能，于是态度大为转变，对他倍加礼遇，引荐他担任了詹事主簿。

太子李建成和李元吉的余党都溃败四散民间，尽管有连续颁布的赦令，仍有图利的人去告发捕捉他们，以此邀功请赏。在谏议大夫王珪进谏太子李世民后，李世民下令："六月初四以前与建成、元吉有牵连的人，同月十七日以前与李瑗有牵连的人，互相告发将被禁止，违反规定的人以诬告治罪。"

朝廷派谏议大夫魏征安抚山东，准许他见机行事。魏征到达磁州时，遇到州县枷送以前的齐王护军李思行、太子千牛李志安去长安。魏征说："我奉命出使的时候，太子已赦免了原来的东宫与齐王府的属官。如今又押送李思行等人，那么谁会相信赦令呢？虽然朝廷为此派遣了使者，又有谁不会怀疑他呢？我不能够因自身安危遭受嫌疑，便不为国家着急。"于是果断地将两人释放了。李世民听此消息，很是赏识。八月初八，李渊下诏传位给太子。初九李世民在东宫显德殿即皇帝位，时年二十七岁。他也就是成就"贞观之治"的唐太宗。十月，李世民下诏追封李建成为息王，李元吉为海陵郡王，他在千秋殿西宜秋门痛哭，还把自己第十三子李福作为建成的后嗣。同时答应原太子东宫王珪、魏征送葬到墓地的请求，并让所有宫、府旧僚都送葬到墓地。李世民赐李建成、李元吉带有贬意的谥号，前者为隐，后者为刺，目的在申明玄武门之变的正义性，其他做法则为表白自己博大胸襟，力图弥补以杀兄逼父获得帝位而在封建道德上留下的难以消除的罪孽。李渊退位后九年，病死，年七十岁，被葬于献陵。

玄武门事变的第二年正月，李世民改年号贞观，历史进入了"贞观之治"的年代。

3. 君臣论治道

太宗即位后，多次与群臣一起讨论为政之道。

（1）励精图治

一个强大富有的隋朝在短短的时间内就土崩瓦解，这在亲身经历这一历史事件的李世民等人的头脑中留下了深刻的印象。李世民即位后，所面临的形势也很严峻：玄武门之变后政局不稳；战乱之后，田园荒芜，人丁凋零；霜旱为灾，米价昂贵，百姓饥馑；加上频频侵扰唐朝的东突厥，边境州县骚动不安。因此，如何在这百废待兴的情况下治理国家，进而使李唐王朝长治久安？这使太宗君臣不得不结合施政实践从各方面认真细致地探求治国之道。

武德九年（公元626年）九月，李世民划定了功臣的爵位，命陈叔达当面宣读，征求功臣的意见。这时，有功的将领纷纷争取功名。淮安王李神通首当其冲："高祖举义旗于太原，是我率领众人率先在关中响应；而房玄龄、杜如晦等只是一些文臣，今日爵位却居我之上，臣心中实在不平。"太宗道："义旗初起，虽然是叔父您首先响应，但也为自己避祸。后来与窦建德战于山东，全军覆没。看到刘黑闼起兵，您又率先撤退逃窜。玄龄帷幄运筹，坐安社稷，论功行赏，他们所建立的功绩均在您之上。叔父是皇家至亲，我对您非常尊敬，但不能因徇私情而滥赏啊！"一席话说得神通等人心悦诚服。原秦王府旧人中没升官的也有怨言，说我们侍奉陛下多年，今日封官反不如原李元吉、李建成的手下人。房玄龄将此事告诉太宗，太宗解释道："只有大公无私，这样的帝王才能服天下人心。朕与诸公的衣食，都取之于百姓。因此设置官职，应为百姓着想，任人唯贤，怎能以新旧为先后呢？"

不久，太宗和群臣讨论如何杜绝偷盗行为，有的主张用严刑重法禁止，太宗认为不可，并说："民所以为盗，是因为赋役繁重，官吏苛刻，饥寒交迫，才不顾廉耻呀！朕要轻徭薄赋，节省开支，选用廉吏，使民衣食有余，自然不去为盗，这样严刑重法根本就派不上什么用场了！"他还对群臣说："君靠国家，国家靠百姓。苛刻地剥削百姓供奉君主就像自己割自己的肉吃，结果只能自取灭亡，君富而国亡。因此人君的祸患不是外来的，而都是由自身引起的：贪图享乐只有浪费钱财；浪费钱财则赋税苛重；赋税苛重则百姓愁苦；百姓愁苦则国家危机；国家危机则君主灭亡。这一道理经常在我脑海里出现，因此不敢纵欲。"十二月，益州大都督请发兵镇压。太宗道："獠人依据山林，有时抢掠，是其习俗。如果地方官能以恩信抚慰，獠人自然降服，怎可妄加杀戮轻动干戈？"

太宗励精图治，他闻听景州录事参军张玄素是一位贤明之人，便召见访问为政之道。张玄素认为："隋朝不信任群臣，皇帝个人独揽大权，大臣们惧怕，只知遵命照办而已。处理天下如此繁杂的政务却仅仅凭借一个人的智慧，即使得失各半，也已经谬误百出了。况且这导致下面讨好奉迎，上面孤陋寡闻，岂有不亡之理！陛下如能慎择群臣而大胆使用，根据他做事的效果进行赏罚，何愁不治！此外，臣观隋末大乱，其实想争天下的不过十余人而已，大多数都为了保全宗族妻子，等待有道明君的出现。

可知百姓中只有极少数的人好乱，问题是人主不能使之安居乐业。"太宗听罢很是赞赏，张玄素也立即被提升为侍御史。

贞观元年（公元627年）正月，太宗设宴款待群臣，命奏《秦王破阵乐》。席间太宗道："朕从前受命征伐，这支曲子便在民间流传，虽非文德雅乐，但功业也确是由此而成。因此奏此乐以示不敢忘本。"封德彝附合道："陛下以神武平海内，文德怎能与您的武功相比呢？"太宗却又说："平定战乱靠的是武力，而治理天下则需要有文德，文武之用，都有它们各自适合的时候。你说文不及武，此言差矣！"

不久，御史大夫杜淹面奏："诸司衙门的文件，恐怕有差误，请让御史们检查。"太宗向封德彝询问他的看法。封德彝答道："设官分职，各有权限。违法乱纪的现象如果出现的话，御史自应弹劾。若遍历诸司，查找疵漏，恐太繁琐。"杜淹听后默默无语。太宗问杜淹为何不再论奏？杜淹答道："天下之事，都有其理，如果是正确的，就应该听从。封德彝所言，比较符合执政的道理，令臣心服，不敢妄自评价。"太宗听罢大悦，说："你们如果都是这样，朕还有什么可担忧的。"

闰三月，太宗对太子少师萧瑀道："射箭是我年少时喜爱的活动，得到十余张良弓，自认为是天下的极品。最近拿给弓匠看，他却说全不是好弓。朕问为何？回答道：'用来作弓的木头，木心不直，脉络偏邪，虽然弓的力道强劲，但发出的箭不直。'朕这时才明白从前并不真正懂得什么是好弓箭。朕以弓箭定四方，并不能把握其好坏程度，何况天下事，怎能无一不晓呢？"遂命在京五品以上的官员在中书省内轮流值班，并多次召见，访问政事得失及民间疾苦。

五月，有人上书请清除佞臣。太宗问佞臣是谁？这人答道："臣居住在偏远的草野之地，不能确切知道是谁。但望陛下与群臣商议政事时佯装大怒，凡是执理不屈的，就是直臣；而畏首畏尾，不敢与您争辩的，就是佞臣。"太宗道："君是源，臣是流，源头浑浊却想要下游清澈，是不可能的。君若自身欺诈臣子，怎能要求臣下正直呢！朕正以诚治天下，不能采纳你的权术。"十二月，尚书右丞魏征被告发违法庇护亲属，太宗让御史大夫温彦博审查，结果发现根据没有事实。但彦博奏道："魏征平日不拘小节，才引起这样的嫌疑。虽然心中大公无私，这点也应责备。"太宗遂叫温彦博告诫魏征今后要谨小慎微。不久，魏征进谏，对太宗严肃地说："臣听说君臣同体，应以诚相待。若上下都不为国家社稷着想，只谨小慎微地躲避嫌疑，就难以预料国家的兴亡了。陛下的告诫臣实不敢苟同。"太宗突然明白过来，说："我已知错了。"魏征又道："臣有幸侍奉陛下，请让我成为一名良臣，而不是一名忠臣。"太宗困惑不解地问："良臣、忠臣间还有区别吗？"魏征答道："契、稷、皋陶（传说中辅佐尧、舜、禹的大臣）是良臣，龙逢（夏桀的大臣）、比干（商纣的大臣）是忠臣。良臣与君同心协力，自身获得赞誉，君主的名号得以显扬天下，子孙传世，福禄无疆；忠臣面折廷争，诛戮身体，君陷大恶，家国并丧，空有其名。由此而言，相去甚远。"太宗连忙称道，并赐绢五百匹。

（2）君心若镜

太宗对黄门侍郎王珪道："国家置门下、中书两省，意在相互制约。如果中书省草拟的诏敕有什么闪失，门下省本应加以驳正。人的见解，互有差异，彼此辩论，求取正确；己错从人，有何关系？近来有的因护短饰非，相互怨恨；有的为避免私怨，知错不纠。只顾一个人的情面，不惜造成万民的大祸患，这是亡国之政。隋炀帝时，内外官员一味奉迎阿谀，当时都自以为聪明，祸不及身，待至天下大乱，家国两亡。即使有少数侥幸得免，也是受到各种群众的舆论谴责，遗臭万年。望你们大公无私，不要学炀帝朝的官员。"

太宗还对侍臣说："朕听说西域客商得到上等珍珠，就不惜剖开身体来隐藏。真有这样的事吗？"侍臣回答有。太宗又说："人们都知道嘲笑他们爱珍珠超过爱自己的身体。但官吏贪赃获罪，与帝王纵欲亡国，这些人同那些客商不一样可笑吗？"魏征道："从前鲁哀公对孔子说：'人有好忘事的，迁居后就忘记了自己妻子的模样。'孔子说：'还有更严重的，桀、纣连自己也无法确定。'孔子之语说的也是这个道理。"太宗紧接着说："正是这样，朕与诸公要同心协力，以免被别人耻笑。"

一次，太宗在与臣子谈话时，论及山东人、关中人，意中流露出褒后者而贬前者（因太宗是关中人）。殿中侍御史张行成奏道："天子要以四海为家，不应被狭隘的地域思想所限制。"太宗连连称对，并厚加赏赐。自此每有大政，他经常出现在参预商讨的人中。

这年，太宗还对侍臣道："我发现从古以来帝王都是以仁义治天下，国祚久长，以法治天下的，虽救弊于一时，灭亡失败也很迅速。前代成败，足可借鉴。我现在的治国之道是仁义诚信，以改变近代浇薄之风。"黄门侍郎工珪说："天下战乱破坏日久，陛下承其余弊，弘道移俗，这是万代宏福。但治理国家必得贤才。"太宗道："我对于贤德之人的倾慕，真是梦寐以求！"给事中杜正伦紧接着说："当世必定存在着有才之人，只看陛下能否选用，您又何必非要都在梦中寻找呢！"太宗深表赞同。次年，太宗以"仁义"治国初现成效，他对侍臣们说："朕原以为乱世之后风俗难移，近观百姓渐知廉耻，盗贼日稀，官民奉法，才知人无常俗，但政有治乱。因此，治国之道，必须仁义相待，示以威信，因人之心，去其苛刻。这样，百姓自然安定，国家自然安定。望诸公与朕共行此事。"

太宗执政的二十多年中，君臣在政治实践中就这样不断探求治道，并且在政治实践中将这些理论逐一实现。他们讨论治道的重点是君道，其次是臣道，以推行儒家的仁政为核心。在仁政思想的指导下，宽缓刑罚，勤政爱民，从而出现了历史上罕见的"贞观之治"。宋人范祖禹评论唐太宗的治道为"凭着武力治理混乱，凭着仁慈取胜残弱"。明清之际的王夫之也说："太宗为君，魏征为相，以仁义治理国家，而天下已帖然受治，施及四夷，解辩归诚，不待尧、舜、汤、武也。"

4. 太宗谕大臣直谏

贞观元年（公元627年）十二月，太宗下诏，希望群臣应以炀帝朝政为戒，若事有得失，尽可直谏。

（1）太宗求谏

"贞观之治"的开明性最为人们称赞，这种开明性集中表现在太宗一朝大臣能够直言进谏，而皇帝也能认真听取。在唐太宗的倡导和鼓励下，二十余年间谏臣盈庭、进谏成风。进谏不仅仅局限于朝廷众多大臣，还有皇后、妃嫔、太子，乃至平民百姓；而太宗从谏如流，在中国古代封建历史中也是前所未有的。

唐太宗即位后不久，就在贞观元年（公元627年）要求群臣直谏。他说："人欲自照，须有明镜；君欲知过，必靠忠臣。如果君王自恃英明神勇，臣子也不加以谏诤，国家必然会迅速走上败亡之路。而君失其国，大臣也无法自保。隋炀帝残暴，臣下钳口；他始终不知道自己的罪恶，以至亡国；虞世基等专门奉迎吹嘘的奸佞臣子随后也被杀死。有这样的前车之鉴，望诸公每见朕行事不利于百姓处，千万极言规谏。"太宗还察觉由于自己表情严肃，使百官朝见时无法直言，有碍进谏，于是主动改正。每见人奏事，必和颜悦色，使对方畅所欲言，自己则从谏诤中得知政策的失误、成功所在。

这一年，太宗还一再向侍臣求谏说："明君用佞臣，国家就无法治理好；良臣侍奉昏君，结果同前边也一样。只有君明臣贤，如鱼得水，四海才能安定。虽然我不是什么明君，但有幸得到诸公的辅佐，恳望能直言极谏，这样天下才能安定。"这时谏议大夫王珪道："臣闻木从绳则直，君从谏则圣，因此古代圣主必有诤人七人，如果皇帝不听从，则以死谏诤。您拥有大海一样宽广的胸襟，向臣下主动求谏，臣等处不讳之朝，怎敢不竭心尽智。"太宗非常高兴，下令宰相入宫商讨国家大事时，一定要叫谏官随入，参与政事的决策。如果谏官指出朝政得失，太宗总是虚心听取。

九月，太宗让大臣推荐人才，宰相杜淹推荐刑部员外邸怀道。太宗问此人擅长什么，有什么优点？杜淹答道："炀帝去江都的决心已定，故意召百官问留居洛阳和到江都哪个为好？大臣惧怕炀帝，当时只有身任吏部主事小官的邸怀道敢说不可去江都。这是臣亲眼目睹的事。"太宗问："既然你认为他的做法是正确的，自己为何不诤谏？"杜淹答道："臣当时不居重任，自知炀帝不会纳谏。"太宗又问道："卿知炀帝不可谏，为什么还要做他的下臣呢？既在其朝为官，又为何不谏？在隋朝为官之时，还可说位卑，后出仕王世充，官高位尊，为何也不谏诤？"杜淹说："我并不是没有劝谏王世充，但他不听从啊！"太宗道："世充若贤而纳谏，国家就不会灭亡了；若暴而拒谏，卿怎会免祸？"杜淹沉默不答。太宗这时才转入正题道："卿今日身为宰相，官高位尊，这样可以直言进谏了吧！"杜淹立即答道："愿尽死力进谏。"太宗开怀大笑。

贞观二年（公元628年），李世民向周围的臣下问道："明君思短而益善，昏君护短而益愚，隋炀帝好自矜夸，掩饰自己的短处而拒绝纳谏，也实在难以进谏。虞世基不敢进言，或许不应深责。古时商纣暴虐，为了保全自己，箕子佯装疯傻，孔子仍称其仁。但炀帝被杀，是否也应当将虞世基处死呢？"杜如晦答道："天子有谏臣，虽无道不失天下。春秋时代，卫国史鱼因自己不能向当政者直谏排挤奸佞之臣，死后还以尸谏，孔子赞其是直臣。世基怎能因荒淫无道的炀帝不纳谏诤就保持沉默，缄口不谏，与箕子装疯离去事理不同。晋朝时惠帝和贾后要废愍怀太子，司空张华竟不能苦争，只会保全自身性命。及赵王伦举兵废贾后，张华被抓获。张华辩解道：'将废太子日，不是不谏，只是没被采纳。'使者反驳说：'你居王公高位，太子无罪被废，既然劝谏不去听从，为何不辞官引退。'张华无言以对。遂被斩首。古人道：'君子临大节而不可夺。'虞世基居于辅国宰相之位，处应言之位，竟无一言谏诤，诚也该死。"

太宗听罢说道："您的看法很正确，人君须有忠良辅弼，才能身安国宁。正是因为下无忠臣，身不闻过，恶积祸盈，炀帝才招致死亡。若君主所行不当，臣下又无谏诤，而一味服从，事事赞颂，那么君是昏君，臣为谀臣，君昏臣谀，离国家的灭亡也就为时不远了。朕今志在君臣上下大公无私，相互切磋，以成治道。诸公都应尽力谏诤，大胆指明朕的错误所在，朕绝不因直言忤旨，予以斥责。"

（2）大臣触龙鳞

太宗虚心求谏，自然引至大臣敢触龙颜。

一次，由于太宗痛恨官吏多受贿赂，把身边亲信秘密地派去行贿试探。有个衙门小吏接受了一匹绢，太宗一怒之下就要将这人杀掉。民部尚书裴矩谏道："官吏收受贿赂，罪诚当死，但要是陛下派人故意贿赂才接收的，这是陷人于不法呀，恐不符合'以德礼教化'的原则。"太宗听取了他的意见，召集了五品以上的文武百官，说道："裴矩能当面谏诤，不奉承阿谀，倘若每件事都这样，天下就可以达到大治了。"

十二月，太宗和宰相王珪闲谈。当时太宗身边有一美女侍奉，据说是李瑗的美姬，李瑗谋反被诛后，被籍没入宫中。太宗手指美女对王珪说："这是个原有家室的女子，李瑗荒淫无道，为了得到她竟将她的丈夫杀死，暴虐若此，怎么不灭亡呢！"王珪听后问道："陛下认为李瑗这样做是正确的吗？"太宗觉得莫名其妙，反问："像杀夫夺妻这样的事，卿怎么还问朕对不对呢？"王珪紧接着说："臣见《管子》书中写道，郭国被齐国灭亡之后，齐桓公到当地问当地父老：'什么原因导致了郭国的灭亡？'父老皆回答道：'郭君喜欢善事而痛恨恶事。'桓公说：'若如你所说，这不正是一个贤明君主的德行，怎会亡国？'父老解释道：'郭君喜欢善事而不去做，痛恨恶事而又不能放弃，这样举棋犹豫才导致了亡国啊！'陛下一定认为这是对的，才将美人留在自己身边，如果陛下认为不对，就是知恶而不放弃。"

太宗听后彻底省悟，连连称赞王珪，随后，便将美人归还给她的亲属。

为使太宗心情欢畅，长孙皇后想替他寻找美女为妃嫔。后访问到郑仁基有女十六七，国色天香，遂向太宗提出，太宗应允。正当送诏使者准备带着写好的诏书出发之际，魏征听说此女已许嫁陆爽，连忙进谏道："陛下为民父母，应爱抚百姓，为其分忧，乐其所乐。从古至今的各个贤明君主，以百姓之心为心；故君居宫室，则使百姓有房舍；食美味，则使百姓衣食丰足；视妃嫔，则使百姓有妻子之欢。今郑氏女早已成家，陛下娶之，这合乎为民父母之道吗？臣虽听传闻，恐污损圣德，不敢不谏。"

太宗听后非常吃惊，亲写诏书，自我检讨，并令将此女仍嫁原夫。王珪、房玄龄、韦挺等都认为："郑氏女只许配陆氏，没有明显证据，陛下不用过多地担心。"

此时陆爽也上书道："我父陆康在世时与郑家，虽常互相来往，并无婚姻之约。外人不知，这真是无稽之谈。"这时太宗颇是疑惑，问魏征："群臣也许是顺从朕意，陆氏为何也这样说？"魏答道："在我自己看来，陆爽认为陛下与太上皇一样。太上皇建唐之初，宠幸辛处俭的妻子，当时，辛处俭是东宫太子舍人，太上皇竟然下令把他从东宫外调万年县。因此辛处俭整日心惊胆战，恐怕难保自身。陆爽以为陛下今天只是表面宽容，害怕以后您会降罪于他，所以上书自陈，这也毫不奇怪。"太宗道："朕言必有信。"

于是下诏道："我现在知道郑氏之女早有聘礼在身，以前朕要聘娶，源于情况不明。这是朕的错误，也是有关部门的过失。于是立即停止了选郑氏女为妃嫔一事。"

此诏一出，哄动全国，百姓纷纷称道。

这年底，太常少卿祖孝孙受太宗令教宫人音乐，因不称旨意，受到太宗训斥。温彦博、王珪谏道："像孝孙这样的文人雅士，今却令教宫人音乐，这个做法本来就不妥当，又严加斥责，臣认为更不应该了。"

太宗勃然大怒道："朕将卿等当作心腹重臣，怎么能为臣子辩护而指责朕，为孝孙诡辩！"彦博惧，连称有罪。但王珪高声道："您要臣下直言进谏，忠心耿耿，今臣等直言，岂是徇私，可陛下不认真思量，是陛下负臣，非臣负陛下。"太宗听后哑然失色，起身入内。

次日，太宗对房玄龄说："自古帝王纳谏诚难，朕昨日怒斥王珪、温彦博，至今很后悔，公等千万不要因此事而不敢直言哪！"

正因为太宗要求臣子直谏并虚心听取，才导致各方面人物直言进谏。而正是这种开明的政治风气，使太宗奢侈腐化的倾向才得以纠正，行政效率明显提高，并避免了不少错误。它对"贞观之治"的产生起了极其重要的作用，成为后世的典范。

5.知人善任

贞观三年（公元629年）二月，唐太宗以房玄龄为左仆射，杜如晦为右仆射，魏征为秘书监，参与朝政。这是其知人善任、选贤有方的典型例子。

（1）选人重品德

太宗能知人善任，首先由于他认识到除了施政方针的正确，官员也必须贤能，这是关系到国家治乱兴亡的大事。贞观元年（公元627年）他就对房玄龄说："致治的根本，在于选拔贤能，量才使用，设官要少而精。"还打比方说，"任官不得贤才，就如同画饼充饥，不能食用。"他对太子李治说："治国在于进贤退奸，赏善罚恶，不徇私情。"他对大臣褚遂良说:"我要始终坚持做三件事:一要借鉴前朝的成败得失;二要进用善人,共同治理天下;三则不听信谗言,弃斥奸佞之人。"他晚年为教育李治,总结一生治国之道写成《帝范》一书,在《求贤》篇中写道:"国家的辅弼大臣,必须选用忠良,只有这样,天下才能实现大治。"又说:"人才济济,远远胜过黄金万两。"

选贤任能被作为唐太宗一生的治国之本,并且他要求宰相等大臣也要这样做。太宗即位不久,就叫宰相封德彝举荐贤能之人,但过了较长时间封德彝没有举荐一人。问及原因,封德彝说:"臣并非不尽心此事,只因现今没有值得向陛下推荐的贤德之人。"太宗很不同意这种观点,他说:"君主用人就像使用器具,各有所长。古代帝王治理天下而实现盛世太平,难道都是借用别的朝代的人才辅佐的吗?问题恐怕是自己不知人,怎么可以乱说成今世没有人才呢!"后来,太宗也为此事批评宰相房玄龄、杜如晦。他说:"你们位列宰相之位,应替朕分忧,广纳贤才。但听说你们每日忙于处理诉讼等一般事务,这对于朕选拔贤才有什么帮助呢?"

为了能够让大臣没有顾虑地协助皇帝选举贤能,太宗在贞观初就对大臣们讲:"朕现在追切地访寻贤才,专心探求治国的道理。一旦得到你们推荐的贤能之士,会立刻提拔重用。但也有些人讨论说:'那些选拔重用的人都是宰相的亲朋故旧。'诸公只要出于公心,就不要顾忌这些流言蜚语,畏首畏尾。古人道:'外举不避仇,内举不避亲。'这是为了能举荐出真正的贤才呀!望诸公大胆举贤任能,即使是自己的子弟或和自己有仇怨的,也可以推荐。"

能否举荐贤才后来还被太宗作为赏罚大臣的重要依据。治书侍御史权万纪就因为任职很久,从不向太宗退一小人、进一贤者,而被削职为民。

唐太宗不仅深刻地认识了用人的重要性,而且提出要把品德放在选拔人才的首位。贞观三年(公元629年)他对杜如晦指出选人中存在的问题:"朕最近见吏部选人,只注重华美言辞,而不了解品德行为。品德不好,任官数年后,暴露恶迹,那时虽以刑法严惩,但已经使百姓蒙受伤害了。这样选人怎能获得贤才!"后来,太宗和魏征又讨论这一问题。他说:"君主必须小心谨慎地选人任官。现今天下人都仔细地观察仿效朕的一举一动。用一君子,则君子皆至;用一小人,则小人竞进。"魏征补充说："自古以来知人就很难，因此进行考绩，善恶察明，以定升降。今日欲求贤才，必须深入访察品行，只有访得品德高尚的君子，才能任用。即使这样的人办事不利，也只是才能不强，不会对国家造成大害。若误用了奸佞小人，越是强干，为害越大。在乱世时可以专取才能用人，不顾品行；但太平时必须任用品德高尚，又有才能的人。"

后来，在给太宗的上书中，魏征提出君主要能识别"六正"、"六邪"。他解释道："所谓六正，即一为圣臣。这类大臣有非凡的预见能力，能够洞察处于萌芽状态的事物的利弊得失，防患于未然，从而使君主立于荣显之位。二为良臣。这类大臣全心全意地劝导君主施行礼义仁政。君主做得对时能加以鼓励，做错时能够补救。三为忠臣。这类大臣废寝忘食，进贤不懈。并经常激励君主专心求治，谈古论今。四为智臣。这类大臣在事情刚一出现就能预测成败，对祸患能早做预防，杜绝祸根，转祸为福，使君无忧无虑。五为贞臣。这类大臣严守法令，做官清正廉洁，而且能辞禄让赐，饮食节俭。六为直臣。这类大臣在国家混乱时，不同流合污，能犯龙颜，面指君主的过失。所谓六邪：一为具臣。这类大臣安居官位，贪图钱财，不理公事，随波逐流，左右观望。二为谀臣。这类大臣对君主说的一切都说对，做的一切都赞好，千方百计奉迎君主，以讨取欢心，而不顾后患无穷。三为奸臣。这类大臣心存奸诈，外表谦恭，能言善辩，妒能嫉贤。他想进用的人，就大加粉饰，隐其罪恶；想黜退的人，则只讲过失，对他的美德则一概不提。使君主赏罚不当，号令不行。四为逸臣。这类大臣的智慧足以掩过饰非，口齿伶俐足以打动君主。内可离间君主骨肉，外可在朝廷制造混乱。五为贼臣。这类大臣独断专行，破坏法令，结党营私，损国害家，而且擅长假借君主旗号，自我吹嘘，狐假虎威。六为亡国之臣。这类大臣一方面以邪恶的手段引诱君主荒淫无度，一方面结成朋党，蒙蔽君主的视听，使君主是非不明、黑白不分，直至恶名无人不晓。"这里魏征实际上提出了识别官员的两大类十二条的具体标准。这十二条标准中，"六正"类大臣，只有"智臣"是从才能方面谈的，"圣臣"是才能与德行兼有的，其他的都是从德的角度提出的；而六种邪臣全部是由于无德，没有一种是由于无才。魏征认为，君主用这些标准去考察官员的实际行动，就能够做到知人善任。太宗对此很是赞同。

（2）尽知人心

知人难，难在不易尽知，奸佞、忠臣貌同心异。唐太宗知道，自己认为贤良的，未必尽善；众人纷纷斥责的，未必全恶。他对魏征说："朕近来读书，每见善事，立即就办。可是在用人方面，则善恶难别，因此可见难以知人。"特别是唐太宗清醒地知道自己地位特殊，更容易被臣下所蒙蔽。他曾感叹地对大臣们说："人主唯有一心，而攻之者甚众。或以勇力，或以谄谀，或以辩口，或以嗜欲，或以奸诈，无所不用其极，以求宠禄。"这就更增加了知人的难度。

唐太宗懂得知人难的道理，从而形成了自己辨别贤佞忠奸的原则和经验。有一次，他来到一棵树下，随口说道："真是棵好树啊！"跟在身边的宇文士及便口若悬河地赞美起这棵树来。唐太宗这时表情严肃地批评说："魏征曾劝我远佞人，我不知佞人是谁，对于你我有所怀疑但不敢确定。今天见你所为，佞人果然是你。"唐太宗把对自己阿谀奉承的人视为佞人，而视魏征为代表的敢于为国事面折廷争的大臣为忠贤。他在《帝范》中也指出：谗佞之徒的重要特点，就是用阿谀奉承、甜言蜜语取悦君主。像唐太宗这样，居帝位之尊而能自觉抵制，在中国历代君王中并不多见。

唐太宗还从臣下是否能忠于事实，向他反映别人的善恶来识别忠奸。他对杜如晦、房玄龄说："朕所以广开言路，是想知天下冤屈之事和能听到直言谏诤。但无知小人却乘机挑拨离间君臣关系。而君臣相疑，则下情不能上达，这对于国家是有百害而无一益的。"因此，他要对这些奸邪小人治以谮人罪。

魏征在一次上书中指出："作为君主，要远小人近君子；而小人非无小善，君子非无小过；但君子小过，像微瑕白玉，小人小善，就像铅做成的刀一样，只是停留于表面。如果欣赏小人的小善而憎恶君子的小过，结果就会香臭不辨，玉石不分了。"唐太宗认为魏征此论颇有道理，认为必须注意抓住一个人的本质和主流来辨明贤佞，并为此赐绢三百匹以示奖励。

唐太宗为了知人，有时还让群臣互相评价。有一次在宰相的宴会上，他对王珪说："听说你很善于辨别奸佞、贤才，今日请你从房玄龄以下一一加以品评，而且比较一下你自己和众人。你意下如何？"王珪遂说道："操劳国事，孜孜不倦，知无不为，臣不如玄龄。出将入相，文武兼备，臣不如李靖。谈吐公允，陈奏详明，臣不如温彦博。处理繁杂的政务，事情处理恰当，臣不如戴胄。愿君成为尧、舜，以直言极谏为己任，臣不如魏征。至于好善嫉恶这一点，臣和众人相比，还不逊色。"太宗很是称道，被评众人也口服心服。

唐太宗作为明君，不仅有辨别贤佞忠奸的理论和标准，而且熟知每个大臣的优点与缺点。

知人难，用人更难，难在将其安置在恰当的位置，要使所任之人各得其所，并能充分发挥他们的作用。在善任方面唐太宗也做得相当成功。

唐太宗知道"金无足赤，人无完人"的道理，因此用人善于取长补短。在《帝范》一书中太宗对于用人就有精辟的议论："明君任人，就像巧匠使用木材：曲的用作车轮，直的用作车辕；长的用作栋梁，短的用作房椽。这样，无论长短曲直，都可以充分地发挥它的作用。明君用人也是这个道理：愚者取其力，智者取其谋，勇者取其威，怯者取其慎。这样，无论勇怯智愚，都能有恰当的用处。所以能工巧匠没有废弃的木料，明君也没有不可任用的人才。"唐太宗批评宰相萧时也曾指出："人不可以求备，必须取长补短，相得益彰。"房玄龄、杜如晦的短处是不善于处置杂务琐事与理狱，长处是多谋善断。唐太宗遵循"舍短取长"原则，扬长避短，将其宰相的才能充分地发挥。结果，两人都成了辅助太宗，实现"贞观之治"的名相。戴胄的短处是不通经史，唐太宗不让他担任儒林学馆之职，基于他忠直、秉公办事的长处，曾任用他为大理少卿。戴胄办事利索、干练，案无滞留。并敢于执法犯颜，纠正唐太宗量刑过重的过失，使太宗发出"法有所失，公能正之，朕何忧也"的赞语。这既是表彰戴胄的才能，也说明了唐太宗舍短取长，用人得当。

（3）举贤无所忌讳

　　唐太宗用人尽量冲破地域、门第、民族、亲疏等关系的局限，努力地选拔出地主阶级中各阶层甚至于出身寒门的人才，为己所用。这就是他一再强调的"明君博访贤能，广求英才，不以卑而不用，不以辱而不尊"。他虽重用关陇集团的人物，如提拔杜如晦、长孙无忌、李靖、杜淹、杨师道、侯君集等为宰相，也兼用出身山东和江南士族中的人才为宰相，如房玄龄、王珪、高季辅、褚遂良、岑文本等。朝中文武大臣有出身原农民起义军的将领，如李世勣、秦叔宝、程咬金等；有的是他的政敌部下，如原是萧铣部下的刘洎，原是王世充部下的戴胄，原是刘武周大将的尉迟敬德，魏征最初是李密部下，后又投归太子李建成，还有李元吉部将谢叔方和李建成的亲信大将冯立等；也有一些少数民族人才为太宗所重用，如突厥族的阿史那思摩、阿史那社尔、铁勒人契何力、执失思力等，甚至还有奴仆出身的人，如樊兴、钱九陇、马三宝等。

　　唐太宗知人善任最为典型的是重用仇人魏征和从布衣平民中擢用马周。魏征早年落魄，隋末群雄纷纷起兵，曾数易其主，后被太子李建成收用。在帮助李建成争夺皇位的斗争中，他建议李建成先下手为强，杀掉李世民。魏征在玄武门之变后成了阶下囚。唐太宗知他才华出众，不以私仇为重，从治国的大局出发，反而日见亲重，数年间从仇家而提升为宰相，任期达十四年之久。对魏征信任不亚于自己原来的亲信杜如晦、房玄龄，经常召入寝宫，请教治国方略。魏征也不负厚望，频加忠谏，面折廷争，劝行仁政，不许为非，个人的政治才能充分地发挥了出来。

　　唐太宗赞扬魏征"随时谏诤，多中朕失，如明镜鉴形，美恶必见"。在封建帝王中放弃前嫌能达到如此开明宽容的地步极为罕见。马周家贫好学，精通《诗》《传》，后辗转到长安，寄于武将常何檐下。贞观三年（公元629年），唐太宗令百官上书言政事得失。常何不懂经学，马周代笔撰写奏章，写了二十余件事。常何上奏后，竟然和太宗所想不谋而和。

太宗觉得奇怪，因常何是一介武夫，舞文弄墨是其所不能，如何能有这般远见卓识？遂追问原委，常何如实相告。太宗感到这是一个可用之人，随即宣旨召见，由于急不可耐，求贤若渴，短短时间内竟四次派使者催促速来。接见交谈后，满意之情溢于言表，马上授门下省官职，后直至提升为宰相。马周精通治国之道，而且办事认真仔细，甚得时人赞誉。太宗也曾亲笔题十六字相赐："鸾凤凌云，必资羽翼。股肱之寄，诚在忠良。"这是高度地评价了马周辅政的才能。唐太宗就这样不拘一格地选拔人才，形成了贤臣良将盈廷的贞观盛况。

为了使文人学士、谋臣勇将都能贡献自己的聪明才智，唐太宗在君臣关系中坚持用人不疑、真诚待下的原则。他对大臣们说："君臣一体，应同心协力。如果君臣互相猜疑，不能肝胆相照，是国家一大祸害。"他在《帝范》中也写道："治理国家，要靠大臣和君主同心同德。"这方面的例子举不胜举，唐太宗以诚信感动冯立是其中之一。

冯立在唐高祖朝是太子李建成的宿卫军将领，时任东宫率，很受建成的信任和重用。

因此，当李建成在玄武门事变中被诛杀时，东宫官吏见大势已去，大都溃逃散去，他却慨然长叹："岂有生受其恩，而死逃其难。"遂率东宫兵进攻玄武门。经殊死搏斗，杀了拥戴李世民的将领敬君弘后，对部下说："总算对太子有了一丝的报答。"才解散兵众离去。后来他向李世民自首，开始世民斥责他杀死秦王府战士太多，难逃死罪，当听到冯立说自己是为了忠于职守才这样做时，世民认为是位"义士"，随即转怒为喜，厚加抚慰，并授左屯卫中郎将，仍统兵掌管京城宿卫。冯立感动至深，对亲人说："我受到如此厚恩，一定以死相报！"

不久，李世民即帝位。乘唐室内乱，东突厥大军兵临城下，冯立率百余骑兵与突厥激战于咸阳，杀获甚众，所向披靡。太宗闻听，非常感动。

由于唐太宗知人善任，群臣办事的主观能动性得到了充分的发挥。群臣们无不竭尽其智，毕其力、尽其能。

房玄龄官居尚书省之首时，尽心竭力，不分昼夜，唯恐有一件事处理不当。甚至病危之际，还卧床作表谏征辽东。

唐太宗感动地说："他的身体这样虚弱，还忧虑国家之事。真是达到了鞠躬尽瘁的地步。"岑文本被唐太宗任为宰相后，日夜辛劳，笔不离手，直到耗尽全力，染病身死。唐太宗破格提拔的马周，欣逢明君，也是将所有才智都发挥出来。

魏征更是喜遇知己之主，成为千古直谏方面的名臣之首。这样，行政效率就大大提高了。

《旧唐书》作者这样评论唐太宗用人及其效果："看唐太宗一朝，建立了很多功绩，实在是聪明神武。他提拔人才不局限于私党，这些被重用的人都竭尽所能。屈突通、尉迟敬德由仇敌成为心腹；马周、刘洎，从疏远到委以重任。成就如此的功绩，都和他知人善任有深刻的联系。"他指出了"贞观之治"的形成和唐太宗知人善任有着必然联系，是有一定道理的。

6. 唐与吐蕃和亲

唐太宗统治时期，国富民强，威震四海。吐蕃松赞干布十分仰慕东方的大唐帝国。贞观八年（公元634年）十一月十六日，远在西南的吐蕃首次正式派官员到中原王朝朝见。太宗派冯德遐为使者前去抚慰。唐朝使者的到来，使松赞干布非常高兴。他在听说突厥、吐谷浑都娶了唐公主为妻之后，就于贞观十二年（公元638年）再派使者随德遐到唐朝。吐蕃使者把许多珠宝奉献出来，并表示想要娶唐朝公主，但没有得到太宗的允许。使者回吐蕃后觉得难以实言，就编造说："臣刚到唐时，天子待臣很好，亲口答应许配公主。谁料不巧吐谷浑王也到唐朝拜见，在他的挑唆下，唐天子待臣礼遇渐薄，连许婚事都反悔了。"松赞干布闻听大怒，发兵攻打吐谷浑。吐谷浑难以抵挡，逃到青海湖北，吐蕃军还不肯罢休，一路追击，又攻破党项、白兰等羌族部落，以二十万大军屯驻松州（今四川松潘）西。并再次派使者带着金帛到唐朝，并态度强硬地要求娶公主，还说如若不答应，就只有兵戈相见。随后又挥兵进攻松州。唐松州都督韩威轻敌，被吐蕃兵打败。一时间，引起唐边地的震动。

在这种情况下，太宗断然以侯君集为当弥道行军大总管，以执失思力为白兰道行军总管、牛进达为阔水道行军总管、刘简为洮河道行军总管，共率步骑五万反击。九月，唐军先锋部队在牛进达的率领下从松州出发在晚上偷袭敌营，杀死一千多人。

松赞干布对唐作战失败后，认识到只有诚心与唐和好，才能娶到唐朝公主。于是他派大臣禄东赞到唐朝道歉，并将黄金五千两，珍宝数百件献给唐朝，并再次表达求婚的愿望。松赞干布的诚意打动了唐太宗，太宗念及唐蕃友谊，便同意吐蕃的要求，决定将宗室女文成公主嫁给松赞干布。

唐太宗很欣赏禄东赞的聪明能干，要把琅公主的外甥女段氏嫁给他，不料却被禄东赞恭谦地婉言相拒。他说："陛下，我在吐蕃已有妻室，决不能抛弃。我是奉赞普之命来向大唐天子求婚的。现在赞普还没见到公主，我做臣子的更不能先娶了。"唐太宗觉得禄东赞是个德高睿智的人，就让他做了右卫大将军。

文成公主是唐太宗的侄女，为了唐朝和吐蕃的友好关系，她毅然辞别父母，离开长安，不辞路途遥远，甘愿嫁到青藏高原去。

唐贞观十五年（公元641年），唐朝和吐蕃双方为文成公主举行了隆重的送亲和迎亲仪式。太宗堂弟、江夏王李道宗奉太宗之命持节护送文成公主入吐蕃。文成公主还未出发，唐太宗先派人在青海南部的河源专为公主修建了一座行院。从长安到河源，竟用了一个多月的时间。一路上无数的官民都为公主举行隆重的送行仪式。

文成公主出嫁的消息传到吐蕃，给吐蕃人民带来了极大的欢欣和喜悦。为了解除旅途中的公主的疲劳，他们在很多地方都准备了马匹、牦牛、船只、食物和饮水，以表达他们对公主的到来的喜悦之情。

松赞干布极为重视迎娶唐朝公主这件事，亲自率兵进驻柏海边，然后到河源馆舍中迎接。他见李道宗后非常恭敬地行了子婿礼，当看到大唐的华美服饰、隆重的礼仪时，心里感觉十分惭愧。当时太宗给文成公主带去了丰厚的嫁妆：如佛像、珍宝、金鞍玉辔、金玉书橱，经卷三百六十部，各种各样的金玉饰物无数，以及许多精美的食品和饮品；狮子、凤凰树木、宝物等花纹饰着的绫罗绸缎；三百种卜筮经典；六十种营造和工艺书籍；治四百零四种病的医方以及五种诊断法和六种医疗器械。另外还有芜青种。这其中佛像用车载着，各类珍宝绸缎及生活用具用大队骡马驮着。

松赞干布陪着文成公主从北门进了逻些城，引来城内外百姓的一片欢腾。他们身披节日盛装，从帐篷里跑出来，争着去看文成公主。乐队高奏乐曲，在新建成的王宫里举行了盛大的婚礼。

松赞干布以前是住在帐篷里的，为了迎娶文成公主，他决定在逻些特意建造一座华美的宫殿，就是现在的布达拉宫。在这座新宫殿里，挤满了前来为松赞干布和文成公主道贺的吐蕃大臣、贵族、官吏和百姓。现在布达拉宫里还保存着松赞干布和文成公主结婚时洞房的遗迹，松赞干布和文成公主的塑像也被供奉在那儿。

文成公主入吐蕃后，实现了吐蕃人学习汉族先进文化的愿望。很多贵族子弟被松赞干布派到长安学习儒家经典，松赞干布还邀请了一些唐朝文士到吐蕃来替他用汉文拟写公文。文成公主入吐蕃时带去了一批诗集和经书。这使文化学术，尤其是儒学在吐蕃产生了积极的影响。

文成公主信奉佛教，松赞干布在她的影响下也信起了佛教。在他俩的主持下，逻些建起了一座大昭寺。大昭寺是吐蕃最大的佛教寺院之一。在吐蕃人中间，有很多和大昭寺有关的传说流行。大昭寺建筑在逻些的中心，原来这里有一个很大的湖，选择这湖作为寺址是文成公主的初衷，所以吐蕃人就把这湖给填平了。在填湖时，有一只通灵的山羊也来参加这件千载难逢的盛事，以后，人们在大昭寺的墙外都能看到羊头。大昭寺门内有几株柳树，叫作"唐柳"，也有的称为"公主柳"，人们说是文成公主亲手种植的。文成公主从长安城带去的释迦牟尼佛像被吐蕃人民世代虔诚地供奉在大昭寺内。

松赞干布和文成公主的联姻，密切了吐蕃和内地的关系，促进了吐蕃与内地的经济文化交流，使唐蕃之间十分亲善，此后三十年没有动过干戈。

第二章

武周皇朝

太宗死后，李治即位，是为唐高宗。他的皇后武则天在当上皇后之前，历尽磨难，而她本人是一个有着极大政治野心的女人。在取得皇后之位后，她开始打击反对她的朝臣，褚遂良、长孙无忌皆死于非命。她为了自己统治的需要，不惜杀亲废子，在经过一系列的谋划后，她渐渐逼近女皇宝座。高宗死后，中宗继位，武则天并不甘心，她借机废黜中宗，自立为帝，改国号为周，成为我国历史上唯一的女皇帝。她重用酷吏，迫害臣民。武则天死后，一些臣士黜周复唐，拥中宗复位，结束了武周的统治。

1. 武则天争后

永徽六年（公元655年）十月，高宗以王皇后无子，武昭仪有子，诏立昭仪武氏为皇后。

（1）安然渡劫难

据说武则天还是婴孩的时候，精通相面之术的袁天罡到她家中给一家人看相。那个时候，她穿着男孩子的衣服，正抱在乳母的怀里。袁天罡走近看后，说此郎君神色不凡。又让她试着下来走几步，她昂着头目视远方，袁天罡非常吃惊地说："这个人有龙的眼睛、凤的眼神，肯定是大富大贵的人。"又在侧面仔细端详，愈发吃惊地说："这个小孩如果是女的，以后必定是高高在上，是为天下的主人。"不管这记载是不是毫无根据，这个襁褓中的孩子后来的确成了中国历史上绝无仅有的女皇帝。当然，在一个男人一统天下的社会里，武则天是在非常困难的情况下逐步登上宝座的，而夺得皇后之位是其中十分关键的一步。

　　武则天的父亲的先祖以务农为主，后来他做起木材生意才发家致富，李渊起兵的时候，他巴结贵人和官员，跟着部队进入了长安。唐建立后，武父作为开国功臣，在高祖朝做到三品工部尚书，成了唐朝的新贵。武则天母亲杨氏出身显赫，她的外祖父杨士达是隋朝的宰相。但杨士达去世以后，又加上隋朝被灭，其家族也渐渐衰落了。杨氏以年逾四十的老姑娘嫁入武家为继室，生下三个女儿。武则天排行第二，于武德七年（公元624年）出生在长安。

　　贞观九年（公元635年）时，武父在任荆州都督时去世，他的前妻相里氏生的两个儿子元庆、元爽对继母杨氏很是刻薄，百般刁难。所以，杨氏母女在长安过了一段很不顺心、很压抑的日子。

　　贞观十年（公元636年）六月，贤惠的长孙皇后去世，太宗非常悲痛。第二年，太宗听说武则天貌美艳丽，要召进皇宫，封为才人（这是掌管皇帝食宿等事的侍妾）。那个时候，太宗年四十，武则天只有十四岁。临别的时候，母亲杨氏因为舍不得而痛哭不已，武则天虽只有十四岁，却非常有主见。她非常平静地对母亲说："我今日有幸能见到皇上，谁知这不是福气呢？何必为此伤心！"杨氏听了女儿这一番有胆识的话，立刻停止了哭泣，心里异常高兴。

　　武则天入宫后，太宗赐号"武媚"。可是从十四岁到二十六岁，她一生中最好的一段青春年华被虚度在宫中，并没有得到太宗的宠幸，十多年既没有生下一男半女，地位也没有得到提高。而且在贞观二十二年（公元648年），她还差点遭杀身之祸。原来，左武卫将军连县公李君羡驻守玄武门，而太白星屡屡在白昼显现。太史对这一星相占卜的结果是"女主昌"。民间流传的一本名为《秘记》的书中也说："唐三代之后，会有姓武的女人称王代替唐朝统治天下。"对于这一些说法，太宗心中非常忌讳。一次，太宗与众武将在宫中宴饮行酒令，让各武将言自己的小名，李君羡自己说小名为"五娘"。李世民听后非常吃惊，但又马上哈哈大笑掩饰心中的猜忌，问道："你是什么样的女子，怎么这样的勇猛健壮？"李君羡是一员勇将，早年跟随李世民南征北战，屡立战功，所以身负重任。这件事后，君羡因官称、封爵都有武字，尤其小名又叫"五娘"，就成了第一位被怀疑的对象。没过多久，他被撤掉掌管北门禁军的职务，出任华州刺史。后来，李君羡与一位自称通晓佛法的人私下来往，被御史以结交妖人、图谋不轨的罪名弹劾。太宗于是在贞观二十二年（公元648年）七月下诏将其斩首。

可是太宗仍心存疑虑，暗中问太史令李淳风《秘记》所载是否可信？李淳风答道："我观看天象这么多年，依我看此人一定在宫中，还是皇上的亲属，从今大起不超过三十年，必定称王，将李姓皇族几乎杀尽，这样的征兆已经形成了。"太宗问："把类似《秘记》所说的全部杀掉如何？"李淳风道："这是上天注定的，人不可能违背，陛下还是不要滥杀无辜，况且三十年之后，那个人已经老了，可能会生慈悲之心，为祸也许会轻一些了。今日即使找到此人，将她斩首，上天还会派遣年轻体壮之人加倍肆虐以报怨仇。那么，陛下子孙将被灭绝了。"太宗这才消除对后宫大屠杀的念头。于是，武则天安然地逃过了这场大劫难。

（2）谋夺后位

谁知一波刚平，一波又起。贞观二十三年（公元649年）五月二十六日，太宗驾崩，她和后宫没有子嗣的侍妾们一道剃度，被送到感业寺为尼，相伴青灯古佛。

高宗做太子的时候，曾经服侍过太宗，见到才人武氏便十分喜欢。太宗驾崩后，武氏跟随众位妃嫔到感业寺出家。等到了太宗的忌日，高宗到感业寺行香拜佛，见到了武氏，武氏哭泣，高宗也流泪。王皇后知道后，暗中让武氏蓄发，劝说高宗纳武氏入后宫，打算依靠武氏来减少高宗对萧妃的宠爱。武氏机智聪明，擅长权术，才进宫时，服侍皇后非常恭敬有礼；皇后十分喜欢她，屡次当着高宗的面夸奖她。不久她大得宠幸，拜为昭仪，皇后跟萧妃都失去了皇上对她们的恩宠，二人又一同诬告武氏，高宗都不予理睬。武昭仪想要追赐他的父亲的官爵，只是没有借口，于是便宣称要褒奖赏赐十三位功臣，这之中就包括她父亲。

武则天清楚自己在宫中的根基已很牢固，就开始密谋抢夺皇后的宝座。为此，她在后宫想尽办法拉拢女官、宫女，经常把自己得到的恩赐分给她们。这些人因为王皇后平时倨傲，对她们没有什么恩情，现在看见武则天如此亲近，自然很是感激，都乐意为她效命。武则天就利用这些受笼络的宫人私下打探王皇后和萧淑妃的一举一动，一旦抓住她们的短处，就添油加醋地说给高宗听。永徽四年（公元653年）正月，武则天生了男孩李弘，高宗愈发宠爱这个比自己大三岁的昭仪，而冷淡王皇后。但终因是十多年的结发夫妻，他尚没有废弃皇后的想法。武则天只得另想诡计。

　　王皇后虽然失宠，可是高宗并没有废掉王后的打算。恰逢这时候武昭仪生下一个女孩，王皇后喜欢她，所以逗她玩耍。皇后走出去后，武氏趁没人时将女孩掐死，然后把被子盖好。正好高宗来到，武氏假装欢笑，掀开被子一看，女婴已经死了，武则天大声哭叫着，问身边的人是什么缘故，身边的人都说："皇后才来过这里。"高宗十分震怒，说道："皇后杀了我的女儿！"武则天趁机哭嚷着说皇后的不是。皇后百口难辩，高宗因此有了废后立武氏为皇后的想法，又担心大臣们不服，于是便和武氏一道拜访长孙无忌，在其府第宴饮，非常酣畅欢乐，酒席上将无忌宠姬的三个儿子都拜为朝散大夫，又命令侍卫装运了金银珠宝、锦缎丝绸等共十车赐给无忌。高宗借机说及王皇后没有生儿育女，以此暗示无忌，无忌顾左右而言他，竟然没有顺从皇上的意思，高宗与武氏二人扫兴地结束了这场酒宴。武昭仪又让自己的母亲杨氏多次到无忌的宅第请求，无忌最后仍然不答应。礼部尚书许敬宗自不量力，也为武则天说好话，遭到长孙无忌的严厉训斥。

　　长孙无忌执意反对废王皇后是有很深的缘由的。太宗死后，他凭借自己是皇帝舅舅的亲戚关系，以及太宗生前对他委以重托，以他为中心形成了外朝执政的宰相班子，在这中间柳奭就是王皇后的亲舅舅。为了维持这一政治格局，他们还针对王皇后无子这一弱点，得到了王皇后的许可，把后宫刘氏所生的燕王李忠在永徽三年（公元652年）立为太子。李忠以微贱的庶子得到他们的拥戴而成为储君，跟王皇后自然而然十分亲近，对长孙无忌等重臣也会感激倚重，这样，他们至少在下一代皇帝时仍能享受权势。所以，长孙无忌等肯定不希望中宫地位有任何变化而使得自己的利益集团土崩瓦解。

对于这一点，武则天也完全明白。她知道自己要替代王皇后，没有办法得到以长孙无忌为首的执政元老重臣的支持，只有在朝外形成自己的势力集团，并除掉以长孙无忌为首的政敌。

王皇后的家族最先遭到打击。永徽六年（公元655年）六月，武则天诬陷王皇后和母亲魏国夫人柳氏请妖人做咒符谋害自己，高宗不容王皇后解释，下令柳氏不得再入宫中。王皇后的舅舅柳奭本来任中书令，去年因王皇后失宠而惴惴不安，请求免除他宰相的职务，遂被降为吏部尚书，而现在又远贬为荣州刺史。这样，支持王皇后的家族势力被铲除了。

与此同时，高宗为提高武则天的地位，封她为"宸妃"，立刻受到侍中韩瑗、中书令来济的反对。他们说后宫已设贵、淑、德、贤四妃，名位已满，不能违反规定而另立妃号，结果高宗只好作罢。武则天心中怨恨，却一点都没表现出来，而是加紧培植自己的亲信力量。她想到了被长孙无忌排斥的一批在朝政上不受宠的大臣。首先是李义府，他官居中书舍人。此人的文笔非常出名，可是生性阴险奸猾，逢人先笑，但谁只要稍不屈从于他，必然遭到陷害，当时人们都说他笑中有刀。又因他阴柔而能害人，得一外号为"李猫"。

长孙无忌憎恶李义府，要把他降为壁州司马。敕令过门下省这道最后手续就要下达，李义府获悉了这件机密，匆匆忙忙求助于同僚王德俭。王德俭是许敬宗的外甥。许敬宗写得一手好文章，曾当过秦王府学士，在太宗朝也曾经担任过一段时间的宰相。高宗嗣位，他任礼部尚书，可是由于嫁女受贿，被弹劾降职。这时，他担任无多大实权的卫尉卿，政治上很不得意。许敬宗、王德俭甥舅两人平时就对执掌大权的长孙无忌心有恨意，于是王德俭给李义府出主意道："高宗打算把武昭仪封为皇后，只是担心宰相们加以反对，所以又举棋不定的。你假如提议封武氏为皇后，就会转祸为福了。"李义府同意他的话，这一天，他代替王德俭值宿，叩门向高宗上表章，请求废掉王皇后，立武昭仪为后，以便满足天下苍生的心愿。高宗十分高兴，亲自召见李义府，与他谈话，赐给珍珠一斗，让他官居原职。武则天私下派人送东西施以恩赐，没过多久他就被破例提拔为中书侍郎。此后，卫尉卿许敬宗、卿史大夫崔义玄、御史中丞袁公瑜都私下向武则天表白他们的顺从之意。这样，在朝廷中形成了以武则天为核心的政治派别。有了这股力量的支持，而且有高宗作后盾，她再也不怕以长孙无忌为首的元老重臣了。

这年八月，长安令裴行俭听说要立武则天为皇后，认为国家的灾难从此开始了，非常着急，与长孙无忌、褚遂良暗中商议对策。此事被袁公瑜探知，并由武则天母亲杨氏转告宫中。裴行俭很快被贬官为西州都督府长史。随后，许敬宗就被高宗提升为礼部尚书。

从离间高宗和王皇后感情开始，又经过内外廷的一番精心准备，武则天自认为摊牌时机成熟了。这样，一场废立皇后的斗争终于公开爆发了。

（3）高宗废后

有一天高宗退朝后，把长孙无忌、李世、于志宁、褚遂良宣召入内殿。褚遂良说："今天皇上宣召，多半因为后宫之事，皇上既然已经下定决心，逆他之意肯定死。太尉是元舅，司空是功臣，不能让皇上承担杀元舅与功臣的恶名。我褚遂良乃是自平民起家，没有汗马功劳，有了今天的地位，而且接受先帝托孤，如果不以死相谏，无颜去见先帝！"李世假托有病没去内殿，长孙无忌等人到了内殿，高宗对他们说："皇后没有子嗣，武昭仪有，如今朕想立武昭仪为皇后，你们意下如何？"褚遂良答道："皇后出身于名门望族，是先帝为陛下娶的。先帝临死的时候，拉着陛下的手对我说：'朕的好儿子好儿媳，今天托付给你了。'这些话都是陛下亲耳听到的，没有听说皇后犯什么过错，怎么能够轻易废掉呢！我不敢违背先帝旨意而顺从陛下的意思！"高宗很不高兴，只好作罢。第二天又谈到此事，褚遂良说："陛下一定要更换皇后，我请求遴选全国的世家望族，为什么非得立武氏呢？武氏曾经侍奉过先帝，这人人皆知，天下人的耳目如何能遮掩呢？千秋万代之后，人们又将怎么评价陛下呢？希望陛下好好考虑再行事！我今日触怒陛下，应当处死。"说完将朝笏放在殿内台阶上，解下头巾磕头直至血流满面，说道："还给陛下朝笏，请求把我放回老家。"高宗十分愤怒，命人把他带出去。武昭仪在隔帘内大声嚷道："怎么不就地杀了这老东西！"长孙无忌说："褚遂良是先朝顾命大臣，即使有罪也不能施刑。"于志宁不敢说话。

韩瑗找个时机上奏疏，哭着全力劝阻废后，高宗没有听从。他第二天又劝谏，悲痛得不能控制，高宗命人把他带出去。韩瑗又上奏疏劝谏道："普通的夫妇还要互相选择后再结合，更别说是皇上了。皇后是天下女子的典范，善恶由她而生，因此说嫫母辅佐黄帝，妲己使得商政权颠覆。《诗经》说：'大名鼎鼎的宗周，就毁在褒姒之手。'每回翻阅前朝史事，常大发感慨，没想到现在圣明之世也会遭到玷污。不按照法度行事，后代的人会如何评价呢？望皇上三思而后行，不要让后人讥笑。如果臣下我的话对国家有益处，即使被剁成肉酱也值得！从前吴王不听伍子胥的话，最后吴都姑苏破败，麋鹿都在那里出没。臣下我担忧陛下辜负天下人的期望，导致宫中布满祸患，宗庙不能继续享有祭祀的情况，不久就会到来了！"来济上表章劝谏说："君主册封皇后，应该遵循天地之理，一定要选择名门礼教之家的淑女，知书达礼，贤淑美好，才能够与大家的深切希望相一致，也才能称为神灵的意图。因此说周文王造船迎接太姒，这才有《关雎》的教化，百姓承受福祚；汉成帝为所欲为，将婢女立为皇后，让皇统断绝，国家政权不复存在。周代因为那样做而隆盛，汉代因为这样做而招致祸患，希望陛下明察！"高宗对这些谏言不理不睬。

又一天，李世勣进宫见高宗，高宗问他："朕准备立武昭仪为皇后，褚遂良坚执己见加以反对。褚遂良既是顾命大臣，他反对，难道这事就罢了吗？"李世勣答道："这是陛下的家事，为什么去问别人呢！"高宗改立皇后的决心就此坚定了下来。许敬宗在朝中到处宣扬道："庄稼汉多收了十斛麦子，还想着更换个老婆呢？更不用说皇上要换后，人们为什么要管那么多事而胡乱产生异议，妄加干涉呢？"武昭仪让身边的人把此话转告给高宗。

这样，高宗决意行动了。他先将褚遂良远远地贬为潭州都督，以警戒反对废立皇后的朝臣。随即，他又在十月十三日把王皇后、萧淑妃以阴谋毒死皇帝的莫须有罪名废为庶人，并将两人的亲属流放到岭南。迫于巨大的政治压力，十九日，百官上书请求册立新皇后，高宗随即下诏书封武则天为后。诏书中盛赞她是开国元勋之后，德才兼备。为了掩盖武则天与太宗的关系，说高宗尚为太子之时，太宗就已将武则天赐给了他。而且还用汉宣帝选后宫家人王政君为太子妃这件事为立武则天为皇后进行辩护。

十一月初一的册封皇后仪式，在高宗的主持下进行，武则天得到了由司空李世奉献上的皇后玺绶。当天，更是头一次命百官和四夷酋长在肃义门朝拜新皇后，而内外贵族、高官的夫人要到宫中拜见。仪式非常隆重浩大，三十二岁的武则天终于登上了皇后的宝座。她也正是从当上皇后之日起，开始走上了唐朝的政治舞台。

2.武则天参政

显庆四年（公元659年）四月，武后杀长孙无忌等，自此唐政权归武后。

（1）打击政敌

武则天四岁没了父亲，幼时和寡母一同饱受同父异母兄武元庆、武元爽和叔伯兄弟武惟良、武怀远的冷眼和欺凌，因此性格非常刚毅、冷酷。武则天入宫做太宗才人时的一件事很能说明这一点。当时太宗有一匹名马叫狮子骢，十分暴烈，就连善长骑烈马的太宗也无法驾驭。武则天正在旁边侍奉，忽然对太宗道："我能够使它降伏。"太宗不相信地问："你有什么办法？"她回答说："我只须有三件东西。"太宗问："哪三件？"

她说：“一条铁鞭，一把铁锤，一支匕首。马不驯服，我起初用鞭子抽打；如果不驯服，就用铁锤锤；再不服，就用匕首割断这畜牲的喉咙！”太宗听后默不作声。

太宗朝，武则天在宫中生活十二年，却一直是地位卑微的侍妾才人，没有得到宠幸。太宗驾崩，她又被迫到感业寺出家。多亏她早已托身于高宗，又恰巧碰上王皇后与萧淑妃争夺宠幸的大好时机，才能够重返宫中。这之后便展开了争夺皇后的残酷斗争。这一系列惊心动魄的事件使武则天少女时就初步形成的刚强而冷酷的性格受到更深层的锻炼。而当武则天成为皇后并开始参政，她就用上述对付烈马的铁腕残忍地对付一切阻挡她夺取大权的政治敌人。首先是完全消除废后王氏和废妃萧氏这两个隐患。

原皇后王氏和原淑妃萧氏一道被囚禁在后宫别院，高宗曾经想念她们，暗中去囚禁她们的地方，看见囚室严密封闭，仅在墙壁上凿开小洞使饭菜能送入。高宗心中十分悲伤，呼喊道：“皇后、淑妃在什么地方？”王氏哭泣回答说：“我们有罪早已沦为宫里的奴婢，哪里还得再有后、妃等尊贵的称号！”又说：“皇上假如念及以前的感情，让我等重见天日，请命名这个院子为回心院。”高宗说：“我马上就办。”武后知道后很生气，派人将王氏和萧氏各杖打一百下，砍去手足，放到酒缸里，说：“让这两个女人连骨头都喝醉！”几天后她们死去，又被砍掉了头。当皇后王氏听到处置她们的命令时，拜了两拜说：“祝愿皇帝万岁！武则天受皇上恩宠，死自然是我的本分。”淑妃萧氏大骂道：“武则天竟然邪恶狡诈到了这样的地步！愿来生我变为猫，她变为鼠，我活生生地扼住她的咽喉。”自这以后宫里再也见不到猫。没过多久又改王氏姓蟒氏，萧氏姓枭氏。武则天多次梦见王氏和萧氏的鬼魂出现，披头散发，浑身滴血，和死的时候一样。她后来移居蓬莱宫，还是看见这样情形，所以她多数时间居住在洛阳，不愿回到长安。

武则天除掉王皇后、萧淑妃后，深刻明白，要巩固自己的皇后地位，并且更多地参与国家大政，一定要除掉以长孙无忌为首的强大的敌对势力。因为褚遂良被远贬潭州，外朝大权仍被长孙无忌为首的元老重臣掌握着，他们能够随时打垮自己。在搞垮以长孙无忌为首的元老重臣这一问题上，高宗是非常赞同的。因为他尽管十分懦弱，可是当皇帝以后也并不愿受这些老臣的挟制。他一门心思地打算甩掉长孙无忌等元老重臣的包围控制，这一点使高宗和武则天有了共识，他们同心同德地攻击政治敌人。

（2）培植党羽

武则天第二个打击目标是长孙无忌等拥立的太子李忠。十一月初三，许敬宗在武则天的授意下面奏高宗道："皇太子是国家的根本，根本不正，没有办法获得天下的人心。何况如今的太子，是微贱之人所生，当今知道国家已有真正的嫡长子，心里肯定惴惴不安。窃居东宫之位而自己心里疑惑，恐怕不是宗庙之福，希望皇上三思而后行。"高宗说："太子李忠自己已经愿意让位。"许敬宗说："他能做周朝前人自愿让位的太伯，希望尽快准他所奏。"高宗当然答应。显庆元年（公元656年）正月初六，降皇太子李忠为梁王、梁州刺史，改立四岁李弘为皇太子。这样，武则天在宫里终于可以高枕无忧了。

武则天一边在铲除政敌，一边特别注意培植自己的党羽。为了网罗这些人替自己效命，甚至利用高宗包庇他们胡作非为。李义府凭借皇帝的宠信手握大权。洛州妇女淳于氏，容貌艳丽，关押在大理寺监狱，李义府让大理寺丞毕正义违反法令把她放出，计划纳她为妾，大理卿段宝玄对释放淳于氏心有疑问而将情况上奏。唐高宗派给事中刘仁轨等审问毕正义。李义府担心事情被发现，逼迫毕正义在狱中上吊自尽。高宗虽清楚这些情况，但还是宽容了李义府的罪行，不加以过问。

侍御史涟水人王义方准备上奏检举李义府，提前对母亲讲："我身为御史，发现奸臣不检举就是不忠，检举就危及自身，而让亲人担忧就是不孝，两者之间自己无法抉择，怎么办？"母亲说："从前王陵的母亲，自杀以便保存儿子的英名。你能忠心侍奉君主，我即使死了也无怨无悔！"王义方就上奏："李义府在京城私自杀害六品官大理寺丞毕正义，就算毕正义是自杀，也是因为害怕李义府的威势，自杀以灭口。这样，则生杀的大权不是出自皇帝，这种情况不应该继续下去，请求再进行审察！"于是为宣读检举的奏章，令仪仗和别的官员退下，并令李义府退下，李义府不动，王义方三次呼喊，高宗不说话，李义府才退出，王义方就宣读弹劾的奏章。李义府有罪，然而高宗却不过问，反而说王义方诬陷大臣，口气不礼貌，把他贬为莱州司户。没过多久，又将李义府提升为中书令。

　　当然，长孙无忌等元老重臣也不情愿退出政治舞台。十二月，韩瑗上奏，为褚遂良申诉冤屈说："褚遂良替国家打算而忘记自己的家，生命财产都愿意奉献，品德高尚，意志坚定，为社稷的功臣，是陛下德才兼备的助手。没有听说他犯罪，而被排除了朝廷，朝廷内外与黎民百姓都为这种处置叹息。我听说晋武帝仁德深厚，没有把刘毅处死；汉高祖宽宏大量，不怨恨周昌的耿直。而褚遂良被降职已经一年，违抗陛下的罪责，已被对于他的处罚所抵偿。希望陛下赦免他的罪行，同情他的赤胆忠心，来顺应民意。"高宗对韩瑗说："褚遂良的情况，朕很清楚。可是他粗暴犯上，所以才用这种办法责备他，你为什么把处罚他说得那么严重？"韩瑗回答说："褚遂良是国家的忠臣，为靠用谗言诽谤别人来谄媚上边的人诽谤。从前微子离去而殷国所以灭亡，张华留任而国家的法度不乱。皇上无缘无故把老臣排除朝中，这只怕不是国家之福。"高宗没有听从他的意见。韩瑗由于自己的话没有被重视请求辞官回家乡，高宗没有同意。

　　韩瑗的举动使武则天非常恼怒。以前高宗为提升武则天的地位要把她封为"宸妃"时，就因韩瑗等反对而没能实现。武则天立为皇后后，可能出于笼络韩瑗、来济的目的，专门对高宗关照，说韩瑗、来济对立宸妃一事敢于直言进谏，正是忠心为国的表现，并请皇上予以表扬。当时，韩瑗、来济也不明白这一招的真实意图，非常担心。可是两人并没有改变立场服从武则天。这时韩瑗居然还敢替褚遂良求情，让他卷土重来，重返朝廷，武后哪能忍受！于是在显庆二年（公元657年）七月，许敬宗、李义府在武则天的授意下，上奏诬陷侍中韩瑗、中书令来济与褚遂良意图不正。其借口是在该年三月褚遂良由潭州（今湖南长沙）调任为桂州（今广西桂林）都督，他们故意说是韩瑗和来济刻意策划的，意图在谋反时搞里外呼应，因为桂州向来是用武之地。高宗批准他们的奏折。八月，韩瑗被贬为振州刺史，来济被贬为台州刺史，并且一辈子不准返回京城朝觐见皇上。受韩瑗、来济案件的牵连，褚遂良又远贬为爱州刺史，柳奭也由荣州刺史远贬为象州刺史。

褚遂良到达爱州，上奏自表说："从前濮王、承乾明争暗斗的时候，我顾不上生死，一心为陛下效忠。那个时候岑文本、刘洎上奏说'承乾的罪状已经显露，已被关在别所，东宫不能有即使是一会儿空着，请先派遣濮王去东宫居住'。我又高声反对，此事皇上都是知道的。最后我又与长孙无忌等四人一同定下立陛下为皇太子的重大决策。直到太宗病得不行了，仅我和长孙无忌一道领受遗诏。陛下在守丧的时候，悲伤万分，我以国家为重安慰劝说，陛下还用手抱住我的脖子。我与长孙无忌各自处理许多的事情，让一切都非常正常，几日之间，内外安宁。我能力低微，责任重大，时常犯错误，微贱的余年，乞请陛下怜悯。"奏表上达后，唐高宗不予理会。褚遂良自武德初从薛举手下归唐，因为文章好，书法好而自傲。效忠太宗，担任了宰相这一重要职务，还成为顾命大臣，年已六十却再三遭到贬黜。哀告无效，心情非常颓丧，于是一病不起。第二年，在爱州死去。没过多长时间，韩瑗也在忧愤中死去。而与此截然不同的是，显庆三年（公元658年）十一月，许敬宗荣升为中书令。

（3）长孙无忌之死

武则天心中非常清楚，长孙无忌是妨碍自己获取更大权力的主要障碍。但此人是高宗的亲舅，不仅是建国的大功臣，又是佐命元勋，德高望重，根基深厚，所以不敢轻举妄动。可是她绝不愿使这人漏网。武则天忍耐数年，一面逐步剪除长孙无忌的势力，一面密令许敬宗寻找机会构造陷害长孙无忌的陷阱。当把韩瑗、来济赶出朝廷以后，她觉得是对长孙无忌下手的时候了。

这个时候恰逢洛阳人李奉节检举太子洗马韦季方、监察御史李巢拉帮结派的事情，高宗命令许敬宗跟辛茂将审问他们。许敬宗讯问紧迫，韦季方自刺求死，但是没有死。许敬宗于是上奏诬陷韦季方想与长孙无忌陷害忠臣与皇帝近亲，使长孙无忌独揽大权，以便伺机谋反，如今这事已曝光,所以打算自尽。高宗吃惊地说:"怎么可能有这种事呢?舅舅被小人离间,产生小的猜疑隔阂是有的,怎么可能谋反?"许敬宗说:"我从头到尾推敲研究,反叛的事实显而易见,陛下还以为可疑,这恐怕不是国家之福。"高宗流泪说:"我家不幸,亲戚之间不停出现有叛变意图的人,以前高阳公主与房遗爱谋反,如今大舅亦如此,让朕没有脸见天下人。假如这事是真的,怎么办?"许敬宗回答说:"房遗爱只是一个幼稚小子,与一个女子同谋,会有什么作为?长孙无忌同先帝谋划夺取天下,天下人佩服他的谋略;任宰相三十年,天下人害怕他的权威;要是有一天暗地发动,陛下能够派谁去抵挡他!现在多亏宗庙神灵,苍天厌恶反叛,因审问小事,而发现大恶人,这真是天下之福。臣个人担忧长孙无忌知道韦季方自刺将死,境遇困难,会发动反抗,领头作乱,纠集同党。他必将是国家的祸害。我从前看见过宇文化及的父亲宇文述为隋炀帝视作心腹,加以重用,结为姻亲,把政事交付给他。宇文述死后,宇文化及又统领皇帝的亲兵,一天晚上在江都作乱,首先除掉不投靠自己的人,我们家也惨遭迫害,于是大臣苏威、裴矩这样的人物,在马前舞蹈庆贺还唯恐不及,天才亮隋朝已不复存在。这不是很久前发生的事情,希望陛下尽快下定决心!"高宗命令许敬宗深入审查这件事。次日,许敬宗再次上奏并提供了供词和事实,请高宗按照法律逮捕长孙无忌。高宗又流泪说:"假如舅舅真的这样,朕绝不忍杀他,那样的话,天下人将说朕什么,后人将说朕什么!"许敬宗说回答:"薄昭是汉文帝的舅父,将汉文帝从代地迎接回来即帝位,薄昭同样是大功臣,所犯的罪也只是杀人,汉文帝就令百官穿上丧服哭他使他自尽,一直到今天人们仍把汉文帝当作开明君主。如今长孙无忌忘掉两朝的深厚恩宠,妄图夺得政权,他罪大恶极同薄昭实在不能同日而语。幸好邪恶的情状暴露,叛变的人承认罪行,陛下不应该有什么疑虑,要早作决断!古人说:'当断不断,反受其乱。'平安与危险相距十分近,中间没有容下一根头发的间隔。长孙无忌是现当今善使权术、才能足以欺世的野心家,属于王莽、司马懿一流人物,皇上有丝毫耽搁,我恐怕事变即发生在身边,就后悔莫及了。"高宗认为他说得对,竟然没有召见长孙无忌加以审问。二十二日,高宗下令削掉长孙无忌太尉职务和封地,贬为扬州都督,在黔州安置,一切按一品官待遇实行。

许敬宗又上奏："长孙无忌阴谋叛乱，是由褚遂良、柳奭、韩瑗勾结鼓动才形成；柳奭多次暗通后宫，企图毒酒杀人，于志宁也投靠长孙无忌。"于是高宗下令削褚遂良、柳奭、韩瑗官爵，免去于志宁官职；派遣使者调集途中驻军协助押送长孙无忌到黔州。长孙无忌的儿子秘书监驸马都尉长孙冲等都被削除官爵，放逐到岭南。褚遂良的儿子褚彦甫、褚彦冲流放爱州，在路上惨遭杀害。益州长史高履行连续贬官为洪州都督。

凉州刺史赵持满力大无穷，擅长射箭，喜欢打抱不平。其姨母是韩瑗的内人，他的舅舅驸马都尉长孙铨是长孙无忌同族弟弟，长孙铨受长孙无忌牵连，流放巂州。许敬宗担心赵持满起事，就诬陷他与长孙无忌合谋造反，用驿车召回京师，囚禁入狱。他遭受残酷刑罚，自始至终不承认，说："身可杀，话不能更改！"监狱的官吏毫无办法，就代替他作供词结案上奏。二十二日，他被处死，陈尸城西，亲属都不敢看。他的朋友王方翼感慨地说："栾布哭彭越，是义；周文王埋葬枯骨，是仁。在下不失义，在上不失仁，不是也可以！"于是，收殓他的尸体加以埋葬。高宗知道后，没有定王方翼的罪。长孙铨到了流放地，当地县令遵从朝中的意思用杖刑杀死了他。

武则天还不罢手，她要斩草除根。该年七月，唐朝派遣李世、许敬宗、辛茂将与任雅相、卢承庆一同再次审核长孙无忌事件。许敬宗又命令中书舍人袁公瑜等到黔州，重新审察长孙无忌反叛的情况，刚到那里立刻胁迫长孙无忌上吊自尽。高宗命令将柳奭、韩瑗就地斩首。前去的人在象州杀死柳奭。韩瑗已经死去，使者开棺检尸后返回。抄没这三家的家产，他们的近亲都流放岭南为奴婢。常州刺史孙祥由于与长孙无忌互通音信而被定罪，绞刑处死。自高宗即位后，以长孙无忌为首的执政元老重臣及其亲属，有的被杀，有的被流放，至此已被完全除掉。野心勃勃的武则天开始公开出台参政了。

（4）李忠被赐死

历史也给武则天参政提供良机。显庆五年（公元660年）十月，高宗患了轻度中风，头痛，眼睛看不清。百官奏事，他有时就让武后代为处理。武则天十分聪慧，通晓文史，处理的事都能顺从其心愿。高宗大喜，于是把大量政事交给她。就这样，权力慢慢转移到她的手中，威势和皇帝一样。武后掌握了重权，就完全改变过去对高宗言听计从的作风，从而导致了宫中的一场风波。

以前高宗将武则天从感业寺接进皇宫封为昭仪，她为了实现自己的政治野心，忍辱柔顺，想尽办法迎合皇上。高宗认为武则天善解人意，体贴入微，所以排除大臣异议封她为皇后，并和她一道除掉了以长孙无忌为核心的元老执政集团。可是伴随着武则天权力的膨胀，她不像往日那样谦恭有礼，越来越骄横，大权独揽，就是高宗的行动都受到限制，其程度甚于过去遗老们尚在之日，使得高宗忍无可忍。麟德元年（公元664年），宦官王伏胜检举武后擅自把道士郭行真引入宫中蛊祝妖术，祈求非分之福。高宗勃然大怒，想乘势将武则天废掉，于是暗中招宰相上官仪商议。上官仪全力支持道："皇后专权跋扈，使得天下失望，理应废弃她以顺应民心。"高宗立刻令上官仪起草废后诏书。

他们怎么知道武则天早在宫中遍布眼线。当她安插在皇帝身边的心腹探听到此事后，急忙告诉了她。武则天迅速赶来。这时废皇后的诏书还在高宗手中。她一见就开始哭诉，模样十分动人。高宗爱恨交加，非常后悔，立刻回心转意，待她如从前一样。他还怕武后怨怒，竟然说："我原来并不打算如此，都是上官仪教我的。"就这样将上官仪出卖了。武后对他恨之入骨，一定要除掉他才痛快。

上官仪写诗著文都很好，与王伏胜一道侍奉过太子李忠。武则天将高宗哄得回心转意后，转过头来，马上指使许敬宗诬告上官仪、王伏胜勾结废太子李忠谋反。高宗对武后不加任何干预，上官仪和他的儿子上官庭芝死在狱中，家口籍没。此事结束后，武则天觉得废太子李忠也必须除掉。李忠自显庆元年（公元656年）十四岁时被废，担任梁州都督，后转房州刺史。成年后由于惊吓后精神恍惚，有时穿妇人的衣服预防被暗杀，有时因噩梦而自己占卜。后来被人告发，被废为平民，放逐到黔州（今四川彭水）关押。上官仪死后，李忠也被赐死，死时只有二十二岁。除此以外，王伏胜也被处死。郑钦泰等一批朝臣由于曾与上官仪交好而被免官。宰相刘祥道也由于与上官仪友善被贬官。

经历这次反复，武则天的政治权力愈发膨胀了。在这之后，每次高宗临朝，她都垂帘于后听政。大小政事，官员都要奏闻。而高宗自显庆五年（公元660年）以后身子渐渐衰弱，上元二年（公元675年）因头痛目眩严重，居然想下诏由武则天全权处理朝政，由于宰相郝处俊等人的上书阻拦才没实行。可是百官奏书，国政大事，高宗逐渐离不开武后。武后在高宗朝辅政数十年，威势跟皇上一模一样。那时朝廷内外都称朝中有两个皇帝。

（5）武氏屡参政

武则天在高宗朝参政主要做了这几件大事。第一是修定《姓氏录》，以便代替太宗朝的《氏族志》。魏晋以来形成的重视门第的观念，一直影响到唐代，而武则天、李义府家族并没被太宗时修定的《氏族志》列为门阀士族。显庆四年（公元659年）六月，也就是长孙无忌被赶出京城两个月，许敬宗就以《氏族志》没把武则天家族列到里面为由奏请修改。李义府非常支持。

八月初八，唐朝任命普州刺史李义府兼吏部尚书，同中书门下三品。李义府已经成为显贵，便声称自己的祖先是赵郡人，与皇族一同排列辈分；无赖之徒想倚仗他的权势，跪下拜他为自己的哥哥、叔父的人很多。给事中李崇德原来和李义府同一个家族谱系，到他出任普州刺史，即从族谱中把李义府删除。李义府知道后厌恶他，重新担任宰相后，便指使人诬陷他，将他逮捕入狱，最后逼其自杀。但他一直把自己不是门阀士族视为羞辱，羡慕高门的荣耀。许敬宗提出修改《氏族志》的主张恰合他的心怀。

这一建议武则天也非常赞同。武则天父亲武士彟尽管是开国元勋，当朝新贵，可是祖先仅仅是农民，直到他经营木材生意才逐渐富贵，所以出身不高，太宗朝修《氏族志》并没有把武则天父亲列入世族之列。后来，褚遂良反对立武则天为皇后，其中一条理由就是她不是出身世族名家。而修改《氏族志》，提高自己家族的门阀，也就彻底除去了这块心病。

在武则天、许敬宗、李义府的推动下，高宗当然下诏同意，遂命礼部郎中孔志以及杨仁卿、史玄道、吕才等修成《姓氏录》。高宗亲笔为此书作序。在这本姓族等级书中，共收录二百四十五姓，二百八十七家，第一等中自然包括武后家族，其余完全依据仕唐官品高低为准，分为九等。只要在唐居官五品以上的，一律列入门阀士族，连士卒中由于立了军功而获得五品官的也是这样。这就根本废除了以前划定姓族等级的限制，扩大了士族的范围，打破了旧贵族的堡垒，得到了以军功或其他途径获得高品的一般地主的欢迎。随后，李义府又上奏收天下《氏族志》全部焚毁。

原有的门阀士族把太宗命人编修的《姓氏录》视为赏军功的"勋格"，他们不情愿与这些人同列而加以抵制。十一月，李义府因为儿子求婚失败，所以憎恨他们，于是进一步发挥太宗上述旨意，规劝高宗加大对门阀观念的打击。壬戌（十九日），高宗命令后魏陇西人李宝，太原人王琼，荥阳人郑温，范阳人卢子迁、卢辅、卢浑，清河人崔宗伯、崔元孙、前燕博陵人崔懿，晋赵郡人李楷等人的子孙不能互相结婚；仍然规定天下嫁女接受财礼的数目，禁止接受女家由于出身卑微而支付出身豪门的男家的"陪门财"。但是家族声望为当时所崇尚，一直无法禁绝，有人装载着女儿暗中送去夫家，有些人的女儿到老也不嫁，最后也没有与外姓结婚。那些在士族中衰败、宗谱失载，被同族人小看的，往往反而自称是被禁止通婚的家族，更加多收"陪门财"。这种门阀观念直到五代才彻底变革，在那之后，任用官员不问出身家世，通婚也不管祖先门阀了。

武则天为达到雄心勃勃的政治抱负，参与政权后千方百计增强自己对官僚群的影响，不断培植自己的势力，为她一生政治专权奠定基础。历史为她创造了机遇。南北朝以来，伴随着门阀士族地主的衰落，普通地主势力的崛起，保护门阀士族特权的九品中正制在隋初被废除了，用科举制来替代原来的选择官吏方式，很多庶族出身的知识分子接踵而至地踏入官场，他们在政治上要求地位，在社会上要有所作为。武则天就顺应这一股无法阻挡的潮流大量招官和扩大科举取士。显庆二年（公元657年），主持官员选拔的刘祥道上书反映："现在吏部铨叙过滥过多。每年任命的品官超过一千四百多，而每年合适的任官人数五百人就足够了。并且，很多非科举出身的胥吏没有经过吏部考核精选也都成了国家的正式品官。"第二年，中书令杜正伦同样上奏谈道，每年选任的品官过多是政治上的缺陷。高宗让刘祥道和杜正伦详议改革，可是大臣们清楚这一现象的背后有武则天支持，很难实施，只得作罢。

在扩大科举取士方面，武则天参与政事以后首先增加了进士等经常举行科目录取的人数。唐太宗贞观时期，平均每年取进士、明经等科不超过十名，而武则天与高宗共同执政时，平均每年只进士一科就取二十多人。除此之外还大开制科，以显庆三年（公元658年）到仪凤二年（公元677年），制科种类多达二十一种，给士人当官提供了便利。武则天参政后为通过读书走上仕途的人提供了广阔的发展机遇，非常适应缺乏显赫门第的普通地主出身的读书人的要求。武则天开的仕途越广，这些人就越发拥护她。武则天不仅在官僚阶层中因为这个发展了很多自己的人，而且也奠定了比较广泛的社会基础。

（6）武氏称天后

麟德二年（公元665年），高宗要到泰山进行封禅。十月，武则天上奏说："封禅这样的大典不让皇后参与，是违背礼仪的。"并提出自己要率妃嫔、公主、国夫人等随同祭奠。高宗答应了。十一月，高宗从洛阳出发，护卫的文武仪仗队声势浩大，绵延数百里。诸国朝见的使者也率领部众跟随，场面盛大在社首山祭皇帝，高宗初献之后，武后升坛亚献。然后给随同的官员加了官：文武官三品以上赐爵一级，四品以下加一阶。武则天自大唐开国以来首次在封禅大典中得到了亚献的殊荣，自此增强了在朝内外的声势。

上元元年（公元674年）八月，武则天为提升自己的地位，提议高宗称天皇，自己称天后。十二月，她又上书，提出了治理国家的十二条建议："一、注重农桑，减轻赋徭；二、免除长安及其附近地区的徭役；三、停止征战，用道德来教育全国上下；四、禁止国家手工工场制造奢侈品；五、节省工费力役；六、广开言路；七、杜绝谗言；八、王公以下大臣全部学习《老子》；九、父在为母穿孝由一年延长为三年；十、上元年以前给当官委任状的不再罢免夺回；十一、京官八品以上增加俸禄；十二、百官任职很久，才能很高而职位很低的，应该给予升官。"这些建议是相当有针对性的。咸亨元年（公元670年），全国四十多个州受到干旱、风霜、害虫等多种灾害，百姓饥乏，关中地区最为严重，高宗只得下诏让受灾百姓到其他各州求生，并转运江南租米赈给灾民。而且多年来东征西伐，兵役不绝，徭役沉重。其中前五条是为了通过这些措施减轻社会中的各种矛盾。第五、六条是为了改良行政作风。第九条是有目的地抬高以武则天为首的女子的地位。第十至十二条是特意拉拢官僚队伍。而第八条，则为了赢得高宗为首的皇室宗族的欢心，因为唐朝把老子当做自己的祖先。

高宗对武则天这些关系到国家经济、军事、政治、社会等多个方面的治国方案很是欣赏，下诏褒扬，都命令实施。不论这些建议实行效果怎么样，但是，从中可以清楚看出武则天很有政治才华，并已经全面地注意和处理国事了。

武则天以皇后的身份参与政事，可是却没有恰当的名分控制以宰相为首的外廷。这样她在上元二年（公元675年）以修撰的名义，在宫中召集一批文人学士，依靠这些人协助她修改审批诏书和大臣奏折，形成了以她为核心的内朝权力中心，以便渐渐抢夺宰相的大权。这些人有刘祎之、范履冰、元万顷、周思茂、苗楚客、韩楚宾等。因为他们被特许从宫城北门出入皇宫，那时候人们把他们称为"北门学士"。他们在帮助武则天参决政事，削弱宰相大权的同时，也撰成了《列女传》《百僚新诫》《臣轨》《乐书》等书，达千余卷。北门学士这个智囊班子的组成，对武则天掌握天下局势，并为她后来登基起了举足轻重的作用。

武则天自从永徽六年（公元655年）以皇后的身份登上政治舞台后，杀王皇后、萧淑妃，巩固自己的皇后地位；杀太子李忠，除掉自己的祸根；瓦解以长孙无忌为首的元老执政集团，从而有机会参与政治；杀上官仪等人后，进一步扩大了自己的权力；修定《姓氏录》，提高自己家族的社会地位；扩大科举、放手招官，在官僚群中培植自己的亲信；建言十二事，显露自己的政治才华；组织"北门学士"，逐渐有了以自己为首的领导集团。武则天在向最高权力顶峰迈进的过程中慎密安排，稳步向前，展现了一个政治家的深谋远虑。

3. 贞观诤臣褚遂良

褚遂良（公元596~658年），字登善，杭州钱塘人。父褚亮，先后在陈、隋、唐三朝为官，隋末被贬为凉州西海郡司户。薛举称帝割据凉州时，任命其为黄门侍郎。唐平定凉州后，他担任秦王府文学。

太宗贞观年间，他又升任散骑常侍。褚遂良隋末被薛举任命为通事舍人。后来随同其父归顺唐朝，他被任命为秦王府铠曹参军，管理兵器铠甲事务。

贞观年初，他担任起居郎。他博览群书，对书法非常内行，尤其擅长隶书楷书。自从虞世南死后，太宗时常叹息说："虞世南死，没有人和我讨论书法了！"魏征推荐说褚遂良精通书法，太宗下召要求其进宫拜见，果然非比寻常，于是太宗命他充当侍书。太宗非常喜欢王羲之书法，那时候正下令广泛收购王羲之墨迹，各地争相进献，但是其真假难以辨别，就命褚遂良加以鉴定。他接过这些法贴，仔细分辨，去伪存真，指出哪些是真，哪些是假，理由充足，令人信服，经过多次重复的验证，他的鉴定都没有错误。从此，太宗对他渐渐地信任起来，君臣之间谈论的内容，也慢慢从论书法转移到对时事的评论上来，而他又以敢于直言进谏著称于贞观、永徽年间。太宗曾经说："朕始得魏征，朝夕进谏，征亡，刘洎、岑文本、马周、褚遂良继之。"

贞观十五年（公元641年），太宗准备像古代帝王一样举行封禅，到泰山祭祀天地，命令众大臣扈从，从长安到了洛阳。这时彗星出现在天空，褚遂良认为到泰山封禅，劳累百姓，耗费钱财，便以彗星的出现为借口进言道："陛下拨乱反正，功超古初，方告成岱宗，现在彗星却在空中出现，此天意有所未合。"太宗听从他的意见，下诏停止封禅。没过多久，褚遂良升任谏议大夫，仍然兼知起居事。太宗问他："卿记起居，作为君主的能阅览吗？"他说："现在的起居，就是古代的左右史，善恶都必然如实记下，以告诫后代君主不要做错误的事，没有听说天子自己要看的。"太宗又问："朕有不善，卿必记耶？"他回答说："守道不如守官，臣职载笔，君举必书。"

太宗阅览古书所记载："舜造漆器，禹雕其俎，十多人对其劝谏。"他觉得非常奇怪，认为这样普通的小东西，有必要这样大惊小怪吗？褚遂良进谏说："奢靡之始，危亡之渐也。漆器不止，必金为之。金又不止，必玉为之，故谏者救其源，不使得开，及夫横流，则无复事矣。"他认为这些不是小事，人的欲望是由小向大一步一步地膨胀起来的，等到奢侈成风，再想制止也都来不及了。太宗听了他这番治国必须防微杜渐的言论，非常诧异和佩服。

唐初有一种非常特别的政治制度，即皇帝的子弟不管年龄大小全都担任各州都督、刺史。褚遂良上书进谏说："今州县率仿秦法，而皇子孺年并任刺史，陛下诚以至亲捍四方。"他还指出各州刺史是亲近百姓的官员，是人民的榜样，是否任用了得当的人选，对于人民生活，国家安宁都有举足轻重的影响，所以必须变革让年幼皇子充当州刺史这一毫无道理的弊政。经过褚遂良的直言规谏，太宗终于醒悟，立即采纳了他的建议。

太宗晚年，励精图治经营四方，为了抚慰在平定突厥中起过支援作用的薛延陀，曾经答应薛延陀将公主嫁给他，并且已经收下了他的聘礼，但是后来又反悔了，宣布断绝婚姻关系。褚遂良进谏劝太宗为避免边疆再起战事，应该对部落首领讲求信义。只是太宗因为有灭薛延陀的打算，所以没有采纳。后来太宗准备东征，褚遂良又规劝："一不胜，师必再兴；再兴，为忿兵。兵忿者，胜负不可必。"太宗表示采纳谏言，后因褚遂良的谏言遭到李世极为强烈的反对，太宗才下定决心东征。遂良感到担忧，再次上言劝阻。太宗虽没有听从他的谏阻，但还是对他的忠诚进行了奖励，将他升迁为黄门侍郎，掌管机密大事，参与朝政。没过多久，褚遂良因父亲褚亮故去，罢官回家服丧去了，服丧期满，担任了中书令。

贞观二十三年（公元649年），唐太宗病情危急，召见褚遂良、长孙无忌，封他们为顾命大臣，对他们说："汉武帝寄霍光，刘备托诸葛亮，朕今天将太子李治托付于两位爱卿。太子李治仁孝，你们应该竭尽全力地去辅佐他。"对太子李治说："无忌、遂良在，尔毋忧。"然后命褚遂良起草了让太子李治继位的遗诏。唐高宗李治登基后，封褚遂良为河南县公，晋升郡公。没过多久，由于受其他事故的牵连出任同州刺史。

第二年，应召回到朝廷，担任吏部尚书、同中书门下三品，并监修国史，同时担任太子宾客。过了没多长时间，被提升为尚书右仆射，主持尚书省政务。

永徽六年（公元655年），高宗想把王皇后废掉，立武昭仪为新皇后，宣召大臣长孙无忌、李世勣、于志宁和褚遂良入宫。褚遂良坚决反对废后，被贬为潭州都督。

显庆二年（公元657年），调任桂州都督。没过多久，又贬为爱州刺史。褚遂良心中忧惧，害怕自己在爱州死去，而高宗不了解自己的拥立功劳，死后又无法再亲身向皇上说明，遂上表启奏，希望能迁徙内地，但高宗害怕武后，对他的奏章不予理会。

显庆三年（公元658年），褚遂良死于爱州，终年六十三岁。死后二年，许敬宗、李义府诬奏褚遂良煽动长孙无忌谋反，高宗下诏把他的官爵削去。他的两个儿子褚彦甫、褚彦冲被流放爱州，不久就被杀死。中宗复唐后，以褚遂良忠于唐室，下诏为其恢复了官爵。

褚遂良擅长书法，颇负盛名，为唐初四大名家之一。

历代书法评论家都对褚遂良在书法上所取得的成就给予了很高的评价，当然也把缺点指了出来。

唐人李嗣真《书后品》说："褚氏临写右军，是他的高徒，丰艳雕刻，盛为当今所尚；但是不够自然，只是用功勤奋，比较精心熟悉而已。"所以他的书法被列为上品。唐代张彦远《法书要录》中所辑张怀瓘《书断》称褚遂良"善书，少则服膺虞监，长则祖述右军"。说褚遂良的正书并不比欧虞差，行书草书就比不上了；并把他的隶书、行书列入妙品。清代戈守智《汉谿书法通解校证·述古卷》引宋代著名书法家米芾说："褚遂良的书法有如熟悉战争，懂得驯马，一举一动都随其心意，而别有一种骄色。"今人杨仁恺《中国书画》评褚遂良之书说："他的书法融欧、虞为一，方圆兼备，波势自然，结体较方，比欧、虞舒展，用笔强调虚实变化，节奏感较强，晚年益发丰艳流动，变化多姿。唐人评其书风'字里金生，行间玉润，法则温雅，美丽多方'。"

褚遂良书迹流传下来的，碑刻主要有《伊阙佛龛碑》《雁塔圣教序》《房玄龄碑》《同州圣教序》《孟法师碑》《随清损墓志》；碑刻以外，墨迹主要有：楷书《赐观帖》《倪宽赞》《大字阴符经》，小楷《小字阴符经》《千字文》；行书《枯树赋帖》《文皇哀册》《帝京篇》《千字文》、临王羲之《兰亭集序》；草书《阴符经》等。其中《雁塔圣教序》原石现在仍在西安。最早宋拓本曾经为赵世骏收藏，已经丢失了，此碑行笔瘦劲，风华宛转，为褚遂良的优秀之作。

4. 武则天杀废亲子

上元二年（公元675年），武后方逞其志，不满太子李弘，用毒酒将其害死。

（1）毒杀太子李弘

武则天生性喜好权势，一朝得志，她的意图绝不是正位中宫，参与朝政，而是要登上皇帝的宝座。所以，她要及时除掉一切妨碍她实现这一目标的障碍。争夺最高权力，使武则天与儿子之间矛盾重重，而大儿子李弘最先被毒死。

武则天生了四个儿子：长子李弘，生于永徽四年（公元653年）正月；次子李贤，生于永徽五年（公元654年）十二月十七日；三子李显（又名哲）生于显庆元年（公元656年）十一月初五；四子李旦，生于龙朔二年（公元662年）六月初一。武则天害死王皇后、废弃太子李忠后，于显庆元年（公元656年）正月初六，把只有四岁的儿子李弘立为太子。龙朔三年（公元663年）十月，高宗就培养十一岁的李弘参与政事，下诏令太子每隔五天在光顺门朝听官臣的上书，一些小事统统由他处置。李弘的品性与武则天完全不同，他仁孝谦恭，对朝臣以礼相待，深得高宗欢心，并且很受大臣百姓拥护。

高宗遵从太宗遗愿，于乾封元年（公元666年）又发动大规模东征的战役。多年的战争使百姓的兵役与徭役负担加重，东征的兵士也出现逃亡现象。高宗下诏令这些逃亡的军人在规定时间内投案自首，要是在期限内不投案自首或再有逃亡的，要处以极刑，家口没官。太子李弘上书谏诤，指出这一诏令在执行中造成的一些冤案：有的士兵由于患病而无法远征从军；有的由于采集柴草被敌军俘虏，有些士兵由于渡海淹死或深入敌境作战身受重伤而无法归伍，像这样的事情，执行法令的人搞不清情况，全部按逃亡处理，将不该逮捕的关押狱中，把不该没官的家属大量没官。他请求高宗："像这样杀害无辜，不如修改诏令。希望陛下撤销逃亡士兵家属籍没入官的成命。"高宗奏准。

咸亨二年（公元671年），高宗到东都洛阳，叫李弘留守长安监理国政。这年大旱，关中粮食匮乏。李弘验察廊下守卫士兵所吃的干粮，发现有的竟然是榆树皮和蓬实，于是私下命令东宫太子家令寺给这些卫士提供米。

这时，他发现义阳、宣城两公主三十多了还没有嫁人。她们是萧淑妃的亲生女儿，因为萧淑妃的原因长期被囚禁在掖庭宫。李弘非常吃惊，又非常同情，立即上奏父皇，请选婿出嫁，高宗答应了。李弘还上奏请求将同州沙苑的国家土地分借给无地贫民。

李弘还能够纳谏。太子有些疏远东宫的属官，典膳丞全椒人邢文伟就削减他的膳食，而且上书劝说他。太子在给他的回信中认识到错误，说明接受他的建议，指出出现这种情况的原因是自己多病，并经常进宫侍奉皇上，空闲时间少。没过多久，右史这个位子空缺，唐高宗说："邢文伟侍奉我儿子，能用撤减膳食的方式进行规劝，这是耿直的人。"便将他提升为右史。

太子在一次宴会时，叫东宫的官吏表演"掷倒"的杂耍。按次序轮到左奉裕率王及善表演时，他说："表演'掷倒'，应该是乐官的职责，要是我执行您的命令，我怕没有辅助太子的资格了。"太子向他承认了错误。唐高宗知道后，赏赐给王及善一百匹缣，不久提拔他为左千牛卫将军。

咸亨四年（公元673年）八月，高宗染上疟疾，就让李弘代替自己在延福殿听取百官奏事，在实践中学习处理朝政。高宗还选择右卫将军裴居道的女儿做太子妃。送聘礼时，有关官员奏称"用白雁最为吉利"，碰巧在宫苑内捕获到罕见的白雁，高宗非常高兴。十月完婚后，裴氏非常贤惠。高宗曾对侍臣说："东宫的内政，我非常放心了。"还常说："太子仁孝，礼敬大臣，自古至今少有。"

在高宗对李弘精心培养满怀希望的时候，也恰好是武则天处心积虑扩大自己权力的时候。李弘的思想作为，尤其是其势力越来越大，对她以后登基非常不利。其实，武则天对李弘的举动早就加以防备。她发现亲生的长子李弘颇有心机，居然多次违背自己的旨意向皇帝上奏，尤其是连自己仇敌萧淑妃的女儿也奏请出嫁。她不仅恼怒，而且还给李弘点颜色瞧，把义阳、宣城两公主许配给权毅、王遂古，而这两人仅仅是守卫宫城的普通士兵。

上元二年（公元675年）三月，唐高宗风眩病非常严重，准备让天后武则天代为处理国家政事，中书侍郎、同三品郝处俊说："皇帝治理外朝，皇后治理后宫，是自古到今的常理。从前魏文帝曹丕曾经立下法令，即使皇帝幼小，太后也不许临朝听政，这是为了防止发生祸乱。陛下为什么不把高祖、太宗的天下传给子孙，反而交托给天后呢！"中书侍郎昌乐人李义琰说："郝处俊的话是最忠诚的，陛下应该听从他的建议！"唐高宗于是打消了这一念头，而想把帝位传给皇太子李弘。这就使野心勃勃的武则天一定要除掉自己的亲生儿子。

四月，李弘随高宗、武后到合璧宫，武则天在这月二十五日，用毒酒把只有二十四岁的李弘害死。高宗得知李弘的死，伤心欲绝。没办法，只得在五月下诏追封李弘为孝敬皇帝，帝子谥皇帝，这在中国历史上还是第一次。

（2）控制李贤

李弘死后，高宗寄希望于次子李贤身上，六月初五，下诏把二十三岁的李贤立为皇太子。李贤自幼聪明，举止端庄，很小就读了《尚书》《礼记》《论语》，一目十行，过目不忘。高宗十分喜欢他。为使李贤尽快熟悉政事，高宗在他成为皇太子之后，就让他处理政事。李贤处理政务精明果断，朝廷百官都称赞他。这使高宗异常开心，仪凤元年（公元676年）亲下手诏褒美道："皇太子贤自监国以来，关心政事，安抚百姓，运用刑罚非常小心。处理政事的空闲时间，攻读典籍，汲取精华，喜贤好善，可以担当国家重任，非常符合朕的心意。"并赐绢五百段。

李贤又招集一批学者，有太子左庶子张大安，太子洗马刘纳言，以及格希元、文藏诸、成玄一、许叔牙、周宝宁等，与他们一块注范晔《后汉书》。这些学者中为首的张大安是张公瑾之子，而张公瑾是玄武门政变中帮助李世民的关键人物之一，正是他力劝李世民先发制人，用不着占卜；后来又紧紧把守玄武门，成为太宗获得帝位的功臣。李贤以注书为名召集这批学士，实际上是在加强自己政治上的势力，在后党"北门学士"之外另外树立太子系的一派势力。而《后汉书》中有关于后汉政权旁落皇太后、外戚手中的记载，注《后汉书》似也包含有指出武后专权的只言片语。注书完成后，高宗赐绢三万段，并将书保存在秘阁。

仪凤四年（公元679年）五月，高宗又让李贤监理国政。这时，武则天不但看到次子李贤的政治势力超过长子李弘，而且高宗也非常希望培养这个儿子尽早继承大业。这使她面临高宗驾崩后大权会落到李贤手中的危险。武则天便千方百计地加紧控制李贤。

太子李贤听到的闲言碎语说，他是天后武则天的姐姐韩国夫人的儿子，心里就担心害怕。明崇俨依靠诅咒制胜的迷信法术获得天后武则天的信任。他时常暗中说："太子不应该继承帝位，英王李哲长得特别像唐太宗。"又说："相王李轮长得有显贵之相。"天后武则天曾命令北门学士撰《少阳正范》及《孝子传》赏赐给太子，并且多次写信责备他，太子心里愈为不安。李贤敏锐地警觉到母后要对自己不利了，就作《黄台瓜辞》，命令天下乐工们演唱。歌词是："种瓜黄台下，瓜熟子离离。一摘使瓜好，再摘令瓜稀，三摘犹尚可，四摘抱蔓归。"喻意武则天只有四个儿子，如果把他们都杀掉，不会给自己带来好处。希望母亲听闻后觉醒，产生恻隐之心。李贤此时作的乐曲《宝庆乐》曲调也非常哀伤。但武则天想做皇帝，必然要除掉李贤，因为他已年长，又有政治才能，要是李贤当了皇帝，不仅自己不可能当女皇帝，并且手中已有的权力也会被夺走。

武则天非常信任的明崇俨在去年五月一天的夜里被刺客杀死，司法部门没有能够找到凶手，天后武则天怀疑是太子所为。太子比较喜欢音乐、女色，同家奴赵道生等关系特别亲近，赏赐他们很多金帛，司议郎韦承庆给他提建议，太子听不进去。天后武则天暗中派人告发这些事。唐高宗命令薛元超、裴炎与御史大夫高智周等共同审问太子，在东宫马坊搜出数百件黑甲，作为反叛物证；赵道生又指证太子让他杀死明崇俨。唐高宗向来偏爱太子，十分踌躇，想赦免他，天后武则天说："作为人子却有谋权之心，天地所不容，应该依法惩处，怎么可以赦免！"二十二日，废太子李贤为平民，令右监门中郎将令狐智通等将李贤弄到京师，幽禁于别所，同伙的人都被处死了，查获的黑甲在洛阳天津桥南焚烧示众。这一案件株连了很多人，除李贤的一批亲信被处死以外，宰相兼左庶子张大安贬为普州刺史，太子洗马刘纳言等十多人被放逐。武则天仍然不死心，第二年十一月又把李贤流放到巴州。

（3）废黜中宗

李贤被废后的第二天，二十四岁的李显被立为太子。李显平庸无能，这样唐高宗想传位给比较有才能的儿子的愿望破灭了，心里不痛快，身体愈来愈坏。开耀元年（公元681年）七月，高宗由于服药治病，令李显监国，仍然想提高儿子的治国本领。尤其是在永淳元年（公元682年）二月，高宗破例立李显刚出生的儿子重润为皇太孙，并为其开府置师傅等官员，希望把太子、太孙的名义定下来，有官员下属，也许能够保持李氏的江山。

四月，高宗因关中闹饥荒，到东都洛阳，让李显暂掌国事，并让宰相刘仁轨、裴炎、薛元超辅政。但李显游手好闲，荒废政事。薛元超上书规劝。高宗闻讯，召赴洛阳。永淳二年（公元683年），高宗病势已十分严重，连本来定在十月封嵩山的祭典也无法举行。高宗头痛加重，无法视物，召侍医秦鸣鹤诊视。秦鸣鹤请求用针刺头使它出血，非常有效。天后武则天在帘中，不愿唐高宗病情痊愈，生气说："此人可以斩首！竟然妄图在天子头上刺出血。"秦鸣鹤叩头请求恕罪。唐高宗说："只管刺，说不定有效。"于是用针刺百会、脑户两个穴位。高宗说："我眼睛好像能够看见了。"天后武则天把手举在额上说："这是上天的恩赐！"亲自备着彩缎百匹赐予秦鸣鹤。

然而高宗终究病情严重。十一月十五日，下诏令李显在洛阳监国，让宰相裴炎、刘景先、郭正一和太子同理朝政，预防有什么不幸的事情发生。十二月初四，改年号为弘道。高宗想到则天门楼宣布大赦，可是因呼吸困难无法乘马。夜里，高宗召裴炎入宫，授予遗诏，让他辅佐李显。高宗在贞观殿驾崩。他于遗诏中命令太子在他灵柩前即帝位，遇有不能解决的军国大事，请武后帮助解决。

初七，裴炎上奏说太子还没有即帝位，最好不要由他直接颁布诏令，有急需处理的重要事情，希望发布天后的命令由中书省、门下省实施。十一日，唐中宗即帝位，尊天后武则天为皇太后，政事决定权在她之手。武则天获得了掌管国家的最高权力。

武则天的欲望越来越大，她要公开当女皇。所以在弘道二年（公元684年）二月，武则天找了个借口把继位还不到两个月的中宗废黜了。

中宗于弘道元年（公元683年）十二月十一日正式登基，在第二年正月初一改年号为嗣圣元年（公元684年），随即把原太子妃韦氏册立为皇后。与此同时将韦后的父亲韦玄贞从低级官员普州参军破格提升为高级官员豫州刺史。中宗想任命韦玄贞为侍中，又准备授给乳母的儿子五品官，裴炎极力反对，中宗非常恼怒，说："我将天下交给韦玄贞有什么不可以！难道还吝惜侍中职位！"裴炎心中惶恐，报告太后，并秘密商定废皇帝的事。二月，太后在乾元殿召集百官，裴炎和中书侍郎刘祎之、羽林将军程务挺、张虔勖率军入宫，执行太后命令，废中宗为庐陵王，扶他下殿。中宗说："我犯了什么罪？"太后说："你准备把天下交给韦玄贞，怎么会没有罪！"便把他幽禁起来。

废掉中宗的第二天，武则天把自己第四子李旦立为皇帝，称为睿宗，那时，李旦还不到二十二岁。可是她把睿宗安置在偏殿，全部国政都由自己决定，睿宗只是一个傀儡。在这之后，武则天常在洛阳宫的紫宸殿中垂下浅紫色的丝帐，临朝听政，独断专行。

这时，她对被流放在外地的李贤放心不下了。因为李贤在政治上颇有影响，她害怕有人打着李贤的旗号起兵造反。为了消除这种可能，于是以检查李贤住宅安全的名义派心腹左金吾卫将军丘神前往巴州，暗中令他除掉李贤。三月，丘神到巴州后，将李贤单独关押起来，并把其逼死，年仅三十二岁。为了掩饰自己的行为，武则天将丘神作为替罪羊，外贬为叠州刺史，还在显福门装模作样举哀哭泣，并将李贤追封为雍王，但是不久，又把丘神调回，恢复原职。

武则天在除掉李贤的时候，他的孩子同遭厄运。他的三个儿子李光顺、李守礼、李守义都被关在宫中，十几年不能走出庭院。李光顺后来被杀，李守义病死，李守礼在长期监禁中时常被毒打。玄宗掌朝时，玄宗弟李范向皇兄报告说："守礼能提前知道或晴或雨。"玄宗非常奇怪，召他来问。李守礼答："因为脊背被打得斑痕累累，要是下雨，臣脊背沉闷，要是晴天，就轻松，所以能预知晴雨。"说着眼泪沾湿了衣襟，玄宗也潸然泪下。

对废弃的中宗，武则天担心他留在都城对自己不利，于是在五月将他迁徙到均州，囚禁在原来李泰从前居住的府第。没过多久，又转移到房陵囚禁。幸好李显才能平庸又缺乏政治影响，才得以保全性命。

当亲生儿子妨碍自己登上皇帝宝座时，武则天残酷地毒死长子李弘，逼死次子李贤，剥夺了三子李显的帝位，并将他囚禁于外地，立为皇帝的小儿子李旦，实际也是软禁宫中，充当傀儡。这样，她向权力的顶峰又跨进了一大步。

5. 徐敬业叛乱

光宅元年（公元684年）九月，唐宗室人人自危，徐敬业、骆宾王等以挽救庐陵王为名起兵扬州。

（1）刘仁轨上疏

武则天于嗣圣元年（公元684年）二月废掉唐中宗后，虽然立四子李旦为睿宗，但不许李旦参与政事，自己独揽朝政，并紧锣密鼓准备改朝换代。为了消除后患，派心腹丘神于三月到巴州逼死废太子李贤，五月将废弃的中宗关押到均州。闰五月，提升侄子武承嗣为宰相。武则天为了证明自己临朝称制符合上天的意思，鼓励各地进献符瑞。八月，嵩阳令樊文献瑞石，她命令把瑞石放在朝堂向百官展示。九月初六，武则天将年号改为光宅，旗帜全部改成金色，八品以下官服由青色改为碧色，东都改名神都，又改尚书省等各政府机构和官员名称。为增强对百官的监察，增设右肃政御史台，专门管理诸州地方官员，而左肃政御史台负责监察京师官员。随后，武承嗣上书，请武则天追封武氏祖先，立武氏七庙，武太后欣然答应。于二十一日追尊五代祖武克己为鲁靖公；高祖武居常为太尉、北平肃恭王；曾祖俭为太尉、金城义康王；祖华为太尉、太原安成王；父武士为太师、魏定王。又在山西文水东修造武氏五代祠堂。

武则天这些行动充分暴露了她取代唐室的野心，遭到忠于唐室大臣们的反对。刘仁轨对武则天的图谋很早就有所察觉，并提出劝告。那是在武则天废中宗又废中宗皇太孙李重照后，留守长安的刘仁轨就上奏讲述汉吕氏专权的下场。武则天为安抚老臣刘仁轨，专门派遣武承嗣带玺书解释道：自己所以处理政务，是由于睿宗还在守丧期间，不便上朝理政。并说刘仁轨用吕后的史实提醒自己很有意义，还表扬他忠于朝廷。其实这仅仅是武则天在改朝换代准备尚不充分时的缓兵之计而已。

宰相裴炎在武则天要追封先祖立武氏七庙时也不赞同。当时裴炎和武则天争论激烈，裴炎一针见血地指出："太后是国母，应该保持最大的公心，不可对亲戚太偏心。难道没看见吕氏的失败吗？"太后说："吕后将权力交给活人，是她失败的原因。如今我追尊死者，有什么不妥呢？"裴炎回答说："事情应当从小事开始预防，不能够让不良现象蔓延。"太后对他的建议没有理会。

武则天逐渐逼近女皇宝座，她侄儿武承嗣等娘家亲属手握重权。李唐宗室则人心惶惶，心怀不满。光宅元年（公元684年）九月二十九日，徐敬业在扬州首先起事，以讨伐武则天、匡复中宗帝位为名，发动叛乱。

（2）徐敬业起兵

徐敬业是徐世勣（即李世勣）的孙子，幼时便随军出战，以勇猛著称。徐世勣去世后，他继承祖父英国公爵位，担任眉州刺史，后来由于贪赃枉法被贬为柳州司马。他的弟弟徐敬猷本来担任周至令，也因此事牵连而被免官。与此同时，还有一批被贬的中小官员：给事中唐之奇贬括苍县令，詹事司直杜求仁贬黟县令，长安主簿骆宾王贬临海县丞，魏思温则从御史贬为周至县尉，而且是远贬。这些人聚集扬州，都因为遭到贬黜而心怀怨恨，便密谋叛乱。

魏思温出谋划策，派他的党羽监察御史薛仲璋请求奉命出使江都，随后命雍州人韦超到薛仲璋处举报，说："扬州长史陈敬之密谋叛乱。"薛仲璋将陈敬之逮捕入狱。几天后，徐敬业乘驿车到达，假装是扬州司马前来上任，说："奉太后密旨，由于高州酋长冯子猷谋反，要出兵讨伐他。"这样打开府库，命扬州士曹参军李宗臣到铸钱工场，让囚徒、工匠参战。在监狱将陈敬之斩首，录事参军孙处行有所抵抗，也被一同处死，扬州官吏被迫顺从。于是征发一州的兵马，改用中宗的年号嗣圣。并且设立三个府署：第一个称为匡复府，第二个名为英公府，第三个叫扬州大都督府。徐敬业自己称为匡复府上将，担任扬州大都督。任命唐之奇、杜求仁为左、右长史，李宗臣、薛仲璋担任左、右司马，魏思温担任军师，骆宾王担任记室，十几天就召集士兵十万余人。

徐敬业发送檄文到各州县，内容主要是说："窃取帝位的武氏，本性并不温顺，出身贫寒低贱。她从前位于太宗后宫的下列，曾经找机会侍奉太宗，博得太宗欢心，太宗年老之后，又与太子淫乱。她隐瞒了同先帝的私情，一心谋求皇上的宠爱，终于当上了皇后，使我们的君主陷入如同禽兽的乱伦境地。"又说："武氏杀害姐姐，屠戮哥哥，杀死皇帝，毒死母亲，为人神所憎恨，不能容于天地。"又道："野心勃勃，阴谋夺取帝位。君王爱子，被幽禁于别殿；武氏的宗族亲近，都委以重任。"又说："先帝坟墓上的黄土尚没有干，成年的孤儿现在哪里！"又说："试看现在国家之内，到底是谁家的天下！"太后看到檄文之后问道："这是什么人写的？"有人回答说："骆宾王。"太后说："这是宰相的失误。此人如此才华横溢，却让他流离失所，没有重用！"

徐敬业找到一个长得很像已故太子李贤的人，向众人谎称："李贤没有死，流落于这个城市，他命令我们起兵。"于是奉他为主以号召天下。

楚州司马李崇福统帅部下三县响应徐敬业。唯有盱眙人刘行举占领县城，不肯服从命令，徐敬业派将领尉迟昭攻打盱眙。太后下诏将刘行举任命为游击将军，命他弟弟刘行实为楚州刺史。

（3）裴炎遭诛

可是出乎武则天意料的是，徐敬业在扬州举兵叛乱会在朝廷中激起巨大的政治风波，而宰相裴炎第一个被处死。

裴炎在高宗朝调露二年（公元680年）就已经担任宰相。弘道元年（公元683年）十二月，高宗临死前受遗诏辅政。中宗登基后，官职由侍中迁任中书令，宰相班子议事处政事堂也由门下省迁到中书省，从中可见他在执政中枢的重要地位。后来，他因反对中宗将自己岳父韦玄贞提为侍中，将乳母子封五品官，与中宗之间矛盾尖锐。武则天正是利用这一矛盾废弃了中宗。可是裴炎是效忠李唐皇室的，而原以为武则天废中宗后会让新立的睿宗执掌大权，没想到她却临朝称制，独断专行。所以，对于武则天要追封自己先祖，立武氏七庙，他就执意反对，还利用吕后专制引起祸乱的历史进行讽刺。武则天从此对裴炎怀恨在心。后来，武承嗣、武三思因为高祖子韩王李元嘉、鲁王李灵夔辈尊位重，多次劝武则天找机会杀掉他们。当武则天和宰相商议时，刘祎之、韦思谦默不作声，只有裴炎全力劝阻。武则天越发怀恨在心。

　　徐敬业叛乱，裴炎的外甥薛仲璋是领导人之一，朝廷众臣都知道，可裴炎由于自己与此事没有任何关系而问心无愧。更重要的是，他还借用这一形势威逼武则天下台，想成为令睿宗亲政的功臣。故而徐敬业举兵后他毫无反应，也不积极采取行动。武则天临朝议政，太后向他征求意见，他回答说："皇帝已经长大了，不能亲理政事，所以叛贼们找到借口。如果太后将政权交还皇帝，他们自然会收兵。"监察御史蓝田人崔察知道后，进言说："裴炎受高宗临终托付，大权在握，如果没有不轨的想法，为什么请太后交还政权？"太后于是命令左肃政大夫金城人骞味道、侍御史栎阳人鱼承晔审问裴炎，把他关进监狱。裴炎被捕后，义正严辞，不肯屈服。有人劝他顺从以保全性命，裴炎说："宰相入狱，哪有能保全的道理！"

　　凤阁舍人李景谌认为裴炎肯定谋反。刘景先和凤阁侍郎义阳人胡元范都说："裴炎是国家大臣之首，于国家有功，殚精竭虑效忠皇帝，天下无人不晓，我们敢担保他不会反叛。"太后说："裴炎谋反是有原因的，只是你们不清楚而已。"他俩回答说："要是裴炎算是谋反，那么我们不也是谋反了。"太后说："我知道裴炎谋反，知道你们不谋反。"文武官员很多人都证明裴炎不会谋反，太后一概不听。没过几天连刘景先、胡元范也一同被捕入狱。光宅元年（公元684年）十月十八日，裴炎在都亭驿被斩首。临刑前他伤感地与遭受牵连的亲属道别说："兄弟们的官位都是依靠自己的才能获得的，没有受我一点恩赐，可今天却因我的缘故而流放到荒远的地区，我心里非常不好受。"裴炎为官清廉，籍没抄家时竟然没有丝毫家财。

武则天利用裴炎案大肆清除朝中不忠于自己的官员。刘景先多次遭受贬黜，先为吉州员外长史，后又被人陷害在狱中自杀。胡元范放逐琼州而死。吏部侍郎郭待举贬岳州刺史。武则天还悄悄派将军裴绍业到军中将程务挺处死。程务挺勇冠三军，甚得军心，镇守边防威望很高，突厥因怕他而不敢侵犯边境。当突厥听说程务挺被杀，高兴得饮宴相庆。夏州都督王方翼因与程务挺亲近，又是已废王皇后的近属，也被捕入狱，后流放崖州而死。

裴炎弟弟的儿子太仆寺丞裴先，年仅十七，上呈密奏，请求面谏武则天。太后召见他，斥责他说："你伯父阴谋造反，还有什么可说。"裴先说："我这是为陛下出谋划策，怎么敢诉说家庭的冤屈！陛下是李氏的媳妇，先帝逝世后就独揽大权，更改继位的人，疏远排斥李氏，提拔武氏亲戚。我伯父忠于国家，反被妄加罪名，杀戮株连子孙。陛下所做的一切，我非常惋惜！陛下应该尽快让皇帝复位，自己引退，安居深宫，宗族才能得以保全；要不然，天下发生变化，便没办法挽救了！"太后十分生气说："这是什么鬼话，小子怎么敢说这样的言论！"下令拉他出去，裴先回头说："现在采用我的意见，为时未晚。"一连说了三次。太后命令在朝堂上打他一百棍子，随后长期流放州。

裴炎被捕后，郎将姜嗣宗从洛阳出使长安，刘仁轨问他东都洛阳的事情，姜嗣宗说："我知道裴炎想谋反的事情很久了。"刘仁轨问："是你自己觉察的？"姜嗣宗说："是的。"刘仁轨说："我有事上奏，但愿你能帮我传达。"姜嗣宗说："可以。"第二天他带着刘仁轨的奏表返回洛阳，奏表中说"姜嗣宗知道裴炎谋反而不上报"。太后看了奏表之后，命令在殿庭上摧残姜嗣宗的躯体，在这之后把他绞死于洛阳都亭。

武则天为了扫除不顺从自己的人，将裴炎以谋反罪处死，可是欠缺证据，为了掩饰，她让手下爪牙给裴炎编造了很多谋反罪状。说什么裴炎想利用武太后出游龙门之机，发兵逮捕她，使还政天子，可是恰好连续下雨，太后没去，这个阴谋没有得逞。更不可思议的是，还说徐敬业准备起事时叫骆宾王谋划联络裴炎。骆宾王于是写了一首歌谣："一片火，二片火，绯衣小儿当殿坐。"又把这首歌谣教给裴炎庄园中的小孩和洛阳儿童诵唱，借以见裴炎，说服裴炎帮助他们。裴炎给徐敬业回信只写"青鹅"二字，被人告发后朝臣没有人能看懂，独武则天立时明白，说"此青字表示十二月，鹅字含我同意的意思。就是说，裴炎和徐敬业商定十二月里应外合"等等，真是绞尽脑汁。除此之外，武则天还追削了徐敬业祖、父官爵，并掘坟砍棺。

武则天一边清除裴炎为首的忠于唐室派，一边把负责审理裴炎案的骞味道和证明裴炎必反的李景谌及控告裴炎谋反的崔都提拔为宰相。中央政局的动乱，给徐敬业的军事行动提供了有利条件。可是，他采取了错误的方针。

（4）徐敬业败死

魏思温规劝徐敬业道："您以恢复皇帝的权力为口号，应当率领大军正大光明地讨伐，直接进军东都洛阳，这样天下百姓知道您以救援天子为目标，五湖四海都会群起支持。"薛仲璋说："金陵有帝王之气，又有长江这一险要屏障，完全可以坚决驻守，应该首先夺取常、润二州，奠定霸业的基础，然后再向北以便占领中原，这样进能够取胜，退也有根基，这是最好的策略。"魏思温说："崤山以东豪杰由于武氏专权跋扈，心怀怨恨，愤愤不平，知道您起事，都自动蒸麦饭为干粮，举起锄头为武器，盼着南军的到来。不趁此局势建立大功，反而退缩以求自保，四方的人知道了，哪有不人心离散的！"徐敬业没有采纳他的建议，派唐之奇守江都，自己率军渡过长江进取润州。魏思温对杜求仁说："兵力聚集在一起才会强大，分散则削弱，徐敬业不全力渡过淮河，集合山东的兵众以夺取洛阳，不久将会失败！"

不久，徐敬业占领润州，抓获刺史李思文，用李宗臣取代他。李思文了解徐敬业的阴谋，提前派遣使者走小道向朝廷报告，遭到徐敬业进攻后，坚持抵抗了很久，弹尽粮绝而城被攻陷。魏思温请求将他处死，徐敬业不同意，对李思文说："叔父依附于武氏，应当改姓武。"润州司马刘延嗣宁死也不愿投降，徐敬业准备杀死他，魏思温力劝才免于死罪，和李思文一道关押狱中。刘延嗣是刘审礼的堂弟。曲阿令河间人尹元贞率军营援润州，不敌被俘，徐敬业用刀威胁他，宁死不屈而被杀。

徐敬业的策略失误给了武则天时间，这时她用残酷而果敢的手段消除了裴炎等，重新控制了中央政局，开始集中精力发动唐军镇压徐敬业叛乱。

李孝逸带领三十万大军气势汹汹顺运河东南而下，奔赴到江淮前线。徐敬业闻听唐军将要来讨伐，赶紧从润州回师，亲自领兵驻扎在高邮旁下阿溪水的南岸；令弟徐敬猷进守淮阳，派韦超、尉迟昭驻扎盱眙南的都梁山，形成鼎足之势。李孝逸到达临淮，与叛军隔水对峙。

战幕首先在都册拉开。偏将雷仁智与徐敬业交战败下阵来，李孝逸心中畏惧，坚守不出。殿中侍御史魏元忠对李孝逸说："天下安危，全在这一仗上了。天下太平的日子已久，一旦听说疯狂凶暴的人，都非常专注地侧着耳朵听着他们失败的消息。如今大军长久停滞不前，远处和近处的百姓心寒，要是朝廷另外任命别的将领替代您，您有什么理由可以回避罪责呢！"李孝逸这才领兵出击。随后，马敬臣进攻，在都梁山斩杀了尉迟昭。

十一月初四，唐朝任命左鹰扬大将军黑齿常之为江南道大总管讨伐徐敬业。

韦超大军占据都梁山，唐军众位将领都认为："韦超占据险要地势进行防守，我军士卒没有用武之地，骑兵无法展足奔驰；而且没有退路的敌人往往拼死作战，强攻，自己伤亡惨重，不如分兵围困，大军直接进攻江都，占领他们的巢穴。"支度使薛克杨说："韦超虽然据有险要，但兵不多。如今多留兵围困则前军兵力分散，少留兵则始终是后患，最好先进攻他，只要进攻必然能获胜，攻下都梁山，那么淮阴、高邮都会不攻自破！"魏元忠请求先进击徐敬猷，诸将说："不如先进攻徐敬业，徐敬业一旦失败，那么徐敬猷就只有束手就擒。要是先进攻徐敬猷，则徐敬业派军援救，我们将两面受敌。"魏元忠说："不对。敌人的精兵集中在下阿溪，如果我们与之决战，他们的兵力拥有优势，一旦我们失败，那时后悔莫及！徐敬猷根本不懂带兵打仗，不熟悉军事，兵力不足，军心不稳，我大军进逼，立即可以获胜。徐敬业就是想救他，从距离计算看根本来不及。我军打败徐敬猷，乘胜而进，即便有韩信、白起也抵挡不住。如今不先攻取弱者而急着去攻强者，不是最好的策略。"李孝逸采纳了他的建议，领兵攻打韦超，韦超乘黑夜逃走；进攻徐敬猷，徐敬猷闻风而逃。

十三日，徐敬业率军依仗下阿溪坚守。后军总管苏孝祥夜间带领五千人乘小船渡过溪水率先进攻，最后失败身亡，一半的士兵在渡水时淹死。左豹韬卫果毅成三朗被徐敬业抓获，唐之奇欺骗他的部众说："这就是李孝逸！"正准备杀头，成三朗大声呼喊："我是果毅成三朗，不是李将军。朝廷大军已经到达，你们很快就要失败了。我死后，妻子儿女获得荣耀，你们死后，妻子儿女被充当奴婢，我还是比你们强。"他最终被杀死。

李孝逸等军陆续到达，屡战屡败。李孝逸害怕了，准备撤军，魏元忠与行军管记刘知柔对他说："如今正是顺风，芦荻干燥，正好运用火攻。"他们坚持要决一死战。徐敬业布阵很久了，士卒大多疲倦观望，战阵不能整肃；李孝逸进击，借着风势放火，徐敬业大败，有七千多人被杀，淹死的更无法计数。徐敬业等轻装骑马逃到江都，带着妻女投奔润州，计划从海路逃往新罗。李孝逸率兵驻扎江都，派遣各将领追击徐敬业。十八日，徐敬业抵达海陵地界，大风阻断了他的去路，他的部将王那相割下徐敬业、徐敬猷和骆宾王的脑袋献给官军投降。余党唐之奇、魏思温都被抓获。斩首后，他们的首级都送到了洛阳。扬州、润州、楚州叛乱终于平定了。

武则天能如此快速地平定徐敬业的叛乱，除徐敬业犯了战略性的错误这一重要原因外，还因她在那时仅仅是临朝称制，表面上保存了李唐皇室，用讨伐逆贼的名义出动三十万精锐府兵，军力是叛军的三倍。后还以左鹰扬大将军黑齿常之为江南道大总管配合扬州大总管李孝逸的军队。而徐敬业的军队却是临时拼凑的松散杂兵。

武则天杀裴炎、灭徐敬业后，抓住机会利用这两大事件怒训群臣："我辅佐先帝二十多年，为操劳天下事真是费尽心思！你们的富贵荣华，是我恩赐的；天下的安居乐业是我给予的。先帝驾崩将天下交托给我，我爱百姓胜过爱自己。但是现在叛离的，全出自将相，你们对我怎么这样恩将仇报！如今你们中的顾命大臣，有比裴炎还倔强难制的吗？将门贵种，可以纠集亡命之徒的，有超过徐敬业的吗？握兵宿将，有比程务挺更擅长用兵的吗？虽然他们都是有能力的功臣，可是一旦不利于我，我就杀掉他们。你们的本领有强过这三人的，不妨再反对我；否则就必须忠心为我服务，不要做那些被天下人耻笑的蠢事！"很明显，她的目的是力图进一步控制外廷，进而加强独裁专制。

6. 女皇建周

天授元年（公元690年）九月九日是重阳佳节。这一天，六十七岁的武则天经过了才人、昭仪、皇后、天后、太后、圣母神皇，经过三十六年，最后终于登上皇位，成为"圣神皇帝"，开创了周朝。武则天是中国封建社会中仅有的女皇帝，而她夺取权力的每一步，都通过激烈争斗和苦心经营。

（1）推行恐怖政策

在古老的中国封建社会里，武则天要打破常规做女皇，这和传统的封建政治原则及道德观点发生了尖锐的矛盾。尽管她以军事手段平灭了徐敬业的叛乱和宗室起兵，可是也非常清楚地知道，朝廷内外阻碍自己即帝位的势力依然十分强大。权欲熏心的武则天已经登上了"临朝称制"的政治高度，这时的她已经不能罢手，改朝换代成了武则天必然要实现的目标。为此，她在直接派遣军队镇压武装反抗的同时，还使用大开制狱、奖励告密、滥刑杀戮的手段，消灭一切敢于反抗她的人。

在中宗被废、武则天独揽大权的时候，这些无情的手段就广泛地运用了。光宅元年（公元684年）二月，中宗被废后好几天，有十多个禁卫军飞骑聚在一起饮酒。其中一个禁卫军抱怨说："要早知废中宗后没有一点勋赏，还不如拥戴中宗呢。"这时，另外一个人毫无异状地走了，他居然是去玄武门告密。武则天知道后，马上派人前来，这些飞骑还在痛饮，就被全部抓入羽林军狱中。发牢骚的人斩首，剩下的以知情不报的罪名绞刑处死，仅那个告密的由于立了功而被封为五品官。告密风气在武则天的推崇下开始盛行。

光宅元年（公元684年）九月，徐敬业打着讨伐武则天的旗号在扬州起兵叛乱，让武则天震动很大，她相信有很多人反对自己临朝称制，尤其是宗室、大臣心中怨恨。武则天为了巩固手中的权力并进而称帝，便大肆鼓励告密的风气。垂拱元年（公元685年）二月，她撤销西朝堂"登闻鼓"和东朝堂"肺石"的看守人，给击鼓、立石的告密者提供方便。而且，命令御史一接到状纸马上告诉她。

垂拱二年（公元686年）三月初八，武则天下令铸造铜匦：东边的称做"延恩"，进献赋颂文字和想要做官的人可以把奏表投入；南边的称"招谏"，讨论朝政得失的人可将奏表投入其中；西边的叫作"伸冤"，遭受冤屈之人可将奏表投入；北边的名叫"通玄"，讲天象自然灾害和军机秘计的人可将奏表投入。命令补缺、正谏、拾遗各一人管理，要有熟识的官员担保，才能将表疏投入。

武则天制定这一制度后，给告密者提供了一条方便而又合法的途径，大量告密表疏不断涌来，所以人们的好事、坏事没有她不知道的。更重要的是，她能随时掌握政治局势，以加强打击和钳制。令人啼笑皆非的是，铸造铜匦建议的鱼保家曾经参加徐敬业谋反，教他制造刀车和弩。徐敬业失败后，鱼保家本来幸运地没有被处死，可有了铜匦告密制度，没过多久，他就遭受冤家投匦告密，结果得了个伏诛的结局。

武则天为了除掉政敌，鼓励告密而绞尽脑汁。她下令规定，只要是地方上来京告密的，官员不许询问，并一律为之准备驿站马匹骑乘，依照五品官员待遇款待他们，让这些人迅速而安全到达。告密的人就算是农人樵夫，武则天全都一一召见，并将他们安排在国家的客馆里居住。召见时只要说的话博得武则天的欢心，就破格赐给官职；就算说得不真实也不惩罚。如此一来，各地告密者风起云涌，形成了人人自危的恐怖局面。

　　武则天依靠奖励告密的制度，没过多久就网罗到一批专门依靠告密诬陷升官发财的酷吏无赖。有一个胡人叫索元礼，知道武则天的心意后，因告密被召见，提升为游击将军，武则天让他查办依照诏令特别设立的监狱里的囚犯。索元礼凶暴残忍，审讯一个人一定使得他牵扯到几十人或者上百人。武则天屡次召见、赏赐他，以扩大自己的权威。这样尚书都事长安人周兴、万年人来俊臣这一类人争着学索元礼，纷纷获得重用。周兴连续升官至秋官侍郎，来俊臣连续升官至御史中丞。他们手下都私自养着无赖好几百人，专从事告密活动。当他们准备诬告一个人时，便会让这些无赖从好几个地方一起告发，所告的内容全部相同。来俊臣与司刑评事洛阳人万国俊一同编撰《罗织经》好几千句话，指导他们的门徒怎样搜罗无罪人的言行，写成谋反罪状，捏造组织得像真的一样。武则天抓到被告密的人，就命令索元礼等审讯被告，他们争先恐后制定审讯囚徒的残酷方法，制作出好多种大枷，有"突地吼""定百脉""反是实""求破家"等。或者用椽子将人的手脚串连而进行旋转，叫作"凤凰晒翅"；或者用东西拉住人的腰部，将脖子上的枷向前拉，称为"驴驹拔撅"；或让人跪着用手捧着枷，往枷上垒砖叫作"仙人献果"；或让人在高木桩上站着，将脖子上的枷向后拉，叫作"玉女登梯"；或者把人倒悬起来，在脑袋上挂石头；或用醋灌鼻孔；或用铁圈将头罩住，在脑袋与铁圈之间加楔子，致使有的人脑袋裂开，脑浆外流。一旦抓来囚犯，就先摆列刑具让他们观看，他们没有不颤抖流汗的，一看到便无罪也承认有罪。要是有赦免令，来俊臣总是命令狱卒先处死罪犯，然后宣布赦令。武则天认为他们忠诚，愈发信任宠爱。朝廷内外害怕这几人，都超过了害怕老虎和狼。

（2）铲除政敌

　　武则天推行的恐怖政策受到正直官员的谏诤。麟台正字陈子昂上书道："相关部门的管事人痛恨徐敬业起兵反叛，欲铲尽邪恶的根源，捕尽徐敬业的余党，便促使陛下设置特种监狱，大量设立严酷刑罚，有行为稍有嫌疑的，口供相牵连的，没有不全力追捕审讯，甚至于有奸人迷惑人，趁机进行诬陷，举报没有证据的事情，想得到赏赐和官职，这应该不是陛下惩罚罪人、慰问百姓的本意。我私下观察现在的天下，百姓渴求时局安定已经很长时间了。因此扬州叛乱大约五十天，而天下依旧安定，一点也没有出现动乱。陛下不追求清静无为以休养疲惫的人民，反而滥用重刑使他们失望，我很愚昧，心中疑惑。我看见四处告密，关押千百人，刨根问底的结果，一百人之中没有一个是真的。陛下仁爱宽恕，又枉法放纵诬谄的人，使奸恶之徒肆意打击他们的仇人，有一点仇怨便声称需要密告，一人被告，一百多个人被捕入狱，使者出外抓人，车马多得如同闹市一般。有人说陛下爱一人而使百人受害，天下人焦虑盼望，不清楚哪里才是安乐之土。我听说隋朝后期，天下还算太平，杨玄感作乱，没坚持到一个月就失败。天下的弊端，还没有到土崩瓦解的地步，百姓的心里依旧盼望安居乐业。隋炀帝不清楚这一点，就派遣兵部尚书樊子盖任意屠戮，全力追究杨玄感党羽，天下的侠义人士没有不遭殃的；以致杀人如麻，血流成河，天下大乱，人们开始被迫作乱，这样，群雄并起而隋朝便灭亡了。大狱一兴，不能保证没有滥判的，受冤屈的人忧伤哀叹，感触和伤害了阴阳调和之气，使得瘟疫流行，水旱灾害随之而来，致使人民失业，则令人恐惧地祸乱之心便产生了。古代贤明的帝王对于刑罚十分小心，原因就是害怕这样的结果。以前汉武帝时有以巫术害人的案件，使太子逃走，在宫阙之内，发生武装冲突，无罪被害的人非常多，国家差点灭亡；还好，汉武帝得到壶关三老的上书，醒悟过来，诛灭祸首江充三族，别的受这案件牵连的人不予追究，天下这才获得安宁。古人说：'前事不忘，后事之师。'

诚恳希望陛下考虑！"武则天没有理会他的意见。

从嗣圣元年（公元684年）二月武则天提倡告密的风气杀掉十几个飞骑后，到天授元年（公元690年）建立周朝，她以残忍的手段除掉了大批的政敌。

首先是文明元年（公元684年）她临朝称制后，为了防止有人利用废太子李贤与自己作对，派丘神到巴州逼死李贤。同年九月，徐敬业在扬州打出讨伐武氏匡扶李唐的旗号起兵后，她在朝廷中制造裴炎谋反案，将一批以裴炎为首的拥唐派文武官员清除掉。又利用徐敬业叛乱案，广泛诛连，使朝廷内外弥漫恐怖气氛。

垂拱三年（公元687年）五月，武则天杀死宰相刘祎之。刘祎之原籍常州晋陵，十几岁就以文学享有盛名，又因为孝友被当时士族称颂。他从前是武则天"北门学士"的重要成员，长期受到武则天的重用。但他心里想着唐室，有一次他私下里对凤阁舍人贾大隐说："太后既然废昏庸立贤明，根本不用临朝行使皇帝权力，不如归权给皇帝，以安定天下人心。"贾大隐向武则天密奏这件事，武则天心中不快，对左右的人说："刘祎之是我一手提拔的，竟然背叛我！"有人诬告刘祎之收了归诚州都督孙万荣的黄金，并且和许敬宗妾私通，武则天命肃州刺史王本立审讯他。王本立向他宣布并出示武则天的敕令，刘祎之说："没有经过凤阁鸾台，如何能称为敕令！"武则天非常生气，认为这是抵制君主的使者。初七命令他在家里自杀。

刘祎之最初入狱时，睿宗曾经为他上书辩护，亲友都替他高兴。刘祎之却道："这只是让我死得更快。"临刑前，他先沐浴，神色泰然自若，自己书写给武则天的谢恩表，没用多长时间就写出几张纸。太子文学周思钧、麟台郎郭翰赞赏他的文章。武则天得知后，将郭翰贬职为巫州司法，周思钧贬职为播州司仓。

在这一年九月，虢州人杨初成欺骗别人说自己是郎将，假传圣旨在都市招募人才，要把中宗李显从房州接入京师。事情败露后被杀。

曾经平息徐敬业叛乱的主将李孝逸也没有能躲过厄运。由于他出征扬州大捷，得胜而回，声望非常高，并且是李唐宗室，武承嗣等觉得他将是武氏篡权的重大障碍，于是多次暗地里向武则天进谗言，于垂拱三年

（公元687年）二月，将李孝逸贬为施州刺史。武承嗣等仍不放心，不肯收手，次年九月，又使人奏本诬告他，说李孝逸曾自己解释自己的名字中的"逸"字说："名中有兔，兔，月中之物，月近天，应当是做天子的命运。"给他加上谋反大罪。武则天表面念他平定徐敬业叛乱有功，于十一月下诏李孝逸减死除名，将其流放儋州，没过多久就死在那里。他的心腹崔知贤、裴安期、董元等被杀死。

垂拱三年（公元687年），武则天还铲除了长期阻碍她称帝的冯元常。冯元常是相州安阳人，高宗时做官非常有建树。高宗晚年多病，冯元常担任尚书左丞，十分受宠。高宗常对朝臣说："朕身体不好，有事可与元常商议后再告诉我。"冯元常察觉武则天的野心，曾经密奏高宗说："中宫的权力太大了，应该稍为削弱一些。"高宗没有采纳，可是深知他说得非常正确。武则天听到心中愤恨。到她以太后身份临朝称制时，各地官员为了获取宠信争着献给武则天表示吉祥的符瑞。崇阳令樊文献的是瑞石，武则天命令将瑞石摆放在朝堂让群臣观看，以证明自己主政符合天意，可是冯元常却奏道："樊文献瑞石纯属于欺骗，不可用这个来欺骗天下。"这使武则天非常扫兴，一怒之下将冯元常贬为陇州刺史，后又改任眉州刺史、广州都督，虽在各地都很有功绩，武则天既不予以奖赏，也不许入朝。于是，酷吏周兴按照她的意愿，最终把冯元常诬谄逮捕，在洛阳狱中害死。

垂拱四年（公元688年），武则天又无情地制造了郝象贤冤案。郝象贤是郝处俊的孙子。上元二年（公元675年）三月，高宗由于头痛目眩非常严重，和宰相们商议想让位，让武则天摄理国政。当时主要由于郝处俊上谏阻拦，让武则天提前独掌大权的一个良机化为泡影。她怀恨在心，寻找机会报复。可是郝处俊在高宗朝时的开耀元年（公元681年）已病逝，武则天移恨到郝象贤身上。永昌元年（公元689年）四月，有个家奴诬告当时担任太子通事舍人的郝象贤阴谋造反，武则天抓住时机，命周兴审讯，并告诉周兴要陷害郝象贤以灭族之罪。郝象贤家里的人去了朝堂，向监察御史乐安人任玄殖鸣冤。任玄殖上奏武则天说郝象贤谋反并无证据，因而获罪而被免除了官职。郝象贤临刑前，破口大骂武则天，揭发宫中隐秘的丑事，抢夺街市上的人用的木柴打行刑人，金吾卫士兵一同把他打死。武则天命令肢解他的尸体,挖开他父亲、祖父的坟墓,毁坏棺材焚毁尸体。从那以后武则天在位时期,法官每次执行死刑,都先用木丸塞住犯人的嘴。这一制度到武则天死才停止执行。

杀郝象贤后只有三个多月,面对武则天残忍的屠刀,琅玡王李冲、越王李贞起兵叛乱。武则天用武力镇压下去后,趁此机会清除参与起兵的一批李唐宗室王公。

垂拱四年(公元688年)十二月,宰相骞味道和儿子骞辞玉也被杀死。骞味道由于依照武则天心意办理裴炎案有功,从御史大夫提升为宰相。可是没过多久,有个官员被贬职,心怀不满,找骞味道诉冤,骞味道说:"这是太后所做的决定。"武则天知道后,以为他将坏事推在自己身上,好事都是他自己的。于垂拱元年(公元685年)四月将他贬为青州刺史,一直到垂拱四年(公元688年)九月才重任宰相职务。不曾想又受到告密者诬陷被捕入狱。武则天让侍御史周矩审理这件案子。骞味道任宰相时小看周矩,常说他没什么事办得好。周矩这时掌握大权,公报私仇,对骞味道说:"你常教训我不会办事,我今日帮你把这件事做好。"就用谋反罪将骞味道父子通通处死。

(3)排斥李唐宗室

永昌元年(公元689年),武则天继续清除阻碍自己改朝称帝的李唐宗室王公。四月,利用鄱阳公案件大肆屠杀。他是唐高祖的孙子,道王李元庆的儿子,那时担任连州别驾,他想接回中宗复位。案发后,武则天不光杀了他,还乘机株连处死了太宗子蒋王李恽的长子辰州别驾汝南王李炜等宗室王公统共十二人,还把这些人的家属放逐到巂州。接着,天官侍郎邓玄挺也受到株连被杀。邓玄挺是鄱阳公岳父,和李炜关系很好。鄱阳公谋迎中宗复位时,征求他的意见,他拒绝回答。李炜也曾向他请教谋略,他依然没有回答。即使这样,仍犯了知反不告的死罪。

同年,纪王李慎也被处死。李慎是太宗的第十个儿子,小时候喜欢学习，擅长文史。武则天临朝称制时升为太子太师，担任贝州刺史。唐朝诸王起兵发难时，只有贝州刺史纪王李慎不曾参与谋划，可是也遭到牵连入狱。秋季，七月初七，被用囚车移送到巴州，改姓虺氏，走到蒲州就死去了。他的八个儿子如徐州刺史东平王李续等陆续被处死，家属被迁移到了岭南。

李慎的女儿东光县主李楚媛，小的时候因孝顺恭谨而闻名，嫁给了司议郎裴仲将，夫妻举案齐眉；婆婆生病，所用药物食品她都亲口先尝；善待姒娣，得到她们所有人的喜欢。那时皇族女子都把骄横奢侈相互争胜作为时尚，她们讥笑李楚媛勤俭节约，说："人们之所以喜欢富贵，是因为能满足欲望；如今你一人独自勤劳艰苦，追求的是什么呢？"李楚媛说："小时候爱好礼，今天按之行事，不是满足欲望吗！从古至今的女子都把恭顺节俭视为美德，把放纵奢侈视为丑恶。让父母觉得耻辱是我所害怕的，别的还有什么追求啊；富贵是无心得到的东西，有什么值得向别人炫耀的！"大家听后既佩服又惭愧。后来听到李慎的死讯，李楚媛十分悲痛，吐了好几口血，守丧期满后，不用润头发的油脂有二十年。

八月，徐敬真的案子让武则天又趁机杀贬一批大臣。徐敬真是徐敬业的弟弟。徐敬业在扬州叛乱兵败后，徐敬真被放逐到州。后来逃回去，想投靠突厥。他路过洛阳时，洛州司马弓嗣业、洛阳令张嗣明为他提供财物送他离开。到达定州，被官吏捉获。弓嗣业上吊自杀身亡。张嗣明、徐敬真诬陷牵连相互认识了解的人，说他们图谋不轨，希望能逃脱死罪。于是朝中的很多官员被牵连判死罪。张嗣明诬告内史张光辅，说："征讨豫州时，他私下里讨论王者受命的征验、天象变化，在叛逆者和朝廷间左右摇摆。"

八月初四，徐敬真、张光辅、张嗣明等全部被处死，并被查抄家产。还杀了相州刺史弓志元、陕州参军弓嗣古、蒲州刺史弓彭祖、尚方监王令基。彭州长史刘从易也被徐敬真诬告。刘从易为官两袖清风，临刑时，彭州百姓同情他无辜遭此横祸，纷纷赶到刑场，争相脱下衣服扔在地上，说"为长史祈求冥福"。这些衣物价值居然达十余万。

十五日，被徐敬真诬陷与徐敬业串通造反的秋官尚书太原人张楚金、凤阁侍郎元万顷、陕州刺史郭正一、洛阳令魏元忠，都赦免死罪，放逐到

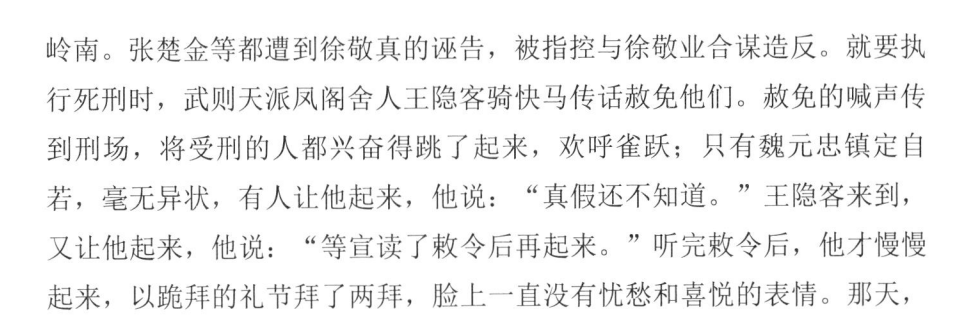

岭南。张楚金等都遭到徐敬真的诬告，被指控与徐敬业合谋造反。就要执行死刑时，武则天派凤阁舍人王隐客骑快马传话赦免他们。赦免的喊声传到刑场，将受刑的人都兴奋得跳了起来，欢呼雀跃；只有魏元忠镇定自若，毫无异状，有人让他起来，他说："真假还不知道。"王隐客来到，又让他起来，他说："等宣读了赦令后再起来。"听完赦令后，他才慢慢起来，以跪拜的礼节拜了两拜，脸上一直没有忧愁和喜悦的表情。那天，天空布满阴云，释免张楚金等人之后，云散天晴。

（4）诛戮贤臣

闰九月，宰相魏玄同被武则天在家中赐死。魏玄同是高宗朝老臣，上官仪起草敕令废武则天没有成功时，魏玄同因为和上官仪有文章交往而发配岭外，后遇大赦回京重新担任官职。高宗朝后期升任宰相手握大权，但酷吏周兴极恨魏玄同。

高宗在位时，周兴任河阳县令被召见，准备提升他的官职，有人上奏说他不是清流官，于是取消提升。周兴不清楚，还多次在朝堂等待任命。几位宰相全都没与他说，地官尚书、检校纳言魏玄同当时任同平章事的职务，对他说："周县令你可以回去了。"周兴认为魏玄同妨碍自己升官，所以忌恨他。魏玄同一直与裴炎很要好，那时人们由于他们的友情生死不渝，称赞为"耐久朋"。周兴因此上奏武则天诬陷魏玄同，说他曾经说："太后老了，不如事奉皇帝。"武则天勃然大怒，十五日，赐他在家里自杀。死前监刑御史房济对魏玄同说："您老为什么不告密，而得到太后召见，就能够为自己申诉。"魏玄同叹息说："被鬼杀死和被人杀死，没有什么不同，如何能当告密人呢！"于是自尽。武则天在隐蔽地方将夏官侍郎崔杀死，别的朝廷内外大臣因为这件事被处死和放逐的很多。

没过多久，周兴又诬陷右武卫大将军黑齿常之与右鹰扬将军赵怀节等怀有异心，武则天下令将黑齿常之逮捕入狱。这位原籍百济的大将，智勇双全，屡次领兵征战边疆沙场，战功累累，令吐蕃、突厥军感到畏惧。

而且他体恤将士。有一次，士兵弄伤他的坐骑，他不让鞭打，说："哪里有因为损伤私马就惩罚官兵的道理呢？"黑齿常之因功所得赏赐都分给部下将士，很受将士们爱戴。可是这时有冤难申，十月初九，在狱中自缢而死。当时人们没有不为这员名将感到可惜的。初十，武则天杀高祖第十三子郑王李元懿的长子鄂州刺史嗣郑王李等六人。那时，高祖第二十二子滕王李元婴的儿子嗣滕王李琦兄弟六个也被捕入狱，幸运地逃脱死罪，在十一月被放逐到岭南。

右卫胄参军陈子昂上奏认为："周朝称赞成王、康王，汉朝歌颂文帝、景帝，是由于他们能够放弃刑罚而不用。如今陛下的政治，虽然尽善了，可是太平的朝代，上下都喜欢教化，不应当有乱臣贼子每天触犯帝王的刑律被处死。最近大案越来越多，叛逆的人越来越多，我本愚昧，原来以为他们都铁证如山，而上月十五日，陛下特意查明囚犯李珍等无罪，百官都非常高兴，都庆贺陛下的圣明，我于是知道也有无罪的人落入宽大的法网。陛下您致力于宽厚的刑法，狱官却在追求苛刑，以损害陛下的仁德，以诬蔑太平，我心里痛恨这些人。此外，九月二十一日下令赦免张楚金等人的死罪，天气从有风有雨变为出现了五色云彩。我听说天阴暗惨淡表示刑罚过分，晴朗则为德政；圣人仿效上天，上天也帮助圣人，天意既然如此，陛下怎么能不顺着天意呢！现在又出现阴雨天气，我担心是执掌刑狱的官吏的过失。只要是入狱的犯人，大多以最重的刑罚处治，旁人有的肯定有的否定，陛下为什么不全部召见罪犯，亲自责问他们的罪行呢？确实有罪的公开加上应得的刑罚，滥施刑罚的则严厉惩办掌管刑狱的官吏，让人民全都心服口服，人们都知道政事和刑罚，那样最高尚的道德就能发扬光大了！"这次与垂拱二年（公元686年）上书一样，没有一丝成效。

本月三十日，武则天下诏，命令高祖的太穆神皇后，太宗的文德圣皇后应配皇地祇享受祭祀。与此同时，把过世的生母尊为忠孝太后，同样享受祭祀。十一月初一，武则天驾临万象神宫，大赦天下，开始改用以十一月为一年开头的周代历法，改永昌元年（公元689年）十一月为载初元年（公元690年）正月，以十二月为腊月，以夏正月为一日。而且修改唐朝的"宾恪"制度（古代建国要封前代帝王的后代为宾恪，加以礼敬，目的在笼络前朝遗老遗少）。唐本来把宇文氏的后周和隋的后代当做宾恪，武则天改为把周、汉的后代封为二王，把舜、禹、成汤的后代作为三恪。那时，武则天堂姐的儿子凤阁侍郎宗秦客独树一帜地改造十二个字进献，武则天颁布命令推行这一改革，还自取名为"曌"。在这之后，周兴也借机进言提议除去唐亲属的宗室属籍。很明显，这都是在为改朝换代提前做准备。

（5）重用武氏宗族

  武则天这时非常倚重自己的武姓亲族，侄子武承嗣、武攸宁担任宰相，武三思是兵部尚书。这些人无才无德，只不过他们全力协助武则天取代李唐罢了。因为武承嗣、武三思专横霸道，大部分宰相都对他们畏惧三分，但韦方质不同。载初元年（公元690年）一月，韦方质因为生病请假在家，武承嗣、武三思到府中看望。韦方质卧床不起，身边的人都劝他说："你见了权贵还这样不恭，恐怕会招来祸害的。"韦方质道："死生自有天命，大丈夫怎能卑躬屈膝讨好外戚呢！"没过多久，韦方质就被酷吏周兴、来子珣诬陷，放逐儋州，家口籍没入官。

  四月，宰相范履冰下狱并死在狱中。范履冰早期因为"北门学士"而不断受到重用，在宫中为武则天效命二十余年，最为武则天信任，参与政事，帮助武则天侵夺宰相的权力。武则天临朝称制后升他为宰相。这次只是因为以前举荐的人犯了阴谋叛逆之罪株连而死。

  七月，舒王李元名和儿子豫章王李亶被武则天杀死。李元名是高祖第十八子，品行高尚，并不好钱财。李元名曾告诫李亶说："我们这些藩王缺乏的不是钱财官职，而是多行善举，以忠孝为本。"父子俩历任外州刺史，都有善政。元名在石州二十多年，游览林泉，居然有脱离凡尘之意，可是也没有逃得性命。诬陷他们的人名叫侯思止，原来是醴泉县的一个狡诈无赖，开始靠卖饼为生，后到游击将军高元礼家当仆从。恒州刺史裴贞杖罚部下的一个参军，这个参军怀恨在心，就指使侯思止告密，说裴贞勾结舒王李元名反叛。这恰合武则天铲除宗室心意，李元名父子就这样含冤而死，裴贞也被灭族。当时只要告密有功的就可得到五品官位，武则天把侯思止提升为游击将军，可是他要求当御史。武则天问，"你不认识字，怎么能够担任御史的职务？"侯思止道："獬豸难道认识字，可是却能分辨奸邪。"獬豸是传说中的猛兽，生一支角，生性忠直。看见打架，就触那个没理的人；听见人争吵，就咬那个胡搅的人。武则天听了侯思止的诡辩，非常高兴，马上赐侯思止侍御史的职务。没过多久，武则天又赏他以前没收过来的一座住宅。侯思止辞让，说："我最讨厌叛逆谋反的人，不愿意住他的房子。"武则天更加欣赏侯思止。实际上这都是高元礼教的。

王弘义是衡水人，他的品行一贯不好，曾向邻居要西瓜吃，可邻居不给，他便向县官假报说，瓜田中有白兔，县官让人来抓，结果瓜田都被踩坏了。他到了赵州、贝州后，又见这里的百姓举行拜佛活动，便诬告他们谋反，使二百余人被杀。王弘义被任命为游击将军，没过多久又升任殿中侍御史。太后听人密告说王安仁谋反，立刻命令王弘义来审讯他。王安仁不服，王弘义就在他戴着枷锁的时候割下他的脑袋；又下令捉拿他的儿子，他的儿子正好来到，就也被砍下脑袋，用盒子盛着带回。经过汾州，汾州司马毛公和王弘义一道吃饭，突然间，他怒喝毛公下台阶，并砍下他的脑袋，用枪挑着进入洛阳，看见的人全部吓得发抖。

还是这年七月，武承嗣让周兴诬告隋州刺史泽王李上金、舒州刺史许王李素节密谋反叛。而李上金是高宗的第三个儿子，杨氏所生，很早就被武则天视为眼中钉。李素节是高宗第四个儿子，萧淑妃所生，更被武则天讨厌。二人被诬陷后，奉命返回了洛阳。李素节从潜山起程时，听到有哭丧的声音，长叹一口气道："能够病死真是幸运的事情啊，为何还要悲伤流泪呢！"已经预感到自己将被杀死。果然走到洛阳城南龙门驿的时候，被缢死。儿子李瑛、李玑、李琬、李玚等九人被武则天杀掉，只有李琳、李瓘、李璆、李钦古因年纪还小，被免除死罪而长期关押在雷州。李上金被关押在御史台，听到李素节一家情况，害怕得上吊而死。儿子李义珍、李义璋、李义玫、李义瑾、李义环、李义等七人放逐到显州而死。仅李珣逃到岭外，隐藏在佣保之间，才幸免一死。两王党羽也受牵连被杀害。

同年八月十一日，武则天杀了原太子李弘的岳父，当朝宰相裴居道。

二十日，杀尚书左丞张行廉。二十八日，杀高祖第二十一子李元晓的儿子南安王李颖、国公李昭以及李直、李敞、李勋、李然、李策、李黯、李越、李玄、李志业、李英、李知言、李玄贞等宗室十几人。到这时李唐宗族已被杀得所剩无几，剩下幼小的孩子也被流放到边远荒凉的地方，另外还杀害了王公亲戚、党羽数百家。

　　武则天大批杀戮李唐宗亲，特别是那些受宠而德高望重的皇子。因为这些人是她登基称帝的最大障碍。这三代皇子除了武则天亲生的李显、李旦外，在世的无一幸存。李唐宗室后裔中只有恭顺归附，能力平庸或宗支较远的才得逃脱。如唐高祖的女儿千金公主，就因为谄媚而保全了性命。她曾经给武则天推荐了僧人薛怀义，她和武则天的姑姑平辈，却甘愿做武则天的女儿，改姓武来换取武则天的喜爱，还被赐号"延安大长公主"。再如太宗第三子吴王李恪长子李仁，不但性格急躁而且平庸无才，但因为他会讨武则天的欢心，才保全了自己的性命。

　　由于朝中的拥唐派是武则天夺取皇位的一大障碍，所以武则天大力打击大臣中的拥唐派。武则天对大臣中有匡救李唐江山的或被诬告有这样企图的人绝不手软，不是立即杀死，就是贬为平民。当时武则天在丽景门内特设制狱，由酷吏来俊臣等负责。凡入此狱的无一生还，因此丽景门被称为"例竟门"。朝中大臣人人都感到自己很危险，见面时连话都不敢说。有些大臣刚上朝就被抓了起来，从此以后再无消息。这样，官员每次上朝，常与家中人诀别道："不知我们是否还能见面？"

　　那时执法的官吏都非常残酷，竞相使用严厉的刑法，只有司刑丞徐有功、杜景俭保持公平宽恕，被告发的人都说："遇到来俊臣、侯思止肯定死路一条，而遇到徐有功、杜景俭就一定能够生还。"

　　徐有功是徐文远的孙子，名叫弘敏，字有功，人们习惯称呼他的字。他担任蒲州司法参军，以宽宏大量、不动刑杖为治狱的原则。属吏互相约定，凡被徐有功用刑杖罚过的，众人都叱责他。直到他任职期满，也没有杖责过一名犯人，任内的事务也得到治理。他一直升至司刑丞。徐有功前后救活被残酷官吏诬陷的人数十上百家，并且都给他们平反。徐有功曾在朝廷争辩有关刑狱的事，太后严厉责备他，左右都替他担心，而他却从容镇定，面不改色，而且争辩更加坚决。太后虽然好杀人，可知道他刚正不阿，对他很是恭敬也很畏惧。

司刑丞荥阳人李日知也推崇公平宽恕。司刑少卿胡元礼想杀一名囚犯，李日知认为不能那样做，于是多次与胡元礼争议，胡元礼生气说："只要我不离开司刑寺，这个囚犯就一定死。"李日知也说："只要我在司刑寺，这个囚犯就一定不会死！"最后将两人的不同意见上报，李日知的意见果然有理。

武则天在临朝称制的六年多时间里，废黜中宗并将其囚禁外地，软禁睿宗在宫内；用军事手段平息了徐敬业叛乱和宗室中李贞父子起兵；使用严刑酷法，不但杀戮干净了李唐宗室中的主要政敌，并且让相臣中再也没有能和她对抗的强大势力集团。在这之外她还得在理论上做准备。

（6）"劝进"闹剧

武则天要成为女皇的行为无法在儒家经典中找到让人信服的理论，因此只能假借佛教符谶。武则天母亲杨氏笃信佛教，所以武则天很小时就深受佛教影响。东魏国寺僧法明和僧怀义明白了武则天的心意，将四卷《大云经》按照武则天的心思做了注解，于载初元年（公元690年）七月献给了她。其中说："武太后乃弥勒佛降生，当代唐为人世之主。"《大云经》原来是天竺的经文，在这一经中有菩萨转化为女身当国王的经文，这一理论的借鉴就为武则天提供了抗衡儒家男尊女卑的思想武器，也论证了她当女皇帝是合情合理的事。武则天十分高兴，立即下令，将《大云经》颁行天下。接着又让两京、诸州分别置大云寺一区，专门收藏《大云经》，还度僧千人，让他们广为讲法。一下子，大云寺遍布全国，女皇应该登基统治天下之说也广为宣传。佛教经典为武则天披上了神秘的灵光。

武则天改朝换代的准备完全充分了。载初元年（公元690年），她及时地导演了一场有声有色的"劝进"闹剧。九月初三，侍御史傅游艺带着九百余关中百姓到皇宫前上奏表，请求改国号为周，赐皇帝姓武氏。太后并不应允，可是将傅游艺提升为给事中。这样百官还有帝室的同宗亲属、远近人民、四夷酋长、和尚、道士共六万人，全部上表提出和傅游艺相同的请求，皇帝自己也上书请求赐姓武氏。初五，大臣们上奏说：有凤凰从明堂飞入上阳宫，又飞回停在左台的梧桐树上，过了很长时间，才向东南飞去；而且还有数万只赤雀飞集朝堂。初七，武太后这才恩准皇帝及群臣的请愿，并于九月初九重阳节这天登临则天门城楼，大赦天下，宣布周朝正式建立，改年号为"天授"，普天同庆七日。十二日，群臣上尊号称"圣神皇帝"。于是降睿宗李旦为皇嗣，赐姓武氏，降皇太子李成器为皇孙。

十三日，太后在神都洛阳立武氏七庙，追尊周文王为始祖文皇帝，周文王逝世的妻子姒氏为文定皇后；周平王小儿子姬武为睿祖康皇帝，姬武已逝世的妻子姜氏为康惠皇后；太原靖王为严祖成皇帝，他的妻子为成庄皇后；赵肃恭王为肃祖章敬皇帝，魏义康王为烈祖安皇帝，周安成王为显祖文穆皇帝，忠孝太皇为太祖孝明高皇帝，先妣的谥号均同原来所定的，称为皇后。封武承嗣为魏王，武三思为梁王，武攸宁为建昌王，武士哥哥的孙子武攸归、武重规、武载德、武懿宗、武攸暨、武攸宜、武嗣宗、武攸望、武攸绪、武攸止都封为郡王，所有的姑姊都封为长公主。武则天将遥远姬姓周文王攀附为自己始祖，并谎称武氏出自姬姓，实在荒唐得很，这主要是自己先世没有门第封爵，只得胡乱攀附，为自己的出身制造高贵的社会出身背景。

同时，女皇大大提升了一批对她称帝有功的官员：宗秦客曾私下劝武则天做皇帝，所以从凤阁侍郎升为中书令，傅游艺则从给事中破格提为门下侍郎、同平章事，两人都登上丞相位。傅游艺和酷吏丘神、来子珣等还赐姓武。天下姓武之人也获得了一些好处，女皇在十月命各地免除武氏杂税徭役。

天授二年（公元691年）正月初一，在万象神宫、女皇武则天隆重地接受了群臣所上的尊号，并把旗帜改为赤色。初二下达诏命，周定都洛阳。初九，武氏神主在太庙中安排好了，同时把唐室长安的太庙降为享德庙，并只祭礼高祖、太宗、高宗三位亡灵。把武氏在长安的崇先庙升为崇尊庙。十三日，武则天在明堂举行庄严的祭礼：顺序是昊天上帝在上，百神从祀，武氏祖宗配享，唐高祖、太宗、高宗放在最后。到这时，这位女皇登基大典的种种礼仪进行完毕，并且和一个新王朝建立的规矩完全相同。

女皇建国这段历史，《新唐书·则天后传》这样概括说："武则天要改朝换代，但是害怕民心不肯归附，于是阴险残忍，肆意屠杀，使天下一片恐怖。对内纵使酷吏周兴、来俊臣等数十人为爪牙，对不恭顺或素常疑惮的人，一定会加以陷害。于是，宗室王公以及不愿屈服的忠直大臣连遭斩首，血流牢狱，家家都害怕被残害。如此武太后稳坐深宫而国命已移。"

7. 女皇治术

武则天在天授元年（公元690年）称帝后，采取了一系列措施来维护她的统治。

（1）请君入瓮

武则天成为女皇之后，敢公然反对她的人已经没有了，可是为防备可能的颠覆和任何不利于自己政权的行为，她没有放弃推行临朝称制时严厉镇压的恐怖政策。就在天授元年（公元690年）十月，女皇冷酷无情地处理了宗秦客案。宗秦客是武则天堂姐的儿子，在她未称帝时，就力劝其建周称帝，武则天称帝后将他破格提升为宰相。才一个多月，他就由于犯贪污罪贬为遵化尉。他的弟弟宗楚客、宗晋卿也因罪流放岭外。宰相邢文伟因与宗秦客关系甚好，被贬为珍州刺史。没过多久，奉诏出使的使者到此地，邢文伟以为是来杀自己的，害怕得自杀而死。同月，年初遭酷吏周兴陷害贬儋州的前宰相韦方质也被杀掉。

还是这一年，道州刺史李行褒兄弟遭到酷吏陷害，按罪应当灭族，秋官郎中徐有功上书力争也不能幸免。秋官侍郎周兴控告徐有功有心开脱谋反因犯，应当斩首，女皇不允，以免职告终；但女皇非常看重徐有功，后来又起用为侍御史。徐有功跪伏在地上流着泪坚决推辞说："我听说奔跑在山林中的鹿的生命却掌握在厨师的手中，这是地位造成的。陛下把我任用为执法的官员，我不敢歪曲陛下的法律，一定会在当法官期间死去。"女皇一定要让他任侍御史，远近获悉的人都彼此庆贺。

天授二年（公元691年）正月，御史中丞知大夫事李嗣真因为酷吏横行，上奏说："如今揭发的事情很多，在这中间虚妄的多，确实的少，只怕有奸人阴谋离间陛下君臣关系。以前处决犯人，公卿参加旁听，国主必然经过三次饶恕然后执行刑罚。现今掌管刑狱的官员，独自一人外出执行使命，审讯既然已经决定，执法者即依据它执行，而不上奏。如此，则臣下掌握权力，这不是周密慎重的办法，即使有冤屈和滥用刑罚的，又怎么能知道呢？而且靠九品小官不上奏听候命令而审讯判案，手握生杀大权，窃取君主权威，审讯定案不在刑部，检查审定不经过门下省，刑罚这种国家的利器，轻易地就令别人行使，只怕是国家的祸害。"李嗣真在这里劝说女皇停止破坏正常的执法制度，可是这正是她以厉行的残酷镇压来巩固政权的手段，武则天自然不会听从李嗣真的劝告。

同月，尚衣奉御刘行感和他的兄弟刘雅州刺史刘行实、渠州刺史刘行瑜、兄子鹰扬郎将军虔通等被酷吏来子珣诬谋反被杀，他的父亲刘伯英的棺柩也毁于一旦。刘行实等是从前一个人在盱眙县抵抗徐敬业而被提升的刘行举的兄弟和侄子。宰相史务滋和来俊臣一道审理此案，来俊臣奏："史务滋与刘行感私下有交情，总是庇护刘行感，隐瞒真相。"女皇十分震怒，让来俊臣追究，史务滋害怕而自杀。他是女皇登基后第一批提升的宰相，仅任职四个月。

天授二年（公元691年）一月，丘神被人揭发谋反。丘神是有名酷吏之一，他在武则天指派下到巴州害死废太子李贤后，被武则天重用。后来又领兵镇压琅玡王李冲起兵，亲自挥刃把博州官吏千余家杀尽，官升至左金吾卫大将军。这时以谋反罪被杀。

有人告发文昌右丞周兴和丘神勾结谋反，太后命令来俊臣审讯他。来俊臣与周兴正讨论事情一道吃饭，来俊臣对周兴道："要使囚犯承认罪行，你认为什么方法比较好呢？"周兴说："简单，取一个大瓮，用炭火在四周烤它，让囚犯进入瓮中，那他还有什么事不承认？"来俊臣于是找来大瓮一个，按周兴说的办法四周用火烤，随后站起来对周兴说："有宫内的文书要审问老兄，请老兄进这大瓮！"周兴顿时叩头如捣蒜，承认罪行。依照法律周兴应判死刑，女皇饶恕他，二月，在放逐岭南的途中被仇人杀害。

在洛州审讯徐敬业者是酷吏索元礼。他非常残忍，每审一人就严刑逼供，株连数十百人。他和周兴争着残害无辜，前后各杀戮数千人，官吏百姓畏之如虎狼，武则天这时为平民愤也杀掉了索元礼。

（2）酷吏恣横

同年八月，来俊臣奉命审讯玉钤卫大将军张虔勖和大将军内侍范云仙。张虔勖就是奉武则天之命领兵进宫废唐中宗的原羽林将军之一。这时遭到来俊臣严刑拷打，十分痛苦，向徐有功申诉。来俊臣勃然大怒，命卫士将其乱刀砍死，斩首示众。范云仙自称在先朝作事，也称冤枉，来俊臣命人将舌割下。

在这之后，有人告发武思文曾合谋徐敬业反叛。武思文原名徐思文，是徐敬业叔父。担任润州刺史时，城破被敬业抓获，一直不肯投降，得到武则天嘉奖，赐姓武氏，提升至地官尚书。这时，女皇下令将其放逐岭南，并复姓徐氏。

同年九月，来俊臣审讯岐州刺史云弘嗣，没有审讯先被砍头，随后制造假案上奏。张虔勖被杀后也是伪造的假案。可武则天全部批准，海内钳口，没有人敢揭发。

九月，宰相傅游艺入狱后就死了。这人就是首先带人上表恳请武则天登基建号者。他在载初元年（公元690年）任合宫主簿（九品），由于千方百计投武则天登女皇宝座之所好，一年之内历左补阙（七品），给事中

（五品），直到三品相位。官服也由青、绿、而朱、紫，被人们称为"四季仕宦"，以形容他升官之快。女皇还赐他姓武氏，一时深受皇上宠爱。傅游艺小人得志，得意非凡忘乎所以，梦中登上湛露殿，成为皇帝。他忍不住把这皇帝梦告诉了心腹，想不到被人告密了，以谋逆罪下狱自杀而死。女皇让以五品礼埋葬。

宰相岑长倩、格辅元由于反对武承嗣企图取代李旦为皇太子受到诸武陷害，被捕入狱。来俊臣借机强迫岑长倩子岑灵原诬引宰相欧阳通等数十人谋反。欧阳通被来俊臣拷问时，虽然受尽酷刑，始终没有承认。来俊臣编造假案上奏。这年十月十二日，岑长倩、格辅元、欧阳通等全部被杀。而二十五日宰相乐思晦、右卫将军李安静又被杀。李安静是隋唐间名医李纲的孙子，他的哥哥李安仁永徽年间任太子李忠的东宫僚佐。李忠被废时，手下的门客都逃散了，只有安仁流着泪跪拜之后才离开。当武则天要改朝换代的时候，王公百官争相上表劝进，又只有李安静不予跟从。被抓以后，来俊臣审问他谋反详情，安静正义凛然回答："由于我是唐家老臣，要杀便杀！要是问谋反，没有什么可讲的！"乐思晦是高宗时期宰相乐彦玮子，他死得不明不白，好像和李安静一样都由于受女皇怀疑忠于李唐皇室，指使酷吏予以铲除。

天授三年（公元692年）一月，来俊臣捏造罪名检举同平章事任知古、裴行本、狄仁杰、司礼卿崔宣礼、前文昌左丞卢献、御史中丞魏元忠、潞州刺史李嗣真阴谋叛逆。这之前，来俊臣曾经上奏请求太后下命令：一审问就承认谋反的人可以减免死罪。等到任知古等入狱，来俊臣就以这道命令引诱他们认罪。狄仁杰回答说："大周改朝换代，万物更新，唐朝旧臣，甘愿遭到处死。谋反确有其事！"来俊臣便对他略微宽容。来俊臣的属官王德寿对狄仁杰说："您肯定能减免死罪了。我已被人指使，想略找一个升迁阶梯，您可以牵连杨执柔？"狄仁杰说："天神地神在上，怎么竟要狄仁杰干这种事！"说完以头撞柱，头破血流，王德寿见此情况，非常害怕，赶紧道歉。

侯思止审问魏元忠。这个本是无赖的酷吏大喊："赶快认白司马，否则，即吃孟青。""白司马"是洛阳一个山坡的称号，"孟青"就是杀琅玡王李冲的孟青棒。侯思止不认识字，审讯时经常用这句话吓唬犯人，意思是不招供便用棒打。魏元忠始终不愿屈服，侯思止十分恼怒，命人将其倒着拖。元忠从地上慢慢爬起，讽刺道："我的命很薄，如乘驴坠地，脚被钩在马镫，被拖曳了。"侯思止更加愤怒，又接着拖，还宣称要以拒捍制使罪上奏将其斩首。魏元忠灵机一动，吓唬这个恶棍道："侯思止，你今为国家御史，应懂得礼节和法律。如想要我的头，就用锯截去，为何逼我承认谋反！你身穿朱紫官服，亲手捧着圣旨，不做正直之事，而胡说'白司马'、'孟青'，这是什么话！只有我魏元忠，才会告诉你其中利害！"这番喝斥让侯思止不知所措，以为自己满口胡言惹了大祸，惊恐得站起，口中道："思止死罪，蒙中丞指教。"并请魏元忠落坐。魏元忠捉弄了这个酷吏一顿。在这之后，侯思止审问魏元忠也宽容了许多。此事后来传了开去，当时的人以此为谈资。一次，侍御史霍献可当面嘲笑，侯思止又羞又恼上奏诉苦，女皇生气地问霍献可："我已经任用他为官，你怎么还要如此？"献可如实将详情禀告，女皇也忍不住哈哈大笑。

有关部门就等着判罪后执行刑罚，狄仁杰已经承认谋反，不再严加防守。狄仁杰就从被子上撕下一块帛将冤屈书写在上面，塞在绵衣里面，对王德寿说："天气越来越热。请把绵衣交给我家里人撤去丝绵。"王德寿答应。狄仁杰的儿子狄光远获得帛书后，拿着去说有事想禀告，得到女皇召见。武则天把帛书看了一遍，质问来俊臣，他回答说："狄仁杰等入狱后，我从来没有剥夺他们的斗巾和腰带，生活很好，要是没有事实，如何会承认谋反！"女皇派通事舍人周𬤇前往查看，来俊臣及时给狄仁杰等穿上头巾腰带，令他们排列站立在西边让周验看。周根本不敢向西看，仅仅是朝着东边唯唯诺诺罢了。来俊臣后来又假造出狄仁杰等的谢死罪表，让周上奏女皇。

狄仁杰等人性命朝不保夕，这时出了一个救星，居然是三个月前被杀宰相乐思晦不到十岁的儿子。父亲死后，他被籍没入司农寺为官奴婢，这时上书称有密事相告，获得召见。女皇问他有什么事，他回答说："我的父亲已经死去，家已破败，只可惜陛下的刑法为来俊臣等操纵，陛下要是不相信我说的话，请选择朝臣中忠诚清廉、陛下非常信任的人，提出他们叛乱的罪状交给来俊臣，他们最终都会承认谋反。"女皇闻听之后略微醒悟，召见狄仁杰等，问道："你为什么承认谋反？"狄仁杰回答说："要是不承认，便已经死于严刑拷打了。"女皇说："为什么要写谢死罪书呢？"狄仁杰回答说："没有。"女皇拿出奏表，才明白是假造的，于是释免这七个家族。初四，任知古贬为江夏县令、狄仁杰贬为彭泽县令、崔宣礼贬为夷陵县令、魏元忠贬为涪陵县令、卢献贬为西乡县令，裴行本、本嗣真被流放到岭南。

来俊臣与武承嗣等仍然坚持请求杀死他们七个人，女皇没有答应。来俊臣又专门提出裴行本罪恶最为严重，请女皇将他斩首；秋官郎中徐有功加以驳斥，认为"英明君主有使臣下再生的恩惠，来俊臣不能顺势促成，有损君主恩信"。殿中侍御史贵乡人霍献可是崔宣礼的外甥，对女皇说："陛下如果不杀崔宣礼，我请求死在陛下眼前。"他一头撞在宫殿台阶上，鲜血染湿了地面，想用这样的行动表示作臣子的不袒护自己的亲戚。女皇没有听从。霍献可常常用绿帛包扎伤口，略为显露于帽子下面，希望武则天看见认为他忠心。

来俊臣向左卫大将军泉献诚勒索钱财，被献诚拒绝，就诬陷献诚谋反将其抓捕入狱。泉献诚本来是高丽人，其父泉男生降唐。天授元年（公元690年），武则天拿内库金银宝物，令宰相及南北衙文武官中选善射的五人一决胜负。献诚第一，但是献诚辞让给右玉铃卫大将军薛吐摩，吐摩又让给献诚。献诚这时奏道："陛下令选善射的人，可是今天大多都不是汉人官将，只怕四周的夷狄会轻视汉人，请停此射。"武则天点头称善。但是，这样一员大将竟然遭酷吏诬陷后被勒死于狱中。时间是一月初九。

（3）遏制滥刑

天授三年（公元692年）四月改年号为"如意"。六月，万年县主簿徐坚上疏道："古书记载审案实行五听，贞观年间有死罪经三次复奏才行刑的命令。我看到如今有命令审讯谋反者，只要使者审得事实，立即就被处死了。人命关天，人死不能复生，听任蒙冤忍气吞声被灭族，那难道不让人痛心！这样做没办法肃清恶人和叛逆，彰明常刑，更相反地会助长一些人专权枉法，使人们心生疑惧。我希望不要再用这种处理办法，依法复奏再行刑。此外，任用法官，应严加挑选，任用那些执法公正宽大，为百姓所赞扬的，而处理事情峻刻严酷，达不到人们的期望的，则请疏远而斥退他。"徐坚是徐齐聃的儿子。

这一上书和天授二年（公元691年）正月李嗣真上书内容相似，也想改变女皇依靠酷吏推行的恐怖政治。但是时间不同，结果有点差异，它似乎起了一点作用。因为女皇自垂拱年间以来，任用酷吏，不仅处死唐朝皇族和贵戚数百人，甚至杀大臣数百家，杀刺史、郎将以下官吏更无法计数。每任命一名官吏，宫中守门的官婢便说道："这些人只怕又要当冤魂了。"到不了一个月，这些官吏就被突然逮捕，举族被杀。监察御史朝邑人严善思公正耿直敢说话。当时告密的人不计其数，女皇也厌倦了，命令严善思查问，结果有八百五十余人承认诬告，服罪而死。罗织罪名害人的集团势力大减，他们便一同诬陷严善思，结果他被放逐州。

反对酷吏恣横的朝臣还有宰相李昭德，右补阙朱敬则，侍御史周矩。那时，严酷的狱吏横行霸道，百官都害怕他们，不敢正面对着他们站立，仅李昭德敢于在朝廷上揭露他们的恶行。女皇迷信祥瑞，有人进献有赤色花纹的白石，主管官员询问这石头有何特异之处，此人回答说："在于它的心忠诚。"李昭德大发雷霆说："这块石头的心忠诚，别的石头全都谋反吗？"左右的人都发笑。襄州人胡庆在龟的腹部用红膝书写"天子万万年"几个字，到皇宫门口进献。李昭德用刀把字刮除干净，请求将进献者法办。女皇道："这人并没有什么坏心。"下令释放他。

右补阙新郑人朱敬则以为女皇本来想用刑罚来遏制反对她的意见的人，如今既然已登上皇位，人心也已经安定，就应该减轻刑罚崇尚宽恕，就上疏指出："李斯辅佐秦国，用刻薄欺诈的方法屠杀诸侯，不懂得适时推行宽大温和的政策，最终招致覆灭，这是不知道变化而导致祸害。汉高祖夺取天下，陆贾、叔孙通说服他广施礼义，结果皇位传了十二代，这是懂得变化的好处。当初，陛下伟业刚刚建立，一切刚刚才开始，韩王、霍王等三位皇叔妖言惑众，徐敬业等四个元凶犯上作乱，这时不运用手法套出实情，就没办法应天命顺人心，不采用法家的刑名之学，就没办法平息邪恶止息暴乱。这才设立铜匦，大开告密之门，让或曲或直的事实真相明白地显露出来，暗藏着的奸邪一齐暴露，结果神明帮助正直的人，罪恶全部消除，百姓归附，帝位转移。可是走得快就留不下完整的脚印，短的琴柱无法演奏出和声，从前有用的手段现在成了废物。恳切希望看看秦、汉的成和败，考察如今的事如何办才恰当，审核哪些属于糟粕应该遗弃，找出哪些是暂时可用过后就需破除的东西，废除诬陷者的牙和角，挫去邪恶阴险者的锋芒，堵塞编造罪状的源头，清扫结党营私的痕迹，使天下百姓安居乐业，难道不快乐！"女皇赞同他的话，奖赏他绸缎三百段。

侍御史周矩上奏说："审问犯人的官吏全部互相夸耀自己的残暴，用泥塞耳朵，用笼罩脑袋，用重枷磨脖颈，在头上加箍再打进楔子，打折胸骨，手指钉竹签，吊头发，薰耳朵，称为'狱持'。或者连续很多天减少提供食物，通宵达旦审问，日夜摇撼，不让睡觉，称为'宿囚'。犯人又不是木石，为逃避眼前的痛苦，便暂且只好认罪谋求多活几天。我私下听到的议论，都说盛世根本没有必要造反，难道被告发的人全是英雄，都欲夺帝王的地位吗？只不过是熬不过酷刑被迫服罪而已。希望皇上仔细调查一下。现在满朝百官提心吊胆，全都认为陛下早上同他们很好，晚上就把他们看做仇敌，难以保全性命。周朝行仁义而昌盛，秦朝用刑罚而灭亡。希望陛下减缓刑罚，施行仁义，那么就是天下百姓的福运了！"女皇于是采纳他的意见，特种监狱的囚犯逐渐减少。

朝廷禁止天下屠杀牲畜和捕捞鱼虾。江、淮间发生旱灾，出现饥荒，百姓不能捕鱼虾，很多人饿死。右拾遗张德，生儿子三天，暗中杀羊宴请同事，补阙杜肃偷偷在怀里揣藏了宴席上的一些食物，上表揭发。第二天，女皇临朝听政，对张德说："听说你生儿子，这是很大的喜事啊。"张德拜谢。女皇说："从什么地方弄来的肉？"张德磕头认罪。女皇说："朕不允许屠宰牲畜，但有喜丧事不干涉。可是你今后请客，也需要选择人。"说完把杜肃的奏表拿给他看。杜肃十分羞愧，举朝文武官员都想吐他的脸。

如意元年（公元692年）九月初九，女皇又改年号为"长寿"。这月的二十二日，宰相李游道、袁智弘、王璿、崔神基、李元素以及春官侍郎孔思元、益州长史任令辉，全遭酷吏王弘义陷害，发配到岭南。其中王璿是王德俭的儿子，崔神基是崔义玄的儿子。他们的父亲都是帮助武则天争皇后时的心腹。

没过多久时间，酷吏来子珣获罪流放到爱州，死在那里。此人是永昌元年（公元689年）武则天临朝称制时当的监察御史，不学无术，卑鄙下流，光会揣测武则天的旨意诬告、审讯，也曾经非常受宠信，赐姓武氏。来子珣这时被女皇流放发配，是武则天推行酷吏诛杀政策出现变化的又一征兆。

（4）皇室遭难

任何可能危及帝位的行为仍然是女皇绝不能容忍的，所以皇嗣李旦妃刘氏和德妃窦氏蒙冤而死。刘妃是李旦原配，李旦登上帝位时，册封她为皇后。女皇登基降为皇嗣妃。窦妃就是唐玄宗的生母。原来武则天有一婢女韦团儿，诡计多端，深受女皇宠信。她勾引李旦，被拒绝，十分气恼，就做了桐人偷偷埋在两妃院内，暗地里诬陷她们诅咒女皇。初二，皇嗣妃与德妃在嘉豫殿朝拜女皇，退出后一道被杀，掩埋于宫中，人们全都不知道掩埋的地方。德妃是窦抗的曾孙女。皇嗣害怕违犯女皇的旨意，对这件事不敢发表看法，在女皇面前，表情和举动都尽量保持镇静的样子。团儿还准备诬陷皇嗣，有人将她的情况告诉女皇，女皇这才处死团儿。德妃母亲庞氏也被奴仆告发获罪。那个时候，告密的人大都引诱别人的奴婢告发他们的主人，以获得功劳赏赐。德妃的父亲窦孝谌担任润州刺史，有家奴大胆装做妖怪来吓德妃的母亲庞氏。庞氏非常害怕，家奴就让她夜间向神祈祷以消除妖怪。家奴向官府揭发这件事，于是庞氏被送到监察御史龙门人薛季昶那里查问。薛季昶上奏诬陷庞氏与德妃一同求神降祸于女皇，他先失声痛哭，假装经受不住打击的样子，然后说："庞氏的行为，我实在说不出口。"女皇便把薛季昶提升为给事中。庞氏应该斩首，她的儿子窦希找侍御史徐有功请求为母亲申冤，徐有功让有关部门停止执行死刑，接着上奏申诉，认为她无罪。薛季昶上奏说徐有功徇私袒护恶逆罪犯，请求处罚，执法部门判徐有功的罪应该判处绞刑。徐有功的属官把这事告诉他，徐有功长叹说："难道只有我一个人死，别的人永远不死吗？"他吃过饭后，便用扇子盖住脸睡觉。人们认为徐有功只不过是暂时强作镇静，内心一定十分恐惧，可是偷偷看他，他却正在熟睡。女皇召见徐有功,斥责他:"你最近办案,重罪不办或轻办的失误怎么那样多?"徐有功回答说:"重罪不办或轻办是作臣下的小过错;喜欢让人活着是圣人的大德。"女皇默不作声。这样庞氏得以减免死罪,和三个儿子一块发配岭南,窦孝谌贬为罗州司马,徐有功也被罢官免职。

刘妃、德妃遇害后三个月,李旦也遭到大祸。长寿二年(公元693年)一月,前尚方监裴匪躬、内常侍范云仙,由于暗中拜见皇子被处以腰斩的极刑。范云仙一年多前被来俊臣审讯时割去了舌头。这两人全都效忠唐室,激怒了女皇。在这之后公卿以下官员统统不能去拜见皇子。不久又有人告发皇子密谋造反,武则天命令来俊臣审讯他身边人员,他们熬不住酷刑,都想屈服认罪。太常寺工人京兆人安金藏大声对来俊臣说:"您既然不相信我的话,我请求剖出心肝来证明皇嗣并不想谋反。"他马上拔出佩刀自己剖胸,五脏全都流出,遍地鲜血。武则天知道后,让人将他抬入宫中,命医生把五脏放回安金藏体内,用桑皮线缝合,敷上药,过了一个晚上才苏醒。武则天亲自去探视他,叹息说:"我有儿子而自己不了解,结果才让你遭此重伤。"马上命令来俊臣停止审讯,皇嗣才因此大难不死。

同年二月,补阙李秦授送来奏章,说:"皇上从即位以来,诛杀李氏的宗亲和大臣,将其家属流放,约有数万人。论语有'代武者刘'、'刘'者'流'也。皇上不杀掉这些人,万一他们同心协力意图谋反,恐怕社稷会有危险啊。"武则天随即派酷吏万国俊赴岭南察问。他到广州后,将流放的人都集中一处谎称有旨,皆赐自尽。被流放的人号呼不服,万国俊将他们驱至水边,全部杀掉,达三百余人。接着伪造反叛的迹象回奏,并诬称诸道流人都有怨恨谋反的,必须早加铲除。武则天很赞赏这一看法,提升万国俊为朝散大夫、侍御史,又派酷吏刘光业、王德寿、鲍思恭、王大贞、屈贞筠分别到剑南、黔中、安南诸道审讯流人。刘光业等因万国俊杀了很多人而获得奖赏,争相效仿。他杀七百人,王德寿杀五百人,别的少的不下百人。在这中间有些是很久以前被流放的人,和武则天革唐建周并无瓜葛,也同样被杀。事后女皇了解冤滥,赦免了幸存的被流放的人及家属,允许他们回归原籍。万国俊等六名杀人恶魔没过多久纷纷死去,或获罪流窜而亡,没有一个得到好下场。除此以外,酷吏侯思止因违反民间不允许私藏锦缎的禁令,也在二月被宰相李昭德杖杀于朝堂。

来俊臣诬告冬官尚书苏干,说他在垂拱年间担任魏州刺史时与琅玡王李冲串通密谋造反。苏干的母亲是唐太宗女南康公主。苏干任魏州刺史时督察奸吏,劝导农桑很有建树,后升至冬官尚书,苏干的升迁和政绩招致来俊臣的忌恨。这时借他和唐皇室的姻亲关系进行陷害,于四月被杀。

　　长寿二年(公元693年)八月,宰相崔元综由于获罪被发配振州。崔元综看似谨慎忠厚,而实际内心刻薄,只要受诏审狱,就百般刁难,一定判处重刑。被流放后,朝野都十分高兴。大酷吏来俊臣时常贪脏受贿,曾被御史纪履忠弹劾,被捕入狱,论罪当诛。武则天念来俊臣告密的功劳,免死为民。长寿二年(公元693年)提升为殿中丞,这年九月又犯赃罪贬为同州参军。与此同时,那个捕杀赵、贝二州二百余邑斋百姓的恶棍王弘义,也由于获罪被发配琼州。王弘义贼心不死,假称有赦召还,途中碰上侍御史胡元礼,胡元礼看王弘义十分可疑,严加审问,查清奸谋,将这个酷吏用杖打死。

(5)李昭德获罪

　　长寿二年(公元693年)月,宰相李昭德遭武则天疑忌而获罪。李昭德才干出众。如意元年(公元692年)李昭德任夏官侍郎,曾向武则天密奏:"魏王武承嗣权力太大。"女皇说:"他是我的侄儿,因此视为心腹。"李昭德说:"侄儿对于姑姑,难道能比得上儿子对于父亲亲近?儿子还有杀死父亲的,更别说侄儿了!如今武承嗣既是皇上您的侄儿,是亲王,又担任宰相,权势与君主一样,我担心陛下无法长久地坐稳皇位!"女皇非常惊恐地说:"我忽视了这点。"秋季,八月十六日,朝廷任命文昌左相、同凤阁鸾台三品武承嗣为特进,纳言武攸宁为冬官尚书,夏官尚书、同平章事杨执柔为地官尚书,一起被革去了宰相的职务;任命秋官侍郎新郑人崔元综为鸾台侍郎,夏官侍郎李昭德为凤阁侍郎,检校天官侍郎姚为文昌左丞,检校地官侍郎李元素为文昌右丞,与司宾卿崔神基并任同平章事。姚是姚思廉的孙子,李元素是李敬玄的弟弟。八月十九日,朝廷任命营缮大匠王璿为夏官尚书、同平章事。武承嗣也曾向武则天说李昭德的坏话,武则天说:"我任用李昭德才睡得好觉，他代我劳苦，你不要多说。"李昭德并不害怕酷吏，杖杀侯思止，打击来俊臣等嚣张气焰，而且有时还敢违背武则天的偏好。

内史李昭德仗恃女皇的宠信，滥用大权，意气用事，人们多憎恨他。前鲁王府功曹参军丘愔上奏斥责他，意思大概是："陛下在天授年间以前，政事都自理，自长寿年间以来，任用李昭德，让他处理机密，提出可行的事，否决不可行的事。一些对国家有利的事，他开始不参与商议，待到决定将要执行时，却又提出异议，以显示自己与众不同。他不遵从好的事情归于君主而过错等全由自己承担这种君臣常理。"又道："我觉得他的胆子大过身体，鼻孔出的气，上冲霄汉。"又说："蚂蚁的洞穴能够毁掉大堤，针尖大的小孔就可以让气全部泄漏，权力只要失去，就很难再收回。"长上果毅邓注又写了长达数千言的《石论》，叙述李昭德专权的事实。凤阁舍人逄弘敏将它上奏，女皇从此开始憎恨李昭德，二十一日，将他贬为南宾县尉，没过多久，减免死罪，将其放逐。

（6）处死来俊臣

箕州刺史刘思礼让术士张憬藏看相，憬藏说他当历箕州，官至太师。刘思礼胡思乱想，以为太师是人臣的最高位，一定得有佐命之功，马上与洛州录事参军綦连耀密谋造反。他吹捧綦连耀"体内有龙气"，綦连耀则说他"公姓金刀，恰好是我的辅助之人"，暗中确立君臣关系。又凭借相术许诺赐人富贵，引人上钩。这件事被明堂尉吉顼探知，告诉了被贬为合宫尉的来俊臣，让他告密。女皇知道后，马上让堂侄河内王武懿宗审讯。武懿宗答应免去刘思礼死罪，可是让他广泛牵连朝中大臣。这样刘思礼诬陷了宰相李元素、孙元亨，天官侍郎石抱忠、刘奇，给事中周潘和泾州刺史王及他的弟监察御史王助、凤阁舍人王共三十六家，全都是海内名士。武懿宗严刑拷问，构成谋反罪，一律诛灭全族，亲党受牵连的达千余人。开始，武懿宗假装宽恕刘思礼，让他在狱外居住，专门从事牵连之事。刘思礼十分得意，只要是平时看不惯的，必加牵连。等众人被斩后，武懿宗立刻杀了他。綦连耀自然也被斩首。

此谋反案使女皇觉得自己地位仍不很稳固，于是再次重用酷吏。来俊臣由于这次告密有功提升了官职，使诛杀政策又猖獗了半年。

来俊臣想独占告发之功，于是捏造罪名密告吉顼；吉顼依赖密告别的谋反事件蒙女皇召见，才幸免死罪。来俊臣因此又得到重用，而吉顼也借此得以升官。来俊臣的党徒罗织罪名诬告司刑府史樊阴谋反叛，樊被处死。他的儿子向朝上诉冤，没有人敢替他评理，便抽刀自己剖腹。秋官侍郎上人刘如璿见了，暗中叹息流泪。来俊臣便上书说刘如璿偏袒恶逆罪犯，于是刘如璿被捕入狱，判处绞刑，女皇下诏改判他发配州。

曾被放逐的李昭德没过多久再次被任命为监察御史，他平时就痛恨来俊臣等酷吏。司仆少卿来俊臣依仗权势贪求女色，只要官民妻妾有漂亮的，必想方设法霸占。有时故意捏造罪名告发某人，接着假传女皇命令抢夺他的妻妾，前后罗织罪名杀人不可胜数。从宰相以下，他按姓名顺序夺取他们的妻妾。他自以为比得上石勒的才能。监察御史李昭德一贯憎恶来俊臣，又曾经在朝廷上侮辱秋官侍郎皇甫文备。这二人便一道诬告李昭德，将他抓捕入狱。

来俊臣想捏造罪名诬告武氏诸王和太平公主，还准备诬告皇嗣及庐陵王与南北衙禁卫军勾结意图不轨，希望凭借这样窃取国家权力，河东人卫遂检举了他。武氏诸王及太平公主心中害怕，一块儿揭发他的罪恶，将他关进监狱，判处他死刑。女皇准备赦免他，处死的奏章送上已经三天依然没有批下。王及善说："来俊臣阴险狡诈，贪婪暴虐，是国家的大罪人，要是不把他除掉，迟早是朝廷的祸患。"女皇游览宫廷园林时，吉顼牵马，女皇询问宫外的事情，他回答说："外边的人就是奇怪处死来俊臣的奏章为什么没有批下来。"女皇说："来俊臣对国家有功劳，这件事我正在考虑。"尉吉顼说："于安远告虺贞阴谋反叛，后来真的造反了，于安远如今仅担任成州司马。来俊臣招揽胡作非为的凶徒诬陷好人，贪赃受贿的财物不计其数，被他害死的冤魂充满道路，是个祸国殃民的恶人，有什么值得怜惜的！"女皇这才批准处死他。

初三，李昭德、来俊臣一块儿在闹市被处死并暴尸，时人无不痛惜李昭德，而为处死来俊臣十分兴奋。仇家争相吃来俊臣的肉，一会儿就吃光了。女皇知道天下人痛恨他，于是下诏斥责他的罪行，并且说："应该把他全族加以诛灭，以雪百姓的愤恨，可依法没收他的家产。"官吏与百姓在路上相见时都相互庆贺说："今后人们睡觉终于可以踏实了。"

（7）武则天用人之术

三个月后，二十一日，女皇对左右的大臣说："最近以来周兴、来俊臣审理案件，牵扯了许多朝中大臣，说他们谋反，国家制定好的法律，朕如何敢违反！有时候怀疑他们在弄虚作假，派遣亲信大臣到监狱提问，得到犯人的自供状，全部是自己承认的，朕便深信不疑。自从周兴、来俊臣死后，就不再听说有人造反了，如此看来，从前被处死的人不是有冤枉的吗？"夏官侍郎姚元崇回答说："自垂拱年间以来由于造反罪被处死的人，大概都是因周兴等为求取功劳而罗织罪名造成的。陛下派亲近大臣去查问，这些亲近大臣连自己也无法保全，怎么还敢动摇他们的结论！如果被问的人翻供，害怕再遭受毒刑，与其那样还不如早死。仰赖上天启迪陛下，周兴等被诛灭，我用一家百口人的性命向陛下保证，今后朝廷内外大臣不会再有造反的人。假若有一点儿谋反的事，我愿承担知情不报的罪过。"女皇非常高兴地说："从前的宰相都忍让顺从着周兴他们，使他们得逞，把朕也变成了滥用刑罚的暴君，听到你说的话，非常符合朕的心意。"于是赏赐姚元崇钱一千缗。其实女皇当初是在依靠酷吏之手滥杀无辜来巩固自己的地位，目的达到后再杀酷吏以息民愤。这时又假装上当受骗，并把责任推给宰相不能直言。而姚元崇的话不过是为女皇找到了搞滥刑诛杀政策的借口。这一恐怖手段若从文明元年（公元684年）二月算起，到此时运用了十三年的时间。

女皇在使用上述统治术的同时，还广开仕途，大力招官，凭此收买人心，扩大个人势力。垂拱元年（公元685年），她临朝称制时，就下诏让内外九品以及下属官员都可以自我举荐，以求做官升官。载初元年（公元690年）二月，她在洛阳殿主持考试全国的贡士，宣称亲自挑选人才，使这些人衷心拥护。在这之后贡士有了"殿试"。她还把为防止考试作弊而采取的

"糊名"办法废弃了,表面上是信任考官,实际是放宽了取士的规定。

武则天即位后,马上派史务滋等十人为存抚使分巡十道,推荐本道人才。天授二年(公元691年)一月,她亲自接见了被举荐上来的人,不分贤愚,这些人一律被试作某官,称为"试官",高的试凤阁舍人、给事中;次者试员外郎、侍御史、补阙、拾遗、校书郎。"试官"制度从此开始,而这一次就有一百三十人被委任。那时有人讥讽任官之滥说:"补阙连车载,拾遗平斗量;推侍御史,脱校书郎。"有一个叫沈全交的举人续道:"糊心存抚使,眯目圣神皇。"让御史纪先知抓住,弹劾他诽谤朝政,请在朝堂杖打后,交司法定罪。女皇笑道:"只要你们不滥,就不怕别人说什么!可以免他无罪。"

延载元年(公元694年)十一月,获嘉主簿刘知几上书论及那时官员的过多。其中说道:"海内任九品官以上的人员,每年碰到发布赦令,就一定会赐官阶勋级,所以使得朝野宴会、公私聚会时,穿上红色官衣的要比穿青色官衣的多得多,持象牙笏的比执木笏的多。他们的尊荣富贵并不是依靠品德高尚而获得,他们的官阶没有几个是因为才能出众而被授予的,他们不分美丑、善恶。我希望在这之后稍微停止以私意赏赐官阶和勋级,使才德出众的人愈发忠诚勤奋,缺乏才能的人都努力赶超别人。"又说:"陛下临朝即帝位以来,录用官员太多,六品以下有具体职务、政事清闲的官吏就如泥土草芥一般微不足道,如沙砾一样数不清,要是不予以淘汰,就可能会玷污君主的教化。"还说:"如今州郡官吏调动更换过于频繁,忽来忽往,有如蓬草和浮萍一样来回流转,人们怀着得过且过的想法,根本无心思搞奉公守法的政事。希望以后刺史在任没有超过三年不予调动,同时认真评定他们的功过得失,要特别注意赏罚严明。"

女皇并没有放弃放手招官的治术。神功元年(公元697年)闰十月,凤阁舍人李峤掌选官,又增设数千"员外官",用的全部是权势之家的亲属,不但给俸禄,而且也有实权,使得有些和正员官争事相殴。还设"敕摄""检校""判知"等名目官。长安二年(公元702年)正月,初设"武举",给练武的人做官开辟了新途径。

女皇广辟仕途,放手赐给官职,用这种恩赐招揽人心。同时又用严刑来控制仕途,发现不称职的官,就革免或杀戮。当时做官容易而法律严苛,所以人们争着为官可是大多最后都获罪身死,但还是有很多人想做官。

女皇的用人政策以个人专权为目的,根本不会容忍任何人妨碍自己独揽大权,她在临朝称制的时候就已经这样了。曾为"北门学士"的刘祎之参与她夺权的密谋,提升宰相,很受信任。就因为一次与人私语,说她废掉中宗后应把权力还给睿宗,她十分恼怒,将刘祎之在家中赐死。武则天即帝位后更是如此。她任用自己的侄子武承嗣、武攸宁和娘家侄杨执柔为宰相,当李昭德进言说武承嗣权力过大会影响帝位后,这三个侄子马上被免去相位,李昭德因此获得宠信。可是后来李昭德因为恃宠专权,又遭武则天的怀疑,最终被以"谋逆"的罪名处死。女皇一手提拔的宰相岑长倩,开始迎合了她称帝的心理,呈献很多符瑞,又上书请改皇嗣李旦姓武氏,从而获得封赏。可是他一反对在全国建大云寺和将武承嗣立为太子时,就被以谋反的罪名处死。

在滥刑乱杀形成恐怖气氛的背景下,很多庸臣奸佞充斥政府机构。武则天亲自提拔的宰相多达六十七名,而绝大多数都是这两类人。在这中间任相时间最长的杨再思,执政十余年,没有任何政绩。可是他能够猜透女皇的心思,只要女皇厌恶的,必攻击毁灭;只要是女皇喜欢的,就必然夸奖赞颂,被那时的人们称为"两脚野狐"。另一个任相时间仅次于杨再思的是苏味道,担任宰相六年多,光会阿谀奉承,顺水推舟。他曾对人说:"处理事情不要明确表态,要是有错误,一定会受牵连,最好模棱两可。"故被时人称为"苏模棱"。

可是女皇善于识人,她在对官员大量淘汰中挑选人才,加以重用,生性直爽的人只要没有被她怀疑有谋反之心,也还可以从酷吏亲佞的陷害中保全下来。所以,一批文武英贤还为她所用。

武则天任用许多酷吏推行恐怖政策,但同时也任用徐有功、魏元忠、李日知、杜景俭、严思善等正直执法官员。还在她临朝称制的时候,法官在处理案件时竞相残酷,而司刑丞徐有功、杜景俭、李日知公平执法。徐有功最初担任蒲州司法参军时就为政宽仁,政绩出众。升任司刑丞后,酷吏来俊臣、周兴等陷害无辜,他都一一核实冤情,前后救活数十百家。徐有功常常在殿廷禀奏狱中案件曲直,武则天高声质问,左右大臣全都吓得发抖,可是他不变神色,争辩更为坚定。武则天虽然残忍好杀,但知徐有功忠心、正直,颇是敬惮。李日知曾经和司刑少卿胡元礼为一个囚犯发生争执。胡元礼要把囚犯杀掉，李日知认为囚犯的罪行还不应判处死刑，两人反复争论。胡元礼怒道："只要我不离开司刑，这个囚犯就没有生命。"李日知也道："我只要不离司刑，这个囚犯终不会死！"两人各自书写奏本上奏，最后李日知获胜。杜景俭也是这样执法公正。当时遭告密被逮捕的囚犯中流传这样一句话："遇来、侯必死；遇徐、杜必生。"

武则天即帝位后，徐有功仍旧刚正不阿。天授元年（公元690年），他因解救道州刺史李行褒的冤狱，遭到周兴诬陷而被罢官。没过多久，女皇又重新起用他为侍御史。长寿二年（公元693年），他为争庞氏案又被免职，但后又被女皇起用，官至司刑少卿。他曾对人说："身为大理寺的官员，人命关天的大事，就一定不能为了保全自己而顺从旨意放弃真相。"他前后几任司法官，由于谏诤遭诛杀的案件，三次被判死刑，但始终没有改变他的志向。这些公正执法官员虽然无法改变武则天为登上并巩固女皇帝位而推行的恐怖政策，可是武则天任用他们对酷吏进行约束，有心在黑暗恐怖中留下几分光明，给人以生存的希望。

（8）狄仁杰理政

女皇亲自提拔的宰相中，良臣有三分之一，其中如狄仁杰、李昭德、苏良嗣、魏元忠、杜景俭、姚元崇、韦安石、陆元方、张柬之等，在当时都是非常出众的人才。

狄仁杰不但有政治才能，而且品德高洁。高宗朝时担任大理丞，一年之中审理狱案一万七千人，没有一个人不服鸣冤的。武则天临朝称制，他任豫州刺史时，常冒险上奏，解救了许多受越王李贞举兵株连的人。率军镇压这次起兵的宰相张光辅要放纵兵士进行屠杀劫掠，他也能出面制止。天授二年（公元691年）升任宰相，因为为人刚直不阿，遭来俊臣忌恨，诬陷下狱，险遭杀害。女皇知道他受冤放了他，后又任相位。他对国家的内政、边防大事，常常提出一些有用的建议。女皇崇佛，要造大佛像，需要耗费数百万的人力，因为他的劝阻而停止了这项徭役。他还把推贤举能视为自己的责任，先后引荐桓彦范、窦怀贞、敬晖、姚崇等数十人。狄仁杰精忠报国，获得女皇信任尊重，常以"国老"而非姓名相称。觐见时，不令其跪拜，说："每次见你跪拜，朕身上就痛。"狄仁杰喜欢面谏朝争，女皇委屈自己予以听从。狄仁杰屡次以年老请辞，她都不同意，还叮嘱大臣们说："如果不是军国大事，不要麻烦国老。"久视元年（公元700年），狄仁杰病逝，女皇哭着说："朝堂空了。"以后有了难以处理的大事，她就叹息说："老天爷不应该这么早就夺走我的国老啊！"

8. 黜周复唐

神龙元年（公元705年）正月，武则天病重，张柬之等人逼武则天传位于太子，中宗复位。

张柬之、崔玄、桓彦范与左威卫将军薛思行等人带领五百多左右羽林兵来到玄武门，派李多祚、李湛及内直郎、驸马都尉安阳人王同皎到东宫去迎接太子李显。太子心存疑虑，不肯出来，王同皎说："先帝传位与殿下，殿下毫无缘由遭到幽禁废黜，皇天后土、士民百姓都愤愤不平。现在上天诱导人心，北门的羽林将士与南衙朝臣能够同心同德，誓要诛灭凶恶的小人，恢复李氏的江山社稷，希望殿下先到玄武门去以满足大家的期望。"太子回答："凶恶的小人的确应该铲除，可是天子圣体欠安，你们这样做能不使天子受惊吗！请诸位日后再不要如此行事。"李湛说："诸位将帅宰相为国家不顾生死，殿下怎么能让他们面临鼎镬的酷刑呢！请殿下自己去阻止他们好了。"太子这才出来。

太子被王同皎抱到马上，并在他的陪同下来到玄武门，砍断门栓一道进入宫中。那时女皇在迎仙宫，张柬之等人在迎仙宫的走廊里将张易之和张昌宗斩首，接着进入武则天居住的长生殿，下命将她包围。武则天惊讶地坐起来，问道："是什么人作乱？"张柬之回答说："张易之、张昌宗阴谋造反，臣等已奉太子的命令将他们铲除，由于害怕走漏消息，所以没有来向您禀告。在皇宫禁地举兵诛杀逆贼，惊扰天子，臣等罪该万死！"武则天看见太子李显也在人群当中，就对他说："这件事是你让干的吗？反臣逆子已被诛杀，你还留在这里干什么！"桓彦范上前说道："太子怎么还可以到东宫里去呢？先皇曾把心爱的太子托付给陛下，如今太子年纪已大，却仍在东宫当太子，大意民心，早已思念李家。群臣不敢忘记太宗、先皇的恩德，故此尊奉太子处死犯上作乱的逆臣。希望陛下传帝位给太子，以顺从上天与下民的心愿！"武则天发现李义府之子李湛后对他说："你也参与了杀张易之的事吗？我平时对你们父子那么恩宠，却不曾想竟然有今日的变故！"李湛满面羞惭，哑口无言。武则天又对崔玄说："别的人都是经他人推荐之后提拔的，而你是朕亲手提拔的，你为什么在这里呢？"崔玄说："我是为了回报陛下的恩宠才如此。"

张柬之等发动政变的第二天，武则天实在没有办法，只得命令太子去监理国家。

二十四日传位太子。二十五日中宗李显重登帝位。

当年十一月二十六日，八十二岁的武则天在上阳宫的仙居殿郁郁而终。留下的遗制是：去掉帝号，改称为则天大圣皇后。王皇后、萧淑妃二族及褚遂良、韩瑗、柳奭子孙亲属全部赦免。

去帝号重新改称皇后，表示武则天又成了李家的媳妇。下台前夕，她听从李峤、桓彦范、崔玄的奏请，于神龙元年（公元705年）正月初一大赦时，除了直接用武力反对她的徐敬业、宗室李贞、李冲父子以及反逆魁首，那些遭酷吏陷害的人们已经全都得到赦免。而中宗登基后，立即为李氏宗族的子孙平反，这样武则天杀死的冤魂最后就剩下这次所赦免了的人了。她这样做，也许是为了使自己良心能安吧！

神龙二年（公元706年）五月十八日，武则天的灵柩和唐高宗合葬乾陵，陵前立的是一座高高的无字碑。

这位中国历史上唯一一个掌国权并建立国号的女皇帝生命结束后，人们对她的评价没有定论，甚至迥然相异，就像那座无字碑之谜一样，成了一个永远吸引人们的历史研究课题。

第三章

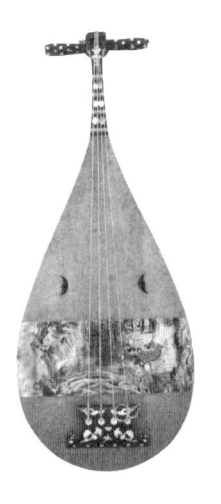

开元盛世

中宗复位后，皇后韦氏与安乐公主、武氏残余势力勾结在一起，祸乱朝政。中宗死后，睿宗李旦之子李隆基发动兵变，诛灭韦武集团，拥立睿宗复位。后来，自己接受睿宗的禅位登基，是为唐玄宗。之后又面临着太平公主结党的局面，他果断出手，铲除了太平公主的势力。玄宗前期，任用姚崇、宋璟、张嘉贞、张九龄等贤臣为相，共治朝政；抑制各方欲望以期昌盛景象的出现；大力发展经济，恢复社会生产。这一时期，社会安定，经济繁荣，人民安居乐业，有"开元之治"的美誉。

1. 铲除诸韦

景云元年（公元710年）六月，李隆基起兵入宫，杀诸韦及其亲信。

（1）李隆基兵变

李隆基，唐睿宗李旦的儿子，受封为临淄王。他就是后来的唐玄宗，又称唐明皇。曾任卫尉少卿、潞州别驾等职。李隆基从小就有远大的志向，在宫中的时候，他自己称呼自己时用的都是曹操的小名阿瞒。他命运多舛，先有武后称帝，后有韦后乱政，他发誓要兴复李唐江山。

景云元年（公元710年）六月初二，韦后和她的女儿安乐公主在神龙殿里毒死了懦弱无能的中宗。韦后隐瞒中宗驾崩的消息，自己总揽了朝廷的大小事务。

初三，韦后把各位宰相都传到宫中，并且在长安城中驻扎了五万兵马，指派驸马都尉韦捷、韦灌、卫尉卿韦璿、左千牛中郎将韦、长安令韦

第三章 开元盛世

播、郎将高嵩分头统领这些兵马。韦璿是韦温族弟；韦播是韦温之侄；高嵩是韦温的外甥。韦后又命令中书舍人韦元负责巡察城中六街，为防备均州刺史谯王李重福，韦后还命令左监门大将军兼内侍薛思简等人带领五百名士兵快速赶到均州防守。韦后任命刑部尚书裴谈、工部尚书张锡为同中书门下三品，留任东都留守。韦后又任命吏部尚书张嘉福、中书侍郎岑羲、吏部侍郎崔湜为同平章事。

太平公主与上官婉儿商议起草唐中宗遗诏，把温王李重茂立为太子，政事由韦后主持，参谋政事的还有相王李旦。宗楚客说："由相王辅政在道理上有些讲不通，再说相王和韦后乃是叔嫂关系，不应互相问候，两个人在一起处理朝廷事务的时候，又如何执行礼的规定呢？"于是宗楚客率领宰相们一同上表，请求由韦后一个人去临朝持政，免去相王李旦为参谋政事的官职。苏瑰质问道："怎么可以违背先帝的遗诏命令呢？"韦温和宗楚客大怒，苏瑰非常害怕，便顺从了他们，于是任命相王李旦为太子太师。

万事俱备后，初四，韦氏集团才公开发丧，并把持朝政，大赦天下，改元唐隆。

初七，年仅十六岁的李重茂登基，即为少帝。

韦后的子弟和亲信同党手中掌握了南北卫军的兵权，还控制了很多要塞，势力几乎覆盖了全国的各个地方，宗楚客与太常卿武延秀、司农卿赵履温、国子祭酒叶静能及诸韦聚集在韦后周围，劝她像武则天一样当皇帝。宗楚客还秘密上书引征图谶，说韦后应该废唐另立新朝。当时京城中传说韦后图谋杀害少帝李重茂以夺得大权，搞得人心惶惶。韦后集团还想铲除相王李旦和太平公主，因为他们二人很可能会成为韦后集团夺权路上的障碍。

相王李旦的儿子临淄王李隆基在此之前已被免去潞州别驾的职务，他在京师私下招募智勇双全之士，密谋光复唐室。

当初唐太宗选拔官户和蕃口中骁勇善战的人员，让他们身穿绘有虎皮花纹的衣服，使用绘有豹皮花纹的马鞍，他们在太宗巡游狩猎时，跟在太宗的鞍前马后，和太宗一起射杀飞禽走兽。这些人被称为百骑；武则天时期逐渐增为千骑，隶属于左右羽林军；唐中宗把这支部队称为万骑，并设置官员统率。李隆基结识和笼络了很多万骑兵中的豪杰之士。

兵部侍郎崔日用平常一向依附韦后及武氏集团，与宗楚客交情也很好，他得知宗楚客的阴谋以后，害怕自己也会身遭不测，就派宝昌寺僧人普润秘密地去向李隆基报告这件事情，同时，还告诉李隆基尽快地发兵以抢得先机。

李隆基于是与太平公主及其卫尉卿薛崇、西京苑总监赣县人钟绍京、尚衣奉御王崇晔、前任朝邑尉刘幽求、利仁府折冲麻嗣宗等人策划先行兴兵发难，铲除韦氏集团。韦播、高嵩二人多次毫不留情用鞭抽打万骑兵，以此树立二人在万骑兵中的威严，这样做的后果却导致了万骑兵对他们的深深怨恨。果毅葛福顺和陈玄礼向李隆基诉说此事，李隆基暗示他们应当铲除韦后集团，两人听后都信誓旦旦地表示愿意效忠。参与了具体谋划的还有万骑果毅李仙凫。

有人建议李隆基应当把这件事告诉他的父亲相王李旦，李隆基回答说："我们这些人是为了大唐的江山社稷才干这种事的。如果事情成功了，对相王来说也是一件好事，但是万一失利了，我们为了国家牺牲自己就行了。如果告诉相王，让他也陪着我们牺牲，这是非常不值得的。若父亲不同意，则难免会坏了大事。"于是，李隆基把这件事瞒了下来。

二十日，李隆基身穿便服与刘幽求等人进入禁宫之中，到钟绍京的住所集合。此时钟绍京已颇有悔意，便想退出行动，他的妻子许氏对他说："那些为了国家大事而不计较个人安危的人一定会得到上天的帮助，再说你平时就一直与他们一起谋划这件事，就是你现在不参加了，也不能没有牵连。"钟绍京听完后赶忙开门出来拜见李隆基，李隆基拉着他的手与他一起坐下。这时左右羽林军将士都驻扎在玄武门，等到夜暮降临之际，葛福顺和李仙凫都来到李隆基处，询问开始行动的信号好方便行动。二更时，夜空的流星像雪一般散落，刘幽求说道："这是上天的意愿，要我们这样做，这样的时机一错过就再也不会有了。"葛福顺拔剑直闯羽林营，将韦璿、韦播、高嵩三人斩首示众，高声说道："韦后毒死先帝，图谋不轨，今天晚上我们要通力合作，铲除韦氏家族，所有的人都格杀勿论；拥立相王为帝以安定天下。假如有人胆敢当奸细，帮助叛军，给他判的罪要诛连三族。"羽林军将士全都表示服从。钟绍京率领着二百多工匠，拿着斧子锯子跟在后面。李隆基派葛福顺率领左万骑攻打玄德门，派遣李仙凫率领右万骑攻打白兽门，双方约定在凌烟阁前会师后，就发出大声的叫喊故意制造出混乱的声势。葛福顺等人分别杀掉守门的兵将，攻入宫中。

三更时分，李隆基率兵守在玄武门外，听到营中的叫喊声之后，即带领总监及羽林兵进入宫中，在太极殿负责守卫中宗灵柩的南牙卫兵们听到喧杂声之后，全副武装地响应李隆基等人。韦后慌慌张张、惊惶失措中逃到飞骑营，有一个飞骑兵将韦后斩首，并把首级献给李隆基。安乐公主正对着镜子画眉，被士兵杀死。此外，还将武延秀斩首于肃章门外，将内将军贺娄氏斩首于太极殿西。

一开始，上官婉儿推荐她姨母的儿子王昱任左拾遗，王昱劝上官婉儿的母亲郑氏说："武则天已经背逆了天意，不可能东山再起，现在婕妤巴结武三思，是把自己和整个家族往火坑里推，希望姨母慎重考虑一下！"郑氏于是用这些道理来告诫上官婉儿，但上官婉儿根本不听这一套。太子李重俊起兵讨伐武三思的时候，曾四处搜捕上官婉儿，她这才感到害怕，想起了王昱的告诫。在这以后，上官婉儿才尽力跟随唐中宗，与安乐公主各自形成自己的势力。中宗驾崩后，上官婉儿起草遗诏，将温王李重茂立为太子，由相王李旦辅佐；宗楚客、韦后却篡改了遗诏。

在李隆基率军攻入宫中时，上官婉儿亲自拿着灯笼，带领宫中从人迎接；并把她起草的中宗遗诏的底稿拿出让刘幽求看。刘幽求替她向李隆基求情，李隆基没有答应，下令将上官婉儿在旗下斩首。

（2）李旦登基

这时少帝住在太极殿，刘幽求对大家说道："大家约好了今天晚上拥立相王为帝，现在为什么不早一点儿定下来呢！"李隆基急忙制止了他，命令将宫中和把守宫门的韦氏家族的人及韦后的宠臣一并杀死。天快亮的时候，兵变基本完成。

二十一日，李隆基出宫拜见其父相王李旦，向相王磕头，请求相王原谅他行动之前没有事先通告相王的过错。相王李旦流着眼泪抱住李隆基说："大唐的天下得以保全，这全都是依赖于你的功劳啊！"李隆基于是率军迎接相王李旦入宫辅佐少帝。

李隆基下令将京城各门及所有宫门关闭，然后又派遣万骑兵分头搜捕韦家的亲属和党羽。太子少保、同中书门下三品韦温被斩首于东市之北。中书令宗楚客身着丧服骑驴逃跑，到通化门时被守门的兵士认出。兵士对他说："您就是宗尚书吧！"话毕即去掉宗楚客的孝帽，将其杀死，其弟宗晋卿也没有幸免。少帝由相王陪着来到安福门，让百姓安心。

当初，赵履温不惜花费国家钱财以讨安乐公主的欢心，没完没了地为安乐公主大兴土木。安乐公主被杀后，赵履温又急忙跑到安福门下山呼万岁，还没说完，就被李旦下令处死。赵履温总是鱼肉百姓，老百姓对他恨之入骨，所以他刚一死，尸体上的肉就被割光，只剩下一具骷髅。秘书监汴王李邕的妻子是韦后的妹妹崇国夫人，于是，他和御史大夫窦从一分别砍下他们自己妻子的头进献给相王李旦，以表示自己的忠心。左仆射、同中书门下三品韦巨源听到李隆基起兵的消息后，家里人劝他到外面避避风头，他回答说："我作为朝廷大臣，怎么能在国家有难的时候逃避责任，苟且偷生呢？"说完便走出家门，来到大街上，被乱兵所杀，当时有八十岁。这时李隆基已经派人把马秦客、杨均、叶静能砍头示众，并且把韦后的尸体丢在街头。崔日用带兵到京城南边的杜曲诛杀韦氏家族的其他成员，连吃奶的孩子也不能幸免。在杜曲居住的杜氏家族也被连累，冤杀了许多人。

刘幽求对李成器和李隆基说："以前相王就曾当过皇帝，是广大百姓所真心拥戴的。现在民心尚未平定，皇位乃国家之事，极为重要，相王怎么可以因拘小节而不称帝以利天下呢！"李隆基答道："相王生性淡泊名利，不注重俗务，即使他已经当了皇帝，也要把帝位让给别人，何况现在的皇帝是相王兄长的儿子，他又怎么忍心取代他呢！"刘幽求说："民意不可违，相王虽愿独善其身，但大唐江山不能不保！"李成器和李隆基入内拜见相王李旦，对相王极尽劝说之能事，相王才同意重登帝位。

二十四日，少帝在太极殿内东边面向西坐着，相王李旦站在唐中宗的灵柩旁边，太平公主道："皇帝想把帝位让给他的叔父，可以吗？"刘幽求跪在地上回答说："在国家处于危难的时候，皇帝仁义孝顺，开明有德，学习尧舜禅位贤人的传统，的确是为了国家着想，这是至德至公的心境啊！相王替代皇帝挑起治理天下的重担，乃是叔父对侄儿关心爱护的表现。"接着便根据少帝诏书旨意把帝位让给了相王李旦。这时少帝还坐在皇帝的宝座上，太平公主上前对他说道："天下所有的老百姓都已经拥戴相王，这个宝座现在你不能再坐了！"说完便将他从宝座上拉了下来。李旦即皇帝位，是为唐睿宗，并且亲临承天门，颁布诏书，大赦天下，同时又恢复了少帝李重茂的温王爵位。

睿宗当政时期（公元710~712年）任用姚崇、宋璟为相，姚、宋两位丞相，齐心协力，革除中宗时期施政中的诸多弊端，提拔任用忠良贤才，罢免不学无术的人，奖励和惩罚措施公平公正，严禁徇私舞弊、包庇纵容。这些举措令朝纲为之一振，颇有贞观、永徽之风。但严峻的宫廷斗争依然没有停息。

2.诛灭太平

开元元年（公元713年）唐玄宗把太平公主集团给诛灭了，从唐中宗时期屡次发生的宫闱之乱也告结束，李唐王朝由此进入了全面发展的新时期。

（1）太平结党

太平公主遇事机敏沉稳，聪明过人，富于权变，武则天认为她与自己很相像，因而在众多的子女中对她尤为喜爱，经常让她参与国家重大事情的筹备策划，但她还是很怕武则天的威严，因而不敢拉帮结派，壮大自己的势力。张柬之等人诛杀张易之、张昌宗兄弟时，太平公主助了一臂之力。唐中宗时期，韦后和安乐公主都害怕她，后来她又和太子李隆基一起铲除了韦氏集团。功勋卓著的太平公主势力如日中天，每项大政方针，睿宗都要与太平公主商议，在上朝时，她总是和睿宗在一起谈话。有时她没有上朝，睿宗就会派宰相到她的家中询问她对一些国家大事的看法。每当宰相们奏事的时候，睿宗就要询问："这件事曾经与太平公主商量过了吗？"接下来还要问道："与三郎商议过吗？"只有宰相们做了肯定答复后，睿宗才会允准他们的建议。三郎指的是皇太子李隆基。凡是太平公主想干的事，睿宗没有不同意的，朝廷中文武百官，除了宰相外，她都可以决定是提拔还是降职，而其余的那些因为她的推荐而不断获得高官职位的更是多得都数不清了。由于太平公主的权势甚至超过了睿宗皇帝，所以对她俯首帖耳、阿谀奉承的人数不胜数。太平公主的儿子薛崇行、薛崇敏、薛崇简三人全都受封为王。长安城郊外各地都有太平公主的田产园林，她家在收买或制造各种珍宝器物时，最远到过南岭和巴蜀地区，为她运送这类物品的人络绎不绝。太平公主在日常衣食住行的各方面也和宫里的一样。

太平公主野心极大，她想效仿武则天，临朝执政。她对懦弱不理政事的睿宗不屑一顾，但太子李隆基让她感到头痛。开始的时候，她认为李隆基乳臭未干，控制他易如反掌。没想到李隆基英武有才，断不是她所想象的那般无能，她又不愿听命于李隆基，就打算废掉李隆基，而代之以一个懦弱易于控制的太子，从而达到自己的专权目的。她在李隆基非长子身份上大做文章，认为既非长子，就不该立为储君，还指使心腹打入李隆基阵营监视太子，并在睿宗面前说太子的坏话。对此，李隆基心里十分焦虑。

太平公主和益州长史窦怀贞等人结为一派，想置太子李隆基于死地，就暗中指使她的女婿唐邀请韦安石到自己的家中来，韦安石坚决推辞，没有前往。唐睿宗曾经秘密地召见韦安石，对他说："听说朝廷文武百官全都表示愿意归附太子，替太子效力，您应当多注意一下这方面的情况。"韦安石答道："陛下从哪里听到这种亡国之言呢！这一定是太平公主的主意。太子为李唐王室做出了很大的贡献，而且一向非常仁慈明智，对父母孝顺，对兄弟友爱，这可是全天下都知道的事实，希望陛下不要听信谗言而受蒙蔽。"唐睿宗听说过这话之后十分惊异地说："朕明白了，您不要再提这件事了。"当时太平公主正在帘后偷听他们君臣之间的谈话，事后便散布各种流言蜚语对韦安石横加迫害，想把他逮捕起来，在监狱里严刑审讯，幸亏有郭元振的救助韦安石才得以逃脱。

太平公主还曾乘辇车在光范门内拦住宰相，暗示他们应当改立皇太子，宰相们当时全都非常吃惊。宋璟大声质问道："太子为大唐社稷立下这么大的功劳，理应是大唐未来的皇帝，公主为什么突然提出这样的建议呢？"

宋璟与姚崇私下向唐睿宗进言道："宋王李成器是陛下的嫡长子，豳王李守礼是高宗皇帝的长孙，太平公主在他俩和太子之间挑拨离间，故意制造矛盾，将会使宫廷里发生混乱，这样太子的地位也就不保了。请陛下将宋王和豳王两人外放为刺史；免去岐王李隆范和薛王李隆业所担任的职务，任命他们为太子左、右卫率以侍奉太子；将太平公主和武攸暨安置到东都洛阳。"唐睿宗说："朕现在除了太平公主这个妹妹之外已没有其他的兄弟姐妹了，怎么可以把她安置到偏远的东都去呢？至于诸王则任凭你们的安排。"于是先颁布制命说："以后诸王、驸马都不能统领禁军，现在担任禁军官职的必须调离到其他职位。"

没过多长时间，睿宗忽然对诸臣说："有一个弄术作法的人告诉我说最近五天内可能会发生兵变，你们要做好应付的计划。"很多大臣都觉得很奇怪，只有宰相张说看出了这是一些人为了动摇太子之位而使出的诡计，就说："这是奸佞之人故意放出来的话，他们就是想制造您与太子之间的矛盾，陛下若让太子监国，便可证明这些话是假的。"姚崇等人也这样说。睿宗开始清醒，景云二年（公元711年）二月初一，下制以宋王为同州刺史，豳王为豳州刺史，岐王为左卫率，薛王为右卫率，太平公主安置在蒲州。第二天，睿宗又命太子李隆基监国，凡属六品以下官员的任免和徒罪以下的案件的判决，全部由太子一个人负责。

太平公主得知这些建议是姚崇、宋璟出的，很是生气，仗着自己是太子李隆基的姑姑，责问李隆基。隆基没有办法，只得上奏弹劾姚、宋离间姑兄之罪。初九，姚、宋二人分别被贬为申州、楚州刺史。而韦安石和李日知则被任命为宰相，此后朝政再度无序，有中宗朝弊政之象。

（2）睿宗禅位

睿宗懦弱无能，控制不了局面，他召集三品以上的官员，对他们说："我一直向往平淡、恬静的生活，生来就没有太多的欲望，并没有因为我是皇上而感到自己是多么的尊贵。当初任皇嗣以及中宗时做皇太弟，都坚决地推辞掉了。现在我准备把皇位传给皇太子。你们认为怎么样？"在场的大臣们都没有回答。太子李隆基让右庶李景伯出面坚决推辞，唐睿宗没有答应。向来依附太平公主的殿中侍御史和逢尧对睿宗说："陛下年纪还不很老，正是统治天下的时候，怎能急急忙忙地禅位于皇太子呢？"唐睿宗这才放弃了这个想法，但是下诏让太子放手处理更多的政事。

太子李隆基主持朝政之后，依然与太平公主进行着激烈的势力斗争。太子李隆基在这次斗争中很聪明，他不动声色，以退为进，请求让位于宋王李成器，睿宗不准。他又主动请把太平公主召回京师，这使睿宗增加了对太子的好感与信任。

太平公主回到京师后，变本加厉地反对太子。七月，天空出现彗星，一个懂天文历法的人向唐睿宗进言说："彗星的出现标志着将要除旧布新，再说位于天市垣内的帝座以及心前星都有变化，这种现象预兆的是皇太子应该登基，而您应该退位了。"唐睿宗说："将帝位传给有德之人，以避免灾祸，我的决心已定。"太平公主与她的亲信们都极力谏阻，认为这样做不行，唐睿宗说："中宗皇帝在位时，一帮奸邪之臣专权擅政，上天多次用灾异来表示警告。朕当时请求中宗选择贤明的儿子立为皇帝以避免灾祸，但中宗很不高兴，朕也因此而担心害怕以至于几天吃不下饭。我既然能够在当时的情况下劝诫中宗把皇位让给贤明的儿子，就能够在现在做到把皇位让给有才华的人。"太子李隆基知道这个消息后，赶忙入宫朝见，跪在地上连连叩首道："臣因尺寸之功，就被破格立为皇嗣，即使是做太子还担心无法胜任，陛下又突然要将帝位传给臣，不知这究竟是为何？"唐睿宗对太子说："大唐的宗庙社稷之所以再次安然无恙，我之所以能够君临天下，全靠你立下的功劳。现在帝座星有灾异出现，所以我将帝位禅让给你，以便能转祸为福，你还有什么可怀疑的呢？"太子李隆基还是不肯答应。唐睿宗说："你是一个孝子，就不应该等到我死了之后站在我的灵位前才当皇帝。"太子只好流泪走出。

二十五日，唐睿宗颁发制命，决定将帝位传给太子李隆基，太子上书，坚辞不受。太平公主劝说睿宗，最好在禅让之后，还要亲自执掌朝政大事。于是，睿宗对太子说："你是不是觉得国家事务太过繁重，要让朕帮你处理一些事务呢？想当初唐尧将帝位禅让给虞舜后，还要亲自到各地去巡视，现在我虽然把皇帝的位子让给了你，但是江山还是我们李家的，我怎么能对自己的江山不闻不问呢！此后凡有军国大事，朕还是要参予处理的。"

李隆基上表推辞不准后，于景云三年（公元712年）八月初三即皇帝位，是为玄宗，改年号为先天，尊睿宗为太上皇。太上皇自称为朕，下命令时称诰，每五天在太极殿受一次朝拜，李隆基自称为予，下命令称为制、敕，每天在武德殿受朝。三品以上官员升降及大刑政由太上皇决断，其余由李隆基决定。

李隆基当上皇帝之后，与太平公主之间的矛盾更加尖锐，斗争也更加激烈。有睿宗偏袒迁就的太平公主有恃无恐，专权结派。那时的七个宰相中，有四个是她的死党，即窦怀贞、岑羲、萧至忠、崔湜。依附于她的文武大臣也不可胜数，这些人都占据军队和朝廷中的要职，握有实权，他们对太平公主前呼后拥，企图废掉李隆基。一时间，李隆基处在四面楚歌之中。宰相刘幽求与右羽林将军张暐谋利用禁军尽诛太平势力，密谋完毕，由张暐告李隆基说："太平公主那一伙人成天在那里计划怎么害您，如果您不再早些准备应付，一旦他们先发难，连太上皇都有可能被杀，请您准许我们把他们杀了，臣已与幽求安排好了，只等陛下的命令。"李隆基认为很对。谁知道张暐口风不紧，让侍御史邓光宾知道了这件事。李隆基害怕自己初登大宝，准备不足，若打草惊蛇，就会前功尽弃，只好将刘幽求和张暐流放以息此事。

（3）玄宗诛太平

当初王琚参加了王同皎等人谋杀武三思的计划，事情败露后逃命出走，在江都替他人抄书谋生。

唐玄宗被册立为太子以后，王琚回到了长安，被选拔任命为诸暨县主簿，上东宫去拜谢李隆基。王琚上殿后，故意慢慢地走，抬头挺胸一副目中无人的样子，宦官说："殿下在帘子里面。"王琚说："什么殿下不殿下的？现在我眼中只有一个太平公主！"太子听到后马上召见他，并与他谈话。王琚说："以前韦庶人下毒弑君，发动叛乱，百姓都不支持她，不服从她的统治，因此，杀掉她是件很容易的事。太平公主是武后的女儿，再加上她智谋过人，专断跋扈，依附她的大臣也很多，我对此非常担忧。"太子便拉着王琚要他和自己坐在一起，流着眼泪对他说："现在父皇的兄弟姊妹中，就只剩一位太平公主了，如果把这些事禀告父皇的话，恐怕会让他老人家伤心，但是如果不向父皇禀报这些事情，又担心她所造成的危害将会越来越大，这可怎么办呢？"王琚答道："天子所讲究的孝道与平民百姓不同，应以江山社稷为重。盖主是汉昭帝的姐姐，将昭帝从小养大，有了罪也还是要杀掉。身负治国重任的人怎能拘于小节呢？"太子很高兴地问他："您有什么本事可以和寡人在一起呢？"王琚回答说："我既善于炼制丹药，又善于言辞。"于是太子奏请唐睿宗将王琚任命为詹事府司直，每天与他交往相处，并渐渐将他提拔为太子中舍人；太子即位以后，让他做了中书侍郎。

王琚见太平公主加紧行动，李隆基的地位已岌岌可危，于是对唐玄宗进言道："现在情势已非常紧急，请陛下迅速行动。"

尚书左丞张说从东都洛阳派人给唐玄宗送来了一把佩刀，意思是请玄宗尽早决断，清除太平公主一党。荆州长史崔日用入朝奏事，对唐玄宗说："太平公主意图谋夺帝位由来已久。当初陛下在东宫做太子时，在名分上还是臣子，如果那时想铲除太平公主，需要施用计谋。现在陛下是一国之君，只需要颁布一份诏书，又有谁敢抵抗，不服从您的旨意？倘若仍优柔寡断，不下定决心，万一让那些叛逆者的阴谋实现了，到时候追悔莫及了！"唐玄宗说："你说得太对了，只是我怕会惊动太上皇。"崔日用又说道："天子的大孝在于使国家安定，四海太平。如果奸党的阴谋得逞，那么国家的统治将瓦解，国家也会灭亡，这时陛下的孝心又怎么能够体现出来呢？请陛下首先控制住左右羽林军和左右万骑军，然后再把太平公主和她的势力全部消灭干净，这样就不会惊动太上皇了。"唐玄宗认为他说得很正确，便任命他做吏部侍郎。

秋季，七月，魏知古向玄宗报告太平公主准备在本月初四发动叛乱的消息，指使常元楷、李慈率领羽林军突入武德殿，还派窦怀贞、萧至忠、岑羲等人在南牙举兵响应。

唐玄宗于是与岐王李范、薛王李业、郭元振以及武将军王毛仲、殿中少监姜皎、太仆少卿李令问、尚乘奉御王守一、内给事高力士、果毅李守德等人决定先发制人，诛灭太平集团。

初三，唐玄宗命令王毛仲征调在马厩中不用的马匹和三百余名禁兵，从武德殿进入虔化门，召见常元楷和李慈二人，先将他们斩首，在内客省逮捕了贾膺福和李猷并将他们带出，又在朝堂上拘捕了萧至忠和岑羲，下令将四人一起斩首。窦怀贞逃到城堡里上吊自杀，唐玄宗还是不放过他，下令把他的尸体拖出来砍剁了，并改其姓为毒。太上皇听到事变发生后，登上了承天门的门楼。郭元振上奏太上皇道："皇上只是遵从太上皇的命令把窦怀贞那些奸臣叛党给杀了，没发生其他的事。"随后玄宗皇帝也来到门楼之上，太上皇于是颁发诰命列举窦怀贞等人的罪状，并大赦天下，只有叛变大臣的亲信族人不在被赦免的范围之内。万年县狱中薛稷被赐死。

初四，太上皇发布诰命："从现在起，国家的一切军事政治事务和刑罚奖赏、礼仪教育都由皇帝负责处理。我也正好可以放下俗务休心养性，这也是我一生最大的愿望。"在这一天，太上皇迁移到百福殿居住。

太平公主逃进山寺，直到事发三天以后才出来，唐玄宗下诏将她赐死在家中，她的儿子以及党羽被处死的有好几十人。薛崇简因为平时经常劝阻他母亲太平公主而被责骂挨打，所以，被破例免予处死，唐玄宗还让其改姓为李，并且允许他保留原任职务。

唐玄宗还下令将太平公主的全部财产没收充公，在抄家时发现公主家中的财物堆积如山，珍珠宝贝器皿玩物跟皇家府库里的差不多，牧养的羊马、拥有的田地园林和放债应得的利息，几年也没收完。

十一月，玄宗加尊号为"开元神武皇帝"。十二月初一，改年号为"开元"，预示着"开元盛世"的到来。

3. 姚崇、宋璟相继为相

唐玄宗统治前期，非常注意宰相的任用，姚崇和宋璟就是其中最著名的两位。开元四年（公元716年）闰十二月，宋璟继姚崇为相。

（1）姚崇十事疏

姚崇（公元650~721年），陕西居中人，他才智过人，气节高尚，历任武后、睿宗李旦及玄宗李隆基三朝宰相。他本名元崇，武后时改名为元之。睿宗时，因奏请将太平公主迁居在东都被贬职。开元初玄宗即位后，恢复宰相职务，为避讳开元尊号，更名姚崇。李隆基在军机大事等方面多询问于姚崇。姚崇独当重任，办事果断得体，体恤百姓，当时没有人能够相比，深得百姓和皇帝赏识，有"救时宰相"的美称。

姚崇为宰相之前，曾向玄宗上了十事疏，要玄宗答应，以作为他任相的条件，不然他不敢奉诏做相。玄宗说："卿先说出来，朕当量力而行。"姚崇便说："自垂拱年间以来，朝廷治理天下采用严刑酷法，臣请求为政先施行仁义，可以吗？"玄宗答道："朕在这一点上对卿寄予厚望。"姚崇又说："朝廷自仪凤三年（公元678年）在青海与吐蕃战中失败以来，没有追悔之意，臣请陛下在三四十年内不在边疆打仗，可以吗？"玄宗点头答应。姚崇接着说："自太后执掌朝政以来，常让宦官传诏，臣请不让宦官干预朝政，可以吗？"玄宗说："朕早有此意。"姚崇又说："自武氏外戚位居要职以来，继之以韦后、安乐公主、太平公主专权擅事，朝纲大乱，臣请求不让皇亲国戚任台、省官，凡是斜封、待阙、员外等闲职冗官，一概罢免，可以吗？"玄宗回答："这也是朕所希望的。"姚崇又说："近来一些奸佞小人得宠，犯法后常常因受宠而免罪，臣请求对此秉公办理，可以吗？"玄宗说："朕对此也是深恶痛绝。"姚崇又说："常有豪门贵戚向上进献取媚，一些公卿大臣和地方也纷纷效仿，臣请求从今以后除租、庸等赋税以外杜绝行贿之路，可以吗？"玄宗同意实行。姚崇又说："太后造福先寺，中宗造圣善寺，太上皇（睿宗）造金仙、玉真观，皆耗费百万钱财，老百姓苦不堪言。臣请求今后停止营建寺观宫殿，可以吗？"玄宗答："本应如此，朕每次见到这些寺观，心中总觉得有些不安，怎么还能再造呢？"姚崇又说："先朝对大臣轻慢，颇失君之敬，臣请求陛下待大臣以礼可以吗？"玄宗说："原应如此，有什么不可以的。"姚崇又说："自中宗朝韦月将、燕钦融因为上谏直言不讳，反被赐死之后，很多谏臣再也不敢多言，臣请求凡是作臣子的，都可以上谏，向陛下直言，可以吗？"玄宗说："朕不仅能够容忍，还可以采纳。"姚崇又说："吕产、吕禄差点倾覆西汉，窦宪、阎显、梁冀又乱东汉，外戚干预朝政使朝政混乱，人心思变，我朝更是这样，臣请求陛下把这些写入史书让子孙吸取教训，可以吗？"玄宗默然许久，才说："朕对此深有同感啊！"姚崇见玄宗一一答应，非常高兴，再拜说："这就是陛下施行仁政的开始。"十事疏成为姚崇施政的纲领。

  姚崇为政特点是"尚通"，他处理军国大政时明察秋毫、机敏过人，善于分析和掌握时机，善于应变，能很好地处理国家大事。玄宗对他非常器重与信任。玄宗向他征询军国要政，单独于便殿接见他时，每次都起身迎接，商议完便走到平台上相送。有一回，玄宗召姚崇入宫议事，正遇天降大雨，道路泥泞，就命人抬轿接他入宫。玄宗对姚崇放手使用。一次，姚崇向玄宗奏陈有关低级官吏的任命问题，问询玄宗意见，但问了好多次，玄宗都充耳不闻，置之不理。姚崇惶恐而退。事后，受宠的宦官高力士上谏道："陛下总理万机，宰相向您奏报政事，应该当面就给予批复，陛下为什么沉默不语呢？"玄宗说："朕任命姚崇治理政务，是要与他共商大事的，这些小事我还用管吗？"高力士将玄宗之言转告姚崇，姚崇大喜，放手管理政事，尽心辅佐。

姚崇刚拜相时，左拾遗张九龄看到他众望所归，皇上又很器重他，就劝他远离佞臣小人，任命纯厚忠实君子，还说："选才用人，是为政要务，治理国家就应该这样。以前用人并非不懂得知人善任，失误在于用人时凭借私情。自从君居相位，有用人之权以来，一些奸佞小人已经在下活动，阿谀奉承，极尽其所能，这些人中也有有才之人，但是却少德无耻。君用人一定要非常慎重。"姚崇很欣赏张九龄的才干，采纳了他的建议。

唐中宗以来，崇尚佛教，贵戚王公争营佛寺，让很多人为僧，僧侣享有免役特权，富户强丁有很多通过当僧侣来避徭役。开元二年（公元714年）姚崇上疏请淘汰僧尼，列举了历史上一些君主信佛却不能使国家长久的事实，说："但使天下百姓安居乐业，就是国家的福祉，何用妄度奸人，坏了正法。"玄宗采纳他的建议，下诏淘汰天下僧尼，计有一万两千多人还俗。又禁止民间铸佛、写经和营造佛寺。这场由姚崇发起的抑佛运动增加了劳动力，节省了大量不必要的花费，有利于社会经济的发展。

玄宗之弟薛王李业的舅舅王仙童，盘剥百姓，遭御史弹劾，李业为他求情，玄宗让中书、门下省复审。姚崇和另一宰相卢怀慎上奏："王仙童罪名累累，御史判案有充分证据，并没有冤枉他，不可赦免。"玄宗依法治王仙童之罪，从此很多贵戚都收敛锋芒，不敢再倚仗权势破坏法纪了。

玄宗的哥哥申王李成义请求玄宗提升其亲王府录事阎楚珪为参军。录事为从九品，是流外官，参军为正七品，为流内官。玄宗应允。姚崇卢怀慎却上言："先前圣旨规定，王公、驸马有奏请时，没有陛下亲自批示不能生效，而我们认为任用官吏应该根据他的能力，由上级主管部门决定。若是因为亲戚故旧之恩就任意封赏爵位和官职，这和前朝的弊政一样，会重蹈覆辙，败坏纲纪。"玄宗再次采纳建议，没有提拔阎楚珪，从此贵戚们也很少再张口要官了。

姚崇的儿子去世，他告假十天处理丧事，所以政事堆积，宰相卢怀慎不能处理，很是惶恐，向玄宗谢罪。玄宗说："朕把天下大事委托给姚崇，以卿来坐镇雅俗。"卢怀慎节俭廉洁，两袖清风，虽贵为宰相，却不营资产，常常把俸赐送给亲戚朋友，使得妻子也免不了贫苦，所居院宅也非常简陋，甚至不蔽风雨。姚崇回来后，很快处理完政务，颇为得意。便问中书舍人齐：''我为相，可与谁相提并论？''齐还未答话，姚崇又问：''可以和管仲、晏婴相比吗？''齐答：''管、晏虽不能对后世施行他们的办法，但却在当时很实用，您所施政，则随时可变，从这一点比，您不如他们。''姚崇问：''那我到底如何呢？''"公可称是救时之相。"齐答道。姚崇大悦，挥笔书下："救时之相，岂易得乎！"

（2）姚崇治蝗

开元三年（公元715年），山东发生蝗灾，老百姓受迷信思想影响不敢捕杀蝗虫，只会烧香拜佛请老天来帮忙赶走蝗虫。唐玄宗和很多官吏也以为蝗灾是为天灾，是由"不德"造成，想以"修德"来治虫害。宰相姚崇坚持己见，提出用"篝火"诱杀和"开沟陷杀"相结合的方法消灭蝗虫，并派出大批御史赶往各地治蝗。但这一举措立刻遭到汴州刺史倪若水的反对。他鼓吹"德化"之说，还用史书上治蝗失败的例子证明不应灭蝗，抗拒御史的治蝗督促。姚崇警告倪若水不捕蝗，将依法治罪，最后倪若水无奈从命，捕蝗十四万石，成绩显著。姚崇的治虫主张还遭到满朝文武的反对，但他力排众议，坚持治蝗，利用昆虫的趋光特性诱杀蝗虫，终于战胜了虫害，从而使得那年没有发生饥荒。

第二年，山东蝗灾再起，姚崇又命人捕杀。倪若水又出面阻拦，说蝗虫是天灾，不是人所能捕完的，应当多修仁德，就可以避免灾祸。姚崇据理力争，组织人捕蝗。玄宗也下敕派使臣到州县调查捕蝗的情况。因此，这两次蝗灾都因姚崇措施得力而没有造成大荒之年。

开元四年（公元716年）十一月初七，宰相卢怀慎病势沉重，卢怀慎自知才不及姚崇，遇事谦让退后，被称为"伴食宰相"。但他儒雅清廉，潜移默化地净化了豪奢之风。临终前，他推荐了广州都督宋璟等人给玄宗。二十四日，以尚书左丞源乾曜为黄门侍郎、同平章事，代卢怀慎为相。

此时，姚崇也染上虐疾，在大宁坊罔极寺养病。玄宗不断派人去询问姚崇的病情。每当源乾曜奏事合自己心意时，玄宗就说："这一定是姚崇的主张。"而有不合自己心意时，玄宗就让源乾曜去问询姚崇。源乾曜建议让姚崇在中书省四方馆宰臣议事的地方养病，并使家里人到里面侍奉，玄宗允准。姚崇认为四方馆内有簿书，病人不宜入住，玄宗说："设置四方馆，为的是让官员议事，现在让卿居住，是为了社稷。朕恨不能让卿搬到禁中来住，别再推辞了。"此后每有大事，玄宗依然征求姚崇的意见。

姚崇为政精明干练，但对其子光禄少卿姚彝、宗正少卿姚异却疏于管教。二子交游四海，接受贿赂，招人非议。姚崇又亲信主书赵诲。赵诲品德恶劣，受人贿赂事发，玄宗亲自审问，判下狱当死。姚崇为其说情，玄宗对此很不满；姚崇意识到问题严重，多次让相位，并推荐宋璟取代自己。十二月，姚崇辞去相位，改任为开府仪同三司，源乾曜转任京兆尹、西京留守，宋璟和中书侍郎苏颋被任命为相，玄宗让姚崇五日一朝，遇有重大事务仍向他请教，对他宠爱有加。开元九年（公元721年），姚崇病逝。

（3）"有脚阳春"

宋璟（公元663~737年），邢州南和人，调露年间中进士。他为人耿直，有节气，而且通古博今，文章出色，为官口碑甚佳。武后执政时很是器重他；睿宗时，他被擢升为吏部尚书、同中书门下三品。后因与姚崇一起奏请太平公主出居东都而被贬。

宋璟为相之前，玄宗曾召他到长安，特派内侍、将军杨思勖迎接他。杨思勖虽是宦官，却得玄宗宠爱，地位仅次于高力士。宋璟对这个受皇上宠爱的宦官冷淡对之,路上竟不与他说一句话。杨思勖返京后,向玄宗诉苦,玄宗听后却更加敬重宋璟的为人。

开元五年(公元717年)正月初十,玄宗到东都洛阳巡察。经崤谷,由于道路不好走,归罪河南尹和负责皇帝行幸知顿使官,想免去他们的官职。宋璟进谏说:"陛下刚刚巡察,就因为道路窄要惩罚官员,臣恐怕以后百姓也会遭殃。"玄宗听后立即下令把两个官员放了。宋璟又说:"陛下要治他们的罪,却因为臣进谏而释放他们,臣代陛下受德,这不太好。还是仍旧将他们先行扣押然后再由陛下赦免他们。"玄宗欣然采纳。

开元六年(公元718年),广州官民要为宋璟立遗爱碑,宋璟上谏阻止:"臣对广州百姓并没有做出什么了不起的功绩,如今为相后,人们却恭维奉承到立碑的地步,这种风气不能助长,就请自臣而始,望陛下下诏禁止这种行为。"宋璟这种以身作则的行为令其他各州都不敢再有类似的行为。

有人把隐士范知璿推荐给宋璟,说他文采出众,还献上范的文章《良宰论》。宋璟看到满纸尽是赞美当朝宰相之辞,就批示道:"隐士当直谏忠言,怎么能曲意逢迎,文章如果确实出众,自应参加选官考试,不可特殊任命。"

开元七年(公元719年)四月二十四日,王皇后的父亲开府仪同三司祁公王仁皎去世,他的儿子上奏玄宗,想依照玄宗外祖父之例修筑高五丈二尺的坟茔,玄宗允准。宋璟、苏颋对此坚决反对,上疏说:"依照法律,一品官坟高一丈九尺,陪陵高三丈而已,窦太尉坟因其高大过制,已遭人非议,只是当时没有人敢直言他的过错,今天怎么可以重复那时的错误呢?当初唐太宗嫁长乐公主,陪嫁的财物超过长公主(皇帝之姑为长公主),魏征上言直谏,太宗接受意见,长孙皇后还特别赏赐魏征。韦后愚蠢狂妄,修筑她父亲的坟墓时超出旧制,高大气派,称为酆陵,结果不久后就造灭门之祸!居于皇后之父的尊位,想修筑高坟,那有何难,臣等之所以再三劝阻,是想让中宫皇后留取美名给世人。今天的事,要世代传颂为后人效仿,因此必须慎重行事啊!"一席话说得玄宗很高兴,说:"朕一向想正身为表率,不因自己是君皇而徇私包庇妻儿。卿能直言进谏,言他人所不敢言,固守礼法,让朕能留美名于青史,万世流传,这正是为朕所愿啊！"于是赐帛四百匹奖励宋璟、苏颋。

玄宗想要提拔他当藩王时的旧部岐王令王仁琛为五品官。宋璟奏说："照顾亲戚故旧，任命官吏，都有固定的制度，仁琛已经凭借他是陛下亲故的缘由而受到优厚的待遇，倘若皇上您还要加以丰厚赏赐，破格擢升，就有悖常理了。何况仁琛又是皇后的族人，更应当避讳一些，以防遭人非议。请交吏部考核，若无严重过失，可依照常规稍加照顾。"玄宗表示赞同。

开元七年（公元719年），吏部铨选，候选人之中有一位自称是宋璟叔父的人宋元超，他希望借此得到优于他人的对待。宋璟知道以后给吏部回信说："元超的确是我远房叔父，常居洛阳，来往很少。他是长辈我不敢不举荐他，但是又不愿因为是我的亲戚而徇私，破坏律法。如果他没有要求得到照顾，自当按规定授官。既然有这样的行为，只好矫枉过正，取消他入选为官员的资格。"

与此同时，宁王李宪向玄宗要求赐予另一名候选人薛嗣先级别较低的官位，事下中书、门下省讨论，宋璟上奏："嗣先曾连任斋郎，虽非明显应留任，但因为他有皇亲的身份，本该让他做一个小官。景龙年间，中宗常常随意授人官位叫作'斜封'。陛下登基以来，这件事情不再发生了，必须根据功绩与才能，通过中书、门下论功行赏，任命官职。只有圣朝才能实行至公之道。嗣先是皇亲，不应违反常规。请容许臣等商议之后，再下到吏部，陛下不要下敕命。"玄宗采纳了宋璟的意见。

当时，候选人来京师铨选时，常常携带丰厚礼品给有关的官吏，以求应选时得到特殊关照，这一招往往行之有效，送礼之人回到本地后，大多数都会被升迁。为了扭转送礼行贿的不良风气，宋璟奏请玄宗让接受馈赠的官员将礼物一律退还。

宋璟鞠躬尽瘁，尽心竭力，爱民如子，深受朝内外众人的敬重与爱戴，当时被称为"有脚阳春"，意为只要是宋璟所到之处，就会带去和煦的阳光。

为表彰宋璟刚直忠正，玄宗在一次御宴上赐给他一双自己用过的金筷子。宋璟不明白玄宗用意，不敢接受。玄宗说："朕无意赐卿金银。今天所赐金箸，是表彰卿正直！"宋璟赶紧下殿拜谢。

开元八年（公元720年），宋璟因严禁恶钱流通，遭到别人的怨恨，遭人非议，授开府仪同三司。后又任京兆留守、吏部尚书。

开元二十一年（公元733年），姚崇因为年老而不再任官员，居住在洛阳，二十五年（公元737年）去世，享年七十五岁。

姚崇、宋璟相继为相。姚崇善于随机应变，宋璟善于公正执法。二人为政风格虽然不同但都尽心尽力地辅佐玄宗，使开元年间赋役宽平，刑罚清省，天下一片太平，百姓安居乐业，对于玄宗时期开创唐朝极盛期"开元盛世"的局面功不可没。姚崇和宋璟并称为贤相，号"姚、宋"。

4. 张九龄罢相

开元二十四年（公元736年）十一月，穷奢极欲、荒于政事的玄宗对张九龄的直谏渐生反感，免去了他的相位。

（1）一代诤臣

张九龄字子寿，韶州曲江人。少年时聪明伶俐，擅长写作，十三岁时，因为写信给王族，使得后者认为他必成大器。后来在二十岁的时候中了进士，官任校书郎。唐玄宗做太子时，曾召集饱读书籍之人亲自策问，张九龄因表现出众，升为左拾遗。曾经和任右拾遗的赵冬曦负责吏部选试，人们都认为他公允不偏。开元十年（公元722年），张九龄升任司勋员外郎。当时宰相张说十分器重他，称他是"后出词人之冠"。开元十一年（公元723年），拜中书舍人。他曾上书玄宗，认为应重视地方官人选，纠正重内轻外之风；选拔官员应注重他们的品德和本领，而不应该看资历。多被采纳。在张说罢相后，他受牵连改官太常少卿，后被贬为冀州刺史。张九龄以老母亲在家乡，河北又太远，无法尽孝道为由，请求换到江南的地方任职。不久以后，他便被改任为洪州都督，又转为桂州都督、岭南道按察使。开元十九年（公元731年），玄宗召为秘书少监、集贤院学士、副知院事，又升为中书侍郎。开元二十一年（公元733年），以中书侍郎为相，第二年又被封为中书令。

张九龄当上宰相后，仍是公正无私，坦诚直率，辅佐唐玄宗也尽心竭力，从不见风使舵，违心取悦别人，遇事以国家社稷利益为重，坚守原则。

开元二十三年（公元735年），幽州节度使张守珪大破契丹，立下战功，玄宗非常高兴，想要任命他做宰相。张九龄进谏说："宰相是代表天子治理天下的，不是为了赏功而设置的官位。"玄宗说："只让他挂宰相的虚名，而不让他掌握实权，不知是否可以？"张九龄回答说："既便如此也不妥，天子所掌管的权柄官位怎能随意授之与人。再则张守珪只不过是击败契丹，皇上就要任他为相，那么将来倘若他灭掉奚与突厥，皇上还能授予他什么官职呢？"玄宗于是打消了拜相的念头。二月，张守珪来到东都报告了取得大捷的消息，被封为右羽林大将军，兼御史大夫，两个儿子也被授予官位，得到很多赏赐。

对安禄山，张九龄认识得也非常清楚。安禄山当时为平卢讨击使、左骁卫将军。开元二十四年（公元736年），幽州节度使张守珪派遣安禄山讨伐反叛的奚与契丹，安禄山由于骄横轻敌而吃了败仗。四月初二，张守珪上奏请求依法斩杀安禄山。安禄山在临刑前大声喊道："张大夫你难道不想消灭契丹国吗？为何要杀掉我安禄山！"安禄山的确骁勇善战，张守珪爱惜人才，不忍杀他，于是把他送到了京师。张九龄在奏文中批道："春秋时代齐国的大将穰苴杀了骄横的监军庄贾，吴国的孙武杀了不听命令的宫子。如果张守珪已下了军令，安禄山不应该免死。"玄宗爱惜安禄山的才能，下诏废去了他的官位，安禄山成了无官位的将领。张九龄坚持说："安禄山违令败军，依照军法，不可不杀。再说我观其面貌有反相，不杀必为后患。"玄宗说："你不要像晋朝王夷甫看石勒那样看安禄山，白白陷害了忠诚有德的人才。"最后竟赦免了安禄山。十九年后安禄山果然起兵反唐,玄宗在颠沛流离途中想到这件事,不禁潸然泪下,此时九龄已死,遂遣使到他的原籍曲江祭祀吊唁。

　　唐玄宗即位之初,为扭转唐中宗以来朝政弊端,曾励精图治,锐意改革,使朝政日益走上正轨,开创了开元盛世的局面。但是长久的太平盛世冲淡了玄宗的进取心,到开元后期,他开始纵情享乐,荒疏政事。看到这种情况,张九龄十分担忧,等待规劝玄宗的机会。开元二十四年(公元736年)八月初五千秋节,是玄宗寿诞,群臣纷纷向玄宗进献宝镜。张九龄却认为以镜自照可以见形容,而以人自照可以知吉凶。因此,他没有进献什么礼品,而是总结前朝兴亡的原因和当今朝政的成败之处,成书五卷,书名为《千秋金镜录》,献给玄宗。张九龄在书中对于玄宗近期施政的失误之处以及由于府兵制废除,边将掌握军权形成的内轻外重局面而埋下隐患等情况,或提出委婉的规劝,或恳请玄宗有所防备,文中处处流露出他的忠心与对社稷安危的关注。尽管玄宗当时也下诏褒奖赞美九龄此书,但实际上只是在做表面文章罢了。因为此后玄宗对张九龄的态度逐渐变坏,对政事依旧疏于过问。

(2)失去相位

　　随着玄宗骄奢厌政,他对正直之士的忠言恳论渐生排斥之心,对谀美逢迎之声却欣然接受,这直接影响了他用人的态度。他开始重用亲近奸诈、善于溜须拍马的小人,而渐渐疏远了那些正直忠诚的大臣,所以当李林甫跻身高位、渐掌实权之际,张九龄被罢的命运也就不可避免了。

　　李林甫是宗室子弟,凭借家族地位走上仕途,没有多大才能,却善搞权术,狡诈无比,并靠着这些资本飞黄腾达。他发现玄宗久居皇位,对政事逐渐厌烦,享受之心日盛,于是便处处迎合玄宗,顺其心意。例如,开元二十四年(公元736年)十月,玄宗驾临东都洛阳,原打算在来年二月初二返回长安,后来因洛阳宫中有"怪",弄得玄宗惶恐不安,决定立即返京，于是召集宰相，商议西还事宜。张九龄等人建议玄宗冬季再返回长安，因为当时正赶上农忙时节，启动圣驾，势必耽误农事，加重沿途州县负担。李林甫早已揣测到玄宗的心意，但是他当时并不表态，等张九龄、裴跃卿退下后，他才对玄宗说："长安、洛阳是陛下东西两京，陛下来往于两地视察，不需要选择时间，假使妨碍了农收，只要减免沿途州县的租税就行了。臣请通知有关部门，即日西行。"玄宗心中大悦，采纳了李林甫的意见。李林甫由于事事顺合玄宗心意，而得到玄宗的赏识。

李林甫是在开元二十二年（公元734年）跻身相位的。此前玄宗欲拜他为相时曾征求张九龄的意见，张九龄坚决反对说："宰相身系国家安危，臣担心李林甫做相后会危害社稷。"李林甫因此对张九龄心怀怨恨。张九龄文采极佳，朝廷的诏敕文件，多出自他的手笔，极受重用。李林甫一时难以撼动他的地位，所以表面上仍然装作服从张九龄，背后则在玄宗面前恶语中伤，同时百般讨好玄宗以巩固自己的地位。耿直的张九龄对玄宗的变化有所觉察，更加事无巨细，据理力争，使玄宗十分不悦。

玄宗为临淄王时，赵丽妃、皇甫德仪和刘才人都受到宠爱，赵妃生子李瑛，后立为太子，皇甫德仪生了鄂王李瑶，刘才人生了光王李琚。玄宗登基为帝后，又喜欢上武惠妃，赵丽妃等人都被冷落。武惠妃生的儿子是寿王李瑁，玄宗对他宠爱有加，是其他皇子所不能比的。太子曾和李瑶、李琚聚在一起，因自己的母亲受到冷落而心中不满，怨言满腹。都尉杨洄是武惠妃女儿咸宜公主的丈夫，他时常暗中打探其他三位皇子的过错，然后告诉武惠妃。武惠妃向玄宗哭诉道："太子阴谋网罗党羽，想要加害我们母子，而且斥责皇上。"玄宗听后大怒，把此事告诉了宰相，想要废掉太子和鄂王、光王。张九龄说："陛下登上皇位将近三十年了，太子与诸王都没有离开过深宫，天天都受到皇上的教导，天下百姓都庆幸陛下把国家治理井井有条，久居皇位皇子皇孙繁盛。现在三个皇子都已长大成人，没听说有什么大的过失，陛下为何要听信那些没有根据的言论，因为一时的好恶，将他们全部废掉呢？再说太子是天下的根本，不可轻易动摇他的地位。春秋时，听信了骊姬谗言的晋献公错杀太子申生，导致晋国三世大乱。汉武帝因为相信江充的诬告治了太子的罪，使京城发生了流血案件。晋惠帝由于相信贾后的诬陷废掉了愍怀太子，使边疆民族进攻中原，百姓遭受战火之灾。隋文帝听信了独孤皇后的话废太子杨勇而立隋炀帝,以致失掉了天下。由此来看,废立太子一定要慎而又慎。皇上如果一意孤行,臣恕难从命。"玄宗听后心中不快。李林甫开始没有说什么,退朝后暗地里却对受玄宗宠爱的宦官说:"这是皇上的家事,何必要与外人商量!"玄宗仍旧拿不定主意。这时武惠妃又悄悄让官奴牛贵儿告诉张九龄:"只要你能在废立太子一事上助我一臂之力,就可稳居相位。"张九龄怒斥了牛贵儿,并把这些话告诉了玄宗,玄宗因此有所醒悟,所以一直到张九龄罢相太子的地位没有动摇。但由于李林甫不断地在玄宗面前诬陷张九龄,张九龄渐渐被玄宗疏远了。

朔方节度使牛仙客以前在河西镇时,能够节约用费,勤于职守,因此河西镇仓库中的军用物资储备充实,武器装备精良。玄宗听说此事后,想要嘉奖他,任命他为尚书。张九龄说:"不能这样做。尚书就是古代的纳言,唐朝建立以后,只有曾做过宰相和朝野内外德高望重的人才能担任。牛仙客以前仅是河湟地区节度使判官,现在一下子就被提升为尚书,臣恐有辱于朝廷。"玄宗说:"那么只封给他有实封户数食邑行吗?"张九龄回答说:"这也不可行。封爵本是为了奖赏有战功的人。牛仙客作为边将,充实仓库,修理军器,本是他分内之事,谈不上有什么功劳。陛下若要奖赏他勤于政事的功劳,赐他金帛就可以了。而分土封爵,恐怕不妥。"玄宗沉默不言。李林甫对玄宗说:"牛仙客本来就是宰相之才,当个尚书又算得了什么!张九龄是一介书生,不懂得大道理。"玄宗听后非常高兴,次日,又说要封食邑给牛仙客,张九龄仍然坚持说不可行。玄宗大怒,脸色大变说:"朝廷大事都要由你来做主吗?"张九龄叩头谢罪说:"陛下您认为我可用,让我居宰相之位,对于朝中大事的不对之处,我只能直言相告。"玄宗说:"你嫌牛仙客出身贫寒,那么你的出身有何高贵呢?"张九龄说:"我不过是岭南地区一介贫民,不像牛仙客出生于中原。但是我在台阁之中,掌管诰书诏命已有很多年了。牛仙客只是一边疆小吏,又不识字,重用他难以让众人信服。"李林甫退朝后说:"只要有才能,何必一定要会写诗歌文章!天子要重用一个人,又有什么不可以呢?"十一月二十三日,牛仙客受封陇西县公爵位,封食邑实三百户。

玄宗见张九龄处处违背己意,不禁心生不满,再加上李林甫添油加醋，他再也不能容忍这位忠诚耿直的宰相在自己身边喋喋不休了。于是在开元二十四年（公元736年）年底迁九龄为尚书右丞相，罢知政事。不久以后，由张九龄举荐的周子谅弹劾牛仙客，玄宗再次被触怒，张九龄又被贬荆州长史。开元二十八年（公元740年）九龄病逝。

张九龄被罢去相位后，围绕在玄宗周围的多为奸佞小人，朝臣们都明哲保身，无人再敢直言进谏，自此朝政日坏。

5.开元盛世出现

开元二十九年（公元741年），由于唐玄宗的开明统治，使唐王朝在各方面都达到了前所未有的太平盛世局面，史称"开元盛世"。

（1）知人善任

在长期的宫廷斗争中，玄宗李隆基培养出了敏锐的政治洞察力和超乎常人的政治才能。景龙四年（公元710年），他果断诛杀了准备谋反的韦后和安乐公主。先天二年（公元713年），他又清除了预谋发动宫廷政变的太平公主。一连串的宫廷事变促使他下定决心革故鼎新，整顿王族。从开元三年（公元715年）起，他陆续把诸王派往偏远的州任刺史，州务实权则由长史、司马掌管。另一方面又对诸王不加斥责，而维系同枝连叶的亲属间的紧密关系。在抑制权贵势力方面，玄宗更是秉公行事，严格执法，极少宽贷，以致皇后妹夫长孙昕因殴人也被立即处决。上行下效，许多地方官吏也勇于抗争权贵的不法行为，保护百姓利益。玄宗及其臣下抑制不法权贵的行为对于稳定社会秩序,加强中央集权产生了积极的影响。

玄宗认识到用人是否适当直接关系到国家的兴衰成败,因此他十分重视人才的选拔与任用。他知人善任,把很多有才干的人都吸收到政权中来,放手让他们处理军政大事,如姚崇、宋璟、张嘉贞、张说、李元、杜暹、韩休、张九龄等都是开元时期的名相,他们不负众望,各有所长,尽心尽力地辅佐玄宗。像姚崇,在被玄宗任用之前,曾上"十事疏",大意是让玄宗抑权贵、爱爵赏、纳谏诤、绝贡献、不贪边功等,让玄宗答应以作为他任相的条件。玄宗对于十事疏的内容几乎全部采纳,成为开元时期施政方针的基础。继其为相的宋璟则执法公允,扭转时弊,使开元初期的朝政渐渐迈上正轨。玄宗也广开言路,虚心纳谏,韩休秉性刚正,经常冒死进谏玄宗。有时玄宗在宫中宴乐或在后苑玩打猎,稍稍放纵一下自己,就赶紧问周围的人:"韩休知道吗?"每每这时,韩休的谏疏就已呈上。有一回,玄宗心情郁闷,持镜自顾,左右人劝道:"自从韩休为相,皇上清瘦了许多,为何不免去他的相位呢?"玄宗感慨道:"朕虽然瘦了,天下却富庶了。萧嵩奏事常顺从朕意,事后朕却常常忧心忡忡,睡不安枕。韩休直言力谏,朕反而睡得踏实。朕用韩休,不是为自己,而是为了大唐江山啊!"玄宗有这样的见识,大臣才敢尽心竭力,补偏救弊,使施政较少出现失误。

针对中宗以来吏治的种种弊病,玄宗进行了大力整顿。中宗时,吏治腐败,官员任命途径混乱不堪,朝廷甚至卖官鬻爵,官僚机构臃肿,国家行政开支巨大。玄宗初登位时,就立即着手整饬吏治,精简官僚机构,裁减冗员。开元二年(公元714年)二月,申王李成义请求把王府录事阎楚珪提拔为王府参军。宰相姚崇和卢怀慎上疏表示反对,认为授予官职应根据本人的才能,由专门机构掌管,若因为是亲朋故友,就授以官爵,势必扰乱朝纲。玄宗采纳二人奏议,拒绝了申王的请托,从此以后,请谒之风顿消。五月,又下令免去员外、试官、检授官,规定若不是有战功及诏敕特别录用的,分掌文武铨选的吏部与兵部不能轻易授官。以后又停废闲置的诸司、监、署府十余所,减免冗官三百余员。玄宗对吏治大刀阔斧地进行整顿后,国家机构大为精简,办事效率大大提高,同时减轻了国家的财政负担。

玄宗力图扭转重京官、轻外任的风气，以改善地方吏治。中宗时，常由被贬出京的官员或声望不高的人充任地方最高行政长官刺史，县令也大多为年迈或碌碌无能之辈。玄宗下制，选京官有才识的授都督、刺史；都督、刺史有政绩的授京官，这就使在京留任或出京任职的官员数目相近。这样既可提高地方官的素质，又逐渐消除了人们轻外任的偏见。

玄宗对地方官吏的素质十分重视。开元四年（公元716年）五月，有人反映说今年选官太滥，一些县令名不副实，只是庸才。玄宗利用新官入谢的机会，宣召所有新任县令至宜改殿庭，亲自考核。结果只有鄄城令韦济一人合格。玄宗立即提升他为礼泉令，其余二百多人一律退任原职，不得入第。另外，最差的四十五人，退回原地重新学习。这次的主考官也因此被贬。

当时有些高官子弟依靠祖上的功绩而步入仕途，在地方为官，依仗权势，作威作福，为所欲为，不顾律法，成为为害一方的害群之马。有鉴于此，玄宗下诏，不可授予少不更事、不通世务的朝官子弟为县官等地方官职。玄宗还建立了对刺史、县令的考核制，颁发了《整饬吏治诏》，每年由各道按察使考察刺史、县令的施政情况，按政绩的优劣分为五等，作为地方官升降的依据。玄宗即位两个月后，就召见京畿县令，勉励他们恪尽本分，爱护百姓。他又对有政绩的地方官破格提拔。开元十三年（公元725年），玄宗自泰山封禅返京，沿途留心察看地方官施政表现。有些地方官的嘉言懿行给玄宗留下了很深的印象，事后他感慨地对丞相说道："从前多次派遣使臣到各处巡察，考察官员们的优劣与政绩，这次封禅经过诸州，亲眼所见，才知道使臣们有很多情况不能完全告诉我。怀州刺史王丘只献上几头牲畜，别无旁物。魏州刺史崔沔恭迎时不用贵重的锦绣之物，这很是俭朴。济州刺史裴耀卿上书数百言，忧国忧民，都是忠谏之语，朕将把奏书带在身边，用来告诫自己和他人。这三个人不用国财民力媚上邀宠，真是我朝的良吏啊。"于是提升王丘为尚书左丞，崔沔为散骑侍郎，裴耀卿为定州刺史。

（2）抑欲而昌

从武则天统治晚期到中宗、睿宗以来，统治阶级只知享受，腐化堕落，社会风气日趋于下。玄宗痛下决心要扭转这股奢侈浮华之风，于是特地颁下几道敕令，禁止奢侈，提倡俭朴。

开元二年（公元714年）四月，玄宗首先下令销毁武则天在洛阳建的"天枢"，以示与铺张浪费的风气一刀两断。天枢用铜铁制成，很是劳民伤财，当时建造时铜铁不足，还收缴了很多民间农具熔毁，耗费了数以百万计的钱财。工匠们这次用了一个多月才把天枢熔毁，之后用这些铜铁铸了钱。同时，韦后在长安城朱雀建的有数丈高的"石台"也被拆毁了。三个月后，玄宗又下诏让有关部门将宫中多余的乘舆销毁，集中金银器玩以备军国之需；并在殿前焚毁珠玉、锦绣，以后妃以下不许再穿戴；还限定百官服饰，即三品官以上，可以用玉器装饰，四品官用金，五品官用银，其余官都不可以使用。妇女的服饰视丈夫或孩子的品级而定。将过去织成的锦绣服装一律染成黑色，禁止天下再采珠玉、织锦绣等，违令者罚杖刑一百，同时罢废了专供宫廷用的两京织锦坊。玄宗不仅雷厉风行地禁奢倡俭，还以身作则。这年八月，社会上风传皇帝要在民间选美，充实后宫。玄宗一听说后，马上下了一道《出宫人诏》，向天下表示要改变以往纳女入宫的做法，还要精简妃嫔以下的宫女，让其回家。下诏后就将部分宫女集中到大明宫崇明门，派人用牛车将她们送回家去。九月，玄宗又下诏禁止厚葬。诏书中说："自古帝王皆以厚葬为诫，因这对于死者没有好处，对生者也更是灾祸。但是近代以来，奢靡成为风气，很多人实行厚葬，大家纷纷仿效，以至于有些人倾家荡产，实在不能让这种行为流行下去了。从今以后，丧葬之家，应当有准则可以依照，有关部门根据品位高低，做出明文规定：冥器等物，制定出色数及长短大小；坟墓茔域，务必遵照简单俭朴的原则；送终的器物，不得使用金银装饰，如有违犯者，先杖打一百；州县长官不能举察的，并贬为远官。"而且玄宗亲自对棺椁及殉葬品等物作了非常详尽的规定，还率先停废了皇陵供奉鹰犬。

玄宗改革了皇帝的食封制，对诸王公主的封户数进行限制。有的公主要求增加封户，他说："百姓上交国家的租赋并不是我个人私有。将士们在沙场上浴血奋战，不过赏赐一些绢帛，你们有什么功劳白白享受这么多封户呢？你们要懂得节俭才是。"由于玄宗身体力行提倡节俭，宫廷奢靡的风气颇有改观。

为了扭转社会风气，玄宗提拔了许多清廉之士，这些人身居要职，却两袖清风，成为天下人的榜样。宰相李元、杜暹皆以恭身节俭闻名。与姚崇同时任相的卢怀慎，才能不如姚崇，遇事不敢决断，当时人戏称他是"伴食宰相"。但是他为官清廉，不谋私利，一生清廉节俭，所穿所用都是一般物品。他当了宰相后，妻子儿女们生活很清苦，房子也很简陋。玄宗正是用他的清廉以镇雅俗，净化社会风气。玄宗尤为痛恨暴殄天物的行为。一次，玄宗在宫中复道中看见卫士随手倒掉吃剩的饭菜，龙颜震怒，下令要杖杀这个卫士。周围的人见玄宗为此小事动大刑，都觉得不合适，但没人敢劝阻。这时，宁王李宪从容劝道："陛下从复道中看到这个人的错误行为而想杀了他，今后恐怕人人都惴惴不安了，陛下志在节俭，反对浪费，但也不可为一点剩饭就杀人呀。"玄宗听后从震怒中清醒过来，就释放了卫士，对兄长说："如果不是兄长您及时点拨，我差点就滥用刑法了。"这件事从一个方面反映了玄宗尚俭的精神。

玄宗向天下倡俭戒奢，作为帝王，他也有七情六欲，有时难免纵情声色。但大臣们一提醒他就马上改正，真是从谏如流。

开元元年（公元713年）二月十五日，为了庆贺自己登基即位，玄宗下令打开皇城门，点上无数灯火，赐天下聚会饮酒，并奏乐歌舞，非常热闹。玄宗与太上皇（睿宗）通宵达旦登城门楼观看，很是兴奋，庆贺活动足足进行了一个多月。谏官左拾遗严挺之上疏谏说："与天下同庆应当适可而止，量力而行，现在已经损耗了这么多劳力，又花费了这么多钱财，这于陛下显示仁德是相悖的，为了净化风气，请您停止这次庆贺吧。"玄宗采纳了他的意见，并在百官中宣扬严挺之的忠直，还给了严挺之丰厚的赏赐。

有一次，玄宗派宦官去江南捕捉名贵水鸟，养在宫中以供观赏。而这些宦官在沿途骚扰各州百姓。路过汴州时，刺史倪若水向玄宗进言："现在正值农忙时节，陛下为了宫中观赏下令捕捉禽鸟，而且远至江、岭，水陆传送，喂以粱肉，沿途百姓看到这些，会认为陛下爱鸟而轻视人。"玄宗听后马上赞扬了倪若水，赐帛四十段，把所捕到的鸟尽数放掉。

开元四年（公元716年）五月，有人告诉玄宗，说海南诸国有很多奇珍异宝，可派人去寻找；又说师子国灵药很多，而且还有老妇善于医术，可放在宫中以供使用。受这些言辞蛊惑，玄宗马上就派监察御史杨范臣与胡人一起去寻找。杨范臣劝阻道："陛下前年焚珠玉、锦绣，向天下宣示不用奢侈的物品，但是今天陛下所求取的东西与前年焚毁的不是一样吗？臣是御史，就是您的耳目，若有军国大事，臣赴汤蹈火，万死不辞。今日这事却是有人迷惑陛下而曲意逢迎，求得恩宠，对于您实行仁德一点好处也没有，臣认为也不是陛下本来的意思，望陛下三思而行。"玄宗引咎自责，慰谕杨范臣，收回成命。玄宗克制私欲，身体力行地奉行节俭，对禁抑奢靡、促进社会风气的好转产生了一定的作用。

（3）发展经济

玄宗极为重视农业生产，为恢复社会经济，把农业当做一件大事来抓。玄宗派人修建大明宫，到农忙季节后，工程仍未完成，于是玄宗下诏先停止修建，等农忙之后再行修建。开元三、四年（公元715、716年）间，山东发生特大蝗灾，姚崇建议捕杀。玄宗开始非常犹豫，后认为姚崇建议可行，便大力支持捕蝗，并派遣监侍御史分赴各道，捕蝗救灾，又派使者到各州县了解官吏捕蝗情况，一一呈报朝廷，以敦促他们全力救灾。由于组织及时，措施得力，虽然连年闹灾，百姓还是没有受饥荒之苦，更没有流亡之人。玄宗多次下诏减免租税，减轻人民负担。开元年间在全国兴修了五十六项水利工程，著名的蔡州新息县的玉梁渠、蓟州三河县的孤山陂、晋州文水县的甘泉渠、买长渠等都是这时修建的。唐代共修水利工程二百六十四项，玄宗执政期间修建的占总数的百分之二十以上，大大促进了农业生产的发展。为了扩大税收收入，玄宗刚刚即位就注意抑制豪强大族，和他们展开争夺土地和劳动人口的斗争。开元九年（公元721年）至十二年（公元724年），由宇文融主持，在全国范围内开展检田括户运动，共搜括客户八十余万和大量隐瞒土地。又在姚崇为相期间，打击佛教势力。开元初年，下诏淘汰天下僧尼，各地还俗僧尼达到一万两千余人。又严禁再造佛寺，禁铸佛像，禁止宫员与僧尼交往。佛教势力受到沉重打击，这就节约了国家资财，增加了劳动力。

此外，玄宗还巩固边防，增加屯田，调整布局，发展学术文化。总之，玄宗于开元期间对朝廷弊政进行了全面整顿。

农业的繁荣，带动了手工业、商业、交通及城市经济的繁荣。丝织业、陶瓷业、造船等传统手工业在原有的基础上有了突破性的飞跃。像唐三彩已成为唐代繁盛的典型代表。全国大中小城市星罗棋布，长安、洛阳、扬州、成都、广州颇为富庶，各地经济互通有无，贸易频繁，交通便利。当时以长安为中心，形成四通八达的几条重要交通干线，要道上设立了一千六百三十九所驿站。陆驿备马，水驿备船。这是专供官方所用，招待商旅则另有私人开设的客店。杜佑记述当时情况说："东至宋汴，西至岐州，沿路设店肆待客，酒食丰盛。每店均有驴赁客乘，倏忽数十里，谓之驿驴。南至荆襄，北达太原、范阳，西抵蜀川、凉府，皆备店肆，以供商旅，远出数千里，不持寸刀。"可见道路通畅，交通发达，社会秩序稳定，一片太平。

文化事业欣欣向荣。著名诗人高适、岑参、王维、李白、杜甫都生活在这个时期，盛唐诗歌流派众多，争相辉映。音乐、绘画、雕刻等艺术也有突出成就，颇有盛唐气势。

开元期间国力也十分强盛。先后击退契丹、吐蕃等周边少数民族的侵扰，收复了东北营州等十三州土地，重新打通"丝绸之路"，巩固了边疆，也保证了唐朝和中亚、西亚的交通通畅，使唐朝声名远播。

6. 李白笑傲权贵

李白一生的政治抱负极大，但他真正的成就只在文学，诗与杜甫齐名。文名虽逊于诗名，但有些文章也为世人传诵。

（1）年轻气盛

李白（公元701~762年），字太白。根据李阳冰《草堂集序》所记载："李白，字太白，陇西成纪人，凉武昭王九世孙，蝉联组，世为显贵。中叶获罪，谪居条支，易姓与名。然自穷蝉至舜，五代白身，累世不大曜，亦可叹焉。神龙之始，逃归于蜀。"居绵州昌隆青莲乡。李白的父亲是李客，没有当过官，而且在文学上也没有名气。李白天资聪颖，爱读诗书。其《上安州裴长史书》自称："五岁诵六甲，十岁观百家，轩辕以来，颇得闻矣。"这话虽未免夸大，但《新唐书》本传说他十岁就通诗书；《唐才子传》也说他十岁就通"五经"。

李白在年轻时，喜好侠士生活，并且喜欢去各地游览。史书称其："少任侠"，"喜欢仗剑任侠，视金钱如粪土。"从这些记载来看，李白从小学习时，便和普通人不同。在日后的游历中，他结交的大多也是有豪气的侠士。

开元十三年（公元725年），李白出蜀，"仗剑去国，辞亲远游"（《上安州裴长史书》），沿江而下，到达江陵，结识司马承祯，非常受他赏识。此后，他从江陵东下，经过洞庭、庐山，到金陵，抵扬州。在安陆与许圉师的孙女结婚，在湖北停留了很长时间。在这期间，李白也与当时的一般官宦子弟一样，曾经多次刻苦准备，想求得功名。其后又西入长安，小隐终南。李白未能求得功名，就返回安陆。开元二十二年（公元734年），到襄阳，拜见荆州长史兼襄州刺史韩朝宗。此后数年之间，又与洛阳、太原、东鲁等地的道士、隐士结交，远近皆知其名。

天宝元载（公元742年），李白奉诏入京，在翰林院待诏供奉。这时李白结束了漫游生涯，暂做宫廷侍从。之后李白没有受到重用，又遭到别人陷害，于是一年之后，李白便向皇上请求离去。天宝三载（公元744年），又离开京城去远游。

在这次远游中，李白结识了杜甫和高适，三人曾经周游梁、宋。同时，李白又从北海高天师，求仙学道。

在这段时间里，李白的前妻去世了，李白又娶许氏，许氏去世后，又娶宗氏。此时家里出了变故，国家又不太平。李白一面求仙学道，一面企图建功立业。虽然他仍旧去各地交游，但和以前有所不同，他更加关切国家的安危了。

天宝十四载（公元755年），安史之乱发生，李白避居庐山。这时永王李璘出师东巡，让李白当了幕僚。至德二年（公元757年），永王被打败并被杀，李白被捕入狱。出狱之后，又被流放至夜郎。乾元二年（公元759年），在途中被赦免，便沿着长江从东面回来。至当涂，依李阳冰。宝应元年（公元762年），病逝于当涂。

综观李白一生，正当唐朝由盛转衰之时。由于初唐、盛唐出现了"贞观之治""开元盛世"，政治比较清明，一般文人学者，多半为国家所用，并为国家效力。李白年少之时，也曾抱有建功立业之志，但时值开元之末，朝政已经很腐败，张九龄被罢了官，李林甫专权，是由盛转衰的开始。崔群《论开元天宝讽上皇甫书》说："人们都认为天宝十四载安禄山反叛为丧乱的开始，臣却以为开元二十四年罢张九龄相，专用李林甫，这才是丧乱的开始。"在安史之乱前夕，有些文人学者就对当时社会状况很不满了，心系国家，担扰天下，并且表现在文字中。但李白这时年轻气盛，还有很多幻想，好任侠，喜纵横。

李白希望建功而不成之后，归隐山林，为人排除困难，解决纷争，但不接受封赏，很像战国鲁连的作风。但待诏翰林不久，便为权臣所不容，这时李白对现实才有所认识。

李白在朝廷中待的时间很短，对朝廷、官场只知大概而已，阅历很浅，不识时务。因此，他这时虽对现实政治有所批判，却不像萧颖士、元结等人心忧天下，对现实比较清楚。

在很长的一段时期里，是隐居或在朝做官，一直在李白心中纠缠不休。永王东巡，他应征做幕僚，完全是因为想在朝廷中施展才华，报效国家。至于最高统治者的内部斗争，他一无所知。由此而被投入监牢，以致流放，这是他料想不到的。

（2）不恋荣名

李白在年轻的时候，游历各地期间写的诗文都充分表达了作为一个平民文人想要当官的愿望。《与韩荆州书》《上安州裴长史书》都是这时有代表性的文章。《与韩荆州书》说：

白闻天下谈士相聚而言曰："生不用封万户侯，但愿一识韩荆州。"何令人之慕，以至于此耶！岂不以有周公之风，躬吐握之事，使海内豪俊，奔走而归之？一登龙门，则声誉十倍，所以龙盘凤逸之士，皆欲收名定价于君侯。愿君侯不以富贵而骄之、寒贱而忽之，则三千宾中有毛遂，使白得脱颖而出，即其人焉。

这是推荐自己之书，也就是"毛遂自荐"。李白少年气盛，积极求取功名，在这里表现得十分突出。

与此篇类似的文章，还有《上安州裴长史书》，这篇文章说：

白窃慕高义，已经十年。云山间之，造谒无路，今也运会，得趋末尘，承颜接辞，八九度矣。常欲一雪心迹，崎岖未便。……愿君侯惠以大遇，洞开心颜，终乎前恩，再辱英盼。白必能使精诚动天，长虹贯日，直度易水，不以为寒。若赫然作威，加以大怒，不许门下，逐之长途，白即膝行于前，再拜而去，西入秦海，一观国风，永辞君侯，黄鹄举矣。何王公大人之门，不可以弹长剑乎！

这篇文章，不仅反映出李白的年少气盛，而且反映出他在文采和立论上，很像战国的纵横家。唐代的布衣文人，写过许多自己推荐自己的文字，但在不同的时期、不同的作者笔下，其内容和风格都有所不同。李白的这类文章，有十分突出的特点，既不同于王勃等人的"怀才不遇"，也不同于韩愈等人的"不平之鸣"，而是充分地体现着一种不受拘束的个性。

李白写于此时之诗，和他推荐自己之书是同一个风格。比如《古风》之十：

> 齐有倜傥生，鲁连特高妙。
> 明月出海底，一朝开光曜。
> 却秦振英声，后世仰末照。
> 意轻千金赠，顾向平原笑。
> 吾亦澹荡人，拂衣可同调。

鲁连在战国的时候是一个高人，经常帮人解决难题和纷争，却从不接受封赏。李白非常佩服，将其作为自己的榜样，这是他的生活理想：积极地对社会作贡献，但不贪图功名。

但李白这样的生活理想是不切实际的，他虽然诗名大振，而投书干谒却没有被任用。杜甫所谓"醉饮狂歌空度日，飞扬跋扈为谁雄"，恰可作为对他此时生活的写照。李白这时写的另外一些诗篇如《襄阳歌》《将进酒》《江上吟》《梁园吟》等，也都反映出了他的满腔悲愤之情。《襄阳歌》中所谓"百年三万六千日，一日须倾三百杯。……咸阳市中叹黄犬，何如月下倾金罍"，也是借着酒意来排解忧愁的悲愤语言；《将进酒》中所谓"天生我材必有用，千金散尽还复来。烹羊宰牛且为乐，会须一饮三百杯。岑夫子，丹丘生，将进酒，杯莫停。与君歌一曲，请君为我倾耳听：钟鼓馔玉不足贵，但愿长醉不复醒。古来圣贤皆寂寞，惟有饮者留其名"，是有才华无处施展而引起的愤恨。

（3）放浪江湖

李白做翰林时，相当于宫廷侍从，写过一些应制供奉之诗。《宫中行乐词》这几首，是受唐玄宗下诏书命令作的。它的用语和组织语句，很明显和以前作的这类作品不同。比如其三：

卢桔为秦树，蒲桃出汉宫。烟花宜落日，丝管醉春风。笛奏龙吟水，箫鸣凤下空。君王多乐事，还与万方同。

当时正值开元之末，朝政正在由盛转衰，玄宗本人也由一代明君渐变为昏君。这时候有学识见地的人已经开始担心国家安危了，但是李白刚刚进入宫廷，阅历很浅，写出了很多歌颂盛世的诗篇。还有《清平调》三首，也是这一类的作品。

当然，李白虽处于宫廷侍从的地位，他毕竟不同于谄媚的大臣。尽管写了这类歌咏升平的作品，与此同时，他也抒发了不同于一般侍从的感情。例如《驾去温泉宫后赠杨山人》一诗，就表明了自己一贯的思想：

少年落魄楚汉间，风尘萧瑟多苦颜。自言管葛竟谁许，长吁莫错还闭关。一朝君王垂拂拭，剖心输丹雪胸臆。忽蒙白日回景光，直上青云生羽翼。幸陪鸾辇出鸿都，身骑飞龙天马驹。王公大人借颜色，金章紫绶来相趋。当时结交何纷纷，片言道合唯有君。待吾尽节报明主，然后相携卧白云。

求取完功名，建功立业之后就归隐，这是李白选择的一条人生之路。即使在奉诏翰林，自认为青云平步之时，他也没忘记做隐士。

李白离开长安，再次游历时期，由于对朝廷和官场有了一些初步认识，思想便发生了变化，作品风格也发生了变化。虽然这时李白阅历尚浅，却已经看到了人世间的艰难。《古风》和《行路难》中的许多篇章，都比较深沉地表达了这个时期的情感，诗风也转变很多。比如《古风》第二十四首：

> 大车扬飞尘，亭午暗阡陌。
> 中贵多黄金，连云开甲宅。
> 路逢斗鸡者，冠盖何辉赫。
> 鼻息干虹霓，行人皆怵惕。
> 世无洗耳翁，谁知尧与跖！

像这样的内容，在李白过去的诗中没有出现过。他不仅揭露出中贵人、斗鸡人的飞扬跋扈、不可一世，还把矛头指向了当朝最高的统治者。"世无洗耳翁，谁知尧与跖"，所要批评的人显然是最高统治者，这样的语言非常有深度。

与此篇相似的作品，是《古风》第二首。在其中写道：

> 大道如青天，我独不得出。羞逐长安社中儿，赤鸡白狗赌梨栗。弹剑作歌奏苦声，曳裾王门不称情。淮阴市井笑韩信，汉朝公卿忌贾生。君不见昔时燕家重郭隗，拥彗折节无嫌猜。……昭王白骨萦蔓草，谁人更扫黄金台。行路难，归去来！

这样的诗中充满着不平之情和失望之感，与前期某些抱着幻想的作品大相径庭。

《答王十二寒夜独酌有怀》是李白此时写得更为慷慨激昂的诗，李白在其中写道：

> 吟诗作赋北窗时，万言不值一杯水。世人闻此皆掉头，有如东风射马耳。鱼目亦笑我，谓与明月同。骅骝拳不能食，蹇驴得志鸣春风。……黄金散尽交不成，白首为儒身被轻。一谈一笑失颜色，苍蝇贝锦喧谤声。曾参岂是杀人者，谗言三及慈母惊。与君论心握君手，荣辱于余亦何有？孔

圣犹闻伤凤麟,董龙更是何鸡狗!一生傲岸苦不谐,恩疏媒劳志多乖。严陵高揖汉天子,何必长剑挂颐事玉阶!达亦不足贵,穷亦不足悲,韩信羞将绛灌比,祢衡耻逐屠沽儿?君不见李北海,英风豪气今何在?君不见裴尚书,土坟三尺蒿棘居!少年早欲五湖去,见此弥将钟鼎疏。

这首诗不仅抒发了对自己不幸遭遇的悲怆之情,而且也说到李北海、裴尚书被陷害,最后表达了要与官方彻底一刀两断的态度。"董龙更是何鸡狗","见此弥将钟鼎疏",像这样的话,说明李白此时对朝廷、世事的认识,与以前相比大有进步。这样的作品,显然也更有深度。

李白在此后游历的过程中,又写出了大量的作品。这些作品,和前期同类题材的作品相比,更有深度。如《宣城谢朓楼饯别校书叔云》:

弃我去者昨日之日不可留,乱我心者今日之日多烦忧。长风万里送秋雁,对此可以酣高楼。蓬莱文章建安骨,中间小谢又清发,俱怀逸兴壮思飞,欲上青天揽明月。抽刀断水水更流,举杯消愁愁更愁,人生在世不称意,明朝散发弄扁舟。

在这里,"昨日之日"的壮志豪情,"今日之日"的忧愁悲怨,在进行比较的情况下,已经没有办法来消除,于是便在世上游荡,这是毫无办法的选择。他在过去的诗中,虽然也曾讲过"功成身退"的话,那是以"高士"自居,立功绩但不受赏;而此时此刻,却是没有建立功绩,没有实现自己的志向,心情烦闷,愤而远游了。

李白在庐山居住时,又写了《庐山谣寄卢侍御虚舟》:

我本楚狂人,凤歌笑孔丘,手持绿玉杖,朝别黄鹤楼。五岳寻仙不辞远,一生好入名山游。庐山秀出南斗旁,屏风九叠云锦张,影落明湖青黛光,金阙前开二峰长。……好为庐山谣,兴因庐山发,闲窥石镜清我心,谢公行处苍苔没。早服还丹无世情,琴心三叠道初成,遥见仙人彩云里,手把芙蓉朝玉京。先期汗漫九垓上,愿接卢敖游太清。

求仙学道，在过去的作品中，曾经不断出现；而在这首诗中，比过去更为突出，成了消除烦闷的唯一选择。从"我本楚狂人，凤歌笑孔丘"来看，李白此时好像真的要不再顾恋尘世，但很可惜的是他最终又接受永王李璘邀请步入官场，以致成为他终生的遗憾。

（4）冠盖满京华

李白入幕永王，曾经抱有幻想，这时他又把自己比作谢安，并期望自己成为鲁连。《永王东巡》之二写道：

> 三川北虏乱如麻，四海南奔似永嘉，
> 但用东山谢安石，为君谈笑静胡沙。

这里以谢安自比，不是很恰当，但是李白的"大济苍生"的志向自始至终都没有改变过。

更能表达李白此时情感的是《在水军宴赠幕府诸侍御》一诗：

月化五白龙，翻飞凌九天，胡沙惊北海，电扫洛阳川。房箭雨宫阙，皇舆成播迁。英王受庙略，秉钺清南边。云卷海雪，金戟罗江烟。聚散百万人，弛张在一贤。霜台降群彦，水国奉戎旃。绣服开宴语，天人借楼船。如登黄金台，遥谒紫霞仙。卷身编蓬下，冥机四十年。宁知草间人，腰下有龙泉。浮云在一决，誓欲清幽燕。愿与四座公，静谈"金匮"篇。齐心戴朝恩，不惜微躯捐。所冀旄头灭，功成追鲁连。

这里说永王李璘受皇帝诏命出征是"英王受庙略"，说自己被征召进入幕府是"如登黄金台"，而且在诗的最后还有"齐心戴朝恩，不惜微躯捐"的话，李白一心报国的思想情感在这里一览无余。当然，"所冀旄头灭，功成追鲁连"，建立功绩后便隐退山林，这也是他一贯的思想。但可惜的是，这一切都未遂人愿。他对于当时统治者上层的矛盾认识不够，对于前途的估计还很幼稚。

但是时间不长，李璘被打败，李白也被捕入狱，后来又被流放去夜郎。他这时写了一首《经乱离后天恩流夜郎忆旧游书怀赠江夏韦太守良宰》的长诗，很是深沉地表达了自己的情感。其中写道：

仆卧香炉顶，霞嗽瑶泉，门开九江转，枕下五湖连。半夜水军来，浔阳满旌旗。空名适自误，迫胁上楼船。徒赐五百金，弃之若浮烟。辞官不受赏，翻谪夜郎天！

这里说的"空名适自误，迫胁上楼船"，好像和前面讲的"齐心戴朝恩，不惜微躯捐"这些话有些矛盾；但"徒赐五百金，弃之若浮烟"应是事实。"辞官不受赏"的思想，也是一以贯之的。此诗最后又说：

五色云间鹊，飞鸣天上来，传闻赦书至，却放夜郎回。暖气变寒谷，炎烟生死灰。君登凤池去，勿弃贾生才。桀犬尚吠尧，匈奴笑千秋，中夜四五叹，常为大国忧。旌旆夹两山，黄河当中流，连鸡不得进，饮马空夷犹。安得羿善射，一箭落旄头！

被赦免放回，李白自然很高兴。但他此时不仅庆幸自身得救，而且还在关怀国家兴亡。"中夜四五叹，常为大国忧"，"安得羿善射，一箭落旄头"，说明他的忧虑还是很深的。

李白被赦免放回的那天，还写了《流夜郎半道承恩放还，兼欣克复之美，书怀示息秀才》一诗，其中说"得罪岂怨天，以愚陷网目"，这话似较为清醒。其中又说到"大驾还长安，两日忽再中，……愧无秋毫力，谁念矍铄翁，弋者何所慕，高飞仰冥鸿。弃剑学丹砂，临炉双玉童。寄言息人子，岁晚陟方、蓬"云云，似乎更加清醒。李白对于再被重用不抱希望了。对做官没了兴趣，于是弃剑求仙学道，也就是唯一的选择了。诗中不再讲功成身退的话，这也是李白诗歌内容的新变化。

对李白晚年的遭遇和他的作品，前人作过很多的评论，而与李白同时代的杜甫，对他的遭遇是最同情的，其《梦李白二首》之二说："冠盖满京华，斯人独憔悴，孰云网恢恢，将老身反累！千秋万岁名，寂寞身后事。"无缘无故受到牵连打击，但是他的名声却能够流芳百世，为后人所敬仰，这话不仅出自友情，而且是非常公允的。

宋代评论李白的诗话，对李白晚年的评论，是既有赞扬也有贬损，胡仔《苕溪渔隐丛话前集》引《蔡宽夫诗话》所论，就是这样：

太白之从永王，世颇疑之，《唐书》载其事甚略，亦不为明辨其是否，独其诗自序云："半夜水军来，浔阳满旌旗。空名适自误，迫胁上楼船。徒赐五百金，弃之若浮烟。辞官不受赏，翻谪夜郎天。"然太白岂从人为乱者哉？盖其学本出纵横，以气侠自任，当中原扰攘时，欲藉之以立奇功耳，故其《东巡歌》有"但用东山谢安石，为君谈笑静胡沙"之句，至其卒章乃云："南风一扫胡尘静，西入长安到日边。"亦可见其志矣。大抵才高意广，如孔北海之徒，固未必有成功；而知人料事，尤其所难。议者或责之猖獗，而欲仰以立事，不能如孔巢父、萧颖士察于未萌，斯可矣；若其志，亦可哀矣。

这里对于李白晚年加入永王幕府成为永王的谋士而导致最后被牵连判罪一事的分析，是比较切合实情的。

李白一生所作的诗文很多，而丢失绝迹的也很多。在他生前，李白曾嘱咐王屋山人魏万（又名颢）收集他所有的诗文，整理为文集。后来李白被流放夜郎又被赦免回国都的时候，遇到了江夏倩公，李白又把他一生所作的诗文，连草稿统统地交给了江夏倩公。最后，李白临死之前，又嘱托李阳冰为他编辑整理文集。李阳冰《草堂集序》写道："阳冰试弦歌于当涂，心非所好，公遐不弃我，乘扁舟而相顾。临当挂冠，公又疾殛，草稿万卷，手集未修。枕上授简，俾予为序。"《新唐书·艺文志》著录《李太白草堂集二十卷》，称《李阳冰录》，就是根据李阳冰所编之本。李白的诗文之所以能够流芳百世，为后人所赞颂，也是靠《李阳冰录》而流传，才得以保存下来。

第四章

天宝危机

玄宗统治后期，在思想上逐渐丧失了政治警惕性，认为可以无忧无虑地把自己的统治继续下去。他重用奸佞之臣李林甫、杨国忠，宠信安禄山，滋长了安禄山的野心。专宠杨贵妃，搞得"一人得道，鸡犬升天"。高力士作为一个侍从玄宗的宦官，也是一个显赫的人物。这些人的出现注定了朝政紊乱和割据势力的滋长。在这一时期，府兵制也被废止了，这使得唐朝的武备松弛下来。

1. 专宠杨贵妃

天宝四载（公元745年）八月，玄宗册封杨太真为贵妃，从而开始了杨贵妃专宠的时代，这也就成为唐朝没落的先声。

（1）受封贵妃

杨贵妃，名玉环，弘农华阴人，父亲杨玄琰，官任蜀州司户。杨玉环出生在四川，在她小的时候父亲就去世了，于是被她的叔父杨玄珪收养，杨玄珪在河南府做士曹，所以杨玉环的童年和少女时期是在洛阳度过的。

杨玉环前族都是做官的，其祖先是隋朝宗室的后裔，这给杨家留下了高贵的身份；不用担心生活上的问题，使得杨玉环有足够的时间接受良好的艺术教育。在她十七岁时，即开元二十三年（公元735年）十二月，她因为自己倾城的容貌被立为当朝皇帝唐玄宗十八子寿王李瑁的妃子，开始了五年的王妃生活。

寿王李瑁的生身母亲是武惠妃，她聪明貌美，深得唐玄宗宠爱。玄宗甚至曾经想废王皇后为庶民，立武惠妃为皇后，只是遭到大臣的反对，武惠妃才没当上皇后，但是她实际上享受着皇后的待遇，而且以后唐玄宗再也没有册封皇后。开元二十五年（公元737年）十二月，武惠妃得暴病而死，赠谥贞顺皇后。玄宗对她怀念不已，为这常常闷闷不乐。玄宗每年十月都要到骊山华清池避寒，每当这时候，他便让一同前往的妃嫔宫女在温泉沐浴以此作为奖赏。秋风微起，池波荡漾，佳丽们个个妩媚动人，但在玄宗看来，却粉色如土。他认为她们没有一个人能取代武惠妃在自己心中的地位，寂寞无聊的玄宗命心腹宦官高力士去寻觅佳人。

高力士在寿王府里看到了貌美绝世的杨玉环，于是就推荐给唐玄宗。开元二十八年（公元740年）十月，玄宗照例行幸华清宫时，派人召来了杨妃，玄宗觉得杨玉环的一举一动就好像古代的美女汉武帝的李夫人转世。玄宗非常欢喜，赐她洗浴温泉。洗浴过的杨玉环格外动人，使人看了不免心旌摇荡，凝脂般雪白的肌肤，顾盼生辉的双眸，加上那娇羞不胜罗绮的妩媚，令玄宗当晚即将杨妃留下，赐她金钗钿盒，还亲自在梳妆台前为她戴上金步摇（耳环），并欣喜若狂地说："杨妃对我来说，实是无价之宝啊！"为此还专门作了一首《得宝子》之曲。

然而杨妃毕竟是玄宗的儿媳，将其直接地明媒正娶，他的脸上难免不光彩，也不合伦理纲常。为了避丑遮羞，唐玄宗要杨玉环自己出家入道。做了女道士的杨妃得到玄宗的宠爱，礼遇犹如皇后一般，宫中的人也称玉环为"娘子"。

天宝四载（公元745年）七月，太真"出家"已近五年，唐玄宗认为时候到了，该对杨玉环的假"出家"做个了断，便于这月先为寿王李瑁正式娶韦昭训的女儿为王妃，以示安慰，在八月就正式立玉环为贵妃，仅次于皇后，杨玉环名正言顺地成了贵妃娘娘。此后，杨家的很多人都加官晋爵。

（2）三千宠爱于一身

"回眸一笑百媚生，六宫粉黛无颜色。"杨玉环被封为贵妃后，就集后宫三千宠爱于一身了。玄宗与她整日厮守，如胶似漆。二人形影不离。白居易在《长恨歌》里，描绘出了玄宗对杨贵妃的这种宠爱。诗中写道："春宵苦短日高起，从此君王不早朝。承欢侍宴无闲暇，春从春游夜专夜。后宫佳丽三千人，三千宠爱在一身。"贵妃每每乘马巡游，当时权倾朝野的高力士须亲自为贵妃牵马送鞭；在穿衣方面，更是奢华，为贵妃做一件衣服，得有千余人参与；过生日时，若送来的礼能取悦贵妃，则送礼的人一定升官发财。唐玄宗年年去骊山华清宫躲避寒冷，杨贵妃都一同前往，玄宗就特为其在华清宫造梳洗之所端正楼和沐浴之室莲花汤；杨贵妃爱吃荔枝，这种水果只生长在岭南、四川一带，且很容易失鲜，玄宗不惜劳民伤财，命岭南驿站快马传送到长安，到杨贵妃手里的荔枝依然是新鲜的。"一骑红尘妃子笑，无人知是荔枝来"指的就是这个事情。

贵妃有两绝，一是她的倾城美貌，二是她极高的音乐造诣。这使得玄宗更为迷狂，将其视为自己的知音。贵妃擅长歌舞，通晓音律。她跳起舞来婆娑多姿，常常使玄宗禁不住在旁击节叹赏，似乎永远也看不够。贵妃弹琵琶也十分在行，当时诸王及贵妃姊妹都拜她为师。贵妃的击磬才艺甚至超过皇家梨园弟子。唐玄宗生就风流潇洒的性格，对音乐歌舞无一不精。志趣的相投使得贵妃在玄宗心中占据着别人无法撼动的地位。同时，贵妃总是用她的聪明灵气、善解人意，去为玄宗解忧去难，玄宗很是喜欢。玄宗做皇帝的三十余年都是太平盛世，因此他在治理国家方面早就无所追求了，杨贵妃的出现，给他无所事事的晚年生活带来无限的乐趣与慰藉。他俩难舍难分的缠绵之情在历史上帝王妃嫔之间是罕见的。据说一年七月初七乞巧节深夜，两人在长生殿凭栏相依，久久遥望着耿耿银河，最后双双跪下，发出"在天愿作比翼鸟，在地愿为连理枝"的海誓山盟。但是，两人在一起缠绵久了，就不免要有分歧，曾产生两次矛盾。

第一次在天宝五载（公元746年）七月，杨贵妃因傲慢嫉妒不听劝诫被送到了她哥哥杨的府上。此事与梅妃有关。在杨贵妃入宫之前，玄宗曾宠幸过梅妃。梅妃本姓江，名采苹，福建莆田人。祖上世代行医。江采苹从小聪明伶俐喜爱学习，有很高的文化修养。长大后出落得亭亭玉立，又长于作诗。开元时，高力士把她召到宫里，玄宗甚是喜爱。江采苹在自己居室外亲种数枝梅花，玄宗亲题"梅亭"二字，亲昵地称她为"梅妃"。

杨贵妃入宫后，与她争风吃醋，梅妃终究不是贵妃的对手，从此寂寞度日。一次玄宗又想起了她，召她进见，二人难舍难分。杨贵妃知道此事后，气冲冲地赶来，对玄宗颇为无理，触怒了玄宗，被赶出了宫外。

玄宗赶走贵妃后很是后悔和懊恼。他茶饭不思，坐卧不安，烦躁渐渐变为暴怒，使周围的人惶惶不可终日，只有高力士明白玄宗的烦恼。他小心翼翼地建议将贵妃平日用的器物分出些给她送去，玄宗果然表示同意，还让把御膳也捎去，共拉了百余车之多。到了夜间，高力士又适时地提出把贵妃接回宫里，玄宗正在想这件事，遂下令开禁门接回贵妃。贵妃一入门即伏地谢罪，玄宗赶紧好言安慰，从此对贵妃更加宠爱。

第二次贵妃被遣是在天宝九载（公元750年）二月，据说是拿了玄宗兄长宁王李宪的紫玉笛来吹。唐玄宗与其兄弟间互敬互爱，曾经在兴庆宫设五王帐，放上长枕大被与兄弟同寝共处。一次，贵妃来到这里，无意间看见紫玉笛，信手拿起吹了起来。此事本来没什么，玄宗却认为伤了他帝王的尊严，再次把贵妃遣送回家。很快就懊悔的唐玄宗却不便表示出来。户部郎中吉温这时正巴结依附贵妃族兄杨国忠，便通过宦官向玄宗使激将法，说："杨贵妃作为妇道人家，见识短浅，违背了圣上的心意，但陛下为何爱惜宫中一席之地，不让她死在宫中，而要让她在宫外丢陛下的人呢？"玄宗听后，十分后悔，就派太监把自己的御膳赏给杨贵妃。杨贵妃非常感动，痛哭流涕地对宦官说："我得罪了陛下，罪该万死，而陛下宽宏大量不杀我，还让我回家。现在要永远离开宫中，不得与陛下相见，金玉等珍宝玩物，都是陛下赐给我的，难以献给陛下，唯有头发是受之父母的，献给陛下表示我的真挚之心。"于是就剪下一撮自己的头发让人献给玄宗。玄宗见后马上派高力士把贵妃召回宫中，从此更加宠爱。

（3）一人得道，鸡犬升天

杨贵妃被皇上宠幸，杨氏家族也跟着沾光。杨贵妃有三个姐姐，姿色出众，被封为"国夫人"之号。大姐封为韩国夫人，三姐封为虢国夫人，八姐封为秦国夫人。玄宗月月都赏给她们为数不少的钱买化妆品。三姐妹并承恩泽,出入宫室,权势很大。特别是虢国夫人,生性轻佻,常与玄宗谑浪调情,依恃貌美,素面入朝。贵妃的族兄杨擢为殿中监,杨琦为侍御史,并娶武惠妃的女儿太华公主为妻。唐玄宗在京城赏给杨家姐妹五处住宅,而且时常分给她们稀有宝物。她们也极尽奢侈之能事,在吃穿住行方面都奢靡无度。若见到有比自己家还宏伟的宅院,就把自己的拆了,重新建造,一定要超过别人。那些给杨家姐妹进献各地物品的中使从不间断。玄宗每年去华清宫避寒,杨家姐妹一定随同前往,每人穿一种颜色的衣服,自成一队,可谓五彩缤纷,煞是好看。人马走后,地上却遗留了很多珠翠手饰。当时,长安城有这样的歌谣:"生女勿悲酸,生男勿喜欢。男不封侯女作妃,看女却为门上楣。"杨贵妃受到宠幸好像使人们改变了重男轻女的观念,人们对杨氏一门既羡慕又不满。

杨家不但与人斗富,极度追求奢侈浮华,而且为所欲为,很是霸道。天宝十载(公元751年)正月十五上元节,杨家姐妹夜游,行至西市门时与广平公主相遇,为争先出门,杨氏家奴斥赶公主等人,挥鞭触到公主身上,公主从马上惊坠落地。驸马程昌裔立刻去扶,于是也被打了几鞭子。事后公主向父皇泣诉,玄宗虽下令杀了打人的家奴,却也将程昌裔停官。公主无缘无故被杨氏欺负,而驸马却被惩罚,可见杨家骄横到什么地步了。

一天,虢国夫人带人来到前宰相韦嗣立宅前,笑问韦嗣立的儿子:"听说这宅院要卖,出价多少啊?"韦嗣立闻听赶紧走下台阶,恭敬地答道:"这是祖上传下来的,不忍出卖。"但未等韦嗣立说完,后边跟来的工匠早已围住韦宅,七手八脚开始拆屋撤瓦,韦嗣立和他的儿子及家奴只能目睹这一切而毫无办法,最后只好把琴书之类器物搬到屋外。虢国夫人仅给韦家十亩空地而已。中堂建成后,只给工匠二百万钱,工匠提出要赏钱,虢国夫人答应给五百段绛罗,但又故意刁难耍弄工匠,要他们提来一些蜻蜓、蜥蜴放在屋中,记下数量,走失一个,则赏钱分文不给。

在封建社会,君主宠爱一个妃子是正常的,但像玄宗这样无节制地宠爱贵妃,在历史上是罕见的。他对杨氏频封厚赏,栽培了一个新权贵集团,因此就助长了奢华浮靡的风气,也败坏了社会风尚。特别是对贵妃远房兄弟杨国忠的宠信重用，更加深了政治的黑暗与腐败，激化了统治阶级内部的矛盾，成为安史之乱的导火索；对杨贵妃的格外宠幸使得玄宗沉溺于声色，无法自拔，结果导致了荒淫误国的下场。因此，尽管杨贵妃本人并没有干政乱权的行为，但她依然对玄宗晚年失政有一定的影响。

2. 李林甫倾陷异己

李林甫任宰相后权倾朝野，把持朝政很长时间。他嫉妒别人的才能，不容许他人才望功名超过自己。凡是玄宗亲信的大臣，他都要想尽办法将其除掉，而表面上却装出一副亲近的样子。世人都说他"口有蜜，腹有剑"。

（1）李林甫拜相

李林甫小字哥奴，是宗室子弟，曾祖父李叔良是唐高祖李渊的从父弟。林甫以家世入仕，为千牛直长，很得其舅楚国公姜皎的疼爱。姜皎常常为他在朝廷上说好话。姜皎的妹妹嫁给侍中源乾曜的侄孙源光乘。一天，源乾曜的儿子源洁对父亲说："李林甫求作司门郎中。"源乾曜回答："郎官应该由有才华名望高的人担任，哥奴怎么能做郎官？"虽然如此，李林甫还是凭借姻亲的帮忙，升为太子谕德和国子司业。

开元十四年（公元726年），御史中丞宇文融推荐李林甫为御史中丞，二人同列。李林甫又任刑、吏部二侍郎。他为人狡猾难测，工于心计，善于钻营，谙熟宫廷内的事和做官的学问，用尽心思在自己周围编织一张巨大的关系网，巩固在朝中的势力。为了解皇帝的好恶与意图以便迎合取媚，他广交宦官和妃嫔，对玄宗的一举一动了如指掌，所以奏事时往往称旨，很得玄宗的喜欢。那时，武惠妃集后宫三千宠爱于一身，于是李林甫对其极尽巴结之能事。武惠妃想立自己的儿子寿王李瑁做太子，与太子李瑛之间产生了矛盾。李林甫认为投靠武惠妃的机会来了，便通过和他关系密切的宦官把愿意帮助寿王做太子的意思传达给武惠妃。武惠妃正需要外廷士大夫的支持，自然十分高兴，因此一有机会就在玄宗面前盛赞李林甫，使玄宗越来越信任他。

　　李林甫与侍中裴光庭之妻、武三思之女有私情，裴光庭死后，武氏请求玄宗亲信的宦官高力士在皇帝面前为李林甫说情，代替其夫的职位。高力士的养父高延福和武三思是好朋友，高力士与武三思家的关系也很密切，但在任用宰相的大事上，高力士没有草率应允。中书令萧嵩举荐右丞韩休为相，玄宗同意了。正在起草诏书时，高力士将消息透露给武氏，建议李林甫转告韩休。韩休做相后很感激李林甫，向上推荐他有任相之才，武惠妃也暗地里帮他说好话，使原就对李林甫印象颇好的玄宗动了心，拜李林甫为黄门侍郎，其官位仅次于宰相。

　　开元二十二年（公元734年），玄宗以黄门侍郎平章事裴耀卿担任侍中，中书侍郎平章事张九龄担任中书令，李林甫也同时登上相位，拜官礼部尚书、同中书门下三品，并加银青光禄大夫散阶。李林甫官居宰相手握重权后，就开始颠倒黑白、结交朋党、欺蒙圣上，使唐王朝的政治更趋于黑暗。

　　李林甫做相后仍在废立太子问题上固执己见，为其阴暗的政治目的积累政治资本。而唐玄宗最后还是因为张九龄的坚决反对而没有废掉太子。开元二十四年（公元736年），张九龄因屡屡直谏被罢相，杨洄再次诬谮太子等人与太子妃兄薛阴谋勾结，很有可能会谋反。玄宗又召集宰相讨论。李林甫说："这是皇族内部事务，不是外臣应该议论的。"这对玄宗废太子作了实际上的支持。于是，宦官奉命到宫中宣制，废太子李瑛、李瑶、李琚贬为庶人，薛流放州。过了不久，李瑛、李瑶、李琚在城东驿被赐死，薛在蓝田被赐死，太子舅家赵氏、妃家薛氏，李瑶舅家皇甫氏受牵连被流贬的有数十人。李瑶、李琚皆好学有才干，平白被诬至死，人们都觉得惋惜。

（2）大兴冤狱

开元二十六年（公元738年），太子李瑛死后，玄宗在设立太子的问题上踌躇不定。寿王李瑁在玄宗诸子中排行十八，又无特殊才华，特别是武惠妃在开元二十五年（公元737年）死后，玄宗对他不再偏袒。忠王李年长，且又仁孝恭谨，按理应立为太子。李林甫多次劝谏立寿王李瑁为太子，其目的是想成为新太子的鼎力支持者而巩固权势。最后玄宗在高力士的劝说下把李立为太子，致使李林甫的打算落空。由于太子不是自己所立，为此李林甫围绕太子李玙（后改名李亨）阴谋制造了一场殃及范围极广的冤狱。

有一次，玄宗在勤政楼垂帘观看乐舞，兵部侍郎卢绚不知道，便提鞭按辔从楼下穿过。卢绚风度翩翩，玄宗目送其远去，感叹卢绚含蓄不露的风度。李林甫时常用金钱贿赂玄宗左右的人，玄宗的每一个想法和行动李林甫全部了解得很清楚。于是李林甫召来卢绚的儿子说："你父亲名望很高，如今交州、广州需要才能高的人去治理，皇上想令你父亲去，不知他愿不愿意去？倘若恐惧远行，就会被降官，否则，只有以太子宾客或詹事的身份在东都任官。这也算是优惠贤者的任命，不知如何？"卢绚听后，心里很害怕，于是就主动奏请改任太子宾客或詹事。李林甫又恐怕违背众望，就任命卢绚为华州刺史。卢绚到官时间不长，李林甫又造谣说他有病，不理州事，任命他为詹事、员外同正。

玄宗曾问李林甫："严挺之现在哪里，这个人还是有才能的。"严挺之曾任中书侍郎，与张九龄关系很好，张九龄罢相时受牵连贬为洛州刺史，后改绛州刺史。林甫害怕严挺之再次入朝为言官，私下里叫来严挺之的弟弟严损之说："皇上对尊兄印象很好，何不上奏有疾，请求回京师就医，也好能让圣上看到。"严挺之不知事情经过，便按照李林甫旨意上奏，李林甫拿着严挺之的奏文启禀玄宗："挺之衰老得风疾，为使其安心养病，只宜授给散秩。"玄宗很感惋惜，只好授严挺之为詹事。汴州刺史、河南采访使齐也因是朝廷有名望的老臣，被李林甫排挤为少詹事、员外同正。当时公卿的任用，若不是走李林甫关系上来的，他都想法加罪除去，弄得人人都怕他。右赞善大夫杨慎矜被升为知御史中丞事，但是他畏惧李林甫而不敢接受，玄宗只好改授谏议大夫。

户部尚书裴宽素来受玄宗赏识，李林甫恐怕裴宽被任命为宰相，因此对其十分嫉妒。这时刑部尚书裴敦复讨伐海盗吴令光回朝，李林甫接受请托，帮人吹嘘战功，裴宽私下向玄宗奏报此事。李林甫知道后，告诉了裴敦复，裴敦复就告诉李林甫说裴宽过去也把他的亲故托属过自己，于是李林甫说："你马上上奏皇上，不要让别人先告了你。"裴敦复就用黄金五百两贿赂女道士杨太真的姐姐，让她告诉玄宗。裴宽因此被贬为睢阳太守。

（3）流放韦坚

陕郡太守、江淮租庸转运使韦坚之妻是李林甫之舅姜皎的女儿，基于这层关系，李林甫提拔韦坚任居要职，以示对舅舅感恩戴德。韦坚通漕有功，得到玄宗宠信，他本人也觉得自己了不起，有入相之志，为此而遭到李林甫嫉妒，韦坚开始受到他的疏远。九月二十三日，玄宗根据李林甫的提议，罢去韦坚转运使，官刑部尚书，名为升官，实则把他的实权夺去了。

宗室子弟李适之与李林甫同居相位，二人争利有了矛盾。李林甫利用李适之疏阔马虎的弱点而加以陷害。他告诉李适之："华山有金矿，发掘出来，可以富国，皇上还不知道此事。"过了几天，李适之借奏事之机向玄宗说了这件事。玄宗又问李林甫，李林甫回答说："这事我得知很久了，但华山是陛下的本命，王气就在这里，不应当开凿，所以我不敢说。"这样玄宗就认为李林甫对自己尽心，而怪李适之考虑事情太疏忽了，所以就对李适之说："以后奏事，应该先与李林甫商量，不要随便建议。"从此李适之不敢多论政事。李适之失去了皇上的信任。

为了铲除异己，李林甫搜罗狱吏。萧炅向他推荐了曹吉温。曹吉温

第四章　天宝危机

为人残忍好杀，曾说："若遇到了能用我的人，即使是南山白额虎也不足缚。"宰相李适之兼任兵部尚书，驸马张为侍郎，李林甫欲排挤二人，令手下人揭发兵部铨曹主簿事令史六十余人弄虚作假之事，交御史审问，因毫无结果，后由曹吉温接案。曹吉温将兵部吏员引至厅外，找来两名重囚在厅内严刑拷问，因徒惨叫之声不断传过来。吏员素知曹吉温残酷，又亲闻囚徒号呼，不禁吓得魂飞魄散，于是均按曹吉温之意自诬服罪。李林甫很喜欢他这种做法。又有杭州人罗希，以治狱严苛而闻名，李林甫将他从御史台主簿提拔为殿中侍御史。两人感激李林甫的知遇之恩，人为"罗钳吉网"。

起初，李亨被立为太子，李林甫就不同意。他担心以后没有自己的好处，所以常常想动摇太子的地位。而韦坚又是太子韦妃的哥哥。皇甫惟明在太子为忠王时曾与太子关系很好，这时因打败了吐蕃入朝奏捷献俘，见到李林甫专权，心中很气愤，见到玄宗时，就劝玄宗罢免李林甫。李林甫清楚这件事后，就让杨慎矜暗中偷偷侦察皇甫惟明的行为。逢正月十五日夜，太子出游，见到了韦坚，韦坚又与皇甫惟明在景龙观道士房中见了一面，杨慎矜就揭发此事，说韦坚是皇戚，不应当和边将的关系那么密切。李林甫乘机上奏说韦坚与皇甫惟明有立太子为皇帝的企图。韦坚与皇甫惟明因此被抓起来，李林甫就让杨慎矜和御史中丞王、京兆府法曹吉温共同审问。玄宗对韦坚与皇甫惟明有疑心，但是没有确凿的证据，二十一日，下制书责备说韦坚因谋求官职地位，存有野心，贬为缙云太守；皇甫惟明由于挑拨离间君臣之间的关系，被贬为播川太守。又另颁布制书，以使百官警戒。

李适之素与韦坚交好，见韦坚等人受到贬斥，颇不自安，预感自己早晚也要被李林甫倾倒，于是干脆提出辞职，后改任太子少保。其子卫尉少卿李摆下丰盛的酒宴请客，但是由于大家都害怕李林甫的权势，竟无人敢到他家赴宴。

玄宗任命门下侍郎、玄宗馆大学士陈希烈同平章事。陈希烈由于善于讲《老子》《庄子》而受到重用，又专门用神仙符瑞等道法求得玄宗的欣赏。李林甫看到陈希烈受到玄宗的信赖，并且柔顺奸佞，容易控制，因此就推举他为宰相。从此，一切政事都由李林甫决定，陈希烈从来都不反对。依照过去的习惯，宰相在午后六刻退朝回家，李林甫上奏说现在天下太平，处理的都只是小事，宰相巳时就可回家，军国大事全可以在自己家里决定。于是管理文书的官吏只是把已办成的方案拿去让陈希烈署名而已。

半年多后，将作少匠韦兰与兵部员外郎韦芝为他们的哥哥韦坚诉冤，并让太子为他哥哥作证，玄宗更加愤怒。太子感到害怕了，向皇帝请求与韦妃离婚，并且请求不要因为袒护亲戚而改变法律。二十六日，韦坚又被降为江夏别驾，韦兰和韦芝都被贬往岭南。但是玄宗知道太子孝顺谨慎，所以没有责怪他。李林甫又趁机在皇帝面前说坏话，故意说韦坚已经和李适之等人暗地里结成了派系。过了数天，韦坚被流放到临封，李适之降官为宜春太守，太常少卿韦斌为巴陵太守，嗣薛王李降官夷陵别驾，睢阳太守裴宽为安陆别驾，河南尹李齐物为竟陵太守，韦坚的亲戚和拥护者因为这件事而被流放、降职的有几十人。韦斌是韦安石的儿子。李是李业的儿子、韦坚的外甥。李的母亲也被强迫命令和李一起到夷陵去。但是，李林甫围绕太子兴起的案狱还远没有完结。

（4）杖杀杜有邻

李林甫又奏请分别派遣御史往贬所把皇甫惟明与韦坚兄弟等赐死。罗希从青州出发到岭南，把所到地方被降职的官员都杀死了，以至于各地方的官员都十分害怕，唯恐罗希奭来到自己的地方。安排驿马的文书到了宜春，李适之忧伤恐惧，服毒自杀。到了江华，王琚先服毒自杀未遂，听说罗希奭来了，吓得又上吊自杀了。罗希奭又绕道来到安陆，想让裴宽恐怖而死，裴宽向罗希奭叩头求生，罗希奭没有住下就又走了，裴宽才免于一死。李适之的儿子李霅护送父亲的尸体到了东京，李林甫又让人诽谤李霅，于是李霅也被杖死于河南府。给事中房由于与李适之关系亲密，被降官为宜春太守。房是房融的儿子。

李林甫对韦坚还是非常痛恨，于是就派遣使者沿着黄河和江淮地区的州县搜求韦坚的罪行，逮捕了很多管理漕运的官吏和船夫，以至于监狱人满为患。又严厉地追究拖欠赋税的人，并且牵连到街坊邻里，这些人全都被脱光衣服，活活打死在官府里。此恐怖政策直到李林甫死后才停止。

赞善大夫杜有邻的女儿是太子的杜良娣，她的姐姐是左骁卫兵曹柳的妻子。曹柳性格狂放、傲慢、豪爽、大方，喜欢追逐功利和名声，并且喜欢与有成就有势力的人交朋友。淄川太守裴敦复把曹柳推荐给北海太守李邕，于是二人成为好朋友。曹柳回到京师，与著作郎王曾等结为朋友，他们都是当时比较出名的人物。

曹柳与他妻子家里的人关系不好，想陷害他们，于是就散布谣言说杜有邻妄称有谶书，并且暗地里与太子联系，批评皇上，说皇上的坏话。李林甫命令曹吉温与御史一起审问，才弄清楚原来都是曹柳搞的阴谋。曹吉温又令曹柳牵连王曾等人到御史台。十二月二十七日，杜有邻、曹柳与王曾等人都被庭杖致死，尸体放在大理寺，其妻子、儿子被流放到远方，所有在朝廷的人都震惊了。嗣虢王李巨被贬为义阳司马，李巨是李邕的儿子。另外，派监察御史去审问处置李邕，太子也把杜良娣给贬为普通老百姓。

二十八日，邺郡太守王琚由于贪污贬为江华司马。王琚不拘小节，生活奢侈，与北海太守李邕都以为自己资格老，却长久在地方做官，心中抑郁不乐。李林甫讨厌他自以为是、做事冲动，所以也趁这个机会把他一起处置了。

天宝六载（公元747年）春季，正月初五，李邕与裴敦复都被杖杀而死。李邕非常有才华，卢藏用经常对他说："你就好像是春秋时代吴王所铸的宝剑干将与莫邪一样，别人很难比得上你，但最终恐怕要被折坏。"但李邕从来不把他的话放在心上。

玄宗想要广求天下有才能的人，就下令凡精通一项技艺的人都要到京师参加选拔。李林甫恐怕朝外的贤士在对策中揭发他的奸恶，就建议说："被推荐的人大多都卑贱愚蠢，恐怕不雅观的言语玷污圣上的听觉。"于是就下令郡县长官严加考试，十分出众的，才把姓名报到尚书省，再委托尚书省考二次，并命令御史中丞监试，取那些名副其实的上奏。接着对来应试的人进行诗、赋、论等方面考试，最后竟没有一个及第的。于是李林甫就上书祝贺说朝外已没有未被任用的贤人。

陇右、河西节度使王忠嗣御边很有办法，功名日盛，李林甫唯恐他以功名拜相，不断找碴打击他。玄宗命王忠嗣攻打吐蕃石堡城，王忠嗣认为石堡城不宜硬攻。将军董延光自告奋勇带兵攻打，却逾期攻克不下，便诬王忠嗣阻挠军计。玄宗大怒，李林甫趁火打劫，指使济阳别驾魏林诬告王忠嗣曾说过"我自幼在宫中长大，与太子要好，欲拥兵尊奉太子"之语。玄宗将信将疑，命司法部门鞫问。

御史台和中书省、门下省审问王忠嗣。玄宗说："我儿子一直待在深宫，怎么能和外人通谋呢！这肯定不是真的，只能说王忠嗣有阴扰军计的罪。"哥舒翰上奏时，有人劝他多拿一些金帛去救王忠嗣，哥舒翰说："倘若天下还有公道，王公必不会因为受到冤枉而死；如果公道快要丧尽，拿金帛行贿也没有什么用。"于是就只身背了一个包裹入朝。御史台与中书省、门下省上奏说王忠嗣应定死罪。正受玄宗器重的哥舒翰坚持说王忠嗣冤枉，并且请求用自己的官爵来赎王忠嗣的罪。玄宗走入宫中，哥舒翰随后叩头，声泪俱下，说王忠嗣无罪。玄宗也感到王忠嗣冤枉，二十七日，贬王忠嗣为汉阳太守。

（5）猜忌杨慎矜

户部侍郎兼御史中丞杨慎矜由于受到玄宗的赏识遭到李林甫的忌恨。杨慎矜和王鉷的父亲王晋是表兄弟，所以少年时代与王鉷十分友好。王鉷之所以能进入御史台任职是因为杨慎矜的推荐、提拔。及至王鉷为御史中丞，杨慎矜与他说话，仍然直呼他的姓名。王鉷自恃与李林甫关系密切，心中略感不快；后来杨慎矜又夺了王鉷的职田；还有，王鉷之母出身卑微，杨慎矜曾把此事对别人讲过。由于这些，王鉷对杨慎矜怀恨在心。而杨慎矜还像过去那样对待王鉷，曾与王鉷私下里谈论预卜吉凶的谶书。

杨慎矜和懂得星象占卜之术的史敬忠过丛甚密，史敬忠预言天下大乱，劝说杨慎矜在临汝山里买田置地来躲避战乱。适逢杨慎矜父亲墓地中

第四章 天宝危机

的草木流血,杨慎矜特别惊诧,就问史敬忠怎么办。史敬忠请他祈祷以避免灾祸,于是杨慎矜就在家里的后园中设立了道场,退朝以后,总是戴着脚镣手铐裸体坐在道场中。十日后,墓地中的草木不流血了,因此杨慎矜非常感谢史敬忠。杨慎矜有个奴婢名叫明珠,美貌漂亮,史敬忠盯着她看,杨慎矜就把明珠赠给了史敬忠,史敬忠同明珠同车经过杨贵妃姐姐柳氏楼下,柳氏请史敬忠上楼,并索要明珠。史敬忠不敢拒绝。第二天,柳氏让明珠跟着她一起入宫。玄宗看到后非常诧异,便问起明珠的来历,明珠据实相告。玄宗以为杨慎矜作为朝官不应和方术之士来往,心中十分厌烦,但含怒未发。

杨钊告诉了王鉷这件事,王鉷听后心中大喜,借机侮辱杨慎矜,杨慎矜十分愤怒。李林甫深知王鉷和杨慎矜不和,私下诱使王鉷陷害杨慎矜。于是王鉷就让手下人造谣说:"杨慎矜是隋炀帝的玄孙,常常与坏人来往,家中还藏有预卜吉凶的谶书,阴谋复辟祖先的帝业。"玄宗听后非常生气,下令逮捕了杨慎矜,并命刑部、大理寺和侍御史杨钊、殿中侍御史卢铉共同审问。太府少卿张瑄本是杨慎矜的门生,因此卢铉就诬告张瑄曾与杨慎矜议论过谶书,并严刑拷打张瑄,张瑄不承认这件事。卢铉又把张瑄的双脚捆绑在木头上,让人抓住他所戴的枷柄向前猛拉,身体被拉长数尺,腰都快要被拉断了,眼鼻流血,但是张瑄还是不肯回答。

朝廷再派曹吉温去汝州抓捕术士史敬忠。史敬忠和曹吉温的父亲关系很好,曹吉温年幼时,史敬忠常常抱着他玩耍。等到捕获了史敬忠,曹吉温不肯和他说话,只是让人用枷锁住他的脖子,头用布蒙上,走在马前。待到了戏水,曹吉温才让官吏劝诱史敬忠说:"假如你能够按我们的要求去做就能保全生命,杨慎矜已经认罪,你只需证明就可以了,否则的话,就没命了。前面已快到了温汤,到了那里你就是想自首也不行了。"史敬忠看着曹吉温说:"吉七郎,请给我一张纸。"曹吉温不答应。待离温汤十余里时,史敬忠苦苦哀求,曹吉温才让他在一棵桑树下写了供词,内容与曹吉温所求吻合。曹吉温这才对史敬忠说:"请大人不要怪罪我!"然后起身行礼。

等到了会昌县,官吏才审问杨慎矜,且以史敬忠供词为证。杨慎矜只好全部认罪,只是没有搜到预卜吉凶的谶书。李林甫很着急,就令卢铉去长安搜查杨慎矜的家，卢铉事先就把谶书藏在衣袖里，故意走进黑暗的地方，然后假装骂骂咧咧地很气愤地说："这个叛贼，把谶书藏得真隐密。"到了会昌县，把谶书拿出来让杨慎矜看。杨慎矜哀叹说："我根本没藏匿过什么谶书，怎么可能在我家里搜出来呢？我就等死算了。"二十五日，玄宗赐杨慎矜和他的哥哥少府少监杨慎余、洛阳令杨慎名自杀；史敬忠被打了一百杖，与妻子同时被流放到岭南去了；张瑝被杖打六十，流放到临封，死在了会昌县。嗣虢王李巨虽然不是同谋，但和史敬忠相识，被免去官职，安置南宾郡。其他还有数十人受到牵连，被治了罪。杨慎名知道了皇帝赐他自杀的敕书，神色不变，写信和姐姐诀别；杨慎余则合掌指天上吊而死。

（6）献媚玄宗

李林甫不择手段地排斥异己，对玄宗却绞尽脑汁地献媚取宠。每次奏事，他都贿赂玄宗周围的人，探听皇上喜欢听什么，因而上奏无不中玄宗之意。玄宗由于在位时间久了，渐渐不理政事，开始放纵私欲，对大臣的直谏已听不进耳了。李林甫对玄宗百般逢迎，对玄宗的任意淫乐听之任之，因而受到玄宗的宠遇。早在天宝三载（公元744年），玄宗就征询高力士意见说："近来天下太平，朕想放手不做事，把政事委托给林甫，如何？"虽然高力士表示反对，而玄宗却没有采纳其意见。李林甫不断加官封爵，天宝六载（公元747年），加开府仪同三司，赐坐食三百户租赋，兼领陇右、河西节度。十二月，玄宗命百官在尚书省挑选天下贡物，用车拉到林甫家去；平时也常让宦官把各地进贡的珍味佳肴给李林甫送去。薛王在城东有一座别墅，林亭幽邃，在京师很有名。玄宗把这地方额外恩赏给了李林甫。玄宗前后赐其的珍玩不可胜数。

李林甫屡兴冤狱，四方树敌，李林甫的儿子李岫为将作监，对父亲的权势过大特别畏惧，有一次和李林甫游览后园，指着那些做工的民夫对李林甫说："你居宰相之位时日已久，仇敌不计其数，如果有一天大祸临

第四章　天宝危机

头,想做个民夫都做不成了!"李林甫听后不高兴地说:"大势已经这样了,有什么办法呢!"

先前,宰相以德行处世,不炫耀威权,随从不过几个人,所经过的地方,百姓也不用回避。李林甫认为自己结怨太多,经常怕有刺客来杀他,所以出门时有步骑百余人在左右两边保护,并让金吾卫的士兵赶走街上的人,并走在前面数百步保护,王公卿士都要回避。所居住的地方不但重门复壁,而且用石头砌地,墙中置木板,如临大敌,一天晚上竟然多次转移住处,就是他的家人也不知道他住在什么地方。大唐宰相的随从人员数量越来越多,是从李林甫这里兴起的。

李林甫为了自己独得玄宗恩宠以巩固自己的地位,就着力改变了边将入朝为宰相的惯例。唐兴以来,朝廷多用一些忠厚名臣做御边将帅。他们任期一般不长,且只把守一地,不兼统遥领,往往因为功绩显著提升做宰相,像唐初的李靖勋、李世、刘仁轨和玄宗时的郭元振、张嘉贞、张说、萧嵩、李适之等人皆是自边帅入相。尽管一些少数民族将领颇有统兵打仗的方略,唐朝却总是派亲信大臣做大元帅对他们进行牵制,使他们难以执掌大将之权。开元期间,唐玄宗有吞四夷之志,喜好边功,自此边将开始久任遥领。李林甫为了堵死将帅入相的道路,想到少数族将帅文化不高,便于控制,于是向玄宗进言:"让文人做将军,他们胆子小害怕打仗,比不上用凶悍的少数民族。他们勇敢善战,寒族则不会拉帮结派,陛下若推诚对待他们,这些人必然为朝廷尽力效命。"玄宗认为很有道理,采纳了他的建议。从此诸道节度使多用少数民族将领。安禄山就是在这种政策下不断受到玄宗的重用握有精兵的。最后造成强兵武将皆聚集在西北、东北边境上,内地却疏于防范,形成了外重内轻的格局,为安禄山起兵创造了条件。这一切都是和李林甫专权分不开的。

3. 高力士弄权

天宝七载（公元748年）四月，玄宗封高力士为骠骑大将军。大权在握的高力士对当时的政局产生了一定的影响。

（1）高、王之争

　　高力士是唐玄宗时期当权的宦官。本姓冯，潘州人。少年时代就已阉割，圣历元年（公元698年），由岭南讨击使李千里带到长安入宫。他长得仪表端正，又聪明伶俐，当政的武则天便让他留在身边当差。后来因为犯错，他一度被驱逐出宫。宦官高延福将他收为养子，因此改姓高。高延福与武则天之侄武三思交往勾结，高力士经常为高延福和武三思传递消息，这使他第二次入宫成为可能。

　　一年以后，武则天将他召入禁中，隶属司官台。他以上次被逐为鉴，处处小心行事，加之本人机灵好学，很快担任起传达皇帝诏敕的任务，授为宫闱丞。中宗景龙中，唐玄宗李隆基为临淄王，高力士倾心巴结，得到信任。当时时局变幻多端，安乐公主与韦后联手先杀唐中宗，又临朝执掌朝政，想模仿武后所作所为。玄宗与姑母太平公主诛杀韦后和安乐公主后，玄宗被立为太子，遂命高力士隶属内坊，每天在身边服侍。在玄宗和太平公主的斗争中，高力士帮助玄宗立了大功，被升为银青光禄大夫、行内侍同正员。开元中期，高力士又被任命为右监门卫将军和知内侍省事，并做了掌管太监事务的长官。

内侍省是唐代宦官官署，分管宫内日常生活诸方面。唐太宗时规定，内侍省不置三品官，内侍是长官，阶四品，未发生过宦官干权的事。宦官的人数在武则天当政时期有所增加。到了中宗神龙年间（公元705~707年），宦官人数猛增到三千多人，其中有一千余人任七品以上的官位，但很少有高品阶者。唐玄宗时开始重用宦官，不仅人数增多，而且有居高品者千余人。玄宗将那些稍稍称旨的宦官都授予三品将军官位，宦官势力逐渐形成。对外带兵征讨的杨思勖和居中侍卫的高力士成为最受宠信的人物。对机灵乖巧、忠于皇帝的高力士玄宗尤为赏识，高力士逐渐成为最有实权的宦官。

但是在开元时期，高力士却受到王毛仲等人的非礼与歧视。王毛仲本是玄宗的家奴，聪明伶俐，常服侍左右，被玄宗视为心腹。后居开府仪同三司之高品，任内外闲厩监牧都使之职。由于王毛仲受到玄宗宠幸，因而根本不把宦官放在眼里，动辄辱骂殴打小宦官，甚至对品阶高者也轻视小瞧。高力士等人对他敢怒不敢言。开元十八年（公元730年），王毛仲求为兵部尚书，被不高兴的玄宗拒绝。高力士抓住时机报复。正巧王毛仲妻子生下一个男婴，高力士奉旨前往庆贺，赐给大量酒食、金帛，并授毛仲子五品阶。高力士回宫，玄宗问他："毛仲高兴吗？"高力士回答："王毛仲抱着襁褓中的婴孩，对大臣们说：'这样的儿子难道不配做三品官吗？'"玄宗大怒道："当初诛韦氏的时候，这个家伙就迟疑不决，两面三刀。朕不计较，原谅了他，谁想到他竟借口儿子怨朕。"高力士趁机劝道："北门奴（禁军）势力太盛，相与一心，若不及早除掉，必生大患。"玄宗决定清除王毛仲的势力。高力士的地位由此更加稳固。

（2）权倾朝野

天下太平的时间太久了，唐玄宗对政事渐渐荒疏，这为高力士全面控制宫内的事务创造了条件。高力士在宫中地位十分特殊，太子称他为"二兄"，诸王、公主皆呼"阿翁"，驸马辈呼为"爷"。各地进呈的文表奏章由他转给皇帝，小的事情不必请示，他自己就有权处理。玄宗对他十分放心，常说："只要是高力士在当班工作，我就可以睡安稳觉。"所以高力士经常在宫中主事，很少外出，时人以见他一面为荣。

高力士深得皇上的宠幸，善于投机取巧的官僚就千方百计地巴结他。金吾大将军程伯献、少府监冯绍正等与他结为兄弟，高力士母亲麦氏病死，程伯献在灵前披发凭吊，痛哭流涕，好像死掉的是自己的父母一样。高力士把有姿色的瀛州吕玄晤的女儿纳为妻室，后吕氏死时，朝廷大臣竞相致祭，从高力士的住处到墓地，车水马龙，熙熙攘攘。与他交结往来的包括那些大权在握的朝臣，希望他在皇帝面前为自己多说好话。像宇文融、李林甫、盖嘉运、韦坚、杨慎矜、王鉷、杨国忠、安禄山、安思顺、高仙芝等人，都是通过高力士的关系而得将相高位的。

高力士家财万贯，唐玄宗又专在宫殿旁边为他建府居住。这个庭院建造得巧夺天工，甚是华美。高力士还花费巨额资财建造寺庙和道观；又在京城西北拦截沣水作碾，每日能碾麦三百斛。他所建的宝寿寺的大钟铸成后，高力士举行庆典，整个朝廷的官员都去祝贺。高力士借机索贿，每击钟一次需纳礼钱十万缗，那些溜须拍马之徒中有很多人击了十二次。

天宝初，加高力士冠军大将、右监门卫大将军，进封渤海郡公。天宝七载（公元748年），加封为骠骑大将军。高力士大权在握，高爵厚禄，但对玄宗却是忠心的。

开元二十五年（公元737年），深得玄宗宠爱的武惠妃为了达到让自己儿子寿王瑁做太子的目的，指使人诬陷太子李瑛、鄂王李瑶、光王李琚至死。奸臣宰相李林甫素来依仗武惠妃，这年，武惠妃突得暴病而死，李林甫仍执意拥立寿王李瑁，企图成为新太子的拥立者以巩固自己的地位，因此屡屡劝说玄宗。寿王李瑁是唐玄宗的第十八个儿子，没有什么才能，而忠王李亨老成，而且好学上进，谦虚仁义。玄宗犹豫不决，想到自己年事已高，三个儿子又同日被杀，太子还没定下，不免心生烦恼，寝食不安。高力士明知故问，玄宗责备说："你是我家老奴，难道还猜不到我的心病。"高力士说："是为立太子事犯愁吧？"玄宗答："正是。"高力士劝道："陛下何必如此白白地耗费精力，但只按制推长而立，谁敢再争。"这一番话使玄宗立刻心胸为之一畅，决定立李亨为太子。

第四章　天宝危机

关中地狭，储粮有限，玄宗每隔一段时间就要到东都洛阳住上一段时间，以减轻运粮困难。李林甫知道玄宗早已厌烦巡行，因此就与牛仙客计划增加西京临近各道的赋税，而且用这钱购买粮食来充实关中。数年之中，粮食蓄积丰实。玄宗从容地对高力士说："朕不出长安城已接近十年，天下没有让人忧愁的大事，朕想高居在上，不管大事，把政事都委托给李林甫处理，你认为如何？"高力士回答说："天子出外巡行是古人留下来的制度。而且帝王大权，不能旁落。假如托给他人，其威势形成以后，谁还敢议论他！"玄宗听过后心中不高兴。高力士赶忙磕头自白说："我发疯了，说胡话，罪该万死。"玄宗就为高力士设置酒宴安慰，左右人全高呼万岁。从此以后，高力士再也不敢妄言国家大事了。

天宝十五载（公元756年），安禄山发动叛乱，攻下长安、洛阳，高力士随从玄宗逃往成都，行至马嵬坡，愤怒的士兵与将领把滥用职权的宰相杨国忠杀了，并要求玄宗交出杨贵妃以正国法。玄宗不情愿地说："贵妃长时间住在宫中，怎知国忠谋反。"高力士说："贵妃的确无罪，然而将士已杀杨国忠，贵妃还在陛下左右，他们哪敢自安呢？愿陛下仔细思量，若陛上想得到安宁，就必须让将士们先安下心来。"高力士当然清楚杨贵妃是被冤枉的，可是他宁愿用杨贵妃的死来保护玄宗的安全。至成都，高力士被封齐国公。至德二年（公元757年）玄宗回长安，高力士又被封为开府仪同三司，赐坐食五百户租税。

上元元年（公元760年），肃宗患病，当权宦官李辅国矫旨迎已禅位的玄宗游西内，行至睿武门时，李辅国带五百甲士拔刀挡道，奏曰："皇帝看到兴庆宫太小不适宜上皇居住，迎接您迁入大内。"玄宗被这一拦大吃一惊，几乎从马上跌落下来。高力士大声断喝："李辅国不可无礼！"叱令其下马。而且太上皇命各位将领各司其职，好自为之。将士们将刀收好，拜呼万岁。高力士让李辅国和自己共执太上皇的马缰，护送太上皇去西内。因为保护唐玄宗，高力士遭到了李辅国的排斥，七月，高力士被流放巫州。巫州多荠菜，而这里的人不懂得吃它，高力士常采荠菜做羹。有时候，高力士还登山临水自娱。宝应元年（公元762年）三月，敕还，至朗州，得知玄宗已死的消息，悲不自胜，望北号哭，泣血而死，终年七十九岁。代宗时追谥扬州大都，陪葬泰陵。

高力士一辈子比王侯还富有，权势也震慑朝野，但他平素谨慎，不妄骄横，又善于观察时势，尽职效忠，所以久受玄宗宠任，并没有留下什么恶名。这与他以后骄横擅权的宦官形成鲜明的对比，但他对天宝时的朝政腐败负有一定的责任。

4. 府兵制废止

天宝八载（公元749年），唐玄宗下诏停止使用征调府兵用的"鱼书"，标志着府兵制的终结。

府兵制是建立在均田制基础上的。但是随着唐朝社会对抗性矛盾的发展，均田制遭到了破坏，府兵制也由此动摇。府兵的特点是兵农合一，亦兵亦农。兵士从农民中招募，要自备资粮武器，当农民手中有一定数量的土地时，有能力承担自身的装备。均田制加速瓦解，农民受田日见减少，没有能力负担资粮武器，于是纷纷逃避兵役，这是造成府兵制度瓦解的根本原因。其次，府兵地位的低落也是它无法坚持下去的重要原因。唐初，府兵为政府所重视，参加征役者都可得勋级，征役死亡可追赠官爵，或以死者官爵继承给子弟。可后来，先前用以吸引富家子弟的官品、勋级、赏赐、勋田不能兑现，而且战死也无人问津。随着边疆战事不断，不断征募戍边，原来规定戍边的府兵三年一轮换，后来延至五六年，甚至长期不让归还。诗人杜甫的《兵车行》就描绘了天宝年间府兵所遭受的征役之苦："或从十五北防河，便至四十西营田，去时里正与裹头，归来头白还戍边。"这些人家中的田园都荒芜了，而官府还向家属催租逼债。戍边的府兵还像童仆一样被边将任意驱使、虐待和迫害。宿卫京师的府兵是皇帝的侍官，也任意被官吏役使，以致"侍官"成为辱骂的称呼。府兵身份跌落至此，富家子弟不再愿意充军，他们或逃避检点，或雇人替代，兵役负担几乎全部转嫁到贫苦农民身上。府兵受人轻贱,达到"蒸熨手足以避其役"的地步。均田制的破坏引起旧兵制的崩溃,使封建政府没有了兵源。玄宗统治初期,府兵大量逃亡,以致番上卫士缺员,征防更难调发。改革兵制已迫在眉睫。开元十年(公元722年),玄宗采纳兵部尚书张说的建议,招募壮士担任宿卫,免赋役征行,共募行十二万人,号称长从宿卫,不久改称骑,代替番上宿卫的府兵,分隶于十二卫,分六番宿卫,由官给资粮,从此宿卫兵士皆由招募而来。开元二十五年(公元737年),又开始招募征戍的士兵,即在诸军镇设置兵防健儿,从诸色征行人及客户中招募。情愿担当健儿长驻边军者,每年加常例给赐,听任家属自随,由官府供给田地屋宅。因长驻边疆,也称长征健儿。

地方上则设置团结兵,招募富户强壮的人充任,免除征赋,服役期间发给本人口粮酱菜。团结兵由地方政府征发入军,主要任务是协助防守边疆,或共同防御,战事结束后,随即遣返回乡。

天宝八载(公元749年),因为军府已无兵可交,唐玄宗遂宣布停止使用征调府兵用的"鱼书",府兵制宣布废止。从此,招募制的雇佣兵、职业兵取代了征兵制的义兵。

府兵制的废弃使唐王朝内重外轻的军事形势发生了重大改变,给唐后期政治、军事格局带来了重要的影响。

实行府兵制时,唐政府严格地本着居重驭轻的方针部署兵力。军府大半以上集中于京师所在的关内道;遇有重大战事,另行调发府兵;战争结束则兵散于府,将归于朝,将帅难以集兵谋反;中央保持着"举关中之众以临四方"的绝对军事优势,地方难以和中央抗衡。为防军权旁落,边帅的人选多用忠厚名臣充任,而且不长久担任、不遥领、不兼统。功绩显著的边将往往升为宰相,或以宰相兼任边镇军事长官。对一些有方略的少数民族将领,如阿史那社尔、契何力等人,虽让他们担当大将,但另派重臣加以牵制,不让其独自掌握大权。这样,中央牢牢控制住军权,防患于未然。高宗武后时期,西北的突厥和吐蕃、东北的契丹逐渐强盛起来,与内地不断有矛盾,边疆战事频繁。为了加强防御力量和克服临时征调的困难,不得不考虑在边境屯驻重兵。睿宗景云二年(公元711年),开始设节度使,使地方得以控制军权。玄宗根据边疆形势的需要,于天宝年间在边陲设置了十个军区长官,即范阳、平卢、河东、朔方、河西、安西、北庭、陇右、剑南九个节度使和一个岭南五府经略使。节度使的权力也从军权扩展开来。有的兼支度使（管军资粮仗）;有的因边区供养不足,开置屯田,故又兼营田使;有的同时担任一道甚至数道的采访使或是兼摄数镇。节度使还有权自行招募军队和直接任命自己属下的官吏。至天宝年间,节度使几乎囊括了边州所有军、政、财、监大权。受其管辖士兵多来源于无产业户的雇佣兵,不事生产,往往父死子补,兄死弟代,世代为兵,形成一股特殊的势力,成为节度使拥有极大权势的基础。这时,节度使人选也发生了变化。李林甫为相,为了堵住武将入相之路以巩固自己的地位,奏言文臣为将害怕抵挡弓箭,建议用剽悍善战的少数民族人才能为朝廷尽死力。玄宗采纳其策,于是安禄山、安思顺等人先后出任节度使,终成尾大不掉之势。

边疆长期屯驻重兵,内地军备兵力却越来越不足。天宝元年（公元742年）,边境所设十节度使拥有士兵四十九万,当时全国士兵总数才五十七万,内地兵员仅占边疆的六分之一。而且军备放松了,因为当时天下承平日久,于是禁止民间保持武器;招募而来的骑又多为"市人",富者贩缯采做生意,壮者拔河、翘木为游戏,不堪作战。这样,形成了精锐部队全部聚集于西北、东北,而内地无武备的状况,唐初以来军事上内重外轻的格局完全改变了。由此而酿成了安史之祸。

天宝时期,除土地及军制发生变化外,上层建筑的职官制度也发生了混乱与变化,其中最重要的是使职差遣官出现得越来越多,官与职脱节。差遣官由最初的临时性质成为固定职官,本官变成了空衔,使职才是掌实权的职务。像节度使、团练使、变口色役使、转运使、盐铁使、采访使等大量出现,权限日重,造成职官制混乱,官员膨胀,使人民负担加重了,激化了阶级矛盾。

在社会发生重大变化、各项法令制度执行不得力的时候,以唐玄宗为代表的统治集团没能及时地调整政策以适应变化了的情况,保持社会良性循环。相反,他在表面上的歌舞升平之中享受,早年励精图治的精神荡然无存。他不理政事,沉湎于声色,远忠良,近奸臣,不惜民力,毫不吝惜地挥霍浪费,促使各种矛盾激化,引发了潜在的社会危机,使一场标志唐朝由盛转衰的安史之祸不可避免地爆发了。

5. 杨国忠拜相

玄宗后期，不问朝政，声色犬马，李林甫当道，粉饰太平，本来强盛的大唐已逐渐滑向衰败的深渊。天宝十一载（公元752年），李林甫病死，杨国忠成为宰相，依然媚事左右，迎合玄宗，杜绝言路，掩蔽聪明，唐朝腐败黑暗达到极点。

（1）李林甫之帮凶

杨国忠，唐蒲州永乐人，杨贵妃堂兄，本名钊，天宝九载（公元750年）玄宗赐改名国忠。

杨国忠早年一直被人歧视，过着穷困潦倒的生活，后来在蜀地结识了富豪鲜于仲通，常得到他的接济和资助。鲜于仲通喜读书，有才智，很受剑南节度使章仇兼琼的赏识，被提拔为采访支使。有一次，章仇兼琼对鲜于仲通说："我得到圣上信任，但是在朝内没有人帮助，必会遭李林甫排挤，近闻杨贵妃新得宠幸。你若能为我到长安与其相结，就无内患了。"鲜于仲通考虑到自己是蜀人，从未游历长安，怕耽误了大事，于是推荐了杨国忠。章仇兼琼见他仪表伟岸，又能言善说，兴奋异常，便有意结纳，将杨国忠辟为推官。不久，就让杨国忠到京师呈送丝品，临行前还送给杨国忠一份价值万缗的上等蜀货。杨国忠喜出望外，昼夜兼程赶到长安，一一拜见杨氏诸妹，将部分蜀货赠给她们，并说："这是章仇兼琼所赠的。"贪财的杨氏姊妹当然高兴得很。杨国忠早就与虢国夫人有私情，正值虢国夫人死了丈夫，杨国忠就住在她家里，又分给她一半蜀货。于是，杨氏姊妹不断在玄宗面前称赞章仇兼琼，又推荐说杨国忠擅长樗蒲（古代一种游戏），将其引见给玄宗，从此，他可随供奉官出入禁中，任职金吾兵曹参军。

杨国忠虽是杨贵妃的远亲，但是凭着这层关系，他能经常在禁中侍宴，专掌樗蒲文簿，计算起来又快又准。玄宗夸奖他精明强干，开玩笑说："好度支郎。"度支郎中是户部专门掌管天下赋税收支的官员。杨氏姐妹抓住这句玩笑话不放，屡屡请求玄宗授杨国忠此职。这时杨国忠又阿谀宠臣王，王以户部郎中为户口色役此使，于是奏请杨国忠为自己属下的判官。杨国忠对唐玄宗则百般讨好献媚。他通过杨氏姐妹探知玄宗喜欢什么，不喜欢什么，然后竭力逢迎顺从，博得玄宗的欢心。由于他巧妙地利用了杨贵妃及其姐妹得宠的便利条件，加上挖空心思向上爬，使他由一个小小的新都尉骤登显位，到天宝七载（公元748年），杨国忠已任侍御史、度支郎中，并兼领十五余使，成为统治集团中一位权势重大的人物，唐玄宗对他也更加宠信器重。

李林甫当初为了扳倒太子，多次掀起冤狱，在长安设置推事院。他看到杨国忠以外戚的身份出入禁中，又得到玄宗的喜欢，而且此人无大才能，不足为忧，就有意交结，结为同党，凡是涉及太子的案件，都指使杨国忠奏劾，然后交罗希、曹吉温审讯。杨国忠也愿借此逞其私志，滥施威权，因此非常喜欢做这种事情，陷害诛杀了数百家，成为李林甫的帮凶。

（2）整治王珙

杨国忠势力逐渐强大起来，为了独专大权，他开始不遗余力地倾轧与他分宠的官僚，作威作福的李林甫自然首当其冲。但是杨国忠深知李林甫为人阴险狡诈，不便直接下手，于是先对其爪牙开刀。

天宝八载（公元749年），刑部尚书、京兆尹萧炅被贬官为汝阳太守。次年，御史大夫宋浑又被查到贪污巨款，被流放潮阳。这两人素来为

第四章 天宝危机

李林甫所亲厚,杨国忠暗派人调查其贪污事件,堂而皇之将其贬逐。李林甫干着急而毫无办法。当初依附李林甫的曹吉温见杨国忠得势,又背叛李林甫而投靠了他,还卑劣地为杨国忠取代李林甫之位献计献策。宰相陈希烈原来对李林甫不置可否,曲意顺从,这时也开始与李林甫为敌。一场倒李林甫的活动在杨国忠的指挥下悄悄地进行着。

户部侍郎、御史大夫、京兆尹王珙是李林甫提携的官员,他权势日盛,同时兼任二十余使,连李林甫也让他三分。杨国忠视他为自己夺权的障碍,特别是当初他与王共珙为御史中丞,李林甫只将王珙提升为御史大夫,致使杨国忠心中愤恨,更加忌恨李林甫、王珙二人,遂伺机整治。

王珙的弟弟户部郎中王焊是个非常险恶之徒,曾召方士任海川问道:"你看我有没有当王的面相?"任海川很害怕,就逃走藏了起来。王珙恐怕此事被传出去,搜捕任海川,找借口用棍棒打死了他。王府司马韦会是安定公主的儿子、王鉷的同母异父兄弟,偷偷地对人说了这件事。王珙知道后,就让长安县尉贾季邻把韦会抓起来,然后勒死了他。王鉷什么也不敢说。

和王焊关系密切的邢与龙武军万骑营准备谋杀龙武将军,带领军队作乱,杀李林甫、陈希烈与杨国忠。事发前两天,有人告发了这件事。夏季,四月初九,玄宗上朝,把状子当面交给王珙,交给他办这件事。王珙想到弟弟王焊说不定在邢縡家里,就先让人把他叫了回来,到了晚上的时候,才命令贾季邻等逮捕了邢縡。邢縡的住处在金城坊,贾季邻等到了他家门口,邢縡领着他的同党羽数十人手持弓箭刀剑边走边战从里面冲出来。王珙和杨国忠率兵从后面赶到,邢縡的党羽说:"不要伤了王大夫的人马。"杨国忠的侍从暗暗对杨国忠说:"叛贼有暗号,不能和他们交战。"邢縡一直战斗到皇城西北角。此时,高力士率领飞龙禁军四百来到,杀死了邢縡,并逮捕了他的党羽。

杨国忠告诉了玄宗当时的情况,并且说:"王珙一定参与了这一阴谋。"而玄宗觉得王珙深受他的信任,不应该有谋反行为,李林甫也为他辩解。于是,玄宗赦免王焊不问他的罪,但想要王珙自己要求皇上请治兄弟的罪,并让杨国忠私下里跟他说明,但王珙不忍心这样做,玄宗大怒。适逢陈希烈极力说王珙犯了叛逆罪,应该杀掉他,十二日,玄宗诏令陈希烈与杨国忠审讯王珙，并任命杨国忠兼京兆尹。因此，任海川和韦会的案件都被揭发了出来，证据确凿，王珙被玄宗赐自杀，王焊被棍棒打死在朝廷上，王珙的两个儿子流放岭南，不久也被杀死。有关部门去查抄他的家，抄了好多天。王珙的部下都躲开怕受到牵连，只有采访判官裴冕把他埋了。杨国忠在这场案件中得了许多好处，原任王珙的职权一古脑加到他的身上。但杨国忠意犹未尽，他借着负责审问的有利时机，逼着案犯招出李林甫与王珙兄弟互相包庇的罪状，从而把李林甫牵连了进去。

（3）倾轧李林甫

杨国忠又开始在李献忠叛唐事件上找借口。李献忠原是突厥部落首领，名叫阿布思，被皇上任命为朔方节度副使，安禄山忌其有才略，夺占他的军权，迫使他叛归漠北。玄宗大为恼火，李林甫这时正兼领朔方节度使，只得上表辞职。杨国忠借此弹劾他，还指使陈希烈和陇右节度使哥舒翰为其作证。李林甫挨了杨国忠这一闷棍，顿时陷入困难境地。玄宗虽没责罚他，但是从此开始疏远他了。

李林甫对杨国忠非常气恨，天宝十载（公元751年）十月，由于南诏多次入侵唐朝的边境，蜀人请求派杨国忠镇守剑南镇。左仆射兼右相李林甫上奏玄宗，请求派遣杨国忠往蜀地。杨国忠临行前哭泣着与玄宗告辞，并说此行肯定会被李林甫害死，杨贵妃也帮他说话。玄宗对杨国忠说："你暂时到蜀中处理一下军政大事，我屈指计日等着你回来，回来后任命你为宰相。"此时李林甫已病入膏肓，心中忧伤烦闷，不知道如何办才好，巫人对他建议说，只要见到皇上病情就能好转。玄宗想去看望李林甫，左右的人坚持劝阻。玄宗便让李林甫出屋来到中庭，玄宗登上降圣阁远远地看他，挥起红色的围巾让他看到。李林甫已不能下拜，于是让人代他向玄宗下拜。玄宗派宦官召回了刚抵达蜀中的杨国忠。杨国忠到昭应县去见李林甫，跪在床下。李林甫流着眼泪对杨国忠说："我剩不了多少时间了，接替我做宰相的一定是您，后事就拜托您了。"杨国忠表示感谢，连忙说不敢当，并且一副泪流满面的样子。十一月二十四日，李林甫死去。后来，玄宗任命杨国忠兼领右相、文部尚书之职。

（4）铨选混乱

天宝十一载（公元752年）十二月，杨国忠为了收买人心，在铨选上另搞一套，建议吏部，年老资深的都可补缺空位和升迁，而不论人品才能。按这种办法，那些庸人和其他因各种原因迟迟不能升官的人得到升迁，这些人便大赞杨国忠。

选贤用能，是立国之根本。按照唐朝的制度，铨选官员的程序十分严格。兵部、吏部兼宰相之职的人负责决策大事，将铨选具体事宜交由属下侍郎处理。三注三唱之后，最终由门下省复审决定。铨序过程一般从春天开始至夏天结束。为了显示自己精明能干，杨国忠提前将胥吏叫到家里，拟好官员升迁的名单，然后召集左相陈希烈、给事中、诸司长官到尚书都堂（尚书都省之堂）唱注选人，一天就结束。

杨国忠政治上专横霸道，对不依附于他的官员打击报复，毫不留情。李泌志气很大，对政治很有独到的见解，被太子李亨视为师友，玄宗让他等待担任翰林，留在东宫供奉。杨国忠忌其有辩才，将其贬逐到蕲春郡安置。书法家颜真卿刚强正直，不巴结逢迎杨国忠，被贬为平原太守，远离东城。河东太守兼本道采访使韦陟，文雅有盛名，杨国忠担心他入相，指使人诬告他有贪污行为，韦陟被贬官桂岭尉。

（5）祸国殃民

天宝十二载（公元753年），关中地区频年灾害相继，造成饥荒。杨国忠因为憎恨京兆尹李岘不归附自己，就把天灾的责任怪罪于李岘，九月，贬李岘为长沙太守。李岘是信安王的儿子。玄宗担心雨多损害庄稼，杨国忠就拿一些长势良好的禾苗给玄宗看说："虽然雨多，但没有损害庄稼。"玄宗信以为真。扶风太守房说本郡遭受水灾，杨国忠就派御史去调查。这一年，天下没有人再敢说遭受天灾的事情。高力士侍候玄宗，玄宗说："大雨连绵不断，你可以知道什么就说什么。"高力士回答说："自陛下把大权委托给宰相以来，赏罚不当，导致上天阴阳失调，我敢说什么呢！"玄宗沉默不语。

在杨国忠的鼓动下，唐廷曾两次发动对南诏的大规模战争。第一次在天宝十载（公元751年）初，由于云南地方官欺凌南诏，迫使南诏王阁罗凤发兵反唐，占领云南，杀死太守张虔陀。杨国忠推荐亲信鲜于仲通为剑南节度使，派其率兵攻打南诏，想借此机会建立战功，以培植自己的军事实力。鲜于仲通率兵八万分两路进击，阁罗凤见大军压境，就派使者谈和并表示谢罪，愿意送交俘虏，修复云南城，并说若不准和，即归顺吐蕃，脱离唐廷。本来阁罗凤反唐不是有心，谈和出于诚意。可是鲜于仲通既不懂军事，又不识大体，扣留使者拒绝和谈，进军西洱河，与南诏军队大战一场，结果一败涂地，损失兵士六万，南诏也归顺吐蕃，与唐关系恶化。杨国忠隐瞒实情，还为鲜于仲通请功。接着，又鼓动玄宗颁诏，在两京和黄河南北大规模募兵征讨南诏，人们听说云南为瘴疠之地，往往未战就染病而死，没有愿意应募的。杨国忠派遣御史到处强行征兵，不从者连枷送到军所。按照以前的惯例，打仗立功授勋的百姓可免除征役，但由于征兵太多，杨国忠建议说先征已立功授勋者，结果使老百姓怨声载道。父母和妻儿子女在送亲人去参军的时候，非常痛苦，哭声传遍了周围。诗人杜甫

第四章　天宝危机

《兵车行》诗句云："车辚辚，马萧萧，行人弓箭各在腰。爷娘妻子走相送，尘埃不见咸阳桥。牵衣顿足拦道哭，哭声直上干云霄。"就是在谴责杨国忠强征民为兵的罪行。

天宝十三载（公元754年），侍御史、剑南留后李宓带领军队七万攻打南诏。南诏王阁罗凤采用诱敌深入的办法，把唐军引到大和城下，自己却关闭城关，顽强地据守不出。李宓军队的粮食已快吃光了，他率领的士兵也因为流行病和饥饿而死了百分之七八十，于是他就带着兵撤退了，这时，南诏才出兵追击，李宓被俘，全军覆没。然而，杨国忠不但隐瞒了被打败的情况，反而还虚报军情，说打了胜仗，并且又派兵讨伐，因此，在战场上战死的士兵一共有二十万人，却没有人敢提起这件事。玄宗曾经对高力士说："朕已经老了，将朝中大事委托给宰相处理，边防军事交给诸位边将，还有什么可忧愁的呢！"高力士回答说："我听说唐军在云南那边被打败多次，并且有的边疆将领还趁机发展自己的势力，不知道陛下想如何处理这些问题呢！我担心的是一旦有一天危机突然爆发，就很难有挽救的机会了，又怎么可以说没有什么可忧愁的呢！"玄宗说："你不要说了，让我细细考虑一下。"玄宗心有所动，可惜他由于长久不处理政事，纵容奸臣，已无力控制风雨飘摇的政局了。

杨国忠祸国殃民，在生活上也极尽荒淫奢侈。他清醒地认识到自己出身低微，又没有什么真正的本事，是完全靠着杨贵妃的关系才获得了一定的官职和地位。所以即使职位再上升也不会留下什么好名声，不如及时行乐。他利用职权大肆聚敛受贿，钱财和物资堆得像山一样，光缣（一种细绢）就达三千万匹。他在虢国夫人宅旁建房，无比奢侈。杨国忠与虢国夫人昼夜宴饮，有时二人坐车并辔入朝，一路上打情骂俏，完全不顾有别人在身边。每到秋季十月，玄宗驾幸华清宫游玩时，杨国忠都和贵妃姐妹陪同前往，其车马仆从如云，锦绣珠玉鲜艳夺目。

杨国忠权势显赫无人能及。他看到安禄山重兵在握，又深得唐玄宗宠遇，不把自己放在眼里，于是屡屡向玄宗告发安禄山必反。二人因为争夺皇帝的宠爱而产生了矛盾，并且矛盾日益尖锐，终于促使安禄山以杀杨国忠的名义提前发动了叛乱。杨国忠由于作恶多端，招致天下反对，以致在天宝十五载（公元756年）发生的马嵬坡事变中被愤怒的禁军将士杀死。

总之，李林甫、杨国忠执政二十余年，造成了政局的混乱，激化了社会矛盾，是导致唐朝走向衰亡的重要原因。

第五章

安史之乱

安禄山眼看唐玄宗昏庸无比，遂于天宝十四年（公元755年）末在范阳起兵。面对武备松弛的唐军，安禄山很顺利地攻占了洛阳，并自称为帝。之后又攻破潼关，逼得玄宗仓皇奔往蜀地。在马嵬驿，士兵哗变，玄宗被迫赐死杨贵妃，杨国忠也被诛杀。太子李亨在灵武即位，依靠郭子仪和李光弼讨逆，取得了一些胜利。与此同时，叛军内部也发生了内乱，安禄山、史思明都为其子所杀，历经七年多的安史之乱得告平息。

1. 安史乱起

天宝十四载（公元755年）十一月，安禄山反于范阳，后史思明也起兵，史称"安史之乱"。

（1）兵败罢官

安禄山，营州柳州城少数民族人，本无姓氏，小名轧山，轧山是突厥崇拜的战神象征。母亲阿史德氏，是个以占卜为业的突厥巫师。据说安禄山是在其母祭轧山神时生下的。后来母亲带着他改嫁突厥人安延偃。开元初，突厥部落破散，安延偃带着他与兄长的儿子安思顺逃出，此后改名为安禄山。

安禄山长大后，奸诈残忍，诡计多端，特别擅长揣测别人的心理。安禄山懂得六种少数民族语言，在少数民族聚居的东北一带做互市牙郎，即贸易中介人。安禄山有个同乡好友叫史思明，二人前后隔一天出生，即安禄山除夕之日生，史思明正月初一生。俩人一起长大，十分要好，都是互市牙郎，以骁勇出名。

开元二十年（公元732年），幽州节度使张守珪欲乱棒打死盗羊的安禄山。安禄山临刑前大呼道："大人不是要灭奚、契丹两蕃吗？为何要杀壮士。"张守珪见他豪爽，生出爱才之心，便放了他，将他留在军中与史思明共事。安禄山熟悉山川地势，对契丹内部情况也了如指掌，打起仗来异常勇猛，常常带着三五骑兵生擒契丹数人。因其每战必捷，张守珪欣赏他，升他为偏将。张守珪素有军威，常嫌禄山体胖臃肿，安禄山为此而不敢饱食，从而更得张守珪欣赏，将他纳为养子。因其战功显赫，加封员外左骑卫将军，充当衙前讨击使。

史思明也是奸诈无赖之徒。他原来叫史干。史干曾经因欠了官债，逃入奚族地区，被奚族巡逻兵抓获，要杀掉他，史干骗他们说："我是唐朝和亲使，你们不想国家遭殃的话就不要杀我。"巡逻兵相信了他的话，就把他送到奚王的牙帐。史干见到奚王，只作揖而不拜，奚王因畏惧唐朝，不敢杀他，把他当宾客，但心中十分愤怒。奚王让他住到馆舍里，又让一百人随史干入朝。史干对奚王说："大王派的人才能不足以见我们天子，只有良将琐高方可，就让他一同入朝吧！"于是奚王就命令琐高与部下三百人随史干一起入朝。快到了平卢，史干预先找人对军使裴休子报告说："奚王派琐高带领精兵前来，声言入朝，实际上他们想攻打军城，我们不如早作准备，先下手为强。"于是裴休子就整好军队来迎，到了馆舍，将随从的奚兵全部活埋，然后抓住琐高送往幽州。张守珪因为史干的功劳奏请任命他为果毅，后又升职为将军。后来史干入朝奏事，玄宗与他谈话，十分喜欢他，就赐名为思明。

开元二十一年（公元733年），张守珪派安禄山入朝奏事，中书令张九龄见他心术不正，对侍中裴光庭说："以后乱幽州的，必定是这个人。"

张守珪杀了契丹王屈烈与可突干，并传他们的头颅到京城。赵含章和薛楚玉都无法讨平当时连年侵扰唐朝的可突干，张守珪任节度使后多次打败可突干。可突干没有办法，派使者假装说要降服，张守珪就派管记王悔前去安抚。契丹上下并不真心归降，只不过把军营移向西北一些，并私下派人去联合突厥，阴谋杀掉王悔。于是王悔知道可突干是诈降。契丹牙官李过折与可突干分掌兵马，因争权不和，于是王悔劝李过折谋取可突干。屈烈与可突干及其党羽被李过折夜里领兵杀掉，之后李过折率部降唐。张守珪率兵来到了紫蒙州，大显兵威，割下屈烈与可突干的头颅在天津桥南面示众。

开元二十四年（公元736年）三月，安禄山奉张守珪之命讨击奚、契丹。他恃勇轻进，结果吃了败仗。张守珪将其押送京师。张九龄批道："从前穰苴诛庄贾，孙武斩宫嫔，张守珪如果按军法行事，安禄山不宜免死。"玄宗却怜惜他有将才，不忍杀他，竟下赦免令。张九龄据理力争说："安禄山失律丧师，于法不可不诛，而且臣观察他的相貌有谋逆的迹象。今日不杀了他，必会留下后患。"玄宗听不进去，反而指责张九龄枉害忠良。张九龄无奈，只得重拟《赐守珪敕》云："禄山勇而不谋，贸然轻进，遂至兵败，挫我军威，按军令当加重罪。然念及尚能与敌勇斗，如今敌寇未灭，军令有所通变，所以不因一败杀之，而观其后效。"安禄山被免于一死，准许以白衣自效，立功赎罪。

（2）邀功取宠

安禄山由于兵败被罢去官职，但是这件事并没有影响到他以后的升迁腾达。开元二十八年（公元740年），白衣自效的安禄山即被任为平卢军兵马使、营州都督、平卢军使，还兼任了奚、契丹、渤海、黑水四府的经略使。天宝元载（公元742年），朝廷将平卢军镇升级，设节度使，安禄山被任命为第一任平卢节度使。安禄山官运亨通的原因有二：第一，他私下巴结投机；第二，朝廷想用他的勇猛扼守东北边疆。凡是朝廷派到平卢的使者，都得到他的贿赂。这些人回到朝廷，不断在皇帝面前说他的好话，帮他请功，使玄宗对他印象很好。御史丞相张利贞做河北采访使，巡视平卢，安禄山百般奉承，卑膝献媚，使张利贞对他很满意，左右随员也都被他贿赂。张利贞回到京城后，逢人便夸安禄山好，随行官员们也竞相吹捧安禄山，使他成为人人称赞的一员蕃将。玄宗听了自然十分高兴，因

第五章 安史之乱

此不断以官爵加以笼络。

安禄山不但重金贿赂朝臣，而且他入朝时更是不遗余力取悦玄宗。天宝二载（公元743年）正月，安禄山入朝奏事，谎称："去年七月，营州有紫方虫吃禾苗，臣焚香祷告天说，臣如果心术不正，事君不忠，甘愿让虫食臣心，若不欺正道，竭诚事主，但愿虫赶紧散去。马上有一群鸟从北而来，将虫消灭干净，请陛下吩咐史官记下此事。"玄宗听从了。为表彰他的忠诚，特加骠骑大将军，不分时间召见他，宠待甚厚。转年加安禄山范阳长史，充范阳节度使、河北采访使，原任平卢节度使如故。三月，安禄山入朝奏事完毕后离京，玄宗在鸿胪寺召集中书门下三品以下正员外郎长官、诸司侍郎、御史中丞为其饯行，这是历来少有的对武臣的优厚待遇。

安禄山想以立战功来求得玄宗宠爱，因此多次侵掠奚与契丹，安禄山出兵击败杀掉娶了唐朝公主而反叛的奚和契丹。天宝四载（公元745年），又上奏："臣昨天讨伐契丹，驻军北平郡，梦见先朝名将李、李靖向臣求食，于是立庙祭享。祭奠的时候，突然看见庙室梁上长出灵芝草来，一本十茎，形状如同珊瑚层层叠叠在一起。有名将神的护佑，定能消灭东夷。请付史馆记下此事，以彰显幽赞之功。"玄宗又一次欣然领受了这种编造的鬼话。

天宝六载（公元747年），范阳、平卢节度使安禄山又兼任了御史大夫，两个妻子康氏、段氏都被封为了国夫人。安禄山外若痴直憨厚，实则狡黠奸诈。他把部下刘骆谷安插在京师探听朝廷动静，朝廷有什么举动，安禄山就早已做好了安排，有时由刘骆谷代他上奏章文表。沿途郡县因安禄山每年都向朝廷进献大量的俘虏、杂畜、珍玩等物而疲于奔命。唐玄宗年事已高，见安禄山对自己如此效忠，心中甚感欣慰。安禄山揣摸到玄宗的心理，常常不失时机在玄宗面前表现一番，以博得皇帝欢心。他上奏说："臣只是一个蕃戎贱臣，没有特殊才华为陛下所用，却受到皇上太多的荣宠，只愿终生能为陛下而死。"玄宗嘴上不说什么，内心却大为感动，十分爱怜他这份忠诚，遂让他见太子李亨。安禄山早就熟知宫廷礼仪，却假做无知，见后不礼拜。左右的人催促他礼拜，安禄山却站立着说："我是外族人，不懂朝廷中的礼仪，不知道太子是什么官？"唐玄宗说到："太子就是未来的皇上，等朕去世之后，他就代替朕统治你"。安禄山说："我愚蠢浅陋，过去只知有陛下一人，不知还有太子。"不得已，然后才拜见。因为相信了安禄山的这些话玄宗更加宠爱他。安禄山获准可出入宫中，便奏请杨贵妃认他做干儿子。玄宗和贵妃一起坐，安禄山却先拜贵妃。玄宗问他为什么先拜贵妃，他回答："我们的习惯是先拜母再拜父。"玄宗听后非常高兴。

安禄山回答问题很机灵，还不时加以诙谐幽默，这既讨了皇帝的欢心，又表现了自己的愚忠可爱。他身材极胖，肚子异常突出。据说腹垂过膝，有三百五十斤。走路的时候，要由侍人扶着他的身子，才能移步。所乘的坐骑均是上等好马，要先试驮五石重的土袋，还能奔跑的，才能被选中，平时喂以精致饲料。即使这样，安禄山每次入朝，途中仍要换马，不然再壮的马也要被累死。因肚子太大，马鞍前要特别安装一小鞍，专门用来放肚子。一次，玄宗召见他，开玩笑地指着他的腹部问："你肚子这么大，装的什么东西呀？"他回答："除了一颗赤心外，别无他物。"玄宗非常高兴，认为安禄山这番忠心难得。安禄山长得虽胖，但毫不笨拙，动作很灵敏，为取悦玄宗曾跳过"胡旋舞"，身体运用自如，旋转如飞。

（3）荣宠一时

朝廷中不少重臣都在玄宗面前美言安禄山，礼部尚书席建侯做河北黜陟使时，称赞安禄山正直。为顺玄宗心意，户部尚书裴宽和宰相李林甫也常夸他，这些人深得玄宗信任，因此安禄山宠遇更加多了。

起初，安禄山恃宠傲慢，不把臣僚放在眼里，安禄山上下殿前的阶梯时，杨国忠常扶着他。安禄山与权位仅次于李林甫的王鉷为御史大夫。安禄山看见李林甫时，态度非常傲慢。李林甫召来王鉷，假装有事，王鉷态度十分恭敬地来拜见李林甫。安禄山自知有所失态，态度也恭敬起来。李林甫揣摸安禄山心思，与其谈话时总能先说出安禄山所想，让他惊讶叹服。安禄山对于其他公卿朝士都非常傲慢，甚至侮辱他们，但独独害怕李林甫，每次见到李林甫时，即使是寒冬，也会汗流浃背。而李林甫却把安禄山引进中书省办事的厅中坐下，用好言安慰，并且解下自己的披袍给安禄山穿上。安禄山因为感激，对李林甫无话不说，还称他为十郎。安禄山回到范阳后，刘骆谷每次从长安回来，安禄山肯定要问："十郎说什么了吗？"若听到李林甫赞扬他，便十分高兴。若听到李林甫说"告诉安大人检点一点"，他就反手握床说："哎哟，我快要完了！"

安禄山荣宠一时。天宝七载（公元748年）六月，玄宗赐给他铁券，坐食三百户租税，封柳城郡开国公。天宝九载（公元750年）五月，赐爵东平郡王，这是唐廷第一次为将领封王。八月，又兼河北道采访处置使。唐玄宗在兴庆宫勤政楼宴请公卿大臣，文武百官都坐楼下，却特意为安禄山在御坐东间设了一个前放金鸡屏障的坐榻席，还命起垂帘以示荣宠。太子李亨进谏说："自古正殿就没有让臣子进坐之礼，陛下对他恩宠太过分了，必定会助长他的骄纵。"玄宗托词说："我想用这人来使臣下慑服，因为他形象怪异。"玄宗又让贵妃的哥哥杨铦、杨锜和姐姐秦、韩、虢国夫人与他拜为兄妹，准许其随便出入禁中。

安禄山多次假装设宴招待奚人和契丹人，让他们饮用毒草莨菪泡的酒，等他们醉倒后将其活埋。每次经常达到数千人，然后把他们酋长的头颅装进盒子中，献给朝廷，前后有很多次。这时安禄山请求入朝，玄宗命令有关官员先在昭应县为安禄山建起宅第。安禄山到戏水后，杨钊兄弟姐妹纷纷去迎接，队伍浩荡荡。玄宗也来到望春宫等待安禄山。十六日，安禄山献上奚、契丹俘虏八千人，玄宗命令考察官吏政绩时为安禄山记最高一级的上考。玄宗曾经允许安禄山在上谷起五炉铸币，这次他献上了所铸钱的样品一千缗。

安禄山在长安道政坊有所旧宅，玄宗认为太简陋，天宝十载（公元751年）正月，玄宗命令有关官吏为安禄山于亲仁坊建造宅第，并且下敕书说不管耗费多少钱财越壮丽越好。宅第落成后，装饰了各种幄帐，放置了许多日用器物，以至于宅屋都被填满了。其中有帖白檀香木床两个，全都长一丈，宽六尺；用银平脱工艺制成的屏风，长宽一丈六尺。厨房与马厩中平常使用的东西也全用金银装饰，其中有金饭罂两个，银淘盆两只，都可装五斗粮，还有织银丝筐和筅篱各一个。其他器物还有许多。皇上在宫禁中所使用的器物，与之相比，都稍显逊色。玄宗命令宦官监工，在建造宅第和制作屋中所用的器物时不能小气，他经常对监工的宦官说："外族人那么大方，不能让他笑话我太小气。"

安禄山住进新落成的宅第后，设置酒宴，并请求玄宗下敕书让宰相至宅第赴宴。这一天，玄宗取消了在楼下击球的游戏，让宰相前去赴会。又每天让杨家的人与安禄山选择风景优美的地方游玩宴会，并让梨园弟子与教坊乐队陪伴。玄宗在后苑猎获了鲜禽，或者每吃到一种鲜美的食物，都派宦官骑马赐给安禄山，以致路上走马不绝。

安禄山生日的那一天，玄宗与杨贵妃赏赐给安禄山许多衣服、珍宝器物以及丰富的酒菜食物。三天后，又把安禄山召进宫中，杨贵妃让宫女用彩轿抬起锦绣大襁褓包起的安禄山。唐玄宗听见后宫中的欢声笑语，就问是在干什么，左右的人说贵妃为儿子安禄山三天洗身。玄宗亲自去看，十分高兴，重赏安禄山，赐给杨贵妃洗儿金银，尽兴方散。此后安禄山可以自由出入宫中，不加禁止，有时与杨贵妃同桌吃饭，有时夜不出宫，宫外传言颇多，玄宗却不怀疑。

玄宗每秋去骊山华清宫避寒，都把安禄山带在身边，表示喜爱，并赐给大量衣服、马匹、珍宝。安禄山偶有小病，玄宗命御医精心侍奉，留在宫中调养。又把安禄山的儿子安庆绪及女婿李献诚、养儿王守忠、安忠臣等召到京师，并赐衣服、锦彩、玉腰带，在宫内供食。安禄山的母亲、祖母皆赐国夫人，他的儿子安庆宗、安庆绪、安庆恩、安庆余、安庆和等人均由玄宗赐名，安庆宗官卫尉少卿，又加秘书少监，娶荣义郡主之后，改太仆卿，庆绪为鸿胪少卿兼广阳郡太守，安庆长为秘书监。

（4）寻机叛乱

在唐玄宗的宠信下，安禄山羽翼日丰，权势大增。他看到玄宗年事已高，无心管理政事，朝政纪纲日益败坏；而且随着土地兼并的剧烈，均田制遭到破坏，府兵制度被破坏了，大量精兵猛将聚集于西北、东北边疆一

第五章 安史之乱

带，致使内地中原武备废弛，形成外重内轻之势。于是，他的觊觎之心日渐滋生，想寻找机会叛乱篡权。安禄山长期为起兵叛乱作准备，暗中招兵买马。天宝六载（公元747年），安禄山借口御寇，在范阳修筑雄武城，大贮兵器。

安禄山私下豢养了同罗、奚、契丹降卒八千余人，把他们收为养子；又挑选了百名家僮，训练他们骑马射箭，平时厚给赏物，笼络人心。这些人对安禄山都很感激，因此都竭诚侍奉，无不骁勇善战，以一当十。安禄山又畜养了五万余只牛羊，几万匹战马，还派胡商到各地去贩鬻，每次接见外商的时候，安禄山都坐在床上，四周焚香，摆满珍宝。安禄山俨然以土皇帝自居，百名仆人侍立两边，众人俯拜于下，牛羊盛陈在祭享用的案上，巫师歌舞击鼓。安禄山还私密派人逢制了留着做皇帝封官用的大量绯紫袍、鱼袋等官员穿戴之物。

安禄山周围聚集了一批文臣武将，以之作为叛乱的骨干。高尚、严庄、张通儒、孙孝哲被安禄山视为心腹。还有史思明、安守忠、李归仁、蔡希德、牛廷、向润容、李庭望、崔乾、尹子奇、何千年、武令珣、熊元皓、田承嗣、田乾真、阿史那承庆等一批领兵打仗的将领。这些人有不少谋士将才。如高尚，本名不危，很有才学，但却得不到任用，贫困潦倒，曾对人感慨道："高不危当举大事而死，岂能食草根求活？"安禄山与他推心置腹，让他做幕僚，令其专掌牍奏文件。他与孔目官、严庄为安禄山解释图谶，劝其起兵造反。安禄山曾经提拔世代为卢龙小军校的田承嗣为前锋兵马使。一次大雪，安禄山巡视军营，到了田承嗣处，军营寂静无声，好像没有一个人，检阅时士兵却一个没少，因此安禄山很器重他。

天宝十载（公元751年）秋，安禄山进击契丹，并命令两千奚族骑兵助战。前进到土护真河，安禄山誓众说："兵贵神速，现在大雨不停，我们离契丹尚远，必须加速进军，契丹没有想到我来了，才可破之。"军队奉命昼夜马不停蹄三百余里。安禄山还令士兵拿着捆绑契丹兵用的绳子，意欲全部生擒。不料弓弩被大雨浇透无法使用。大将何思德说，士兵极为疲惫，因远道冒雨赶路，仓促上阵必然体力不足，建议部队休息再战。安禄山极为愤怒，要杀他警戒三军，后准其带罪打先锋。

何思德长相酷似安禄山，契丹兵齐把目标对准了他，不一会儿即中枪矢而死。契丹兵误以为安禄山死了，都欢呼了起来。奚族兵见状纷纷背叛，安禄山被奚与契丹合攻。安禄山兵大败，他本人鞍坐也中了流矢，带着二十骑兵仓皇逃往平卢城，幸亏得平卢骑将史定方营救才免于一死。

天宝十一载（公元752年）三月，安禄山发蕃人与汉人步骑兵二十万进攻契丹，想要报去年秋天的兵败之仇。当突厥阿布思来降唐时，玄宗很器重他，赐名为李献忠，接连升任朔方节度副使，并赐给他奉信王爵位。李献忠非常有才干，不服安禄山，所以安禄山想除掉他。于是，安禄山就上奏请李献忠率领同罗数万骑兵与他共同进攻契丹。李献忠告诉张，说他怕安禄山陷害他，请张上奏不与安禄山一同去作战，张不同意。于是李献忠就率领部下大肆掠夺仓库中的物资，叛逃回漠北，后来被回纥兵击败，安禄山乘机招募他的将士，扩充实力。他的军队实力成为天下最强。十一月，安禄山派范阳节度副使、鸿胪卿安庆绪献奚、契丹及同罗俘虏三千名，并献金银锦绣之物。玄宗很高兴，给安庆绪授予散阶特进、卫尉卿。

天宝十一载（公元752年）十一月，宰相李林甫死，宠臣杨国忠担任右相。安禄山素来畏惧李林甫，不敢怠慢他。杨国忠不过仗着贵妃的关系才得以重用，其阴险狡诈的手段远不如李林甫高明，虽然杨国忠在做相前一直对安禄山很恭敬，常常扶着他下殿阶，但安禄山还是很轻视他。杨国忠当上丞相后一反对安禄山的恭敬，两人因争宠而发生矛盾，互相攻击，结下不小的嫌隙。安禄山、安思顺与哥舒翰素来不和，玄宗常为他们调解，还撮合他们结拜为兄弟。这年冬天，三人一同入朝，玄宗命高力士在城东设宴招待他们。席间安禄山对哥舒翰说："我的父母是突厥人，您的父母也是突厥人，我们的族类非常相近，为何不互相亲善呢？"哥舒翰说："古人认为狐狸对着自己的洞号叫不吉祥，是说它忘本所以这样。如果老兄能和我亲近，我也一定会尽心的！"安禄山以为哥舒翰讥讽他为胡人，十分愤怒，骂哥舒翰道："你这个突厥竟敢这样无礼！"哥舒翰也想骂安禄山，但看到高力士用眼睛看他，不敢回嘴，假装酒醉散席，但怒恨又加深了。杨国忠极力交结哥舒翰，奏请他兼河西节度使，又赐爵西平郡王，想用哥舒翰牵制排挤安禄山。

天宝十三载（公元754年）正月初三，安禄山请求入朝。杨国忠一口断言安禄山想谋反，对玄宗说："陛下正好可以借此试试他，召他入宫，他必不肯来。"玄宗派使者召见他，狡猾的安禄山闻命即刻赶到，打消了玄宗的疑虑。第二天，安禄山在华清宫见到玄宗，哭诉说："臣本是外族人，蒙陛下厚爱提拔才有今日，不料却被杨国忠所忌，臣必死无疑了。"玄宗被安禄山可怜兮兮的表情迷惑，赏赐巨万为他压惊。太子李亨不断劝说父皇要防备安禄山谋反，但玄宗听不进去，还加封同平章事职位给安禄山。制书都已草拟出来，杨国忠上谏说："安禄山虽有军功，但是连字也不认识，怎么可以做宰相，一旦颁下制书，恐怕会引起四方少数民族对我大唐的轻视。"玄宗认为有道理，遂作罢，但是又进一步封安禄山左仆射，赐一子三品官，一子四品官。

安禄山见玄宗对自己深信不疑，更加有恃无恐。安禄山请求兼任闲厩使、群牧使等职。二十四日，玄宗任命安禄山为闲厩、陇右群牧等使。安禄山又请求兼任群牧总监，二十六日，玄宗任命安禄山兼任总监。安禄山上奏请求将武部侍郎的官职给御史中丞吉温，还充任闲厩副使，吉温由此被杨国忠忌恨。安禄山背地派亲信挑选能征善战的健壮军马数千匹，另外选地方饲养。他掌握国家兵马大权后，就密遣亲信挑选出数千匹良马充实自己的部队。

二月，安禄山上奏："臣所属部将讨伐奚、契丹，立功者很多，希望不拘常规，对他们超资加赏。"安禄山的要求玄宗都答应，他军中升为将军的有五百余人，升为中郎将的有两千多人。他为了叛乱，不惜以官爵收买人心。

三月初一，在长安住了三个月之久的安禄山要回范阳，玄宗命宠信的宦官高力士在长乐坡为他饯行。临行前玄宗特地脱下身上的御衣赐给他。他心怀鬼胎，害怕被杨国忠奏请留下，疾驰奔出潼关，乘船沿黄河而下，昼夜兼程驶出数百里，一口气奔回老巢范阳，在沿途所过的郡县他从不下船来休息。

高力士回来后，玄宗问道："安禄山满意吗？"高力士回答说："他一定是知道了想要命他为宰相而后又改变了，心中很是不高兴。"玄宗把此事告诉了杨国忠，杨国忠说："这件事别人都不知道，一定是张均兄弟告诉安禄山的。"玄宗大怒，就把张均兄弟分别贬为建安郡太守、卢奚郡司马和宜春郡司马。

安禄山不轨之心显露无遗，人人都知他要造反。有人向朝廷上告，唐玄宗却把这些人绑起来送交安禄山处理。从此人们道路以目，再也不敢说安禄山谋反了。唐玄宗本人并未糊涂到看不出来安禄山的不安分，只是心存幻想，认为安禄山会念及自己对他的这番特殊宠遇而不谋反。

（5）范阳起兵

天宝十四载（公元755年）二月二十二日，安禄山想用三十二名蕃将代替汉将，于是派遣副将何千年入奏，玄宗命中书省起草诏敕。宰相韦见素与杨国忠商量说："安禄山不轨之心由来已久，现在又提出这个要求，很明显要反叛。明天上朝我要极谏皇上，皇上不答应，您再接着上谏。"杨国忠许诺。第二天上朝时，他俩人被玄宗叫住问道："你们在怀疑安禄山吧。"韦见素乘机劝玄宗不要相信安禄山。玄宗很不高兴，杨国忠见状，把要说的话又咽了回去。两天后，杨国忠向玄宗进言："臣有办法揭穿安禄山叛乱的阴谋。陛下可改派贾循为范阳节度使、吕知诲为平卢节度使、杨光为何东节度使，再授安禄山平章事，让他进京，这样就可分散他的势力让其无力叛乱。"玄宗认为可以此来考验安禄山，但是仍犹豫不决，迟迟不发已草定好的制书，而派中使辅琳到范阳探听动静。辅琳受了安禄山的重贿，回来后极力表扬安禄山竭忠奉国，没有二心。玄宗高兴地对杨国忠说："朕对安禄山推心置腹，他必定不会再有异心，还要靠他镇守东北边境，朕亲自为他担保，你们不必再担忧了。"于是杨国忠的建议不了了之。

安禄山回范阳后，总是假装有病不出来迎接朝廷的使者。有时布置好兵力，然后才出来接见。裴士淹来到范阳后二十多天才见到安禄山，安禄山一点臣下的礼节都不讲。杨国忠极力搜集安禄山反叛的证据，安禄山在京城的住宅被京兆尹包围，门客李超被逮捕，送到御史台狱中，秘密杀害了。安禄山的儿子安庆宗婚娶皇室女荣义郡主，在京师为太仆卿，他把这件事偷偷报告给了安禄山，安禄山更加害怕。六月，安庆宗成婚，玄宗以此为由下手诏让安禄山来京参加婚礼，安禄山托辞拒绝。秋季，七月，安禄山上表请求献给朝廷马三千匹，每匹马两个马夫，并且派蕃人将领二十人护送。河南尹达奚珣怀疑有诈，上奏说："请告诉安禄山到冬天再献车马，不用麻烦他部下的军士，由朝廷供给马夫。"于是玄宗才有所省悟，开始怀疑安禄山有反心，这时辅琳接受安禄山贿赂的事暴露出来，玄宗就假托其他罪用扑刑处死了辅琳。玄宗依达奚珣的计策，让宦官冯神威拿自己的手诏去告谕安禄山，说："朕在华清宫为你造了一座温汤池，十月在那儿等你。"神威到范阳宣读了玄宗的诏书，安禄山坐在床上微微起了一下身子，也不伏拜，只是说："皇上可好？"又说："献不献马都没关系，我十月一定会去京师。"然后就命令左右的人把冯神威安置在馆舍，不再接见。几天后，才让神威回朝，也没有奏表。神威回来后，对玄宗哭诉："我差点见不到陛下了！"

安禄山因玄宗待他很好，虽然兼任三道节度使，密谋作乱近十年，还是想等玄宗死后再谋反。这时杨国忠由于与安禄山不和，多次上言说他要谋反，玄宗不信。杨国忠为取信于玄宗，多次以事激怒安禄山，想让他立刻反叛。安禄山于是决意举兵反叛，只和孔目官、太仆丞严庄和掌书记、屯田员外郎高尚以及军将阿史那承庆等人密谋，其他将领都不让知道。其他将领不知道安禄山为何八月份以来多次招待士卒，只觉得奇怪，不知他秣马厉兵，准备打仗。这时有入朝奏事官从京师回来，安禄山就假造敕书，把将领都召来告诉他们说："皇上下了密诏，让我秘密入朝讨伐杨国忠，你们应听我指挥。"众将领听完后都非常惊愕，相顾而不敢反对。十一月初九，安禄山带领下属的三镇军队及同罗、奚、契丹、室韦兵共十五万人，号称二十万，在范阳起兵反叛。安禄山带领大部将领深夜出发，留下范阳节度副使贾循留守范阳，平卢节度副使吕知诲留守平卢，别将高秀岩守卫大同。

第二天早上，军队出了城南，安禄山大阅誓众，以诛杨国忠为名，在军中立榜道："有异议煽动军心的，斩及三族。"三军顿时严肃起来。安禄山乘着铁甲战车，步骑精锐跟随在后，千里弥漫着烟尘，大地为之震动，浩浩荡荡向南而去，一场持续八年之久的战乱爆发了。

2. 二卿讨叛

天宝十四载（公元755年）十二月，颜真卿、颜杲卿起兵讨叛。

（1）二卿起兵

颜杲卿，琅玡临沂人，字昕，与颜真卿同五世祖，出身书香门第。他的父亲颜元孙在垂拱年间名声很大，曾担任濠州刺史。颜杲卿凭父功名任遂州司法参军。他性格刚强正直，处事明晰清楚。曾受刺史责难，严肃辩白，不受屈辱。开元年间以写作词章与兄春卿、弟曜卿同被评为超等，受到吏部侍郎席豫赞叹推许。又以最优升为范阳户曹参军。安禄山听说他的名字后，奏请让他任营田判官，代理常山太守。

颜真卿，字清臣，秘书监颜师古第五代侄孙。年幼时父亲就去世了，母亲殷氏亲自教育他。长大后，擅长写文章，很有学识，侍奉母亲很孝顺。玄宗开元年间，参加进士考试，通过殿试。后调到醴泉当县尉。两次提升后，任监察御史，到河东、陇州奉命巡查。当时五原有冤狱，很久没有断案，天又干旱，颜真卿平反冤狱后，天下起了大雨，五原的百姓称为"御史雨"。又巡查河东郡，弹劾朔方令郑延祚，上书皇帝揭发他母亲死了三十年不下葬，皇帝诏令郑终身不录用。后升为殿中侍御史。当时御史吉温因为与中丞宋浑有私怨，于是寻找借口使其降职到贺州。颜真卿说："怎么能一时气愤就陷害宋璟的后代呢？"宰相杨国忠讨厌他，暗示中丞蒋洌奏请皇帝任颜真卿为东都采访判官，再转任武部员外郎。杨国忠始终想排挤他，就让他任平原太守，赶他出京。

天宝十四载（公元755年）十一月，安史之乱爆发。当时天下长期太平，很少有战事，老百姓世代不识兵革，州县储备的武器弓箭等因为长久不用都已锈迹斑斑，腐朽不堪。忽闻有人叛乱，人们十分惊恐。安禄山兼任河东、河北道采访使，河北一带是他统辖的地区，叛兵沿途进攻的郡县皆望风瓦解，有的守令弃城落荒而逃，有的干脆开城出迎投降，有的尚未来得及抵抗就束手就擒。无人能阻挡住安禄山兵长驱南下。

安禄山派将军何千年、高邈率二十八奚族骑兵，称为献射生手，来到太原，北京副留守杨光束手就擒。十九日，叛军大部队抵达博陵南，斩杀了杨光。安禄山命大将安忠志带领精兵驻扎土门，以张守珪之子张献诚为博陵太守。

安禄山到达藁城，太守颜杲卿力不能拒，遂伪降安禄山，行缓兵之计，与长史袁履谦开城出迎。安禄山赐给颜杲卿紫袍、履谦红袍，命令他们与自己的义子李钦凑率兵七千驻扎土门。颜杲卿对袁履谦说话时指着安禄山所赐之衣，道："我与您为什么要穿这个？"履谦醒悟，就与真定县令贾深、内丘令张通幽谋划对付叛贼。颜杲卿借口有病，使儿子颜泉明在中间往来商议，暗中约定太原尹王承业为内应，使平卢节度副使贾循进攻幽州。计谋泄露后，贾循被安禄山杀害，向润容、牛廷守幽州。颜杲卿表面上还是不管事，政务委托履谦处理，暗中召集处士权涣、郭仲邕制订计谋。

颜真卿所辖之地平原地处河北道东南方，不在叛军南下进军的路线上。安禄山起兵后，只是发文书给颜真卿，让他以平原、博平七千兵在黄河渡口防守。颜真卿对禄山反状早有察觉，因此在安禄山叛乱前，就借口霖雨为害，加紧修城浚壕，充实仓廪，招募丁壮。作为遮掩，表面上则公开宴请文士，泛舟湖上，饮酒赋诗。安禄山得到密探报告，以为颜真卿不过是一介书生，不值得担心，这就使颜真卿得以从容固城备战。在接到安禄山命令时，他巧妙利用这个机会到各郡县组织联络反安禄山的力量，许多郡县立即响应号召，没几天就募得勇士万余人，命录事参军李择交统领训练。颜真卿对着这些应募的士兵慷慨陈词，号召人们举兵抗击安禄山，士兵们感到振奋，同心响应；同时颜真卿又派司兵李平火速向朝廷报告河北情况。安禄山起兵之初，河北郡县皆望风披靡。玄宗叹惜道："河北二十四郡就没有一个人是义士吗？"待接到李平奏报，玄宗大喜道："想不到颜真卿竟然这么有作为！"

十二月，安禄山率兵进军荥阳，太守崔无䛊率官兵据守，登上城头的士兵听见叛军的鼓角之声，吓得直往下掉。后安禄山杀崔无䛊，攻陷荥阳，守卫那里的是部将武令珣。安禄山叛军的声势更加浩大，他命令部将田承嗣、安忠志、张孝忠为前锋进攻东京。封常清所招募的兵都是一些没有经过军事训练而临时被招来的平民，他带领这些兵屯驻武牢关以抵御叛军。在叛军精锐骑兵的重创下，官军一败涂地。封常清收罗残兵，和叛军战于葵园，又被打败。战于上东门内，官军又败。十二日，东京被安禄山攻克，呐喊着的叛军从四面城门涌入城内，肆意烧杀抢掠。封常清与叛军战于都亭驿，又被打败；只好退守宣仁门，又败于叛军。于是就推倒禁苑的西墙向西逃走。

安禄山接受了河南尹达奚珣的投降。留守李憕对御史中丞卢奕说："我们担负着国家的重任，虽然自知寡不抵众，但是也要为国家而死！"卢奕同意。李憕想与叛军一战，但他收罗的数百名残兵都离他而逃，只剩李憕一人坐在府中。卢奕先派他的妻子怀藏大印从小路逃往长安，自己则穿着朝服坐在御史台中，周围的人都已逃散。安禄山派人把李憕、卢奕及采访判官抓到他率兵驻扎的闲厩之中。卢奕大骂安禄山，斥责他忘恩负义的罪行，并对叛军党羽说："做人都应该知道事情有逆顺的道理。我死也不失臣节，还有何遗憾呢！"李憕是文水人，卢奕是卢怀慎的儿子，蒋清是蒋钦绪的儿子。安禄山任命他的亲信张万顷为河南尹，将三人杀害，然后派段子光带着三个人头到河北郡示众。十七日，段子光来到平原，正在组织反抗的颜真卿害怕人们志气受到打击，引起人心浮动，于是对将士们说："我认识这三人，首级不是他们的。"遂腰斩段子光。颜真卿命人给三义士带上冠饰，用蒲草接上身体四肢，用棺材装殓，颜真卿伏棺痛哭，人心无不感动，更加拥护颜真卿，讨叛之心也更加坚定。

安禄山任命海运使刘道玄代理景城太守，盐山县尉河内人穆宁与清池县尉贾载一起杀死刘道玄，得到五十多船盔甲器杖，然后持着刘道玄的头颅去见长史李玮，李玮逮捕了严庄的宗族，把他们全部杀掉。同日将刘道玄的头颅送到平原。颜真卿在平原召集贾载、穆宁及清河县尉张澹联兵抵抗叛军。饶阳太守卢全诚占据郡城拒绝安禄山的招降；河间郡司法李奂杀了安禄山所任命的长史王怀忠；李玮随派游弈将訾嗣贤强渡黄河杀了安禄山所任命的博平太守马冀。颜真卿被推为盟主，这些忠义之士各有兵数千或上万，军事行为都听颜真卿指挥。安禄山派部将张献诚率领上谷、博陵、常山、赵郡、文安等五郡的聚集兵共一万人包围饶阳。

颜真卿派遣颜杲卿的外甥卢逖潜入常山，与颜杲卿连兵成犄角之势。为缓解叛兵西侵之势，切断叛军归路，颜杲卿遂与长史袁履谦等人合议，欲据土门阻断叛兵。土门在常山郡西侧，是河北西部通往河东的要冲之地，把守此地的是安禄山的手下李钦凑、高邈率领的五千兵马。李钦凑军隶属常山郡。这时高邈正奉安禄山之命到范阳征兵支援河南战场，尚未回还。李钦凑部众被颜杲卿以安禄山之命召到平原郡受犒赏。李钦凑不知是诈，带兵匆匆赶到，在酒宴上喝得酩酊大醉，与所带兵将全被缴械斩首。土门之兵也被遣散。没多久，从范阳回来的高邈行至藁城被擒获。韦安石与翟万德奉颜真卿、颜杲卿之命在醴泉驿扣押了从洛阳回来的何千年，与高邈一同押往常山。何千年为免于一死，向颜杲卿献计道："太守想力保王室，当善始慎终。常山郡兵皆乌合之众，难以临敌。上策应该挖下深沟堆起高墙，暂避安禄山锋芒，一待朔方兵到，即可齐头并进。现在应送信到赵、魏，切断燕蓟的要道，放出风声，说李光弼率步骑一万出井陉，再派人劝围攻饶阳的张献诚，说他手下之将多是地方团练之兵，无坚甲利兵，难以抵挡山西李光弼劲旅。张献诚必定解围而去。"颜杲卿觉得何千年之策颇有道理，于是采用了。张献诚果然撤兵，其团练兵皆溃，颜杲卿派人入饶阳城，慰劳将士，又让韦安石等人到诸郡宣传"唐大军已下井陉，早晚即至，先平北诸郡，先降者赏，后至者诛"。这一宣扬终于起作用了，表示归顺朝廷的有河北十七郡，合兵有二十余万。安禄山所控制的地盘，只有范阳、卢龙、密云、渔阳、汲、邺六郡而已。

（2）颜杲卿兵败而死

颜杲卿私下遣人入范阳城去招降贾循，这时郑城人马燧劝告贾循说：

"安禄山忘恩负义，进行叛乱，倒行逆施，虽然占据了洛阳，但终究会败亡。您如果能杀掉不愿意归附朝廷的将领，让范阳回到朝廷，让安禄山叛军的巢穴有乱，就等于建立了千古不朽的功勋。"贾循认为他说得对，但是因犹豫不决没有起兵。这件事被别将牛润容知道了，就报告了安禄山，安禄山派他的亲信韩朝阳去召贾循。一到范阳，韩朝阳就叫贾循密谈，乘机叫壮士勒死了他，并且将他的家族灭杀，范阳的军队由别将牛廷统领。叛军将领史思明与李立节率领蕃汉步、骑兵一万攻打博陵、常山二郡。逃到西山的马燧被隐士藏起来，才免于一死。

颜杲卿虽未收复河北，但却达到了拖延安禄山西侵的目的，安禄山已作好了攻取潼关的准备，行至新安，闻河北有变而还。

颜杲卿起兵才八日，就遇到史思明、蔡希德的进攻，只好向太原的王承业告急求援，王承业却拥兵不救。原来在此之前，颜杲卿派他的儿子颜泉明和贾深、翟万德一起到京师向朝廷进献李钦凑的头颅以及何千年与高邈。张通幽痛哭着请求道："我的哥哥张通儒是叛军将领，我想进京去救我家族人的性命，所以恳求和颜泉明一起入京。"颜杲卿被感动，就答应了他的请求。到了太原，张通幽想要依附于太原尹王承业，于是王承业扣留了颜泉明等人，为了虚报自己的功劳，另作了表书贬低颜杲卿，另派使者献给朝廷。王承业既已窃功，自然不愿出兵了。颜杲卿孤军奋战，昼夜拒敌，直战到粮尽矢竭。至德元载（公元756年）正月初八，常山最后还是陷落了，万余人被叛军纵兵杀死，颜杲卿及袁履谦被押送到洛阳。

安禄山见到颜杲卿，责备他说："你原是范阳户曹，我上奏朝廷任命你为判官，不几年越级提升为太守，有何地方负于你，而你竟起兵反对我？"颜杲卿怒骂安禄山道："你本是营州的一个牧羊奴，天子提升你为三道节度使，恩重如山，宠信深厚，没有亏待你，你却反叛！我世世代代为唐朝的臣子，利禄官位都是唐朝赐予，虽然是你上奏朝廷任命的，我怎么能够随你反叛呢？我讨伐叛逆为了国家，可恨没有杀死你，反叛从何说起？你这个臭狗，为何还不快一点杀我！"安禄山恼羞成怒，把颜杲卿与袁履谦捆绑在中桥的桥柱上面，用刀将他们剐死。颜杲卿一家被安禄山杀掉的有三十余人。颜杲卿和袁履谦到死还骂不绝口。

（3）颜真卿拔魏郡

　　叛兵攻克常山后，又陆续攻伐不从的郡县，于是邺、广平、巨鹿、赵、上谷、博陵、文安、魏、信都等郡再落敌手。这时李光弼被任命为魏郡太守、河北道采访使、河北节度使，带领万余名朔方兵，出井陉，定河北，而且初战告捷，属于常山郡的九县中有七县归顺唐廷，叛军只把持着九门、藁城。

　　在河北南部，颜真卿依然坚持抵抗斗争。位于平原郡西邻的清河郡有一个二十多岁的青年，名叫李萼，一天来到平原向颜真卿借兵。他说："您首先号召大家反抗叛军，正气浩浩，河北地区郡县都将您看做是国家栋梁。当今清河是您西面的邻郡，国家经常把江、淮以及河南地区的金钱布帛聚集在那里以供赡北方的军队，被人们称为'天下北仓库'，现在那里有布二百余万匹，帛八十余万匹，钱二十余万缗，粮三十余万斛。过去征讨突厥默啜可汗时，把兵器都贮藏在清河郡的武库中，现在还有五十余万件。清河郡有人口十余万，户数七万，三个平原郡才能抵上它，兵马可比两个平原郡。您若真能够借兵给清河郡，并控制这一地区，以平原、清河二郡作为核心力量，那么周围的其他州郡就会如同人体的四肢一样，听从您的指挥。"颜真卿说："平原郡的兵刚召集起来，都没有训练，自保尚不足，那里顾得上邻郡呢！但是，我如果同意你的要求，那将会怎么样呢？"李萼说："清河郡派我来向您借兵，并不是兵力不足而借您的兵力去迎战，只是想借此看一下您这位贤明之士的雅量。现在看来还没有下定决心，我怎么敢鲁莽地说出下一步的计划呢！"颜真卿非常惊奇地听后，想借兵予他。但其他的人都认为李萼年轻气盛，没有看到叛军力量的强大，借兵只能分散兵力，将会毫无作用，颜真卿只好拒绝。李萼一到馆舍，就给颜真卿写信，指出："清河郡归顺朝廷，脱离叛军，奉献粮食、布帛、武器等，你不该心存疑问，拒绝接受。我回去复命之后，清河郡不能孤立存在，一定要有所依附，如果为叛军所有，就会成为您西面的强敌，到那时您能不后悔吗？"颜真卿非常震惊，赶到馆舍去见李萼，答应借六千兵给他，一直送到边境才分手。这时颜真卿又问道："所借给的兵已经出发，你可以告诉我你的下一步计划吗？"李萼说："听说领精兵十万出崞口征讨叛军的程千里不能前进，叛军已经占据了险要地形。如今应当先率兵攻打魏郡，抓住安禄山所任命的太守袁知泰，恢复原来的太守司马垂官职，让他做西南的主将，分兵打开崞口，让程千里的军队出来，共同征讨汲郡、邺郡以北一直到幽陵被叛军占领的郡县。平原和清河与其他同盟合兵十万，向南进临孟津，分兵在黄河要地控制叛军向北逃跑的退路。估计官军东征的军队至少二十万，河南地区忠于朝廷的西征军队不少于十万。您只要上表朝廷请求东征的军队固守，不要轻易出战。这样不出一个月，内乱一定在叛军中发生。"颜真卿说："你说得好！"于是就命令录事参军李择交与平原县令范冬馥领军，会同清河兵四千及博平兵一千，在堂邑县西南驻扎。袁知泰派部将白嗣恭等率兵两万余人来迎战，三郡兵和魏郡兵血战一天，魏郡兵败，杀一万多人，俘一千多人，缴获战马一千匹，还有许多其他的军用物资。在袁知泰逃往汲郡后，官军收复魏郡，军势大振。

这时北海太守贺兰进明也起兵征讨叛军，颜真卿就写信召他来合兵行动。贺兰进明遂率领步、骑兵五千渡过黄河，颜真卿率兵去迎接，二人互相作揖行礼，在马上痛哭，士兵为之感动。贺兰进明带兵驻扎在平原城南，休养兵马，颜真卿遇到问题都与他商量，因此军权渐渐归于贺兰进明，而颜真卿却不以为疑。颜真卿把堂邑之战的功劳让给贺兰进明，于是贺兰进明就向朝廷上奏表功，任意增减事实。

玄宗就下敕书加封贺兰进明为河北招讨使，李择交和范冬馥略微有所升迁，而清河与博平的有功将士都没有得到奖赏。贺兰进明又率兵进攻信都郡，很久不能攻克，录事参军长安人第五琦劝贺兰进明用重金招募敢死之士，于是攻下了信都。

四月，安禄山将平卢节度使吕知诲诱杀了安东副大都护马灵。平卢游弈使刘客奴、先锋使董秦与安东将王玄志合谋诛杀吕知诲，并派人与颜真卿取得联系，请求协助攻取范阳。颜真卿派遣贾载带着衣粮相助，还把自己才十岁的独生子颜颇送到刘客奴处当人质，激励其杀敌。刘客奴当上平卢节度使，赐名正臣，王玄志当安东副大都护，董秦为平卢兵马使，但袭范阳时败给史思明。

叛兵攻下潼关后，史思明又乘机进攻河北诸郡，饶阳、河间、景城、乐安相继陷落。只有颜真卿领导的平原与博平、清河三郡仍在坚守。后来形势危急，颜真卿被迫弃部队入关中，朝廷封他为刑部尚书、御史大夫。

在河北安禄山心腹之地由颜杲卿、颜真卿发动的抵抗斗争，缓解了叛军西侵之势，有力地援助了唐军在中原战场上对叛军的斗争。

3. 潼关失守

天宝十五年（公元756年）五月，哥舒翰灵宝战败，潼关失陷。

（1）安禄山攻陷东京

安禄山叛乱的消息传到了在骊山华清宫避寒的唐玄宗处，他召集宰相询问对策。杨国忠与安禄山有很深的怨仇，屡次上奏说安禄山会反，玄宗却不以为然。因此他总是寻机激怒安禄山速反，以取信唐玄宗。这时他得意之色溢于言表，夸口说："如今要反叛的只有安禄山一个人，所部将士都不想反叛。不出十日，一定将反贼安禄山的首级献到您的行宫。"玄宗信以为真，大臣听后则相顾失色。玄宗派特进毕思琛征东京（洛阳），金吾将军程千里往河东，各招募数万人，以便利为原则，分组操持练习，以便抵抗乱军。十六日，安西节度使封常清入朝，玄宗向他询问平叛之计，封常清轻率地说："现在因为天下太平已久，所以人人看见叛军都十分害怕。但事情有逆有顺，形势也会突然变化。我想马上去东京，打开府库，募集勇士，之后跃马挥师渡过黄河，逆贼安禄山的头颅几天后就可献给皇上！"玄宗大喜。十七日，任命封常清为范阳、平卢节度使。封常清当天即乘驿马到东京募兵，十天募得六万人。过后就毁坏河阳桥，准备防御叛军的进攻。

二十一日，玄宗离开华清池回到了长安，派人杀了安禄山之子太仆卿安庆宗，又赐死其妻荣义郡主，以朔方节度使安思顺为户部尚书。安思顺与安禄山同族，但他事先曾揭发过安禄山谋反，所以他没有被玄宗杀死，只是被迫交出军权。接着将朔方右厢马使、九原太守郭子仪提升为朔方节度使，右羽林大将军王承业为太原尹。在河南道设节度使，因为那里与安史叛军辖区相连接，以程千里为潞州长史，卫尉卿张介然为节帅，在叛军最可能进攻的关东诸郡，设置防御使，抵御防备叛军。

二十二日，唐玄宗任命荣王李琬为元帅，右金吾大将军高仙芝为副元帅，统率诸军东征。朝廷害怕兵力太少，又拿出内府钱帛，在京城召集士兵，十天共得到十一万人。应募者多是市井商贩子弟，号曰"天武军"。十二月初二，高仙芝从天武军和禁军飞骑、骑中挑选一些士兵，加上从边境调来的镇兵，共计五万人，从长安潼关向东开去，屯军陕郡。玄宗派作监军使随同前往的是宦官监门将军边令诚。

唐廷刚布置好东击叛军、保卫洛阳的安排，安史叛军就长驱直入，经博陵、藁城来到黄河北岸，初三即从灵昌郡渡过黄河，攻陷灵昌，安禄山所统领的步骑叛军散漫不成队伍，人们难以计其数，所经过的地方被烧杀抢掠，一片残败。安禄山带叛军来到时，河南节度使张介然到陈留才几天，他令士兵登城守卫，士兵害怕得不能作战。初五，陈留太守郭纳献城投降。安禄山从城北进入，得知安庆宗被杀死了，痛哭说："我有什么罪，而把我的儿子杀死！"当时投降的陈留将士在路两旁一万多人，安禄山把他们全部杀了以泄其愤。张介然在军门处被杀，安禄山任命其部将李庭望为节度使，守卫陈留。他率领大军进攻荥阳。

荥阳太守崔无诐发兵抵御。但官兵很久不打仗，非但无还手之力，简直连招架之功都没有，士兵爬上城墙就腿发抖，听到战鼓震天吓得纷纷坠落。九日，安禄山军攻下荥阳，杀死崔无诐，以其武将令珣镇守荥阳。

荥阳位于洛阳东面二百六十里，是洛阳东面的门户。安禄山派部将田承嗣、安忠志、张孝忠为前锋攻打洛阳，气焰十分嚣张。封常清带领新募的士兵屯扎在洛阳东面的武牢御敌。他的士兵人员不少，但多是市井无赖之徒，从没有上过战场，也没被训练过，毫无战斗力，根本不是训练有素的叛兵的对手。当安禄山骑兵如潮水般冲来时，唐兵大败；封常清在葵园收拾残部再战，又败一场；第三次战于上东门内，也失败了。封常清屡败屡战，十三日，洛阳城终于失陷。叛军擂鼓入城，纵兵杀掠。封常清仍在拼死抵抗，先战于都亭驿，大败；在宣仁门退守，又败一仗；最后被迫从宫苑西墙坍塌处败退而走。

（2）封、高退守潼关

封常清领残兵从洛阳败退至陕郡，驻守此地的高仙芝与之会合，陕郡吏民都四散而逃，太守窦廷芝也早已逃到河东。封常清先前轻敌大意，在连吃败战之后，才知叛军不可轻视。他对高仙芝说："常清连日血战，才知敌人气势很盛。现在潼关无兵把守，一旦遭到叛军出其不意的进攻，长安就危险了。陕郡是守不住了，不如引兵占据潼关，凭险而守，才是万全之策。"

高仙芝认可了封常清的分析，于是领军向西，来到潼关。不料途中就遇上了安禄山的追兵，唐兵队伍不整，狼狈不堪，混乱中人马互相践踏，死的人很多。最后总算摆脱叛兵追击，抢先一步占据潼关。高仙芝立即命士兵抢修工事。因为攻关不成，叛军撤兵而回。

这时临汝、弘农、济阴、濮阳、云中诸郡也都归降了安禄山，朝廷征调入援的诸道兵还未赶到，关中一时空虚无备，人心惶惶。安禄山停在洛阳不继续前进，急于登基称帝，暂时放松了对潼关的进攻。朝廷做好守御准备，有了喘息的机会。诸道兵也陆续来援。

封常清从洛阳兵败后，希望引起朝廷的注意，不再轻敌大意，便多次派使臣奉表向朝廷报告安禄山的真实兵力情况。不料唐玄宗根本不接见使臣，封常清只好亲自赴长安汇报。行至渭南，受到朝廷派来的使者阻拦，向他宣皇上旨意削去官爵、回高仙芝军以白衣自效。他知道命在旦夕，奉命回潼关后写下一份遗表，一方面提醒朝廷不能轻敌大意，一方面表达自己对朝廷的忠心。表文说："自洛阳城失陷以来，臣前后多次遣使奉表，详述赤心，竟不被陛下接见。臣此次赴京，不是求皇上宽恕的，而是要陈述社稷大计，献破贼之谋。盼望能在宫阙朝堂向陛下倾诉，讨论叛军的兵势，向陛下献上计策，以回报陛下对臣一生的宠幸。岂料长安遥遥，无由谒见，函谷关悠悠，下情难达！臣率兵迎战叛贼，从这月七日交锋，到十三日战火仍未停息。臣所率兵都是乌合之徒，从没受过训练。但长安市井中募来的兵和渔阳骁勇之师相抗，还是奋力杀敌，血流满野。臣不惧死，愿意冲锋陷阵，死于军前。但臣没这样做，是怕长叛胡威风，灭我军志气。臣已做好准备，臣去世的时候，就是飞骑赴京的那一日。但请陛下听臣诉者有三：一请陛下在都市上将臣斩首，使将领警惕；二请陛下向臣询问逆贼之势，以使军队警惕；三请陛下知臣非贪生怕死之徒，许臣披肝沥胆，直抒胸臆。臣今日用死来上谏，皇上也许认为臣因兵败而妄为诳语，也许认为肝胆相照，忠心耿耿。臣死之后，望陛下不轻视叛贼，不要忘了臣言。臣最大的心愿，就是希望国家安宁，叛贼倾覆。臣仰天饮鸩，向陛下上表，生作尸谏之臣，死作圣朝之鬼。倘若臣死后有灵，一定引导朝廷的军队，一举击败寇贼。"

原来，唐玄宗听了监军边令诚的挑唆才对封、高二将不满的。按唐朝制度，将帅在外带兵打仗，要另派宦官监视主将。宦官是遭过宫刑之人，长年在深宫中生活，根本不知军事为何物，但仗着皇帝威风，干预战场，指责主将，引起大家的不满。高仙芝本是由边令诚一手提拔上来的一员大将。这次他出征御敌，边令诚做监军，常常指手画脚，所出主意又多不妥，因此不被高仙芝采纳。这使边令诚非常恼怒。他借入朝奏事的时机夸大战场败状，以此诋毁高仙芝和封常清："封常清想夸大叛兵力量，动摇军心；高仙芝不但放弃数百里陕地，还私吞军士的粮食和赏赐。"玄宗正为洛阳失守而恼火，边令诚这一番煽动，有如火上浇油，玄宗更为大怒，在不辨明事情真伪的情况下，轻信边令诚的一面之辞。唐玄宗不但不听封常清上奏军情，还决定在阵前斩首二将。

边令诚一到潼关就宣读敕令，将封常清拉到军前。封常清镇定自若地接过奉旨说："常清之所以还没有死，是不肯使国家受辱，受戮贼手，如今讨贼无功，我虽死无憾。"他请边令诚把遗表带给皇帝，随即饮毒而死。之后，边令诚命人将其遗体放在芦苇席上示众。这时，高仙芝转身回厅，神情悲伤。边令诚让百余名陌刀手跟着自己，叫住高仙芝："大人也有恩命。"高仙芝急忙退至封常清饮鸩之处，边令诚大声宣旨，高仙芝喊冤道："我遇敌败退，罪该当死，但是说我贪污军粮和赏赐，是诬陷臣。"接下来又对边令诚说："今天我们头顶苍天，下踏厚土，将士们都在这里，您真不知道吗？"这时士兵都列队站在门下，高仙芝又对士兵说："我从京师把你们招募来，虽然得到少许财物，但是连起码的装束都不足。本想与你们同心合力，奋力破贼，然后共取高官重赏。不料贼势太强，只好撤兵潼关，把守险隘。现在却诬我盗军粮赏赐，我若真有这事，你们就喊有；我若没有此事，你们就喊冤。"士兵们平时都很爱戴高仙芝，此时他受人诬陷，士兵们都感不平，一齐大喊："冤枉啊！"声音之大使大地都震动起来。边令诚冷冷地看着这一幕，一言不发。高仙芝低头看封常清死在芦苇席上，怅然道："封二（封常清排行老二），我提升你当我副官，你从低微到显贵，直到代我做节度使，今天你与我同死在这里，难道不是注定的吗？"说完，马上被杀了。

（3）哥舒翰统军

唐玄宗听信谗言，斩杀了镇守潼关的两员大将，朝中一时无将可使。潼关乃军事要地，必须要名将把守，于是在家中养病的陇右节度使哥舒翰被玄宗召来。

哥舒翰是突厥一支突骑施首领哥舒部落的后代，世代居住在安西，家道殷富。他讲信用，轻财重义，好读《左传》《汉书》。四十岁时父亲去世，他到长安居住三年，由于不被长安尉尊重，发愤从军河西。先后在节度使王、王忠嗣手下做军吏。他作战勇猛，吐蕃多次被他击败。哥舒翰有个家奴叫左车，年龄十五六岁，很有气力。打仗时主奴二人配合默契，哥舒翰善使长枪，常常骑快马追敌，把枪搭在敌人肩上，然后大喝一声，乘敌人大惊回头之际，长枪就正刺咽喉，往往敌人被挑起数尺才坠地，然后被跟在后面的左车下马斩首。因御边有功，哥舒翰累升官为右武卫员外将军、陇右节度副使。天宝六载（公元747年）冬，王忠嗣被弹劾，哥舒翰竭力为忠嗣说情。于是玄宗将忠嗣贬为汉阳太守，用哥舒翰代替他为陇右节度支度营田副大使，管节度事。

哥舒翰喜欢喝酒，又放纵无度。结果在天宝十三载（公元754年）患了中风病，昏倒在浴池中，半天才苏醒过来。从此因病回京，在家中休养。

玄宗召见在家养病的哥舒翰，因他素有威名，且与安禄山不和，拜为兵马副元帅，领兵八万征讨安禄山。玄宗还下敕让各地进军，集兵收复洛阳。哥舒翰因病不敢接受，玄宗不应允，并任命田良丘为御史中丞兼行军司马，起居郎萧昕为判官，高仙芝旧部和蕃将火拔归仁等的军队均归哥舒翰指挥，号为二十万，镇守潼关。长安安危全仰仗这支人马了。出发前，玄宗亲自到勤政楼慰劳，大臣则饯行至郊外。

哥舒翰因病重不能治军，在到达潼关后便把军政要务让给田良丘管。田良丘不敢自作主张，命王思礼主管骑兵，李承光主管步兵。这二人谁也不服谁，使士兵无所适从。哥舒翰名声很大，但不注意体恤士兵，唐军士气不高，没有什么斗志。好在唐兵占据险要，足以抵御叛军西侵。

天宝十五载（公元756年）正月，哥舒翰军击退安禄山之子安庆绪的进攻。玄宗加哥舒翰为尚书左仆射、同平章事，勉励他守好潼关。哥舒翰向朝廷多次进言，说河朔虽被安禄山占据，但他不得人心，唐兵应固守潼关，以逸待劳。待叛军内部离心崩溃之时，唐军乘机进攻，可达到不伤兵而摧寇的目的。

这时王思礼劝说哥舒翰上表请诛杨国忠以平民愤。杨国忠倚仗杨贵妃的关系，荒淫无度，作恶多端，招致天下的怨恨。安禄山起兵就是打着诛杨的旗号。哥舒翰不答应。对于王思礼提出的派三十名骑兵把杨国忠劫持到潼关杀死的建议，哥舒翰也不敢答应，说："若这样干，就是我哥舒翰造反了，而不是安禄山了。"杨国忠这边也有亲信劝说："镇守潼关的哥舒翰如今握有朝廷重兵，一旦他挥旗西攻，您的处境就很危险了。"杨国忠非常吃惊，他深知自己与安禄山起兵有关，招许多人厌恶，因此十分提防平叛将领。哥舒翰重兵在握，对自己构成了潜在的危险，为了防备哥舒翰，他上奏玄宗："兵法云'安不忘危'，如今潼关兵马虽强，却没有后盾，万一潼关失守，京师就难保。臣请挑选三千监牧小儿在苑中训练。"玄宗向来对杨国忠言听计从。杨国忠让剑南军将李福德等人率领这三千兵，他又招募万名士兵驻扎在长安东面的灞上，派亲信杜乾运率领，名为御贼，实则防备哥舒翰。哥舒翰经验丰富，杨国忠的花招被其一眼识破，他深恐杨国忠会陷害自己，于是上表请灞上军隶属于潼关军。玄宗此时正依靠哥舒翰守关，就准其所请。六月初一，哥舒翰召杜乾运入关，找了个借口把他杀掉。这使杨国忠更加害怕。

（4）潼关陷落

潼关在长安以东三百里，北濒黄河、南倚悬崖，扼守着黄河要津渡口，是关中长安的东大门，由于有险要的地形，有"一夫当关，万夫莫开"之势，对于保障关中安全有很大作用，所以成为历代兵家必争之地。

安禄山老谋深算，他见潼关易守难攻，强攻难以奏效，便想计诱哥舒翰出关。他命崔乾带着不满四千的羸兵弱卒驻扎在陕郡，作出一种毫无准备的假象，暗里却蓄养精锐。有人向朝廷奏报这一情况。玄宗因为求胜心切，想收复陕郡、洛阳，于是催哥舒翰出击。哥舒翰分析军情，认为其中必有奸诈，哥舒翰上奏说："安禄山善于用兵，现在刚举兵反叛，怎么能够不设防呢！这肯定是为引诱我们而故意示弱，若攻打他们肯定中计。再说叛军远来，利在速战速决，我们据险扼守，利在长期坚持。何况叛军残暴，失去人心，兵势正在变为不利，将会有内乱，到那时再乘机进攻，就可不战而胜。我们只要取胜就行，为何要马上出兵呢！现在各地所征的兵大多数都还没有到达，请暂且等待一段时间。"郭子仪与李光弼也上言说："请让我们北伐范阳，把叛军巢穴捣毁，用他们的妻儿当人质来招降，叛军内部一定大乱。坚守潼关的大军应该固守以挫敌锐气，不可轻易出战。"杨国忠疑心哥舒翰会对他不利,就告诉玄宗说叛军没有准备,而哥舒翰却逗留拖延,将要失去战机。玄宗相信了,连续不断派宦官去催促出兵。哥舒翰没有主意,抚胸痛哭。初四,亲自率兵出关。

初七,官军与崔乾的叛军相遇于灵宝西原。崔乾的军队南靠大山,北据黄河天险,占据险要之地,七十里路都很窄。

初八,官军与崔乾的叛军交战。崔乾先把精兵埋伏在险要的地方,哥舒翰与田良丘乘船在黄河中观察军情,看见崔乾兵少,就命令大军前进。率领精兵五万的王思礼在前,率领其余十万的庞忠在后。哥舒翰率兵三万登上黄河北岸的高丘观察指挥,并且鸣鼓助战。崔乾出兵不到一万,三五成群,队伍在行进中松松垮垮,不成阵势,官军看见后都嘲笑叛军不会带兵打仗。而崔乾却把精兵摆在阵后。两军一交战,叛军偃旗息鼓假装败逃,官军斗志松懈,毫无准备。不久后,埋伏着的叛军一起发起攻击,占据了高地。用滚木石块打击官军,官军死伤惨重。又因为道路狭窄,兵士太多,刀枪伸展不开。哥舒翰又让马拉毡车为前队,去冲击叛军。中午过后,突然刮起了东风,崔乾把九十辆草车放到毡车的前面,并且用火点燃草车。顿时大火熊熊,烟雾蔽天,官军睁不开眼,分不清敌我,互相冲杀,以为叛军在烟火中,就召集弓箭手和弩机手射击。一直持续到傍晚,所有的弓箭都已经射完了,才发现原来根本没有叛军。这时崔乾派同罗精锐骑兵过南山,从官军后面发起进攻,官军腹背受敌,首尾大乱,不知如何抵挡,所以大败。有的扔掉武器装甲逃到山谷里,有的因为相互拥挤被推到黄河中淹死了,叛军又乘胜继续追击,喊杀声震天动地。后面的将士看见前部官军大败,也纷纷败逃,黄河北岸的军队看见了也撤退。哥舒翰仅与部下数百骑兵得以逃脱,从首阳山西面渡过黄河,进入潼关。潼关城外先前挖了三条深沟,全是宽二丈,深一丈,经过潼关关口的军队马匹,纷纷掉到深沟里,很快就把深沟填满了,后面的人都是踩着那些掉在深沟里的人马才逃进关内的,所以逃进关内的只有八千多名剩余的士兵。

初九,崔乾率兵攻下潼关。

哥舒翰退至关西驿张榜收集散卒,要复夺潼关。蕃将火拔归仁劝他:"你用二十万的军队跟叛军打了一仗,最后竟然被打败了,而且潼关也被叛军夺走了,你还有什么资格去见皇帝。您没见高仙芝、封常清的下场吗？你最好还是归附叛军，投降吧！"哥舒翰不从，被火拔归仁绑在马上，其他的士兵也都被捆绑起来。与此同时叛将田乾真赶到，遂将哥舒翰等人押送洛阳。哥舒翰归降了安禄山。安禄山问哥舒翰说："你过去总是看不起我，现在怎么样呢？"哥舒翰伏地而拜回答说："我凡人肉眼不识圣人。现在天下还没有归顺，李光弼率兵在常山，吴王李祗在东平，鲁炅在南阳。陛下如果能够不杀我，我就写信劝他们投降，这样一来，用不了多久，那些地方都会平定下来。"安禄山很高兴，于是就任命哥舒翰为司空，同平章事。又对火拔归仁说："你背叛了你的主人，是不忠不义。"然后就杀了他。哥舒翰写信招降其他将帅，他们都回信痛骂哥舒翰的背叛行为，安禄山知道没有任何效果，就把哥舒翰囚禁于禁苑中。潼关丢了，于是河东、华阴、冯翊、上洛等郡的防御使都弃郡而逃，部下的守兵也纷纷逃命。关东防线彻底瓦解。

潼关失守，局势立即发生逆转。而正在洛阳进退两难的安禄山获得了向关中发展的时机，派军逼近长安。玄宗没有办法，只好慌忙逃到蜀地。而正在河北战场围攻博陵的李光弼听到潼关被攻占的消息，赴紧撤兵离开，和郭子仪一起退回到井陉。

总之，随着潼关的失守，唐由战略进攻转为战略防御，这就使战乱平定的时间大大延长，唐廷也为此付出了惨重代价。

4. 马嵬驿兵变

天宝十五载（公元756年）五月，玄宗在奔蜀途中，停于马嵬驿，将士饥疲，众皆愤怒，齐诛杨国忠，请杀杨贵妃，玄宗缢杀贵妃。

（1）玄宗奔蜀

天宝十五载（公元756年），杨国忠挑唆唐玄宗强令镇守潼关的哥舒翰迎敌，结果中计大败。

六月初九，潼关失守，哥舒翰急派部下到长安告急，唐玄宗赶紧召见，情急之下，只能派李福德带领监牧兵奔潼关增援。当时烽火台三十里左右一设，每日初夜就点燃报平安的烽火。这天晚上，迟迟不见报平安的烽火，玄宗意识到潼关局势不妙，开始担忧起来。

初十，玄宗召集宰相商讨对策。杨国忠身兼剑南节度使，安禄山起兵叛乱开始，他就授命留守蜀中的剑南节度副使崔圆在四川聚集货物，打算在危急的情况下退回老巢。所以抢先发言的他提出去四川避难，玄宗只好答应了。

十一日，杨国忠召集百官商讨对策。事已至此，大臣谁也拿不出主意来，都沉默不语。杨国忠因大家皆知他与安禄山不和，怕大家责怪他，很是紧张，因此痛哭自辩："人们向皇上报告安禄山谋反已经有十年了，可是皇上不愿相信，今天发展到这种地步，不是宰相的过失。"将责任全部推在玄宗身上。杨国忠请韩国夫人、虢国夫人出马，再次劝皇帝去蜀地。百官罢朝后走在街上，只见市民们极为恐慌，无目的地四处奔走，一片恐慌混乱景象。

十二日，百官上朝的不及十分之一二。玄宗来到勤政楼，下诏书说要御驾亲征，大家都不相信。玄宗又任命京兆尹魏方进为御史大夫兼置顿使，京兆少尹灵昌人崔光远为京兆尹、兼西京留守，让将军边令诚掌管宫殿的钥匙。玄宗说剑南节度大使颖王李要赴任，让剑南道准备所用物资。当日，玄宗移居大明宫。天黑之后，玄宗让龙武大将军陈玄礼集合禁军，又在闲厩中挑选了骏马九百多匹，外人都不知晓。十三日，天刚发亮，玄宗只与杨贵妃姊妹、皇子、皇妃、公主、皇孙、杨国忠、魏方进、韦见素、陈玄礼及心腹宦官、宫人从延秋门出发，在宫外的皇妃、公主及皇孙都弃而不顾，只管自己逃难。杨国忠请求焚烧路过的左藏库，不把钱财留给叛军。玄宗心情凄惨地说："叛军来了没有钱财，必定会向百姓征收，还不如留给他们，以减轻百姓们的苦难。"这一天，还有百官入朝，宫门口还能听到漏壶滴水之声，仪仗队的卫士整齐地站着，待宫门打开后，就看见宫人乱哄哄地出逃，宫里宫外一片混杂，都不知道皇上在哪里。于是王公贵族、平民百姓四处逃命，山野小民争着入皇宫及王公贵族的宅第，盗抢金银财宝，有的还骑驴跑到宫殿里。左藏库也被焚烧了。崔光远与边令诚带人赶来救火，又招募人代理府、县长官分别守护，杀了十多个人，形势才稳定下来。边令诚将宫殿各门钥匙献给了安禄山，崔光远也派儿子去见安禄山。

玄宗一行经过便桥后，杨国忠派人纵火烧桥，玄宗说："百姓官吏都在逃避死难，不能断绝他们的生路！"于是就把内侍监高力士留下，让他把大火扑灭后再来；又让宦官王洛卿打前站，通知沿途郡县做好膳食安排。将近中午，玄宗一行人来到咸阳望贤宫，东距长安有四十里，不料县令与王洛卿都已逃得无影无踪。只好再派宦官四下征召，可是没有官吏和百姓响应。已经过晌午，却没有搞到一点吃的，大家饥肠辘辘。玄宗让手下人杀死御马，用行宫的木头烧马肉以充饥，但大家都下不了手。

玄宗奔波了多半日，又饿又累，便坐在一棵大树下休息。想起晚年沦落至此，对比大半生的荣华富贵，不由悲伤不已，想一死了之。幸亏高力士及时察觉到玄宗的变化，他抱着玄宗的双脚，哭着劝说，才使玄宗放弃此念。杨国忠这时从街上买了几个胡饼，藏在袖子里，偷偷给玄宗。天将傍晚，村里的老百姓陆续赶来，玄宗问百姓家里是否有吃的，请他们拿饭菜来。

不一会儿，百姓提篮抬筐，送来了干粮，都是些寻常农户所吃的粗粮，还杂以麦豆之类。人们已经饥不择食，玄宗让禁军将士先吃干粮，然后是六宫及皇孙辈，在狼吞虎咽之下，食物一会儿就没有了，但肚子好像还没全饱。

玄宗厚给送食物百姓报酬，并慰劳百姓。玄宗掩面呜咽，人们见皇上如此狼狈，不禁感慨痛哭起来。有一个叫郭从谨的老人向玄宗进言说："安禄山想反叛，早已不是一天的事了，也有人到宫阙揭发安禄山阴谋的，可是陛下往往把他们杀了。这才使安禄山阴谋得逞，陛下流离出宫。由此看来，吾王务在察访忠良之士以增加自己的聪明，的确不错。臣还记得宋璟做宰相的时候，屡屡直言进谏，天下靠他才得以太平。但是后来的朝廷大臣不敢直言，人人只知阿谀保位，因此陛下对宫外的事情一无所知。我们处于草野的老百姓早知这种事会发生，但深如大海的深宫让区区百姓之心无法上达。如果事情不是发展到今天这种地步，我们这些做臣民的怎能见到陛下而向您倾诉呢？"唐玄宗听了又羞又悔，连连说："这都是朕的不明智，现在后悔来不及了。"于是又好言好语地安慰百姓们。

一会儿，主管膳食的官员送上饭菜，玄宗让随从人员先吃，然后他也吃了一些。又叫士兵四下分散到村子里找吃的。吃完了，队伍集合继续前进。半夜的时候，来到长安八十五里外的金城。县令早已不知去向，老百姓也都四散而逃。幸好村子里还有现成的粮食和炊具，士兵们自己动手做饭。随从人员逃走的不少，连玄宗身边的亲信宦官头目内侍监袁思艺也不知什么时候溜走了。由于驿馆没有灯烛，人们只好摸黑找住处，也顾不上长幼贵贱之分，拥挤着睡下。王思礼从潼关赶来，玄宗这才知道大将哥舒翰已被叛军擒获，便任命王思礼当河西、陇右节度使，让他收集散卒，立即赴镇，准备东讨。

（2）诸杨伏诛

十四日，唐玄宗一行来到马嵬驿，随从护驾的禁军将士们走得又累又饥，不禁埋怨起来，平时骄横跋扈的宰相杨国忠惹出了这场大祸，将士们情绪愤怒到极点。

禁军首领陈玄礼多年负责宿卫宫禁，忠心耿耿，很得玄宗信任。有一次，在华清宫的唐玄宗想骑马去虢国夫人家，陈玄礼劝道："陛下没有通知臣，不便轻率出游。"玄宗听后果然不去了。

又一次，玄宗在华清宫突然想要半夜出游，陈玄礼奏说："宫外是旷野之地，陛下若想夜游，也当有所准备才是。"玄宗因此打消了这个念头。陈玄礼对皇帝忠心耿耿，他痛恨杨国忠祸国殃民的罪行。

早在安禄山叛乱之初，陈玄礼就通过太子李亨的亲信宦官李辅国密告太子请诛杀杨国忠。本来想在长安城将杨国忠诛杀，但因种种原因没有实现。

这时，太子和陈玄礼认为除杨国忠的时机已经成熟，就由陈玄礼出面对将士说："如今天下分崩离析，天子到处奔逃，难道不是由杨国忠苛剥百姓、引得朝野上下怨声载道，才招致了这场大乱吗？如果不杀杨国忠谢罪于天下，天下的愤怒又怎么可能平息呢？"将士们齐声称是，纷纷响应陈玄礼反杨的号召。

事有凑巧，这时有吐蕃使节二十余人拦住杨国忠的马，向他诉说没有吃的，杨国忠还没有来得及回答，士卒们就喊道："杨国忠与外人要叛乱！"有人用箭射中了杨国忠坐骑的马鞍。杨国忠急忙逃命，逃至马嵬驿西门内，被士兵追上杀死，并且肢解了他的尸体，将头颅挂在矛头上，插在西门外示众，然后将韩国夫人、秦国夫人和杨国忠之子户部侍郎杨暄杀死。御史大夫魏方进说："你们胆大妄为，竟敢谋害宰相！"士兵们又把他杀了。

听到外面大乱，韦见素忙跑出驿门去察看，乱兵用鞭子将他打得头破血流。众人喊道："不要伤害了韦相公。"韦见素才免于一死。

将士们团团围住玄宗住处。玄宗听到外面喧哗声，忙派人打听，左右告诉杨国忠谋反，已被杀死。这让玄宗大吃一惊，他立刻冷静下来，挂着拐杖出了驿门，丝毫没有责备将士，反而好言抚慰，令他们收兵归队。不料将士不应，仍站住不动。玄宗让高力士问明情况，陈玄礼回答："杨国忠谋反，贵妃不宜再待在陛下身边，愿陛下割恩正法。"玄宗听了如五雷轰顶，他强忍悲痛说："朕自己来处理吧。"说完转身入门。他觉得回宫见贵妃于心不忍，便来到驿门旁一条小巷里，头靠着拐杖，呆呆地站在那里，半天说不出一句话，内心痛苦至极。

宰相韦见素的儿子京兆司录参军韦谔见玄宗不能决定，就走上前劝道："现在众怒难犯，陛下的安危就在瞬间，愿陛下赶快下决心吧。"边说边叩头，直至流出鲜血。玄宗低头望一眼韦谔，接着长叹一声："贵妃常居深宫，怎么能知道杨国忠谋反？"高力士忙说："贵妃的确无罪，但是将士们杀死了杨国忠，而贵妃还在陛下身边，他们怎么敢自安呢？愿陛下仔细想想，将士安则陛下才能安呀。"

玄宗知道自己虽然是皇帝，但想挽回爱妃的生命已是不可能的了，他慢慢走进行宫，为了作最后的离别，与贵妃一起出了厅门。贵妃悲不自胜，呜咽道："愿陛下多加保重，妾辜负了国恩，死无所恨，只是请求陛下让妾拜完佛再去。"肝肠寸断的玄宗只说了一句："愿妃子来世投生到一个好地方吧。"便让高力士带贵妃走了。顷刻间，杨贵妃香消玉殒，缢死在佛堂前梨树下，享年仅三十八岁。贵妃刚断气，从南方进献荔枝的快骑就赶到了。玄宗禁不住哀号数声，命高力士赶紧拿荔枝祭献，因为这是贵妃平日最爱吃的。

不一会儿，贵妃遗体被高力士命人用御轿抬到驿庭，召来陈玄礼等人验看。陈玄礼见贵妃确已死亡，这才解胄释甲，向玄宗跪下请罪说："杨国忠败坏纲纪，种下祸根，使百姓遭殃，皇上流离，如果不杀死他，灾难就不会结束。臣等是为国家社稷着想的，请陛下恕臣假借圣旨之罪。"事情到了这步田地，玄宗不得不责罚自己，顺水推舟："朕用人不当，近来也察觉国忠奸佞，有所觉悟，本来是想到蜀地后再清算他的罪行，现在将士们除了他，正合朕的心意，朕当重赏将士们。"玄宗命令陈玄礼告诉将士，他们一齐高呼万岁，拜了两次出去。哗变的士兵这才安定下来，整理队伍继续西行。

杨国忠的妻子裴柔与儿子杨晞，虢国夫人和她的儿子裴徽逃难到陈仓，但追来的县令薛景仙的士兵将他们都杀了。

唐玄宗事后叫高力士将杨贵妃遗体裹上锦衣，胸前放上香囊锦袋，埋葬在驿馆西面的小山坡下，即"马嵬坡"。

马嵬坡兵变后，玄宗一人流离到巴山蜀水，只有少量护从跟随，太子李亨即位于灵武，将玄宗尊为太上皇。长安收复后，玄宗回到京师，因烦闷生了重病，于宝应元年（公元762年）四月初五崩于神龙殿，享年七十八岁。

5. 宦官李辅国掌权

至德二年（公元757年）九月，肃宗李亨命李辅国负责掌管符印军号，宦官始掌兵权。李辅国本名静忠，从小就是阉奴。天宝中期，得侍太子李亨。安史之乱爆发后，劝李亨至朔方以图兴复。及至灵武，李亨更加相信他，李辅国乃劝亨即帝位以系人心。李亨登上帝位，委以心腹，赐名护国，后改名辅国。

当月，因李泌请求，李亨以符印兵号付李辅国掌之。待到李亨还西京，命李辅国掌禁军。李辅国依附张淑妃，权势熏天。后李辅国常居禁中，制敕必经李辅国署名，然后施行。宰相、百官临时奏事，均须通过辅国通报、传旨。常于银台门定夺天下事，事无大小，都直接处理，然后告知李亨。刑官断狱，均先请示李辅国，轻重随其意，没有敢反对的。

宦官李辅国出身下层，虽因拥立肃宗有功，暴贵用事，但玄宗周围的人都轻视他。李辅国怀恨在心。兴庆宫原先有马三百匹，李辅国假托皇上之意取之，只留十匹。玄宗对高力士说："我儿为辅国蒙蔽，不得终孝。"七月二十八日，流放高力士于巫州，王承恩于播州，魏悦于溱州，陈玄礼被勒令退职。置如仙媛于归州，玉真公主出居玉真观。肃宗另从后宫选百余人服侍玄宗。玄宗由此而心中不悦，吃不下饭，渐渐成病。肃宗因有病，只派人去问候。而李辅国因为有功升为兵部尚书。李亨病重，太子李豫监国。

上元年间，皇后张氏和李辅国互相勾结，掌握大权，独断专行。后来，二人不和。这时，李辅国已与三原人程元振结党。肃宗病情恶化，皇后召见太子，劝说："李辅国长期掌管禁军，皇上的圣旨都从他手中发出，又擅自威逼太上皇迁至太极宫，罪大恶极，所忌恨的就是我和太子你了。如今皇上马上快驾崩了，李辅国暗地里与程元振图谋作乱，不能不杀。"太子哭着说："陛下病情十分危急，他们二人都是陛下亲信的旧臣，一旦不告诉陛下而诛杀他们，必然会使陛下震惊，恐怕承受不了。"皇后说："那么太子暂且回去，我再慢慢想一想。"太子出去后，皇后召见越王李系，对他说："太子优柔寡断，不忍杀掉李程二人，这件事你能办吗？"李系回答说："能。"于是李系命令内谒者监段恒俊挑选勇敢有力的宦官二百余人，在长生殿后发给他们铠甲兵器。十六日，皇后用皇上的命令召见太子。程元振知道了皇后的企图，私下将此事告诉了李辅国，又在陵霄门埋下伏兵，等待太子的到来。程元振看到太子，告诉他皇后谋反。太子说："肯定没有此事，皇上病重让我去见他，我难道可以怕死而不去吗！"程元振说："太子不要因小失大，不能轻易入宫。"于是派士兵将太子送到飞龙厩，并且让全副武装的士兵保护他。

当天夜里，李辅国、程元振带领军队至三殿，逮捕越王李系、段恒俊和负责内侍省事务的朱光辉等一百余人，囚禁了他们。又以太子的命令将皇后迁到别殿。当时肃宗在长生殿，皇后被逼离开长生殿，和左右数十人一起被幽禁在后宫，宫女和宦官都因害怕而四散逃跑。十八日，肃宗驾崩。李辅国等人杀掉皇后以及越王李系。这一天，李辅国才带着太子，让太子素服，在九仙门和宰相相见，叙述自四月太上皇驾崩以后的变故，并伏地哭拜。太子于是开始行使监国的权力。自此由太子代理国政。十九日，太子宣读遗诏，给先皇发丧。二十日，唐代宗即位。

代宗即位后，李辅国自负有立皇帝之功，越来越傲慢。他明确对代宗说："皇上只住在深宫就行了，外事听老奴处分。"代宗忌其手握禁兵，表面上敷衍他，朝中大小事都先咨询他，群臣出入皇宫也都先谒见他，李辅国认为没有什么不对。李辅国又任命内飞龙厩副使程元振为左监门卫将军，同时流放知内侍省事朱光辉及内常侍啖庭瑶、李唐等二十余人到黔中。五月初四，李辅国被任命为司空兼中书令，晋爵博陆王。

当时，飞龙副使程元振又与代宗密谋，削去李辅国的兵权。六月十一日，解除李辅国行军司马及兵部尚书两个职务，任命程元振代理元帅行军马司，命李辅国到皇宫外居住，于是朝野庆贺。李辅国恐惧，于是上表让位。六月十三日，代宗再免除李辅国中书令职务。李辅国对代宗说："老奴不能侍奉郎君，请归地下侍奉先帝。"代宗安慰他一番后让他走了。

虽然代宗十分不满李辅国的专横，但念其往日之功，故不想下令诛杀他。十月十七日夜，代宗派人扮成盗贼潜入辅国住处，杀死李辅国并偷走其头及一臂。随后代宗令有关部门捕盗盗贼，又派中使慰问其家人，为其刻木头下葬，追授太傅。

继李辅国之后的程元振，又加骠骑大将军，兼内侍监，封国公，专掌禁兵，其权力又超过李辅国。他嫉妒贤能，专权自恣。曾请托于襄阳节度使来，被拒绝，他握有大权后，利用权势将其诬陷至死。宰臣裴冕因一件事得罪了他，被贬官为施州刺史。像这样的名将元勋连遭诬陷，致使天下文武臣僚感到寒心。广德元年（公元763年）九月，吐蕃、党项入犯京师，由于程元振没有及时奏报，使代宗狼狈出奔陕州逃避。代宗下诏征天下诸道兵勤王，大将李光弼等人因程元振专权，没有敢应诏。太常博士柳伉上疏，请求杀掉程元振以谢天下。代宗不得已，于十一月初二，削其官爵，让他回乡。十二月，程元振得知代宗回京，换上女装，偷偷回到长安，希冀再次起用，被京兆府捉获。次年春，发送到江陵安置。

6. 浴血睢阳

至德二年（公元757年）十月，睢阳陷落，张巡被杀。

（1）雍丘之捷

张巡是邓州南阳人。他从小博览群书，熟悉兵法。志向高远，不拘小节，交往的都是君子长者，不与庸俗之辈合流，当时人不了解他。在开元末年，他考中进士。此时其兄张晓已位居监察御史，兄弟都很闻名。张巡为太子舍人时，被外放清河县当县令，他有气节讲义气，谁有困难尽力相助毫不吝惜。任期届满返回京城，此时杨国忠正专权，权势显赫。有人劝张巡拜访他，将可得到重用，张巡回答："这正是国家的怪事，不能这样。"又调任真源县令。在县内有很多强横狡猾的不法之徒，县衙大吏华南金更是专横跋扈、作威作福。县民谣说："南金口，明府手。"张巡到任不久，就依法处决了他，而赦免了余党，这些人无不改邪归正。民众称道其为政简略。

安史之乱爆发后，谯太守杨万石投降安禄山，逼张巡西迎叛军。张巡来到真源，选了千名精兵，起兵讨叛，至雍丘与贾贲同兴义举。

天宝十五载（公元756年）二月，雍丘令令狐潮投降叛军，领兵攻打雍丘，贾贲牺牲，张巡率兵苦战，击退叛兵后统率贾贲余部，自称是灵昌太守、河南都知兵马使吴王李祗的先锋使，坚守雍丘城。

三月初二，令狐潮与安史叛将李怀仙、杨朝宗、谢元同率兵四万攻打雍丘，雍丘军民见敌人比自己多几倍，非常紧张，没有信心御敌。张巡鼓励士兵说："叛军就因为自己兵强马壮，有轻视之心，我们若出其不意袭击，叛军必定惊溃，待其势力受挫，雍丘城自然可以保住了。"张巡留下千余人守城，然后亲率分成数队的士兵，打开城门直冲叛军。敌营被冲溃，只好退兵。次日，叛军又来攻城，摆上百余门大炮轰城。城墙被毁平，张巡在城上立木栅拒敌。敌人开始登城，张巡命士兵点着浸过油的藁草扔向叛军，迫敌撤退。张巡抓住战机进击，与敌周旋达六十余日，大小三百余战，雍丘守城士兵食不解甲，裹伤再战，彻底将叛兵击退，还俘虏了两千人，声势大振。

五月，令狐潮又带兵围城。他早就认识了张巡，就在城下展开攻心战，说："现在大势已去，足下在这儿坚守一座危城，到底为了什么？"张巡反驳道："您平生都认为自己忠心报国，但现在的行为，您的忠义又在哪里呢？"令狐潮惭愧满面。在张巡拒敌守城期间，安禄山兵已攻下潼关，唐玄宗狼狈逃往西川，令狐潮再次劝降。张巡手下有六员大将以兵力不足为由，也劝张巡归降，张巡表面上答应下来。第二天一早，张巡将皇帝画像挂在堂前，他亲率将士们朝拜，大家都感动得哭了。这时，六员劝降大将被带到堂前，张巡以大义斥责其惧敌的行为，然后将他们斩首。从此将士们更加坚定了守城的意志。

张巡军缺粮，适逢令狐潮运送给贼兵的载盐米的几百条船即将到来，张巡夜间设营垒于城南，令狐潮倾巢来抵御，张巡派勇士悄悄来到河边，抢了千斛盐米，其余的都被烧掉了。城中箭用完了，张巡命士兵扎草人千余，裹上黑衣，夜间用绳索垂吊城下，令狐潮兵射了很久，才发现是草人；张巡从草人上得了数十万支箭。后来又在夜间往城下吊草人，贼笑其故伎重演，不加防备，于是用五百壮士偷袭令狐潮军营，敌军大乱，烧毁其营帐，追击十余里。贼因败而惭恨，增兵围城。城内柴尽米竭，张巡让令狐潮退兵六十里，好让他带部队逃走。令狐潮不知是计，答应了。张巡就空着城向四面走出三十里，拆房屋取木材回城加强工事。令狐潮大怒之下，又下令围城。张巡从容地对令狐潮说："您要这座城，请送我三十匹马，我有了马就出逃，您就可以占领此城作为报偿。"张巡把令狐潮给的马全部发给勇将，并约定说："贼兵到时，你们一人要抓住一名贼将。"次日，令狐潮责备张巡，张巡回答说："我是想走，但将士不听军令，怎么办呢？"令狐潮气愤地想进攻，阵势还未摆好，三十勇士纵马冲出，俘获贼将十四人，斩首百余级，缴获一批兵器牛马。令狐潮逃到陈留后，再也不敢出来了。

十二月，令狐潮见久围雍丘城不下，于是在雍丘北筑城扎寨，长久围困，企图切断雍丘的粮草支援。这时雍丘东北的鲁郡、东平郡、济阴先后被攻下，叛将杨朝宗率步骑两万袭击宁陵，张巡的后路被切断。张巡分析局势，感到雍丘是小城，没有很多的储备，一旦敌人大举围攻，必难坚守，决定放弃雍丘，不再守护，把兵向东调遣去把守宁陵。张巡假装投降列队撤到了宁陵。宁陵东与睢阳毗邻，两地相距仅四十五里。张巡带领三千名士兵、三百匹战马与睢阳太守许远、城父令姚会合。

张巡、许远所率军队与杨朝宗的军队在宁陵城西北部展开了激战，日夜作战几十天，叛军大败，杀敌军一万多人。杨朝宗被打得狼狈不堪，连夜逃走。

肃宗任命张巡为河南节度副使。为鼓励士兵杀敌，张巡派使臣与河南节度使虢王李巨联系，请示李巨并望其向立功的将士授委任状并赐物，酬劳立功将士。但是李巨只给了三十张委任状，没赏赐东西。张巡写信责问，李巨竟不理会。

（2）张巡败尹子奇

安史内部不和，发生事变，安禄山被谋士严庄和儿子安庆绪所杀。安庆绪自立为帝，派遣叛将尹子奇任汴州刺史、河南节度使，与唐兵争夺睢阳。睢阳位于汴河沿岸，是联结关中与江淮的交通枢纽，战略地位极其重要。叛军为了占据这个军事及经济的重地，派重兵围攻睢阳。至德二年（公元757年）正月二十五日，尹子奇率领妫、檀及同罗、奚兵共十三万向睢阳发起猛攻。张巡接到许远的告急书，从宁陵带领三千兵去援助，与许远兵合计共六千八百人，迎战叛兵。张巡激励将士坚守，一日作战二十次，战士的斗志仍不减弱。许远自己觉得才能不如张巡，便请张巡负责军中大事，自己情愿为其部下。张巡也没推辞就接受了，许远则专门筹集军粮、整修作战器械。许远在此之前有属将，名叫李滔，此人在援救东平时，背叛并投靠了贼军，大将田秀荣暗中与李滔通消息。有人向许远告发说："田秀荣早晨出战时，戴碧色帽作为标识。"许远留意一看，果然如此，结果全队作战时全部战死。可田秀荣回来却说："我是引诱敌人。"并请求换了锦帽，率精锐骑兵出战。许远将此事告诉了张巡，张巡叫田秀荣上城，斥责了他并斩下了田秀荣的头，给贼军看。于是张巡亲自领兵与敌作战。张巡打败了尹子奇，缴获的车马牛羊全部分给将士，一点也不拿回家。皇上下诏书，任命张巡为御史中丞，许远为侍御史，姚为吏部郎中。

三月，尹子奇又带兵大举攻城。张巡在阵前对将士们感慨道："我得到了国家的好处，已经准备为国家而死了。但我所痛心的是你们为国而死却得不到相应酬劳。"将士们听了此话无不感动激奋，纷纷请战，群情激昂。张巡命杀牛宰羊，犒劳士兵，城内所有士兵都去迎敌作战。

叛军正自嘲笑唐军兵寡时，睢阳城士兵以迅雷不及掩耳之势直向敌人冲来。只见张巡一马当先，扛着旌旗跑在最前面，各位将领也不甘落后，率兵冲杀，唐兵一鼓作气，杀死了三十多位敌军将领和三千敌兵，直把叛兵逼退至数十里外，叛军大溃。第二天，尹子奇重整队伍又来攻城，张巡再次亲自挂帅，与敌昼夜拼杀三十余回合，屡次打败敌人。但是叛军凭借兵多，仍旧不停地攻城。

五月，叛军将领尹子奇增加兵力把睢阳包围得更紧。夜晚，张巡在城中击鼓集合队伍，像要出发似的，叛军闻知，整夜严备。天亮后，张巡却命令停止击鼓，让士兵休息。叛军在飞楼上望城中，什么也看不见，于是解甲休息。突然，睢阳城门打开，张巡与将军南霁云、郎将雷万春等十名将领各率五十名骑兵向叛军营地冲锋，到达尹子奇战旗下，敌营顿时一片混乱，杀敌将五十多人，杀士卒五千余人。张巡想要射杀尹子奇，但没见过他。于是张巡就削蒿草做箭头，被射中的叛军十分高兴，以为张巡他们的箭头已用完，于是报告尹子奇。张巡因此认出了尹子奇，于是让南霁云射击，射中尹子奇左眼，差一点抓到他。尹子奇收兵退去。

七月初六，叛军大将尹子奇又征兵数万名，围攻睢阳。先前，许远在睢阳城中积蓄了六万石军粮，但李巨命令他分一半给濮阳、济阴二郡，许远坚决反对，但没有用。济阴得到粮食以后，随即献城投降了叛军，而睢阳城中的积粮此时已被吃光。将士每天只有少量米可吃，并夹杂着茶纸和树皮吃，而叛军却粮道畅通，有充足兵员，伤亡能够及时补充。睢阳守城的将士死伤得不到援兵，各军粮食的援助都没到，士卒损耗只剩下一千六百人，都因为饥饿疾病没有战斗力。叛军包围了睢阳城，张巡便准备守城的战具抵御敌人。叛军制作了云梯，高大如半个彩虹，上边布置二百精兵，推到城下边，打算让士兵跳入城中。张巡事先在城墙上凿了三个大洞，等待云梯快接近时，从一个洞中伸出一根大木头，这木头上有铁钩，钩住云梯使不得退去，又从一个洞中伸出一根木头，顶住云梯使不得前进；第三个洞中伸出一根大木头，头上有一个铁笼，笼里有火，用以烧云梯，云梯被烧断了，梯上的士卒就全被烧死。叛军又用钩车钩城头上的敌楼，钩车所到之处，敌楼一个接一个地被钩倒。张巡在大木头上安置了连锁，锁头装置大环，套住叛军的钩车头，然后把钩车拔入城中，截去车上的钩，然后把车放掉。叛军又制作木驴攻城，张巡就用熔化的铁水浇灌木驴，木驴马上就化了。叛军最后在城西北角用土袋和柴木聚集成阶道，打算借此登城。张巡不与叛军交战，却暗中把松明与干草投进正在堆积的阶道中，共十余天，叛军没有觉察，张巡趁此机会出兵迎战敌军，并派人顺风放火焚烧阶道，叛军无法救火，经二十多天大火才熄灭。张巡的所作所为都是随机应变，马上实施。叛军对他极为叹服，不敢轻易进攻。于是在城外挖了三道壕沟，并置立木栅围城，张巡也在城内挖了壕沟以对抗敌人。

这时城中唐兵只剩下六百人，张巡和许远分兵把守，张巡守护东北部分，许远守护西南部分，他们与士兵同甘共苦。张巡对叛将展开攻心战术。一次，叛将李怀忠在城下，张巡问他在叛军中待了多长时间，父祖是否做官。李怀忠一一回答，张巡对他晓之以理，动之以情，说："您家世代做官，食天子俸禄，为何要跟随叛贼，和唐兵作对呢？"李怀忠心有所动，但说："您所说不差，我从前做朝廷将领，曾多次勇猛杀敌，最后却被俘虏，看来这是天意啊。"张巡说："自古以来谋反叛逆的没一个有好下场的。一旦事情平息下来，您的父母妻儿难免被杀害，难道您忍心让他们被杀吗？"李怀忠哭着走了，不久就带着几十个人投降了唐兵。被张巡劝说投降的前后有二百多人，他们都为张巡效力杀敌。

（3）张巡死守睢阳

这时，许叔冀在谯郡，尚衡在彭城，贺兰进明在临淮，都有军队，但都不去援救睢阳。城中越来越困难，于是张巡命令南霁云率领三十名骑兵突围出城，去临淮求援兵。南霁云出城后，叛军数万人来阻击，霁云领骑兵直冲向敌阵，左右奋力拼杀，叛军乱了阵脚，霁云只伤亡了两名骑兵。南霁云抵达临淮，见到贺兰进明，贺兰进明说："现在睢阳城说不定已被攻陷了，派救兵去又有什么用呢？"南霁云说："我以死向你担保，睢阳城还没有被攻陷。并且睢阳如果被叛军攻占，下一个就是临淮，这两城唇齿相依，怎么能够见死不救呢！"贺兰进明很喜欢南霁云的勇敢，不但没听他的劝告，还强行留下他，备酒食与音乐歌舞，招待南霁云。南霁云慷慨激昂地哭着说："我突围出来时，睢阳城中的将士已经一月没有粮食吃了！虽然这里有酒有肉，可我实在咽不下。将军手握强兵，眼看睢阳将要陷落，却丝毫没有救援之意，这难道是忠臣义士所应该做的吗！"南霁云咬掉自己一个手指头让贺兰进明看，并说："我南霁云既然不能完成主将交给我的任务，就留下一个指头来证实我的信用，回去报告主将。"所有的人没有不落泪的。

南霁云见贺兰进明毫无救援之意，便立即告辞，临行时他张弓搭箭射中佛寺的砖墙，愤愤地说："如果我能破贼回来，一定要消灭贺兰进明，这箭就表示我的决心。"霁云飞奔至宁陵，与城使廉坦一起带着三千骑兵回救睢阳，一路上边打边行。到城下时，被敌人发现了，一场激战后就剩下了一千多人。这天晚上大雾，张巡从城外激战中听到南霁云的声音，于是开城门把他接了进去。城中士兵知道没有希望得到援助了，皆失声恸哭。叛兵见没人来救援，更加紧攻城。

进入十月，叛军将领尹子奇率兵久围睢阳，城中粮尽，有人建议放弃睢阳而把军队撤向东面。张巡与许远商议，认为："睢阳是江淮的屏障，是军事重地，万一睢阳被攻陷，江淮地区也一定保不住了。再者，我们的将士都因为饥饿劳累而身体虚弱，要撤退也走不了。战国时的各国诸侯交战时，同盟国还互相救援，何况我们周围不远还有许多朝廷的驻军将帅！不如固守以待救援。"茶纸吃完以后，杀马吃；马被杀完后，又捕鸟雀和掘地鼠而食；鸟鼠又吃尽后，张巡就杀死自己的爱妾，让士卒们吃肉。许远也杀了他的家奴；然后把城中的女人全部搜寻出来杀死吃掉，接着又杀了老弱病残的男子吃掉。城中的人都知道必死，所以没有叛变的，最后剩下的只有四百人。

初九，叛军登上城头，将士们已经很虚弱，没有战斗力了。张巡向西拜了两拜说："我已经尽力了，但没有守住睢阳城，生既然不能报答陛下的恩德，死作为没能归宿的野鬼也要奋勇杀敌！"随后城被叛军攻陷，张巡与许远都做了俘虏。尹子奇问张巡说："听说将军你每次作战时眼角都快睁裂了，牙齿都快咬碎了，不知道为什么？"张巡说："我是坚决想要杀掉你们这伙叛逆，只是有心杀贼，无力回天。"尹子奇就用刀撬开张巡的口，发现他只剩下三四颗牙齿。尹子奇欣赏张巡的忠义，想让他留下来。但他的部下却说："像张巡这样的人，都是忠义守节之士，最终也不会降于我们的，不会为我们效力。他深得军心，如果不杀掉他，一定会有后患。"于是尹子奇把张巡与南霁云、雷万春等三十六人全数杀掉。张巡临刑前，神情坦然，视死如归。尹子奇把许远送到洛阳。

张巡起初镇守睢阳时，士兵只有一万人，而城中居民百姓却有数万，张巡每见一人就询问其姓名，以后没有不认识的。张巡练兵不拘泥于古人的兵法，而是命令将领根据自己的战略教习战法，根据不同情况改换战术。有人问其中的原因，张巡说："如今是与反叛的胡人作战，他们一会儿分散，一会儿聚集，变化不定，有时在数步之内，各种情况都会发生。所以就需要将领们在短时间内能够应付突发的事件，如果让他们动不动就请示大将，那就来不及了，这是不知道作战用兵的变化。所以我让士兵了解将领的意图，将领熟悉士们的情绪，这样一来，将领指挥士兵们打仗就像使用自己手指一样灵活自如了。兵与将都互相了解，部队各自为战，这不很好吗？"自从与叛军交战以来，守城所有的器械与作战所用的兵器都是缴获敌人的，守城部队没有修理制造过。每次战斗，有的将士后退下来，张巡就立在阵地上对将士们说："我绝不离开此处，你们为我回去与叛军死战。"将士们听后，没有敢再后退的，与叛军死战，最后都能够打败敌人的进攻。张巡为人坦诚，胸襟若谷，善于随机应变，出奇制胜。而且他纪律严明，赏罚分明，能够与部下同甘共苦，所以部下的将士都奋力杀敌，誓死效忠。

张巡、许远在内无粮草、外无救军的情况下，用一万人，抗击十余倍敌人，前后作战四百多次，杀敌十二万人，抵挡了叛军的数次围攻，坚守了十个多月，保卫了江淮财富。虽然睢阳城最终失陷，但叛军也大伤元气，十月后叛军在西线已全线崩溃，无力南下。睢阳保卫战维护了江南安全。正如当时李翰所说，叛贼之所以不敢越过睢阳而去占领江淮，江淮得以保全，全是张巡的功劳。没有张巡就没有睢阳，没有睢阳，那也就不能保全江淮了。

7. 收复两京

至德二年（公元757年）十月，继西京之后，东京也告收复。

（1）留太子讨逆

天宝十四载（公元755年）十一月，安史之乱爆发。第二年，叛兵迅速攻下洛阳、长安二京，唐玄宗仓惶逃往四川，行至马嵬坡，将士们由于愤怒杀死了祸国殃民的杨国忠，逼迫玄宗赐杨贵妃吊死。六月十五日，即马嵬事变第二天，玄宗一行起程西行。老百姓们跪在街道上，挽留玄宗，恳切地对玄宗说："富丽堂皇的宫殿是陛下的家室，那些列祖列宗的陵园是陛下先人的墓地，现在都舍弃不管了，想要到哪里去呢？"玄宗骑在马上停留了很长时间，然后命令太子留在后面安抚这些父老乡民。父老们因此对太子说："既然皇上不愿意留下来，那我们愿意跟随您讨伐叛军，收复长安。如果殿下与皇上都逃向蜀中，那么谁为中原的百姓们作主呢？"不一会儿，来到太子眼前的多达数千人。太子不答应，并说："父皇冒着风险忍受艰难，去远处避难，我怎么忍心早晚不陪在他身边呢？再说我也没有当面向他辞别，我要回去告诉父皇，然后听候他的吩咐。"说着痛哭流泣，要回马西行。这时建宁王李倓与宦官李辅国拉着太子的马笼头说："逆天而行的胡人安禄山举兵谋反，进攻长安，导致天下大乱，国家分裂，如果不服从民意，怎么能够复兴大唐天下呢！现在殿下随从皇上入蜀中避难，倘若叛军焚烧断绝了通向蜀中的栈道，那么中原大地就拱手送给叛军了。人心背离之后，就很难再聚合，到那时再要收复失地恐怕已不可能了。不如现在聚集西北边防的兵力，再加上郭子仪与李光弼在河北地区的兵力，与他们合力讨伐叛贼，收复两京，平定天下，拯救整个国家，使大唐的帝业得以继续，然后再迎接皇上返回京师，这难道不是最好的孝顺行为吗？何必由于为了在身旁照顾皇上，只做一些身前身后的孝顺呢？"广平王李俶也劝太子留下来。父老乡亲都拦住太子的马，使他无法前行。于是太子就让广平王李俶骑马去报告玄宗。玄宗在马上等待太子，久等不见，就派人去打听，被派去的人回来报告了太子的情况，玄宗说："这真是天意！"便把后军中的两千人和一批最好的飞龙厩马给了太子，并告谕全军将士说："太子孝顺仁义，能够继承我，希望你们好好辅佐他。"然后又派人告诉太子说："希望你好自为之，不要为我担心。西北地区的各族人，我一直厚待他们，你一定能用得上。"太子听完后，向南方大哭。玄宗又派人把太子东宫中的宫女送给太子，并且传旨说要传帝位给太子，太子不接受。

　　太子留下后，不知道去哪里好。广平王李俶说："天已经快黑了，此地不宜久留，大家觉得到哪里去好呢？"众人都不说话。这时建宁王李倓说："殿下过去曾经做过朔方节度大使，朔方镇的将领官吏每年都向您问安，我大略记得他们姓名。现在河西和陇右的兵都因战败投降了叛军，父兄子弟多有在叛军中的，到那里去恐怕有危险。而朔方距离较近，兵马强盛，再说河西行军司马裴冕出自世家大族，一定不会有二心。叛军正在长安大肆抢掠财物，还来不及向别处进攻，趁此机会应该马上往朔方，到那里以后再共商大事，这是最好的办法。"大家听后都表示赞同。

　　太子一行从奉天向北行进，一夜急行军三百里，抵达新平时，士卒、器械损失大半，随从人员不过数百。新平太守薛羽弃郡逃走，被抓后杀死。十七日，又至安定，太守徐珏正准备逃跑时被杀。次日，行至彭原，彭原太守李遵出迎，并献上衣粮等物。太子又招募数百名士兵，继续前行，转天到达平凉，这里有数万匹监牧马，又招募了五百士兵，军势逐渐恢复。于是暂且在此住下。

　　太子李亨到达平凉数天之后，朔方留后杜鸿渐、六城水陆运使魏少游、节度判官崔漪、支度判官卢简金和盐池判官李涵等人商议说："平凉地势平坦，不适于驻扎军队，而灵武兵力强大，粮食充足，倘若把太子迎接到那儿，向北召集诸郡之兵，向西征发河西、陇右的精锐骑兵，然后南下平定中原，这确实是难得的大好时机。"于是就派李涵向太子提出建议，而且把朔方镇的马匹、士卒、粮食、武器、布帛以及其他军用物资的帐籍一齐献给太子。李涵到平凉拜见太子后，太子十分高兴。这个时候河西司马裴冕入朝当了御史中丞，当他路过平凉时见到了太子，也奉劝太子到朔方去，太子就答应了。

杜鸿渐与杜暹属同一家族，杜鸿渐为其远房的侄子，李涵是李道的曾孙。杜鸿渐和崔漪让魏少游留下来装修宫殿，准备食物用具，自己去平凉的北面亲迎太子，并对太子说："朔方镇兵精粮足。现在境外吐蕃求和，回纥归附，境内的郡县大都坚守城池，抵御叛军，等待大唐王朝的复兴。殿下如果能够在灵武招集军队，然后出军向南，平定叛军，并向全国郡县传告，收纳忠义的仁人志士，那么就一定能平定叛乱。"魏少游留下来后，大力装修宫室，一切都依照原来皇宫的样子，所准备的饮食中，陆上跑的、水中游的、天上飞的都有。七月初九，太子到达灵武，命令把这些奢侈品全部撤去。

（2）太子即位

裴冕、杜鸿渐等人向太子上表，请求他遵照玄宗在马嵬的命令即皇帝位，太子不答应。裴冕等人对太子说："殿下所带领的将士都是关中人，日夜思念着家乡，他们不怕艰险跟随殿下到这种荒凉地方来的原因，就是希望自己能建功立业。这些人一旦离散，就难以再聚集到一起。希望殿下能够顺应人心，也为国家着想！"一连五次上奏，太子才同意。当天，李亨于灵武城南楼即位，是为肃宗。群臣参拜，肃宗也流泪感叹。尊称玄宗为上皇天帝，大赦天下，改天宝十五载（公元756年）为至德元载（公元756年）。肃宗任命杜鸿渐、崔漪为中书舍人，裴冕为中书侍郎、同平章事；将关内采访使改为节度使，并把治所搬到了安化郡；任命前蒲关防御使吕崇贲为节度使；又任命陈仓县令薛景仙为扶风太守、兼御使；陇右节度使郭英乂为天水太守、兼防御使。当时塞外的精兵都入内地讨伐叛军，只剩下老弱残兵防守边疆，文武官吏不到三十人。他们披荆斩棘，建立朝廷，但是由于制度刚刚创立，使得武人蛮横骄傲。大将管崇嗣在朝堂中背对宫阙而坐，随便说笑，监察御史李勉上奏弹劾他，并且把他关了起来。肃宗特下令赦免了管崇嗣，并且感叹说："朝廷有颜面，全靠李勉这样的人了。"李勉是李元懿的曾孙。肃宗即帝位后十多天内，前来归顺的人逐渐增多。与此同时，安史叛军被胜利冲昏了头脑，只顾抢掠，在战略上再无进展。

叛军攻下潼关后的第十天，安禄山才遣将孙孝哲带兵进入长安，并进行一番部署：张通儒为西京留守，崔光远为京兆尹，安思顺奉命驻守苑中，以守住关中。叛军的气焰嚣张，西面威胁到汧、陇；南面侵扰到长江、汉水一带；北面占据了河东大半。因为叛军将领大多有勇无谋，以为攻下长安，就可以再无忧虑了，因此，整日贪图享受，没有再向西方进军的意图，这才使玄宗得以安全到达蜀地，肃宗北上从容即位。

安禄山宠任孙孝哲，让他监视关中诸将。孙孝哲残忍无比，安禄山命他搜捕百官、宫女等，每抓到数百人，就押送到洛阳。孙孝哲大杀皇室及杨国忠、高力士亲信。霍国公主及王妃、驸马等在崇仁坊被刳心，祭祠安庆宗。随玄宗西逃的文臣武将的家属，只要是留在长安的，几乎全被杀死，一时血流成河。安禄山在占据长安后，下命抢掠三天，老百姓的家产被抢掠一空。又下令府县到处搜捕，严刑拷打，长安经历了一场空前灾难。人民不堪忍受叛军骚扰，都想过先前唐朝的平安日子。自肃宗从马嵬北上以后，民间就相传太子北上征兵来收复长安，长安老百姓日夜盼望唐兵反攻。人们聚在一起，议论纷纷。常常不知从哪儿传来"太子率大军来了！"的喊声，弄得叛军惴惴不安，成了惊弓之鸟。只要一望见北方卷起烟尘，叛军就吓得准备逃跑。京城附近的豪杰趁机杀死官吏，与官军遥相呼应。叛军所控制的范围日见缩小，其西不过武功、南不出武关、北不过云阳。唐兵仍控制着江淮漕运线，江南物资源源不断地运往四川与灵武。双方力量不断发生着变化。

八月十四日，到达蜀地的唐玄宗不知太子已经即位，向天下发布一道任命太子为天下兵马元帅等内容的命令，说："任命太子李亨为天下兵马元帅，统辖朔方、河东、河北、平卢节度都使，南下收复长安、洛阳。任命御史中丞裴冕兼左庶子的职务，陇西郡司马刘秩试兼右庶子的职务；永王李璘为山南东道、岭南、黔中、江南西道节度使，少府监窦绍做他的师傅，长沙太守李岘为都副大使；任命盛王李琦为广陵大都督，统治管理江南东路和淮南、河南等路节度使，前江陵都督府长史刘汇做他的师傅，广陵郡长史李成式为都副大使；任命丰王李琪为武威都督，依然统辖河西、陇右、安西、北庭等路节度使，陇西太守济阴人邓景山做他的师傅，并且兼任都副大使。各自所需要的士卒、马匹、武器以及粮食等，都在当地征求，自己解决。其他各地原来的节度使如虢王李巨等仍旧为节度使。各王所需要任命的部下官吏和所统辖地方的郡县官，可以由自己挑选，任命以后再上奏报告。"当时盛王李琦、丰王李琪等都没有亲自去上任应职，只有永王李璘去了。又设置山南东道节度使，统辖襄阳等九郡。升五府经略使为岭南节度使，统辖南海等二十二郡。升五溪经略使为黔中节度使，统辖黔中等州郡。分江南道为东、西二道，东道统辖余杭郡，西道统辖豫章等州郡。以往，天下的人听说潼关被叛军占领了，都不知玄宗去向，这道命令颁下后，人们才知道皇上在何处。于是，臣民坚定了讨叛的信心。

（3）李泌辅肃宗

肃宗在灵武召来了隐居在颍阳的李泌。李泌，京兆人，年幼时很聪明，玄宗就让他和忠王李亨一起游玩。忠王被册封为太子时，李泌岁数已大，曾上书言事。玄宗想要授予他官职，被他拒绝，玄宗只好让他以平民的身份和太子交往，太子常常称他为先生。李泌遭到杨国忠的憎恨，杨国忠上奏把他迁移到蕲春郡。后来李泌回到家乡，居在颍阳县。肃宗从马嵬驿北上后，派人去召李泌，李泌在灵武拜见肃宗。肃宗非常高兴，出去则骑马同行走，睡觉则对着床，仍然像自己做太子时那样，凡事都要先征求李泌的意见，而且言听计从，甚至官吏的任免都与他商量。肃宗想要任命李泌为右相，李泌坚决推辞不肯接受，说：" 陛下现在这样对待我，比任命我为宰相还要尊贵，何必违背我的意愿呢！"肃宗也只好答应。

一次，肃宗和李泌去外边检阅军队，军士指着他们都暗地里说："穿黄衣服的人是圣皇，而穿白衣服的人只是一个山中的隐士。"肃宗听说后，就告诉了李泌，并说："现在是战乱时期，我不敢违背您的意愿封你官职，但是应该暂时着紫袍以防止众人猜疑。"李泌没有办法，只好接受了紫袍。穿上紫袍后，李泌入宫谢恩，肃宗笑着说："您既已身着朝服，怎么能没有相应的官职呢！"于是就从怀中拿出了敕书，任命李泌为侍谋军国、元帅府行军长史。李泌推辞不肯接受，肃宗说："朕不敢以宰相一职难为您，只是想任命这一职务以渡过眼下的困难时期。等平定叛乱后，就让您归隐。"李泌这才接受。肃宗在宫中专门设置了元帅府，倘若广平王李俶入宫，李泌就留在府中，如果李泌入宫，李俶就留在府中。李泌又对肃宗说："诸位将领惧怕陛下的威严，在陛下面前陈述军务大事时，常常因为拘束不能很准确地禀报，万一出现了小问题，将会造成很大的损失。请求先向我与广平王商议，然后再向陛下报告，可行的就命令执行，不可行的就不允许实施。"肃宗答应。当时军务繁忙，各地所上的奏疏日夜不断，肃宗让全都送到元帅府，由李泌先看，如果是十万火急的战报，李泌就加上封印，马上交给皇上，其他不重要的事情就等到天亮后再奏报。肃宗还把宫门的钥匙和符契全都委托给广平王李俶与李泌掌管。

李泌尽心尽意地辅佐肃宗，他有很强的协调、布置能力，在政治上有独到的远见，为朝廷出谋献策，协调了上层各个统治集团的关系，增加了朝廷的凝聚力。

例如，建宁王李倓英武果断，有雄才韬略，跟随肃宗从马嵬驿北上时，士兵战斗力很弱，多次遇到强盗。李倓就亲自挑选了一批骁勇善战之士，走在肃宗的前后，浴血奋战保卫肃宗。有时候肃宗在吃饭时间不能进食，李总是很痛心，所以深得军心。肃宗想任命李倓为天下兵马大元帅，让他统帅诸将东征。李泌说："建宁王李倓确实有元帅之才，但是广平王李俶是兄长，如果让建宁王李倓功成名就，广平王李俶岂不是要像周朝的吴太伯那样让位吗！"肃宗说："广平王李俶是嫡长子，将来要继承皇位，何必把元帅之职看得那么重呢！"李泌说："广平王虽然是正室夫人的大儿子，但是还没有册封为太子。现在天下战乱，人们的心都关注在元帅身上。如果建宁王大功告成，陛下即使不想立他为太子，和他一起立功勋的人肯答应吗？太宗和太上皇就是典型的例子。"于是肃宗就任命广平王李俶为天下兵马大元帅，诸位将领都由他指挥。建宁王李倓得知此事后，感谢李泌说："这正合我意！"

肃宗还是太子时，遭到过奸相李林甫的迫害，对其恨之入骨，一次谈话时，肃宗告诉李泌，准备给将领下一诏敕，将来收复长安后，要挖开李林甫的坟墓，焚骨扬灰，出胸中一口恶气。李泌却说："陛下正在安定天下，何必在意一个死人呢。李林甫的枯骨能知道什么，还显示陛下不能弘扬圣德。而且降于叛贼的，都是陛下的仇人。如果知道陛下这件事后，恐怕不敢再归顺大唐。"肃宗很不高兴，说："当初此贼不择手段陷害朕，使朕早晨不知道能否活到晚上。朕得以保全，都是老天佑庇。李林甫这贼也恨卿，只是没将卿害死而已，为何卿还要给他讲情？"李泌说："臣当然记得这些，太上皇统治天下数十年，此时不顺，流外于巴蜀。南方潮热，太上皇已是暮年，要是知道陛下要有此举，内心会惭愧不已，万一因此而病，人们都会觉得国家虽大，陛下却不能奉养好自己的父亲……"话未说完，肃宗早已是泪流满面，仰天拜道："朕没有考虑到这一点，是老天让先生提醒了我。"肃宗在李泌的尽心辅佐下，最大限度地团结了大多数人，扩大了平叛的阵营。

（4）收复两京失败

肃宗命令河西节度使李嗣业带兵五千来援。李嗣业与节度使梁宰商议，想要晚一些时间出兵，用来观察局势的发展，保存实力。绥德府折冲段秀实责备；李嗣业道："怎么能有君父告急而做臣子的拖延不至的道理，您常自诩为光明磊落的正直男儿，以今天的行为来看，却像一个目光短浅的女子。"李嗣业十分惭愧，随即请梁宰如数发兵，让段秀实做副将，带队前往灵武。行军司马李栖筠也奉诏调安西七千精兵去援助。

这时，河北的各郡县仍然由唐军把守，平原太守颜真卿将奏表封在蜡丸里，送到灵武，肃宗任其为工部尚书兼御史大夫，并致敕书，也封于蜡丸中传送。颜真卿将朝廷的消息在河北诸郡和河南、江淮等地传开，诸郡都知道肃宗在灵武即位，从此报国之心更为坚定了。

七月，朔方节度使郭子仪率领五万士兵从河北赶到灵武，肃宗任命他为兵部尚书、灵武长史；河北节度使李光弼为户部尚书，北都留守，同时担任丞相之职。李光弼又调动河北景城、河间兵五千人马去守护太原。灵武军威渐盛，人人都有报国之心，均怀复兴之望。肃宗又派人到达蜀地与太上皇联系，玄宗这才知道太子已登基，于是下制："从现在开始改制敕为诰，为太上皇，军中大事全部由皇帝裁决，再告知太上皇。"并派宰相韦见素、房带着传国宝玺和玉册到灵武传位。

肃宗一方面用朔方兵，一方面又向少数民族借兵，任命邠王李守礼之子李承为敦煌王，和朔方部将仆固怀恩一起去回纥调动援军。又发动拔汉那的军队，答应以后给丰厚奖赏，使其随安西兵入援。李泌建议离开灵武，到彭原屯兵，等西北少数民族士兵来后，再南下扶风。那时，江淮调运的物资也可到达，保证军备使用。肃宗同意了。九月十七日肃宗带领人马离开灵武南下，二十五日到达顺化。这时，韦见素等人从成都赶来，奉上宝册。由于韦见素曾依附过杨国忠，所以肃宗对他非常冷淡。房琯是有名的才子，谈起军国大事来头头是道，肃宗十分赏识他，大事都和他商量，房琯也以天下为己任，用尽全身学识与精力，其他的宰相便不再插手。

十月初三，肃宗一行从顺化来到彭原。江淮租庸使第五琦到此觐见肃宗，建议用江淮租庸买金帛类轻货，沿长江、汉水入汉口，然后由汉中王李瑀从陆地运往扶风，赏赐将士。肃宗采纳了他的意见，并任他为山南等五道度支使。第五琦擅长理财，实行榷盐法，增加了中央收入，从经济上增加了灵武政权平定叛乱的力量。

宰相房琯上疏肃宗，请求亲自率军收复两京，肃宗同意，于是就加封房琯为持节、招讨西京兼防御蒲、潼两关兵马及节度等使。房请求肃宗由自己挑选手下，于是任命御史中丞邓景山为副将，户部侍郎李揖为行军司马，给事中刘秩为参谋。临行前，肃宗又命令兵部尚书王思礼去协助房琯。房琯把军中的大事委托给李揖和刘秩，此二人都是文弱书生，不会用兵。房琯对人说："叛军的士兵虽然多，但是怎么能够敌得过我的谋士刘秩呢！"房琯把部队分成三军：派副将杨希文率领南军，从宜寿县进攻；派刘贵哲率领中军，从武功县进攻；派李光进率领北军，从奉天县进攻。

房琯命令中军与北军为先锋，二十日，进军至便桥。二十一日，两路兵马在咸阳附近与叛军将领安守忠相遇。房琯效法古人，用战车进攻，组成牛车两千辆，再使步、骑兵护卫。叛军顺风擂鼓呼喊，牛都被擂鼓呼喊声惊吓。这时叛军放火焚毁战车，顿时战阵大破，人和牲畜都混在一起，唐军死伤达四万余人，逃命存活的仅数千名。二十三日，房琯亲自率领南军作战，又被打得大败，杨希文与刘贵哲都投降了叛军。肃宗得知房琯大败，震怒不已。李泌从中营救，肃宗才赦免了房琯，仍像过去那样对待他。这时史思明又带兵攻陷河间、景城、乐安、平原、清河、博平等河北郡县，唐军处境更加被动。面对这种形势，肃宗很担心地问李泌："现在叛军如此强大，我们什么时候才能平定叛军啊？"李泌透彻地分析了全国形势，回答道："臣观察到叛兵把从各地抢获的女子财物，全部都运到范阳，这根本没有统一天下的志向。如今死心塌地跟随安禄山造反的只有为数不多几人，其余不过是被迫参加，臣估计，不出两年，天下就可安定。"肃宗请李泌具体分析。李泌接着说："安禄山手下英勇善战的将领屈指可数，不过史思明、安守忠、田乾真、张忠志、阿史那承庆等人而已。我军若令李光弼从太原出井陉，把住西入河北的军事要道，那么驻守河北的史思明、张忠志就不敢擅离范阳、常山；郭子仪率兵从冯翊入河东，逼迫潼关，使安守忠、田乾真不敢离开长安，用此办法，用我军两名将领可牵制叛军四名将领。这样一来，安禄山身边的军事力量只剩下阿史那承庆一支了。郭子仪可以镇守在河东，不要去占领华阴、潼关，使来往两京之间的道路畅通；陛下用招募来的兵镇扶风，同郭子仪、李光弼配合出击。叛兵救首则击其尾，救尾则击其首，使他们往来数千里，疲于奔命，首尾不得相救。我军则以逸待劳，敌军来了，就躲开，避开他们的锋芒；敌军撤去，就攻其不备，不进攻城池，不阻碍道路。来春命建宁王李倓为范阳节度大使，从塞北出击，与李光弼的军队形成南北相互呼应、相互夹击的局势，一起攻打范阳，攻陷叛军的老巢，势必造成他们退无所归，留则不安的局面。到时候我军四面合击，一起进攻，必能一举歼敌。"李泌的战略计划是符合客观实际的，因而是切实可行的，肃宗对此深表赞同。但由于他急于想收复两京，因此其战争部署并没有采取李泌的建议，导致安史退回河北后又一次叛乱，朝廷为此付出了高昂的代价。

（5）安史内讧

至德二年（公元757年）正月，正当肃宗准备聚集力量重新进攻长安时，安史内部发生了内讧。

安禄山从起兵叛乱以来，视力逐渐下降，到此时已经看不清东西了，又由于身上长了毒疮，性情变得很古怪，对他周围的人，只要有一点不合心意，就用鞭子抽打，有时干脆杀掉。他称帝以后，住在后宫，大将们很难见到他，都是通过严庄向安禄山汇报。严庄虽然有权势，但也免不了被鞭打。宦官李猪儿经常被挨打，安禄山左右的人都感到自身难保。安禄山的爱妾段氏生子名叫庆恩，想要替代安庆绪为太子，所以安庆绪时常害怕被杀死，不知道怎么办才好。严庄对安庆绪说："事情越是紧迫，机会越不能失掉。"安庆绪说："我听你的。"严庄又对李猪儿说："你前后挨的毒打难道还不多吗！如果再不干'大事'，恐怕马上就要死了。"李猪儿也答应一起行动。于是严庄与安庆绪夜里手拿武器立在帐幕外面，李猪儿手执大刀直入帐中，用大刀砍中了安禄山的腹部。安禄山左右的人都不敢动。安禄山用手摸枕旁的刀，没有拿到，于是就用手摇动帐幕的竿子说："这一定是手下人干的。"这时肠子已流出一大堆，很快便死了。严庄等在安禄山的床下挖了数尺深的坑，用毡包裹了安禄山的尸体，埋了进去，并警告宫中的人不能将真相向外泄露。初六早晨，严庄向外宣布说安禄山病重，立晋王安庆绪为太子。不久安庆绪即皇帝位，尊称安禄山为太上皇，然后才发丧。安庆绪懦弱无能，没有才干，并且说话不流利，严庄恐怕众人不服，因此不让安庆绪出来见人。安庆绪每天只知喝酒、寻欢，并把严庄当哥哥，任命他为御史大夫，封冯翊王爵位，大小事情都由严庄决定，并加封诸将的官爵，借以收买人心。这场政变，削弱了叛

第五章　安史之乱

军的力量。

在洛阳城内讧的同时，叛军大将史思明带领军队从博陵，蔡希德从太行，高秀岩从大同，牛廷从范阳，共十万军队，来攻打太原。李光弼部下的精兵全奔赴朔方，其他的团练兵都没有什么战斗力，不满一万人。史思明认为攻克太原不费吹灰之力，如果打下太原，当即可长驱直捣朔方、河西、陇右。太原城中的将领都非常害怕，商议修筑城池抵抗叛军。李光弼说："太原城长四十里，在叛军立即就要来到时修筑城池，是没有见到敌人先使自己很疲惫。"于是率领士兵及百姓在城外开凿壕沟准备坚守。又让士卒做了数十万块砖坯，大家都不知道用这些做什么。等到叛军在城外进攻，李光弼就让士卒用砖坯在城内加高城墙，有毁的地方便立刻修补。史思明派人到崤山以东去运攻城的器械，并且让三千兵护送，他们到达广阳时，遭遇到唐军将领慕容溢、张奉璋的拦击，全被歼灭。

史思明围攻太原一个多月，也没能攻下来，于是精挑细选，组成一支游击队，告诫他们说："我率兵攻打城北时，你们就去城南；攻打城东时，你们就向城西，见有机可乘时就进攻。"但因为李光弼军令严明，即使没有攻打的地方，巡逻的士卒也十分谨慎，没有大意的时候，所以叛军无法攻入城中。李光弼在军中征募人才，只要是有一方面的才能超出常人的都被选中，依据能力予以使用，所以每个人的才干都能得到发挥。李光弼得到安边军的三个铸钱工匠，他们善于挖掘地道。叛军士卒站在城下破口大骂，李光弼就派人从地道中拉住叫骂人的脚，拖到城中，在城墙上杀死。从此叛军士卒行走时都看着地。叛军又制云梯造𫐌以便攻城，李光弼就挖地道以迎战，所以这些东西在临近城时都陷入地下。叛军一开始就集中力量攻城，于是李光弼做了投石机，发射大石，一发可以打死二十多人。叛军在攻城中战死了十分之二三，于是就退到城墙数十步以外，包围得水泄不通。李光弼又派人假装与叛军相约，定好日子出城投降，叛军大喜，不加防备。后来，李光弼一举攻破叛军，解了太原之围。

（6）郭子仪平河东

在李光弼坚守太原的同时，郭子仪也积极筹划攻取战略要地河东，这有利于收复两京。郭子仪派人偷偷潜入河东，与被叛军围困的唐朝大臣取得联系，充当唐军的内应。接着，郭子仪自洛交引兵至河东，并分兵攻取冯翊。

二月十一日夜，河东司户韩等人翻越河东城迎接唐军，杀敌近千人。守城的叛将崔乾率兵抵抗，被唐军打败，唐军杀死敌军四千人，并俘虏五千，攻下了河东。

在此之前，肃宗得知安西、北庭及西域拔汗那、大食诸国兵已来到凉州、鄯州，并于正月十五日起身向南方行进，二月十日到达凤翔。十天内，陇右、河西、安西、西域的兵马都集中到凤翔，江淮租庸调物资也运至洋川、汉中。长安老百姓听到肃宗在凤翔的消息，纷纷前来投奔，日夜不间断。准备工作大致完成后，李泌建议肃宗按原定计划行事，派安西及西域兵沿边塞进军东北，从檀州南取范阳。肃宗问道："如今大军聚集，物资充足，理应直捣长安，为何要引兵东北数千里，先取范阳，这样不是太迂缓了吗？"李泌分析说："我军若直取两京，定能一举成功。然而叛军会再次反叛来攻打我们，使我们陷入困难的境地，这不是长久安定的决策。讨叛的主力是西北边防兵和少数民族兵，他们耐寒冷而畏暑热，若乘他们刚到的气势，去攻打叛兵，定能取胜。然而，两京已到晚春，气候转热，叛兵收拾残众，返回老巢，官兵不耐潮热，想回西北，即使强留也是留不住的，那时叛军已得到休息，并重新发展壮大，一旦唐兵撤走，他们定会乘虚而入，再占两京，这样一来，结束战争就非常困难了。还不如先向塞乡发兵，端掉它的巢穴，切断叛军回去的路，从根本上解决问题。"可是肃宗太急于收复两京，希望速战速决，没有采纳李泌的意见，以后事态的发展也正如李泌所料想的那样。

肃宗命关内节度使王思礼驻军武功，兵马使郭英义和王难得分别扎营在武功的东原、西原二地。二月十九日，叛将安守忠攻打武功，郭英乂在交战中处于下锋，王思礼诸军只得退守扶风。叛军游兵已到达离冯翔五十里的大和关，凤翔唐军马上严加戒备。

二十二日，郭子仪派其子郭旰及兵马使李韶光、大将王祚南渡黄河偷袭潼关，大败叛军。潼关是长安东面的门户，历来为兵家必争之地。安庆绪派人援救，唐军死伤万余人，李韶光、王祚力战死，大将仆固怀恩抱着马头浮渡渭水，退保河东。三月，安守忠率领;两万骑兵进犯河东，郭子仪打败了他，稳定了河东局势。

四月，肃宗任命郭子仪为司空、天下兵马副元帅，令其带兵赶赴凤翔，作好攻打长安的准备。郭子仪带队行至三原北时，叛将李归仁率五千铁骑阻击。郭子仪军迅速将其击溃，来到西渭桥与王思礼军会师。郭子仪军驻扎在水西岸，叛军大将安守忠与李归仁率兵驻扎在京城西面的清渠。两军相持七日，官军没有进攻。五月初六，安守忠假装撤退，郭子仪率全军追击。叛军以九千精锐骑兵布成长蛇阵，官军从中间进击，叛军变首尾为两军，前后夹击，官军大败。唐朝大臣韩液与监军孙知古都被叛军俘获，军用物资全部丢弃。郭子仪退军防守武功，严加戒备。郭子仪只身至凤翔请罪，降为左仆射。

（7）收复洛阳

在清渠作战的失败，大大打击了唐军，推迟了对长安的进攻。经过四个多月的准备，至九月，决定再次进攻长安。郭子仪认为回纥兵战斗力强，能征善战，就劝肃宗多征回纥兵以平叛。回纥怀仁可汗派儿子叶护和将军帝德等率领精兵四千余人来到凤翔，肃宗接见叶护，厚待他，满足他所有的要求。十二日，元帅广平王李俶率领朔方等各镇兵及回纥、西域兵共十五万，号称二十万，从凤翔出发。李俶见到回纥叶护，二人拜为兄弟，叶护十分高兴，称李俶为兄。回纥人到达扶风，郭子仪设下宴席，想宴请他们三天。叶护说："国家有难，我们远来救援，还未作战，哪里能大吃大喝呢！"吃完饭后马上出发。唐朝每天供给回纥军羊二百头，牛二十头，米四十斛。

二十五日，各个方向的军队一起出发，二十七日，都到了长安城西侧，在香积寺北面沣水东岸摆好作战阵势。李嗣业为前军，郭子仪为中军，王思礼为后军。叛军十万在北面列阵，叛将李归仁出阵挑战，官军追击，逼近叛军阵中，叛军一齐进发，官军撤退，叛军乘此机会突然进军，官军受到惊吓，乱了阵脚，叛军争相抢夺军用物资。这时李嗣业说："今天如果不拼死抵抗，我们就彻底失败了。"于是袒露上身，手执长刀，立于阵前，大声呼喊，奋勇杀敌，叛军和他打斗的都被大刀砍下马，杀死了数十人，才稳住官军的阵地。后李嗣业率领前军各持长刀，排成横队，像堵墙一样向前推进，自己走在最前面，官军勇猛无比。都知兵马使王难得为了救他的裨将，被叛军射中眼眉，垂下的肉皮遮住眼睛。王难得自己拔掉箭头，扯掉肉皮，血流满面，但仍浴血奋战。叛军埋伏精兵于阵地东面，打算从后面袭击官军，被官军侦察发觉，朔方左厢兵马使仆固怀恩领回纥兵袭击叛军伏兵，叛军被全部消灭，于是士气低落。李嗣业又与回纥兵绕道到叛军的阵后，和大军前后进行夹击，从午时到酉时，一共杀敌六万多，被填在沟堑中的死者不计其数。叛军被打败后溃退了，剩下的军队逃入长安城中。

仆固怀恩对广平王李俶说："叛军要放弃长安城逃走，请让我率领二百名骑兵追击，活捉安守忠、李归仁等人。"李俶说："将军作战已很疲劳，现在还是休息吧，等明天再说。"仆固怀恩说："李归仁与安守忠都是叛军中勇武的大将，如今突然被我们打败，真是天赐良机，为何要放虎归山呢！如果让他们收拾残兵，与我们作战，那时就追悔莫及了！再说用兵最重要的一点就是快，为何要等到明天呢！"但广平王李俶坚持不同意，让仆固怀恩返回营中。仆固怀恩不停请命，来来回回一夜竟然有四五次。等到天亮，探子回来报告说叛军守将安守忠、李归仁与张通儒、田乾真等俱已逃脱。

二十八日，广平王李俶率大军进入长安。长安老百姓夹道欢迎，许多人涕泪横流。这时叶护想要按照约定抢掠长安城，李俶在他的马前拜道："今日刚得长安，若马上掠夺，东京人民必替叛军守城卖命，我们将打不下来，还望得洛阳后再如约。"叶护听罢急下马答拜，跪捧李俶足说："我应该为了陛下直接攻取东京。"遂与仆固怀恩带领回纥、西域之兵从城南过，来到城外的水之东扎营。李俶在长安安抚三日后，又率大军东进洛阳。

二十九日，捷报传到凤翔，百官入贺，肃宗高兴得涕泪横流，马上派宦官啖庭瑶去蜀地禀告太上皇，又命令左仆射裴冕到长安慰问百姓。

攻克长安后，郭子仪又带兵在潼关追击叛军，杀敌五千人，攻占弘农、华阴二郡。王难得统率着兴平军破敌于武关，拿下上洛郡。

在洛阳称帝的安庆绪听说长安不保，立即调发洛阳叛军，由御史大夫严庄统领，奔赴长安。到了陕郡，与从长安战场败退下来的张通儒部残兵汇合，尚有步骑十五万，一起抵挡唐军。

十月十五日，广平王李俶与郭子仪率唐兵进至弘农县东的曲沃城。回纥兵在南山北设下伏兵，叛军也依傍着山势布下阵势，双方在新店展开战斗。一开始唐兵不利，叛兵呐喊着冲下山来。这时，回纥兵如猛虎一般，突然从敌阵背后掩杀过来。叛兵素知回纥骑兵的厉害，士兵大喊："回纥兵来了！"顿时乱作一团。在唐兵与回纥兵的夹击下，叛兵一下溃逃，严庄、张通儒丢下满山尸体，弃陕郡东逃，李俶与郭子仪入陕，派大将仆固怀恩等人分道追击。

严庄先进入洛阳向安庆绪报告失败的消息。十六日夜晚，安庆绪率领其部下从苑门逃出，逃向河北，并在逃走前将所俘房的朝廷将领哥舒翰、程千里等三十余人杀死。许远在偃师县被杀死。十月十八日，李俶率领唐军进入洛阳。二十一日，郭子仪乘胜派左兵马使张用济、左武锋使浑释之领兵攻取河阳、河内。严庄看到败局已不能再挽回了，就投降了唐军。陈留郡民众杀死叛将尹子奇，一起归唐。又围攻颍川叛将田承嗣，田承嗣也派人前来请降。但没等唐廷收降，田承嗣又和武令珣一起逃向河北。

肃宗得到收复洛阳的消息，于十月二十三日进入长安。长安百姓欢迎队伍长达二十里。人们夹道欢迎，兴奋地说："没想到还能再见到皇上！"肃宗也感慨不已。十一月，广平王李俶与郭子仪从洛阳归来，肃宗慰劳郭子仪说："我的国家，全凭你的再造之恩啊。"

肃宗政权在两京失陷后，用了一年多时间，收复二京，把叛军赶回老巢，虽没有在根本上平叛，但还是取得了决定性胜利，避免了李唐王室的灭亡。

8. 平息叛乱

宝应二年（公元763年）正月，史朝义自缢而死，"安史之乱"得以平定。

（1）史思明降而复叛

至德二年（公元757年）十月，肃宗朝廷收复了沦陷两年之久的长安、洛阳二京，把安庆绪和史思明残余势力赶回河北老巢，叛军对中原地区的威胁基本解除了，平叛的战争暂时结束。

安庆绪带着残兵败将退到邺郡，于是改邺郡为安成府，改年号为天成。而此时跟随他的部队只有骑兵三百人，步兵不到一千人，其他部将如阿史那承庆等都分别逃向常山、赵郡、范阳等地。十天之内，蔡希德才从上党，田承嗣从颍川，武令珣从南阳，各自带领自己的兵马投奔到邺郡。安庆绪重新在河北各地招兵买马，积蓄实力，很快已经有六万兵马，军队实力又一次积聚起来。但是在安庆绪军队内部不稳定的因素正慢慢滋生。由于安庆绪昏庸无能，不理政事，使得另一主将史思明不能服气。史思明被安庆绪封为妫川王、范阳节度使，占有叛军从两京及各地掳掠运来的大量物资财货，开始不听安庆绪的调遣。与安庆绪北逃的同时，其将李归仁带领精兵同罗数万人败退到范阳，史思明乘机将他们收编，逐步壮大了自己的势力。安庆绪忌恨史思明兵强，于是派阿史那承庆和安守忠前往范阳去征调史思明的部队，并让他们暗中消灭史思明。范阳节度判官耿仁智对史思明说："史大夫你位高权重，你身旁的人都慑于你的权威，在你面前不敢说真话，而我愿意冒生命危险向你进言。"史思明听后说："你打算说什么呢？"耿仁智说："大夫你之所以为安氏这么效力，是为他们的权势所迫。而现在唐朝兴旺发达，天子也重仁义，善待贤明之辈，你如果能够率领部下的将士归服朝廷，就会转危为安。"裨将乌承玼劝史思明说："现在唐朝兴复，而安庆绪就好比树叶上的一滴露水，长久不了。大夫你为何要与他同归于尽呢？如果现在你归顺朝廷，效忠皇帝，就可以很容易地洗刷掉以前背叛朝廷的罪名。"史思明认为他们说得很对。

阿史那承庆与安守忠带领五千精锐骑兵护卫，到达范阳，史思明率领全部兵众数万人去相迎。相距一里多路时，史思明派人对阿史那承庆等人说："相公与大王远道而来，范阳的将士们感到十分宽慰，可是范阳军处在边远地区，胆小怕事，很惧怕你们强大的军队，不敢前来迎接你们的军队，希望你们的士兵能把刀剑弓箭这些武器收起来，让范阳军队安心来迎接你们。"阿史那承庆等人表示同意。史思明带领阿史那承庆到内厅中饮酒作乐，另派人收缴了他部下的兵器，给阿史那承庆部队的士兵发送钱粮，叫他们回到故乡去，愿意留下来效力的，大加赏赐，然后分配到自己部队的各营中。第二天，史思明便囚禁了阿史那承庆等人，然后派自己的部将窦子昂上书给皇帝，率自己所辖的十三郡及八万兵士归降朝廷，并命令部将河东节度使高秀岩也率领自己的部众及辖地来归降。二十二日，窦子昂到达京师。肃宗对史思明率领部下归顺朝廷的表现非常满意，就封史思明为归义王、范阳节度使，对史思明的七个儿子也各授官职。肃宗又派宦官李思敬与朝官乌承恩前往范阳安抚史思明，让他率领部下将士去征讨安庆绪。

对史思明的归降，朝臣多持怀疑态度。河南节度使张镐就曾直言上书，说史思明为人狡诈，早有篡位之心，心狠手辣，千万不要给这种人以重权。但当时肃宗非常宠信史思明，对这些猜疑丝毫都不相信。大将李光弼也认为史思明还会再次反叛，对他应早早提防，建议肃宗任命与史氏有私交的乌承恩为范阳节度副使，赐阿史那承庆免罪的铁券，让二人暗中图谋史思明。

乌承恩之父乌知义曾是平卢军使，对史思明有恩，所以史氏与其子关系也很融洽，当初乌承恩也极力劝说史氏归顺。此次乌承恩领了朝命前去范阳，而暗地却展开了调查，经常用钱财来笼络人心，还派人男扮女装进入史思明的军营中以色相引诱来获取情报。有人将此密告史思明，他将信将疑。这时正好乌承恩与李思敬到河北慰问将士，史思明决定查个水落石出。他把乌承恩留在府中，事先在床下埋伏了两个士兵，然后让在范阳的乌承恩之子去探望其父。深夜，乌承恩把自己领受朝命，铲除史思明的计划统统告诉儿子。躲在床下埋伏已久的士兵听到后大声呼喊，跳了出来，将乌承恩父子俩抓住。史思明震怒不已，大骂不止，乌承恩供出主谋是李光弼。史思明杀了乌承恩父子，连坐者有二百余人，又扣押了李思敬，上表喊冤。肃宗只好使人去慰抚史思明，说明进行暗中调查都是乌承恩的主意，责任全在乌承恩身上。

正在这时，唐廷斩杀了投降叛军的朝臣，这一消息传到范阳，史思明趁机煽动将士说："陈希烈等人身为宰相，皆朝廷大臣，太上皇（唐玄宗）不顾他们的死活，跑到蜀地避难，这些以前的朝中大臣到现在都还难逃一死，更何况像我们这些跟随安禄山造反的人呢？"诸将听了心中惴惴不安，纷纷请求史氏上表杀李光弼，史思明部就再次反叛了。

（2）征讨安庆绪

唐廷这时正组织人马征讨安庆绪。安庆绪刚到邺郡时，虽然各种势力分崩离析，内部混乱不团结，但还占据着七郡六十余城，军资物品众多。但安庆绪不理政事，热中于大兴土木，修造宫殿庭台，只知享乐。他的大臣高尚与张通儒等人又因争权不和，政令不通。大将蔡希德有才略，所率领的部队精锐无比，但是由于他性格刚直不阿，经常说话毫无顾忌，结果张通儒就向安庆绪进谗言，将蔡希德杀死，蔡希德部下数千人都离军而逃，诸将也怨怒不肯卖力。安庆绪又任命崔乾祐为天下兵马使，总揽兵权。崔乾佑刚愎自用,嗜杀成性,士卒都不愿替他卖命。

乾元元年(公元758年)九月,肃宗命朔方郭子仪、淮西鲁炅、兴平李奂、滑濮许叔冀、北庭李嗣业、郑蔡季广琛、河南崔光远七节度使及平卢兵马使董秦,共率领二十万兵马的军队讨伐安庆绪,又命河东李光弼、关内泽潞王思礼二节度使率领其兵众助战。各方势力共同作战,需要相互协调,配合默契,因此要有一个强而有力的统帅。但是肃宗却以郭子仪、李光弼皆为元勋,不能相互统帅为由,不置元帅,而以宦官鱼朝恩为观军容宣慰处置使,监督各路节度使。让一个不懂军事的宦官握有全权进行指挥,预示着这场大战要以失败而告终。

十月,郭子仪率兵从卫州汲县杏园渡过黄河,东抵获嘉,击败叛军安太清,杀敌四千,俘虏五百。安太清退兵死守卫州,而郭子仪率兵前进,将安太清的部队团团围住,到了初七,就派使者回朝廷报告胜利的消息。鲁炅从阳武渡过黄河,季广琛、崔光远从酸枣渡过黄河,和李嗣业部队共同到卫州与郭子仪会合。安庆绪将邺中总共七万的军队调遣过来救援卫州,将兵力分为三股部队,崔乾率领上军,田承嗣率领下军,安庆绪亲自率领中军。郭子仪命令善射手三千埋伏于军营垒墙的后面,命令他们说:"我如果领兵退,叛军突然追击,那时你们就登上垒墙,擂鼓呐喊并射击。"郭子仪与安庆绪交战,假装兵败往后撤退,叛军于是追赶,来到垒下,埋伏的箭兵一起射箭,箭支满天都是,叛军退走,郭子仪又率兵追击,安庆绪大败。安庆绪的弟弟安庆和被俘虏,马上被杀掉。于是卫州被收复了。安庆绪败逃,郭子仪等率兵一直追到邺城,这时许叔冀、董秦、王思礼及何东兵马使薛兼训都领兵相继来到。安庆绪集结残余势力与官兵的军队在愁思冈决一死战,又被打败了。唐军前后杀死叛军三万,俘虏一千人。于是安庆绪被迫回邺城死守,郭子仪等率兵包围了邺城。在唐军的合围下,安庆绪没有任何办法,只得派薛嵩向史思明求救,并以让位给他作为出兵的条件。史思明分析形势对自己有利,虽然和安庆绪有间隙,但毕竟都是叛军之将,一条船上的人,于是立即调发十三万范阳兵救邺。但在唐军合围下,他不敢轻举妄动,先遣李归仁带一万步骑驻扎在邺城之北六十里外的滏阳观望,遥为救邺的声势。接着,史思明将救兵分为三部,一出邢、洺,一出冀、贝,一从洹水接近魏州,从邺城的北部和东部对唐军形成包围之势，并趁唐军立足未稳，攻陷魏州，杀唐兵三万。

乾元二年（公元759年）正月初一，史思明于魏州城北修筑祭坛，祭天称王，自称大圣燕王，任命周挚为行军司马。李光弼说："史思明攻占魏州后，按兵不动，这样做是为了麻痹我们，然后趁我们麻痹大意之机突然用精兵来袭击我们。请让我和朔方军联兵进逼魏州城，向史思明挑战，史思明考虑到嘉山之败的经验，必定不敢轻易应战。这样耗下去，打持久战，我们就能够收复邺城。如果安庆绪败死，史思明就会失去号召力，难以号令叛军。"然而观军容宣慰处置使宦官鱼朝恩却认为这样做不妥，本来很好的机会就这样失去了。

郭子仪等节度使包围邺城自冬历夏，历时半年之久，唐军层层筑垒，重重穿堑，又决开漳水灌城。邺城于是旦夕不保，城内早已没有粮食供应了，甚至一鼠值钱四千。然而由于唐军无统帅，进退不一，致使久围不下，镇西节度使李嗣业中流矢而死，唐朝的军队已经财力枯竭，粮食耗尽，军中人心思变，上下也分崩离析，已有解体之忧。

（3）李光弼代郭子仪

史思明见时机成熟，才率领军队从魏州进军邺城，命令诸将在离邺城五十里处扎营，每个营中击鼓三百面，依靠其声势支援安庆绪的部队，威胁官军。史思明又从每个营中挑选精锐骑兵五百，每天到城下掳掠，官军如果出来交战，这些骑兵就四下逃散，回到各自的军营中。这样官军各路的人马牛车每天都有损失，甚至采集柴火都很艰难。官军白天防备，叛军骑兵就在夜里来骚扰；如果夜里防备，叛军则白天骚扰。当时天下饥荒，军队所食用的军粮都是从南边的江、淮地区和西边的弁州、汾州地区运来的，舟车相继不断。于是史思明派壮士窃取官军的服装和号令，督促运粮者，斥责他们缓慢，任意杀戮，使得负责转运的人非常害怕官军。他们又在运送粮饷船车聚集的地方，偷偷放火焚烧，聚散无常，他们自己倒是能相互识别出来，但巡逻的官兵却是拿他们没有一点办法，怎么也抓不到，也侦察不出行迹。因此官军缺乏粮食，人心不稳。史思明于是率领大军径直兵临城下，与官军很快就要决战。

三月初六，唐军步骑数十万列于滏水之北，史思明亲自挂帅领五万精兵和唐军对抗。唐兵刚开始以为是敌人游兵，并未在意。史思明却不顾众多的唐兵，带兵猛冲。李光弼、王思礼、许叔冀、鲁炅部队与敌人交上了锋。双方实力相当，拼了个你死我活。稍后的郭子仪正欲布阵助战，突然刮起一阵狂风，飞沙走石，天地顿时昏暗一片，伸手不见五指。两军皆大吃一惊，再也无心恋战。唐朝军队往南溃逃，史思明的叛军向北方逃散。辎重武器散落一地。郭子仪朔方兵原有战马万匹，在溃退后只剩下三千，器械也大多遗弃。到达河阳，郭子仪打算坚守河阳城，因部队相互之间惊扰，又逃向缺门。这时部将都陆续赶到，点检人马，才有几万，大家商议后决定放弃东京，将军队撤退守住蒲州、陕州。都虞侯张用济说："蒲州和陕州连年饥荒，不如坚守河阳，史思明的部队假如前来攻打，我们就尽全力死守河阳。"郭子仪听从了。唐军刚刚部署完，敌将周挚就引兵而至，见唐军已早有防范，只好退去。

史思明得知官军败退，从沙河整顿兵马，还军邺城南面。安庆绪得到了郭子仪军队败退时尚在营中的粮食，有六十七万石，于是就与孙孝哲、崔乾等策划关闭城门不让史思明进入。这时各位将领说："我们现在怎么能够背叛史王呢！"而史思明既不和安庆绪互相告知彼此的情况，也不南下追击官军，只是每天在军中宴请士卒。张通儒、高尚等对安庆绪说："史王远道而来，并率兵救我们于危难之际，我们应该知恩图报，去感谢他才对。"安庆绪说："随你们去吧。"史思明见到张通儒、高尚等，多加赏赐，让他们回去。过了三天，安庆绪还不来。于是史思明秘密地把安太清召来，指派他去诱骗安庆绪，安庆绪无计可施，于是派安太清向史思明上表称臣，并说等史思明安顿好部队入城后，就向史思明交出皇帝玉玺。史思明看了表书说："何必如此呢！"并把表书拿出来让将士们看，将士们都呼喊万岁。因此史思明就亲手写信安慰安庆绪，并不要求安庆绪称臣，只是说："愿与你成为兄弟，互相帮助。我们之间地位平等，鼎足而立，这还说得过去；如果你向我称臣，我实在是不敢当。"并把表书封缄后还给安庆绪。安庆绪十分高兴，于是希望能和史思明歃血结盟，结为兄弟，史思明答应了。于是安庆绪带领三百名骑兵来到史思明军营中，史思明命令士卒全副武装防备安庆绪，然后领着安庆绪和他的几个弟弟进入庭中。安庆绪叩头再拜说："作为臣下我平庸无能，丧失了东西二京，并陷于重兵包围之中，没料到大王看在我父亲太上皇的情分上，从远处来救援，让我能从危险的境地中转危为安，你对我的恩情就像海水那样深，终生难以报答。"史思明忽然大怒说："丢失两京，又算得了什么。你身为人子，杀父篡位，天地所不容。我是替太上皇讨伐你这个逆贼，怎么会让你讨好的假话欺骗呢！"当即命令左右的人把安庆绪连同他的四个弟弟以及高尚、孙孝哲、崔乾等杀掉。张通儒、李庭望等人都被授以官职。随后史思明整理军备，入主邺城，收编了安庆绪的兵马，把府库中的财物分赏给将士，安庆绪原先所占据的州、县以及兵马全归史思明所有。史思明又派安太清率兵五千攻取怀州，于是留安太清镇守怀州。史思明原本打算率领兵马将自己的势力向西发展，但是想到自己的后方还不是很稳定，因此他就叫自己的儿子史朝义留下来镇守相州，而他自己则班师返回范阳。不久，史思明自称大燕皇帝，改元顺天。立妻辛氏为皇后，史朝义为怀王，周挚为相，李归仁为将，改范阳为燕京。

观军容宣慰处置使鱼朝恩嫉妒郭子仪的才能，对郭子仪怀有成见，于是把滏水之战失败的原因推在郭子仪身上。七月，肃宗召郭子仪还京，以李光弼代为朔方节度使、兵马元帅。郭子仪宽厚服众，李光弼则治军严整，朔方将士皆怀念郭子仪的宽厚而忌惮李光弼之威严。他们都不希望郭子仪离开，于是要求中使，希望他能够想办法留住郭子仪。屯驻河阳的左厢兵马使张用济与诸将商议，想率精兵突入东京，驱逐李光弼而迎郭子仪，都知兵马使仆固怀恩和右武锋使康元宝表示反对。李光弼带数千骑东出汜水，张用济单骑来迎，结果被李光弼以他来晚了为借口杀死，由李光弼的部将辛京杲代领其众。仆固怀恩因有五百骑兵陪同前往而幸免于难。朔方兵纷纷离散，仅剩两万人。不久，李光弼又被任命为幽州长史、河北节度使，命他收复河北之地。

九月，史思明让史朝清留守范阳，而其他各郡的太守各自率领三千兵马和他一起去攻打河南等地。他把各路人马分为四部，令狐彰一部，从黎阳渡黄河攻打滑州，他与史朝义、周挚分别从濮阳、白皋、胡良渡河，约好于汴州相会。

李光弼知道了情况后赶到汴州，并命令汴滑节度使许叔冀一定要在汴州坚持抵抗十五天，然后就会有援兵来救援。部署完毕，李光弼回到洛阳。许叔冀抵挡不住史思明的进攻，就与濮州刺史董秦及其将梁浦、刘从谏、田神功投降。史思明乘胜追击，向西继续攻打郑州，一下子洛阳的形势变得非常紧张。本来洛阳东面为氾水有成皋之险，东南有岭、龙门伊阙可凭险而守，但防线太长，朔方兵力不足，李光弼决定放弃洛阳，坚守河阳。河阳北连泽、潞，与王思礼部相临，既可进取，又可退守，抵挡叛军向西进攻的步伐绰绰有余。当即李光弼驰书河南尹，命令他组织官兵将老百姓疏散到城外以避战争之灾，接着指挥士兵将军需物资运抵河阳守备。夜晚，李光弼才到达河阳，共两万人，粮饷只能维持十天。二十七日，史思明兵进入洛阳，得到的只是一座空城，叛军怕其中有诈，疑为官兵的空城之计，迟迟不敢进入宫内，将队伍驻扎在洛阳东北的白马寺南，在河阳城南筑起一道月城防备唐军。这时，郑、滑等州也相继陷落。

（4）李光弼连胜叛军

十月，肃宗得知东都复失，很是着急，想要亲征，被群臣劝阻。史思明则开始率军进攻河阳，李光弼凭借险要的地势死守河阳，与比自己数量多几倍的敌军对抗，战争进行得异常艰苦。他治军严明，下令后退怯战者一律斩杀。为激励将士杀敌，李光弼命令众将领说："你们都看我旗子的号令，如果我的旗子挥动得慢，就听凭你们选择有利时机出战；如果我迅速向地上挥动旗子三下，你们就全军一起突击，勇往直前；如果谁胆敢逃跑后退，一律格杀勿论！"然后李光弼又把一把短刀放置在自己的靴子中，说："战斗是危险的事情，我身为国家的重臣，不能够死于叛军之手，万一战败，大家在前面死于敌手，我就在此地自杀，决不会只让诸位战死于沙场而自己却苟活于世。"于是众将领出战。不久，郝廷玉从阵上逃下来，李光弼望见，大惊说："郝廷玉逃下阵来，我的计划就危险了。"于是命令左右的人去把郝廷玉杀掉。郝廷玉说："我的坐骑中箭，并非我怕死而逃。"使者驰马来报告李光弼。李光弼就下令叫部下们给郝廷玉换了一匹马，让郝廷玉继续到前线冲锋陷阵。仆固怀恩和他的儿子开府仪同三司仆固玢与叛军交战稍有退却，李光弼又命令左右的人去把他们的头割下来。仆固怀恩父子看见李光弼派来的人提刀骑马而来，就重新上前决战。李光弼不停地挥动着手中的指挥旗，他率领的部下们都勇往直前，毫不退却，喊杀声震天动地。

上元元年（公元760年）二月，李光弼进攻河阳北部的怀州，在沁水击败了赶来救援的史思明的军队，杀敌两千多人，在怀州城下又大破安太清兵马。四月，唐朝的军队又在河南西渚打败了史思明所率领的部队，杀敌一千五百。李光弼在围攻怀州一百天后，终于攻下该州，生擒安太清。史思明则在这年五月进入洛阳地区与唐军对峙。

上元二年（公元761年）正月，史思明见唐军坚守河阳一年多了，却仍然丝毫没有撤退的迹象，决定用调虎离山之计诱唐出兵。于是暗地里派人到唐营中散布说，洛阳史思明兵皆是河北人，一直在前线打败仗都想回故乡了，大家都厌倦了残酷的战斗，军心不稳。有人听了便向鱼朝恩建议唐军应主动出击。不懂军事的鱼朝恩觉得很对，屡屡向肃宗进言，肃宗听取其一面之辞，命令唐军进取东京。李光弼分析形势，认为敌人现在的实力还非常强大，不可贸然出兵，他向肃宗奏报，反对从河阳出兵。仆固怀恩与李光弼有个人恩怨，这次也附合鱼朝恩，对皇帝说如果出兵的话一定可以攻占洛阳，于是肃宗拒绝了李光弼的意见，不断派人使督其出战。皇帝的命令是不得违抗的，李光弼不得已让郑陈节度使李抱玉留守河阳，他与仆固怀恩带兵，会同鱼朝恩和神策节度使卫伯玉之兵攻打洛阳。

二月二十三日，唐军抵达洛阳城北邙山。李光弼命令队伍凭借险要的地势排开阵形，仆固怀恩却把战阵布在平原之地，李光弼劝他说，依险而阵，进可以攻，退可以守；若于平原布阵，万一失利，就无退路了，史思明之流虽然是叛将，但是实力却不小，不可小视。仆固怀恩很是不愿意。就在唐军立足未稳之际，史思明发动突然进攻，唐兵大败，死伤数千人，武器军资也损失殆尽。李光弼、仆固怀恩渡过黄河，退保闻喜；鱼朝恩、卫伯玉奔回陕郡，留守河阳的李抱玉也放弃了河阳城的防守逃离了河阳城。河阳、怀州再入敌手。史思明乘胜想要西攻潼关，让史朝义带兵为先锋，逼进陕城。唐廷震惊万分，为确保潼关、长安的安全，急忙增兵陕城。战争的情势一下子变得对官军非常不利。幸亏叛军再起内讧，这才放慢了进攻的步伐。

（5）史朝义败死

原来史思明为人多疑，残忍嗜杀，部下稍稍不如他的意，动辄就将部下九族宗亲统统诛杀掉，因而人人都不能自保。史朝义是史思明的长子，经常跟随史思明带兵，非常谨慎，爱惜士兵，将士们大多拥戴史朝义，拥护他的号召，服从他的命令，但史朝义没有得到史思明的宠爱。史思明偏爱小儿子史朝清，派他镇守范阳，经常想杀掉史朝义，立史朝清为太子，史思明的打算时不时被他的随从走漏了风声。史思明已经击败李光弼的军队，打算乘胜西进入关，于是派遣史朝义率兵作为前锋，自北道袭击陕城，史思明亲率大军自南道进攻。

三月初九，史朝义军至礓子岭，遇到了唐朝卫伯玉军的顽强反击而失败。史朝义数次进攻，均被卫伯玉打败。史思明退守永宁，归罪于史朝义临阵胆怯，史思明说："史朝义终究不能成就我的大事！"打算按军法斩杀史朝义及诸位将领。

十三日，史思明命令史朝义修筑三隅城，准备存贮军粮，限期一天。史朝义修筑完毕，还没有抹好泥，史思明来督察时，破口大骂史朝义，指责他办事不力，命令随从骑在马上监督抹泥，立刻完成。史思明又说："等攻克陕州，终究要杀掉史朝义。"史朝义十分害怕，不知如何是好。

史思明在鹿桥驿，命令心腹曹将军率军值班，维护安全。史朝义在旅馆住宿，其部将骆悦、蔡文景劝史朝义说："我们与您已经死到临头了！自古就有废立君王之事，请您召见曹将军，共议大事。"史朝义不知道该怎么办，低着头不言不语。骆悦等人又说："您如果不答应的话，我们现在就投降李氏，那么您也就完了。"史朝义哭着说："请各位一定慎重处理好此事，千万不要以此而惊动了我父亲！"骆悦等人就命令许叔冀的儿子许季常召见曹将军，把整个计划告诉了他。曹将军知道诸位将领都对史思明非常不满，早就想将他杀掉，担心自己受害，只得答应。当天傍晚，骆悦等人率领史朝义的士兵三百人，全副武装来到驿站，值班的卫兵颇觉奇怪，但他们害怕曹将军，不敢与史朝义的士兵动手。骆悦等人带兵闯入史思明的卧室，正碰上史思明上厕所了，于是问他身边的人，还没有等他们开口回答，骆悦已经杀掉几个人，史思明身边的人急忙向骆悦等人告知了史思明的去向。史思明听到情况有变，跳墙来到马厩里，自己骑马逃跑。骆悦的侍从周子俊发箭，射中手臂，史思明落下马来，于是被他们捉住。史思明问道："谁人胆敢来暗害于我？"骆悦回答说："奉怀王史朝义的命令。"史思明说："早晨我说话一时失口，应该得到如此下场。但是我现在还不能死，我还有利用价值，为什么不等到我们的军队攻陷了长安以后再把我杀死呢！现在杀我就不能成就大业了。"骆悦等人将史思明押送柳泉驿，囚禁起来，然后回去报告史朝义说："大事已毕。"史朝义说："没有惊吓我父亲吗？"骆悦回答说："没有。"当时周挚、许叔冀率领后军驻扎于福昌，骆悦等人叫许季常将他们已将史思明制服一事告诉了周挚，周挚得知此事后惊吓过度，当场昏倒在地。史朝义率领军队回来，周挚、许叔冀迎接，骆悦等人劝史朝义拿下周挚，把他杀掉。军队至柳泉，骆悦等人担心众心不一，于是勒杀史思明，并将他的尸体用毡毯包裹起来，用骆驼运回了洛阳城。

接着史朝义即皇帝位，改元显圣。史朝义秘密地派人赶到范阳，将他的亲生弟弟史朝清以及反对他的几十人统统杀死，引发了一场逆党自相残杀的丑剧。经数月火并，死伤数千人，内乱才稍加平定。史朝义以李怀仙为范阳尹、燕京留守。但是洛阳四周叛军节度使多为安禄山旧将，并不服从史氏指挥，史朝义对于这种情况也无可奈何。经过这场内讧，叛军实力大大削弱。

然而，邙山之败也使唐军受到重创，一时难以对叛军发动有效的进攻。李光弼上书皇帝，请求皇帝贬他的官职以对这次邙山之败负责，肃宗制以开府仪同三司、侍中、领河中节度使。不久，又重新任命李光弼为河南副元帅、太尉兼侍中，都统河南、淮南东西、山南东、荆南、江南西、浙江东、西八道行营节度，出镇临淮。八月，赴河南行营。在此期间，唐军与敌数有交锋，取得一些局部上的胜利，但形势仍然不容乐观。

宝应元年（公元762年），肃宗崩，代宗即位，重新起用郭子仪为都知朔方、河东、北庭、潞、仪、泽、沁、陈、郑等节度行营及兴平等军副元帅。郭子仪从河东入朝，于是保住了京师长安。又派中使出使回纥搬兵，登里可汗见唐新遭大丧，内地州县又一片萧条，很有些瞧不起唐朝的意思，态度很不恭敬。由于仆固怀恩之女嫁给了登里可汗，经仆固怀恩出面劝说，基于联姻的原因，登里可汗这才勉强同意出动兵马，帮助唐朝对付叛军。

十月，代宗以子雍王李适为天下兵马元帅，十六日，从长安出发，与诸道节度使及回纥兵会合于陕州，一起讨伐史朝义的军队。代宗原想以郭子仪为副元帅，由于遭到宦官程元振、鱼朝恩的阻挠，只好改用仆固怀恩领诸军节度行营，成为实际的统帅。

二十三日，会合于陕州的各路人马开始出发。雍王留镇陕州；仆固怀恩与回纥左杀为前锋；陕西节度使郭英乂、神策观军容使鱼朝恩负责巩固后方的阵地，从渑池方向发动进攻；潞泽节度使李抱玉从河阳方向发动进攻；河南等道副元帅李光弼从陈留方向向史朝义的部队发起进攻。各路大军从东、南、西三面合围洛阳的史朝义。

史朝义听说官军马上要攻打过来，便和诸将商议如何应付。阿史那承庆说："如果唐朝单独率领军队前来，就应当率领全军和他们决一死战。如果与回纥军队共同前来，他们的力量会非常强大，不太好对付，我们就应该退守河阳，避其锋芒。"史朝义没有听从阿史那承庆的建议。

二十七日，官军到达洛阳北郊，分兵取怀州。

二十八日，官军攻取怀州。

三十日，唐朝的军队在横水附近摆开阵势，准备发动攻击。数万叛军，设置栅栏，各自固守。仆固怀恩在西原列阵抵挡叛军，另外派遣精锐的骑兵部队与回纥军队出南山攻到栅栏东北，内外齐力，叛军大败。史朝义率领所有精锐部队十万人前去救援，在昭觉寺布阵，官军火速冲击敌阵，杀伤很多敌军，但贼军阵势仍然没有动摇。鱼朝恩派遣射生军五百人奋力冲杀，虽然叛军死者甚多，但阵势还是未乱。镇西节度使马璘说：

"现在情况非常严峻了，正是千钧一发的时刻！"于是单枪匹马冲入敌阵，夺得叛军两块盾牌，突入千军万马之中。叛军纷纷向后退，唐军乘机突入敌阵，叛军大败。双方又在石榴园、老君庙等地展开了激烈的战斗，叛军又遭惨败，人马互相践踏，填满了尚书谷。官军杀死六万人，俘虏两万人，史朝义仅率领数百名轻骑向东逃窜。仆固怀恩继续进攻，占领了东京洛阳城和河阳城，擒获史朝义的中书令许叔冀、王泠等人。仆固怀恩遵照代宗的指示将他们释放了。仆固场怀恩留在河阳回纥可汗的营帐中，派他的儿子右厢兵马使仆固场以及朔方兵马使高辅成率领一万余人乘胜追击史朝义。他们的部队到达郑州时，和叛军展开了激烈的交锋，都取得了胜利。史朝义逃奔汴州，他的陈留节度使张献诚紧闭城门，拒绝他进城，史朝义又逃奔濮州，张献诚打开城门出城向官军投降。

十一月，史朝义率领他的残余部队从濮州渡过了黄河，唐朝的追击部队又在卫州将他们击败。敌将田承嗣等带四万余人与史朝义残部会合，共同抵抗唐军。仆固场又一次把他们打败，并且率兵一直打到魏州昌乐的东部。史朝义率领魏州的军队顽强抵抗，也被击败。叛将邺郡节度使薛嵩、恒阳节度使张忠志见大势已去，率其所领的相、卫、洺、邢四州和赵、恒、深、定、易五州降唐。

史朝义逃到贝州，与他的大将薛忠义等二节度使会合，仆固场一直追击至临清县。史朝义从衡水率领三万军队反攻，仆固场在他们的反攻途中埋伏军队把他们打退了。此时回纥军队又抵达临清县，唐朝军队的势力得到了进一步加强，于是追击史朝义，在下博县东南一带进行了一场大的战役，叛军大败，尸体成堆，史朝义逃往莫州。仆固怀恩部下都知兵马使薛兼训、兵马使郝庭玉在下博县与田神功、辛云京会合后，便进军莫州，围攻史朝义，青淄节度使侯希逸也随即赶到。

这时已是广德元年（公元763年），史朝义因为屡战屡败，田承嗣劝他亲自去幽州范阳调兵来支援莫州，并表示由他来留守莫州。史朝义不知道这是一个圈套，于是挑选了五千名勇猛的骑兵突出重围逃向范阳，没想到，他前脚刚走，田承嗣就马上投降了，将莫州城交给了唐军，把史朝义的家属子女送交官军。于是仆固场、侯希逸、薛兼训领兵三万继续追击史朝义。

第五章　安史之乱

　　史朝义正在范阳的路上急驰，他不知道范阳节度使李怀仙已通过中使骆奉仙向唐廷请降，并派遣兵马使李抱忠率领三千士兵镇守范阳县。史朝义来到范阳，李抱忠不放他进城。官军即将追到，史朝义把派人将大部队留在莫州，自己一个人到范阳来征调军队救援莫州的意图告诉了李抱忠，并且用臣应当效忠君王的道理责备李抱忠。李抱忠回答说："上天不让燕人做皇帝，唐室又复兴了，如今既然已经归顺唐朝，难道就可以再次叛离唐朝，愧对三军将士吗？大丈夫认为用诡计互相谋算的行为是可耻的，但愿你能趁早选择后路，保全自己。况且田承嗣一定已经归唐了，不然，官军如何能够追到这里呢！"史朝义十分害怕，说："从早晨以来，我们连一口水都没喝，难道不能让我们吃一顿饭吗？"李抱忠便让人在城东供应膳食。于是史朝义手下中的范阳人一起向史朝义叩头辞别，史朝义无可奈何，只能痛哭流涕，最后，史朝义独自与数百名胡人骑兵逃离而去。史朝义向东奔向广阳，广阳也不收留他们。史朝义打算向北进入奚、契丹境内，至温泉栅时，李怀仙派兵追上他们。史朝义走投无路，在树林中上吊了，李怀仙把他的头颅割下来献给了朝廷。仆固怀恩和各路军队都回到了原来的地方。

　　正月三十日，史朝义首级送至京师，唐军凯旋。到这个时候，唐朝朝廷终于平息了前后连续长达七年零三个月之久的安史之乱。

9. 藩镇割据

安史之乱被平定后，安史余部还保持相当大的势力，唐代宗为了求得暂时安定，将河北分封给叛将。后来在平叛的过程中，朝廷对内地掌兵的制史也多加节度使称号。因此大历十二年（公元777年），形成了藩镇割剧的局面。

（1）魏博崛起

所谓藩镇割据就是地方节度使利用手中的军队，独霸一方，形成独立王国，成为对抗中央的分裂势力。

藩镇割据的出现与唐代的节度使制度直接相关。唐玄宗后期府兵制遭到破坏，士兵的来源很少。为了边防需要，玄宗时采用募兵制征兵，于是当兵成了一种职业；为了便于军队的管理，地方上又设置了节度使掌管当地军事，统帅军队。但因兵士十分固定，久而久之便与节度使形成了主从关系，节度使也依靠手中所掌握的兵马大权，不断地扩充自己的实力，控制了所在地的政治、军事大权，成为一方霸主。玄宗时的安史之乱，即是地方节度使对抗中央发动的叛乱。而在平定叛乱后，唐政府对叛军采取姑息态度，只要叛乱的军队投降中央，就不再追究其叛乱谋反之罪，并未对形成叛乱的根源加以铲除，很多叛乱军队的将领只要一投降朝廷，就成了唐朝廷的节度使了，为安史之乱后愈演愈烈的藩镇割据局面的形成起了推波助澜的作用。

第五章　安史之乱

安史之乱后割据地方的主要方镇有魏博镇、成德镇、卢龙镇、淄青镇、宣武镇、相卫镇、淮西镇等。这些方镇的节度使或父子相继，或依靠他们所掌握的兵马，自立为王，唐政府没有足够的实力去干涉这些独霸一方的节度使们的行动，迫于无奈只能承认既成事实。诸镇之间往往相互征战，或暂时联合共同对抗朝廷的命令，对朝廷稍有不满就率兵发难，成为唐后期战乱的直接祸根之一。

唐肃宗乾元元年（公元758年）十二月，平卢节度使王玄志去世，肃宗派遣宦官去安抚将士，顺便察探一下藩镇军中内部打算立谁为节度使，好把象征节度使的旌旗授予他，任命他为新的节度使。因为侯希逸的母亲是裨将李怀玉的姑母，所以李怀玉杀了王玄志的儿子，推立侯希逸为平卢军使。于是朝廷任命侯希逸为节度使。唐朝节度使的任命不再受朝廷过问，而由军中将士自行废立的情况便从此开始了。

代宗永泰元年（公元765年）五月，平卢节度使侯希逸坐镇淄青，好游猎，营建佛塔寺院，侯希逸所在地的人民受尽了这种骑在他们头上作威作福的节度使们的折磨。兵马使李怀玉深得人心，侯希逸忌恨他，随便找了一个借口，罢免了他的军职。侯希逸与巫师在城外住宿，士兵们关闭城门不让他回城，拥立李怀玉为主帅。侯希逸逃奔滑州，上书皇帝等待皇帝的处罚。代宗下诏赦免其罪，把他召回京师。秋季，七月初二，代宗任命郑王李邈为平卢、淄青节度大使，李怀玉担任留后，并赐名为李正己。这时承德节度使李宝臣、魏博节度使田承嗣、相卫节度使薛嵩、卢龙节度使李怀仙集结了参加安史之乱的叛乱军队的残余力量，各自拥精兵数万人，操练军队，修建城池，自行任命文武官员，不向朝廷上贡赋税，和山南东道节度使梁崇义以及平卢、淄青留后李正己联姻，遥相呼应，内外勾结。朝廷对于这样的情况没有任何办法，只得纵容其发展下去，已经不能再控制他们了，因而这些节度使虽然称为藩臣，但实际上这层关系已经名存实亡了。

代宗大历三年（公元768年）六月，幽州兵马使与经略副使朱杀节度使李怀仙，自任留后。朝廷对此事毫无办法，正式下诏令朱希彩为节度使。但朱希彩为人残暴，激怒部将，被手下人杀死。朱泚便利用机会窃取了权力，大历七年（公元762年）十月，朝廷又下诏书任命朱泚为幽州卢龙节度使。

魏博镇田承嗣依仗自己强大的实力，一向不把周边其他藩镇放在眼里。大历十年（公元775年），田承嗣出师攻袭相州，在昭义兵马使裴志清的配合下，占据了相、卫等四州之地，势力更强。魏博镇的势力日益强大，破坏了藩镇之间的平衡，引起其他藩镇的不满。

（2）藩镇勾心斗角

从前，对于成德军节度使李宝臣与淄青节度使李正己，田承嗣都没把他们放在眼里。李宝臣的弟弟李宝正娶田承嗣的女儿，在魏州与田承嗣的儿子田维打马球，马受了惊，误将田维踢死。田承嗣对此非常不满，囚禁了李宝正，然后告诉李宝臣。李宝臣为此深表歉意，把搁置多年的棍棒交给田承嗣，让他杖责李宝正。于是田承嗣打死李宝正，从此两镇结仇。及至田承嗣拒从皇命，李宝臣和李正己都上表请求征讨他，唐代宗也想趁这些藩镇之间有裂痕，利用他们各自之间的矛盾、对立进行讨伐，以削弱他们的实力。夏四月，代宗下敕贬田承嗣为永州刺史，仍旧下令河东、成德、幽州、淄青、淮西、永平、汴军、河阳、泽潞各道调动军队前去魏博，如果田承嗣还违抗圣命，即命令他们进军征讨；只惩治田承嗣和他的侄子田悦的罪行，其他的将领、士兵、弟侄如果能够幡然醒悟而不同流合污的话，一概不追究他们的罪名。

五月，李正己攻克了德州。六月，李宝臣攻克冀州。九月，李正己、李宝臣在枣强会师，一起合兵包围了贝州。

李宝臣与李正己在枣强县将双方的部队集结到了一起，随即围攻贝州，田承嗣出兵援助。李宝臣和李正己两军分别犒赏士兵，成德军犒赏丰厚，平卢军犒赏微薄；犒赏完毕，平卢军士兵颇有怨言，李正己害怕他们突然变卦，倒戈一击，于是带军撤退，李宝臣也退兵。李忠臣得到这个情报以后，就放弃进攻卫州的计划，向南走渡过黄河，将部队驻扎在阳武防守。李宝臣与朱滔进攻沧州，田承嗣的堂弟田庭玠镇守沧州，李宝臣并没有能够攻下沧州。但在十月份，李宝臣与昭义留后李承昭在清水与进攻磁州的卢子期进行战斗，并大败敌军，河南诸将又在陈留大破田悦，形势很是有利。

田承嗣采取分化的手段，笼络李正己，重点对付李宝臣。他厚待李正己的使者，又绘制李正己的图像，点香跪拜，表示自己已有八十六岁，诸子没有才干，不能够委以重任，继承位置的儿子体弱多病，死后愿将地盘让与李正己。

代宗为了表彰李宝臣，派中使马承倩前去慰劳。将回朝廷的时候，李宝臣到馆舍送给马承倩一百匹缣，被马承倩大骂一通，礼缣也被扔在路上，让李宝臣非常难堪，不知道如何是好。兵马使王武俊说："你在军中新立大功，都还被朝廷派来的使者瞧不起，平了田承嗣后，你到了长安，境遇恐怕还不如现在，不如放田承嗣一条生路，我们也可拥兵自保。"这样李宝臣也不再认真作战，只是马马虎虎，能够勉强应付朝廷就行了。

田承嗣得知范阳是李宝臣的故乡，心里很想攻占范阳，端掉李宝臣的老窝。因而在石头上刻下预言未来凶吉得失的文字："二帝同功势万全，将田为侣入幽燕。"密令部下把石头埋在李宝臣的境内，让阴阳先生说那里有帝王之气，李宝臣便掘得此石。田承嗣又派人去说服李宝臣让他听取田承嗣的意见："您与朱滔一同攻取沧州，倘若攻克，那么该地归国所有，而非你所有。如果你能够赦免田承嗣曾经与你为敌的罪过，与田承嗣联手的话，请把沧州让给你，他还是愿意跟随你攻打范阳，亲自为你效犬马之劳，你率领精锐骑兵先行，田承嗣带领步兵随后赶到，没有攻不破的。"李宝臣得到这番话后非常高兴，说这件事与石头上刻的预言一致，于是和田承嗣互相勾结，秘密图谋范阳，田承嗣也调动军队到自己的边境。

李宝臣跟朱滔的使者说："听说朱公容貌仪表如同神仙一般，我希望看看他的画像。"朱滔给了他画像。李宝臣将画像挂在习射堂，和各位将领一同观赏，说道："这真是神人啊！"朱滔在瓦桥驻扎，李宝臣挑选两千精锐骑兵，连夜狂奔三百里，打算趁朱滔没有防备，一举干掉他。李宝臣告诫士兵说："杀掉那个相貌与习射堂画相相同的人。"那时两军刚和睦，朱滔没有料到情况有变，狼狈出战，遭到失败，恰巧朱滔身穿别的衣服才没有被偷袭的部队杀掉。李宝臣想乘胜攻取范阳,朱滔派雄武军使昌平人刘怦镇守节度留府。李宝臣知道朱滔已经有防范,不敢再贸然派兵攻打朱滔了。

田承嗣得知幽州、恒州二军交兵,马上带军南归,他派人告诉李宝臣说:"河内有紧急情况,没有时间跟从你出战范阳,石头上的预言文字是我做游戏刻的!"李宝臣既羞愧又愤怒,退兵离去。虽是如此,李宝臣和朱滔也结下了仇,李宝臣便让李孝忠担任易州刺史,由他带领七千精锐骑兵来防备朱滔。

十一月,田承嗣部将吴希光献瀛州,以此表示愿意为朝廷效命。从十二月到第二年二月,田承嗣一再上表,表示愿意归顺朝廷,洗心革面效忠朝廷。而讨伐田承嗣的军事行动早已中止,加上李正己一再为他讲好话,于是朝廷表示同意他和家属入朝,同时赦免田承嗣,恢复他的官职。对于田承嗣的部下违抗朝廷命令的作为也都既往不咎。

大历十一年(公元776年)十二月四日,朝廷进一步加李宝臣、李正己为同平章事,同时保留其原有官职。

田承嗣其实根本不想离开地方藩镇,放弃手中的兵权而到朝廷中当官。五月,汴宋留后田神玉去世。都虞侯李灵曜把兵马使、濮州刺史孟鉴杀了,并且勾结了北面的田承嗣以作为他的后援。七日,代宗任命永平节度使李勉兼汴宋等八州留后。九日,代宗任命李灵曜为濮州刺史,李灵曜不接受诏令。六月二日,代宗任命李灵曜为汴宋留后,派遣使者安抚李灵曜。田承嗣派兵攻打滑州,李勉不敌,惨遭失败。

李灵曜做了留后之后,效法河北藩镇,让其亲信担任八州的刺史和县令。于是朝廷再令淮西节度使李忠臣、永平节度使李勉、河阳三城使马燧讨伐李灵曜;淮南节度使陈少游和淄青节度使李正己也都发兵帮助他们作战。

汴宋兵马使、代理节度副使李僧惠是李灵曜的主谋人。和尚神表受宋州牙门将刘昌的派遣偷偷地跑去劝李僧惠,李僧惠召见刘昌询问对策,刘昌哭着陈述违背和顺从朝廷的利害关系。李僧惠与汴宋牙将高戚、石隐金派遣神表请求下令讨伐李灵曜,临行时带上写给皇上的奏表。九月初八,代宗任命李僧惠为宋州刺史,高戚为曹州刺史,石隐金为郓州刺史。

十一日,李忠臣、马燧驻军郑州,李灵曜率军迎战,李忠臣、马燧两军都对他们的到来始料不及,于是退守荥泽,淮西的士兵十之五六都溃逃了。住在郑州的百姓和有识之士都感到十分惊慌,纷纷逃到东都洛阳。李忠臣想要撤军回淮西。马燧坚决反对,说道:"邪不能胜正,用正义讨伐不义,何必担心不能战胜敌人,为什么自己要放弃呢!"他坚守壁垒不动。李忠臣听到他这么说后,在几天的时间里把散兵全部聚集起来了,这大大地振作了军队的声威。

十四日,李正己奏称攻下郓州和濮州。十八日,李僧惠在雍丘打败李灵曜的军队。冬十月,李忠臣、马燧进攻李灵曜,李忠臣在汴州城南行动,马燧在汴州城北行动,多次打败李灵曜的军队。十八日,他们与陈少游的前军会合,在汴州城西和李灵曜打了一场很艰苦的大仗,最后把李灵曜打败并且把他逼到了汴州城里。十九日,李忠臣等人包围汴州。

田承嗣派田悦前来救援,田悦在匡城打败永平、淄青联军,趁着胜利向汴州进军,但在汴州被忠臣裨将李重倩夜袭,田悦不战而溃,狼狈逃回。李灵曜见援军败去,难再固守,趁夜开城逃遁。永平军的将领杜如江把他抓住送到京师斩首。

田承嗣不入朝,又支持李灵曜对抗官军,朝廷自然还想下诏征讨,但实际上已没有力量继续再战。所以当田承嗣主动出击,上表向朝廷谢罪时,朝廷仍旧恢复田承嗣的官爵,同时作出让步,答应他不必入朝。

平卢节度使李正己起先占有淄、青、齐、海、登、莱、沂、密、德和棣等十州地区,等到李灵曜叛乱,各路军队合起兵力共同发起进攻,取得的地方各自据为己有,李正己又得到曹、濮、徐、兖和郓等五州,因此将治所从青州迁到郓州,派他的儿子前淄州刺史李纳镇守青州。李正己使用严酷的刑法,当地人们都不敢相对私语。但是他统一了法制命令,所收的赋税公平、均等,并且也不重。同时他凭借手中的十万军队雄据在东方,与他邻近的藩和镇都十分害怕他。此时,田承嗣占据魏、博、相、卫、兖、贝和澶等七州,李宝臣占据恒、易、赵、定、深、冀和沧等七州,名自拥五万军队;梁崇义占据襄、邓、均、房、复和郢等六州,拥有两万军队。他们相互之间既依赖又勾结,对朝廷虽然表面上仍然十分拥戴,但却不使用朝廷的法令，官爵、士兵、租赋和刑杀都由自己掌握。代宗为人宽厚，听任他们为所欲为。朝廷有时修补一城，增加一兵，他们就有怨言，以为朝廷怀疑他们有异心，朝廷通常因此而罢役。而他们自己在境内天天修筑堡垒，整治军队。因此，他们在名义上虽然是唐朝的藩臣，实际上却如同境外的荒蛮异族一样危险，实是"国中之国"。

后来，成德镇李宝臣死，其子李惟岳为了世代能担任节度使，联合魏博节度使田悦等人兴兵反唐，造成"四镇之乱"。总之，藩镇割据成为唐后期最为尖锐的社会问题之一。

10. 德宗治政

（1）德宗即位，整肃朝纲

唐代宗即位后，委任自己的皇长子李适为天下兵马元帅，封为鲁王。肩负起与安史叛军最后决战的使命。一年后，安史之乱终于平定，李适因功拜为尚书令，实封食邑二千户。

大历十四年（公元779年）五月，代宗病逝于长安宫中。李适即位，时年38岁，即唐德宗。李适出生于天宝元年（公元742年），经历过唐王朝的安史之乱，他与其他皇室成员一起饱尝了战乱之苦，同时也亲身经历了战火的洗礼和考验。从某种意义上讲，也锻炼了这位皇家子弟的坚韧性格。

德宗即位不久，就诏告天下，停止诸州府、新罗、渤海进贡鹰鹞。紧接着，德宗又下诏山南枇杷、江南柑橘每年只许进贡一次以供享宗庙，其余的进贡一律停止。几天后，他连续颁布诏书，宣布废止南方各地向皇宫进贡的一切物品；同时将宫中豢养的大象、五坊鹰犬统统一放了之；下令裁撤梨园伶官，释放宫女；在他过生日时，拒绝各地的进献。德宗的这些做法的确显示出新君登临大宝的新气象，也表明了一位年轻君王要治理天下的决心。

德宗即位后，对宦官没有好感，却能与朝廷大臣保持很好的交流。由于代宗是宦官拥立，所以对宦官很是恩宠。德宗则不然，他很清楚其中的弊端，所以即位伊始，就下决心加以整治。在刚刚即位的当年五月，李适派宦官前往淮西给节度使李希烈颁赐旌节。这个宦官回京时，李希烈送了他七百匹缣、二百斤黄茗，还送了他骏马和奴婢。此事被德宗知道后大怒，将这个太监杖责六十以后又处以流刑。此事传出京城，那些奉使出京还没有回来的太监，都悄悄地把礼品扔掉，没有收到礼品的就再不敢乱来了。

（2）猜忌大臣，姑息藩镇

安史之乱平定后，德宗一心想振兴唐朝鼎盛之时的宏大气象，怎奈能力有限。德宗当了几年太平天子，开始不信任任何人，朝廷上频频发生人事变动，尤其是频繁地更换宰相。所以说，德宗在位时期的朝政，即使偶尔能够呈现令人鼓舞的新气象，也都不过是昙花一现而已。尤其是平定安史之乱后各自拥兵自重的军阀门，各自拥兵自重，这令德宗很是束手无策。开始德宗的态度很强硬，决定撤藩，在遭受削藩失败的挫折后，他对藩镇的态度由强硬转为姑息。德宗对藩镇态度的转变，使登基以来的大好形势也转瞬即逝。藩镇割据更加专横，遂成积重难返。由于藩镇割据的加剧，德宗对太监的态度与刚登基时来了一个大转弯，开始信任，并任用宦官。德宗对宦官态度的转变，使宦官由刑余之人而口含天宪，成为德宗以后政治中枢当中重要的力量。

德宗不仅信任太监，而且还开始大肆敛财，主动地要求地方向他进贡。不仅如此，德宗还经常派中使宦官直接向朝廷各部门以及地方公开索取，称为"宣索"。

地方官吏为了满足德宗的贪欲,以进供为名,巧立各种名目,对百姓进行额外的剥削。给百姓造成了沉重的负担,激化了社会矛盾。

贞元二十一年(公元805年)正月初一,王公大臣都前来宫中向李适祝贺,唯独太子李诵因病无法前来,德宗因而伤感不已,从此患病,并且日益加重,二十几天后,德宗于会宁殿驾崩,享年64岁。

第六章 元和中兴

宪宗即位后，在政治上稍有振作。他派兵讨平在成都叛乱的刘辟，又派兵平定了在镇江一带叛乱的李锜。后来直接派出节度使，改变了地方上拥立主帅的恶例；又逼得魏博归命，还平定了淮西和淄清。这在一定程度上改变了安史之乱后长期割据的局面。然而宪宗崇信佛事、亲迎佛骨，遭到了韩愈的强烈反对。柳宗元是古文运动的极力提倡者，除此之外，他的诗歌也丰富多彩，散文游记也颇具特色，而政治哲学思想则反映了他的政治主张。

1. 永贞改革

德宗驾崩后，太子李诵即位，是为顺宗。顺宗主政后，命王叔文、王伾进行改革。

贞元二十一年（公元805年）正月二十三日，德宗去世，时年六十四岁。翰林学士郑絪、卫次公等要员赶紧在宣政殿聚集，讨论如何迎立新君。宦官以太子重病缠身不能理政为由，打算另立别人。卫次公等人则认为，如果改立太子必将引起祸乱，坚决主张太子继承皇位。太子知道朝臣尚在忧虑怀疑，因此为了稳定朝中和外面的局面，他身着紫衣麻鞋，抱病出了九仙门，召见各军使，好不容易才把局势稳定了下来。二十六日，太子李诵在太极殿即皇帝位，是为顺宗。

顺宗即位前，由于已经中风，丧失了说话能力，因此不能上朝从政，就只好在后宫通过帘帷听百官向他奏请国家大事。

顺宗还是太子的时候，翰林待诏王伾、王叔文做太子的伴读，深为太子所宠幸。顺宗即位后，当时一批主张打击宦官势力、改革政局的少壮派士大夫如韦执谊、韩泰、陈谏、柳宗元、刘禹锡、韩晔、凌准、程异等，都以二王为领袖，逐渐聚集成了一个主张改革的官僚集团。由于顺宗即位前已中风，不能讲话，因此不少诏书就是由王伾、王叔文二人代为草拟发布的。韦执谊被任命为宰相后，颁布了一系列明确赏罚、废止苛杂、革除弊政的法令。

王叔文等人的改革措施主要有以下几点：一、严惩贪官污吏，大力使用清官廉相，把京兆尹李实贬官，召陆贽、阳城、杜佑等著名政治家入朝；二、罢进奉、宫市、五坊小儿等名目繁多的进项，将百姓多年以来欠朝廷的租税和其他杂税一律免除，并免了盐铁使的月进钱；三、谋划夺取宦官的兵权，以打击限制地方割据，并加强中央集权；四、放出宫女三百人，把宫中多余的乐队解散。这一系列措施，主要是针对宦官和地方藩镇而为，自然引起了他们的不满和抵触。

永贞元年（公元805年）五月，凌准的友人范希朝出任左右神策京西诸城镇行营兵马节度使，韩泰为行军司马，李位为推官，想要把宦官掌握的京西各神策军的兵权夺回来。宦官知道兵权被王叔文所夺，大怒，密令各个将领不要把兵卒交给别人。由于宦官们势力太强，夺取兵权的计划没有实现。六月，剑南西川节度使韦皋把支度副使刘辟派到长安，让王叔文把三川都划归他自己统领，王叔文没有同意。不久，宦官俱文珍、刘光琦等人和剑南西川节度使韦皋、荆南节度使裴均、河东节度使严绶等合伙要密谋除掉王叔文集团。

同时，宦官俱文珍痛恨王叔文要夺他的兵权，逼迫顺宗把他的翰林学士一职免去。六月，韦皋自恃是朝廷重臣，又远在蜀中，自觉王叔文想要控制自己是鞭长莫及，就上书顺宗说王叔文的坏话。裴均、严绶也纷纷上表。

八月，顺宗被迫让位给太子纯，改元永贞。永贞帝即为宪宗。宪宗一即位，就把王伾贬到开州做司马，王伾不久病死。王叔文被贬为渝州司户，次年被赐死。这个集团的其他人，也被贬的贬，免的免。王叔文集团掌权仅一百四十六天就失败了。

2. 宪宗平淮蔡

元和十二年（公元817年）十月，李愬雪夜袭蔡州，淮蔡得平。

（1）吴元济反

唐宪宗时，政权得到巩固。又兼推行有利生产的两税法，国家财富日渐雄厚，这为削藩也准备了扎实的物质基础。这一时期，唐中央先后讨平剑南刘辟、江东李锜、淮西吴元济、淄青李师道等，国势可称为中兴。其中讨平吴元济的经过更是一波三折。

唐德宗贞元二年（公元786年），李希烈的部将陈仙奇指使医生陈山甫毒杀李希烈而取代其为淮西节度使。但随即李希烈的亲将吴少诚为主报仇，又杀了陈仙奇，并接任了淮西留后。

贞元三年（公元787年）五月，吴少诚厉兵秣马，整装备战。判官郑常、大将杨冀假传圣旨令申州刺史张伯元等除掉吴少诚，事情败露，郑常等人被杀。

贞元十五年（公元799年），吴少诚派兵偷袭唐州，杀监军邵国朝、镇遏使张嘉瑜，抢走千余名百姓。

八月，吴少诚带兵洗劫了临颍。于是朝廷下诏削夺吴少诚官爵，派各藩镇讨伐吴少诚。

贞元十六年（公元800年），韩全义被任命为蔡州四面行营招讨使，并节制各道兵将。但韩全义只会拍马行贿，勾结权贵，其人并无谋略。

十月，吴少诚给官军监军送来礼物和书信，希望与朝廷达成妥协。十月二十三日，吴少诚的官爵被恢复。

顺宗永贞元年（公元805年）三月，彰义节度使吴少诚被加封为同平章事。

吴少诚宠信部将吴少阳，甚至谎说他是自己的堂弟，待他如自己家人一般。宪宗元和四年（公元809年）吴少诚死后，吴少阳杀少诚子吴元庆，自为留后。但当时朝廷正在攻打河朔，无暇顾及淮西，就姑且承认了吴少阳为淮西留后。元和六年（公元811年），朝廷又以吴少阳为彰义节度使。

元和九年（公元814年）吴少阳死，其子吴元济时为代理蔡州刺史，他不公开其父死讯，并自领军务。

魏博镇田弘正归顺朝廷后，淮西成为突出问题。十月，朝廷任命严绶为申、光、蔡招抚使，率领各镇共同讨伐吴元济。

元和十年（公元815年）正月，朝廷削夺吴元济官爵，命宣武等十六道军进讨淮西。严绶先出击并小胜，却未料到淮西兵乘夜偷袭。十月，双方再交手，严绶败于唐州以北的磁丘，全军后退五十余里，退保唐州。寿州团练使令狐通也为淮西军所败，退守州城。寿州境内的军事据点全被淮西军摧毁。

三月，李光颜在临颍及南顿二地大破淮西军。不久恒州与郓州接到了吴元济的求救，王承宗和李师道屡次上表请求赦免吴元济，宪宗不肯听从。当时，朝廷派兵征讨吴元济，淄青的李师道便让大将带两千人奔赴寿春，名为讨伐，暗地却帮助吴元济。

李师道平时豢养着刺客和谋士几十人，供给他们以丰厚的资财。其中有人劝说李师道："自古用兵以粮为重。现在，河阴转运院积蓄着江淮地区的赋税，最好先暗中前去焚烧河阴转运院。我们可以募集洛阳的无赖几百个人，抢劫城市，焚烧宫廷，使朝廷没有征讨蔡州的余暇，却要首先去援救自己的核心。这无异于釜底抽薪，必可救蔡州。"李师道采纳了这个建议。从此，各处都有盗贼暗地里活动。一天傍晚，有强盗数十人攻打河阴转运院，杀伤了十多个人，烧掉钱财布帛三十多万缗匹，谷物三万多斛。此事的发生导致人心惶惶，群臣多数请求停止用兵，宪宗就是不听。

各军长时间讨伐淮西，却毫无建树。五月，宪宗遣御史中丞裴度到前方劳军，并了解备战情况。裴度回朝后，告诉宪宗，淮西肯定能够攻取，并且分析了情况。他还说："我观察各位将领，唯有李光颜善于用兵，且有忠义之心，必成大器。"宪宗听了非常高兴。

九月，朝廷任命韩弘为淮西诸军都统。韩弘拥兵自重，迟迟不出兵淮西。李光颜能征善战，韩弘想收买他，就在大梁全城访求到一美妇人，教她歌舞丝竹，饰以珠玉金翠，派人送给李光颜。光颜说："我对韩公的美意十分感激。然而将士们皆奋勇杀敌，出生入死，我又怎能独自享乐呢？"说罢，将这名歌妓退了回去。

十月，调户部侍郎李逊为襄、复、郢、均、房节度使，右羽林大将军高霞寓为唐、随、邓节度使。其中，由高霞寓专门负责攻战，李逊专事调饷。

元和十一年（公元816年）三月，寿州团练李文通在固始击败淮西军，攻克山；唐邓节度使高霞寓在朗山杀敌一千余。六月初十，高霞寓在铁城大败，只身逃脱。当时，征淮西的诸将，在打胜仗时夸大战功，而一旦打败仗则推脱责任，隐瞒不报。至此，直到巨大的失败已无法掩盖时，才上奏报闻，朝廷上下闻讯一片惊恐。宰相们入朝觐见宪宗，打算劝说宪宗罢兵，宪宗说："胜败乃兵家常事。今日讨论之事只是如何用兵，如何调度将领，如何配给钱粮，怎能因一时胜败就兴罢兵之念？"于是，宪宗唯独采用了裴度的进言，其他主张停止用兵的言论也逐渐平息了。十五日，高霞寓退守唐州。

宪宗指责高霞寓兵败之事，高霞寓则以李逊不配合为由。秋季，七月，宪宗将高霞寓贬为归州刺史，李逊也贬为恩王傅。同时，宪宗升河南尹郑权为山南东道节度使，任荆南节度使袁滋为彰义节度使和申、光、蔡、唐、随、邓观察使，治所唐州。袁滋到了唐州，撤去监视敌情的哨兵，不准士兵有刺激敌军的行动，却对敌军采取妥协的绥靖政策。

（2）李愬雪夜袭蔡州

朝廷见袁滋不中用，十二月，将袁滋解职，改派太子詹事李愬为唐、随、邓节度使。

李愬来到唐州。唐州兵士因前次死伤甚众，纷纷产生恐战情绪，李愬也知道这种状况。在众人出来迎接李愬时，李愬便对他们说："我只是奉天子之命来安抚你们的，并不会带你们出去打仗。"大家相信他，都放心了。

李愬亲自去看望将士们，慰问抚恤受伤和生病的人，却不盛气凌人。有人进言说军中政事有欠整肃，李愬说："我并非不知此事。袁尚书专门以恩惠安抚敌人，必定要增设防备。我却偏要维持现状，让敌人放松警惕。这样才好找到破敌之计。"淮西人自认为曾经打败过高霞寓和袁滋两个主帅，又因为李愬的名望与官位一向卑微，因而轻视他，于是便不再作防备。

宪宗派遣盐铁副使程异在江淮地区监督管理资财与赋税。

回鹘多次向唐朝求婚。无奈朝廷正在用兵，朝廷无余钱筹办婚事，宪宗只得作罢。元和十二年（公元817年）二月初一，宪宗遣摩尼教僧人等返回回鹘，命令宗正少卿李诚出使回鹘，向回鹘讲明朝廷现状，希望得到回鹘谅解。

李愬策划袭击蔡州，上表请求增派兵力，宪宗颁诏将昭义、河中、鄜坊的步、骑兵两千人拨给了他。初七，李愬派马少良率兵巡逻之时，恰遇敌将丁士良，遂大战，并将之生擒。丁士良是吴元济骁勇善战的将领，经常危害东部的唐州、邓州等地。大家请求剜其心以谢百姓，李愬表面应允下来。不久，李愬把丁士良叫来，当面责问他，丁士良毫无惧色。李愬说："真英雄也！"他命令为丁士良松绑。于是丁士良主动说："我原来不是淮西的官吏，贞元年间我隶属安州，与吴氏作战，被吴氏抓获，本以为必死无疑，怎知吴氏竟释放了我还委以重任。我因为吴氏而得以再度存活,所以我为吴氏父子尽力效命。昨天力尽被擒,我也料想这次要被处死,现在您又让我存活。我愿效犬马之劳以报活命之恩。"于是,李愬将衣服和器具又给了他,任命他为捉生将。

初九,蔡州的古葛伯城被淮西军攻克。

丁士良向李愬进言说:"吴秀琳手握重兵,屯驻文城栅,乃敌之左膀右臂。官军不敢靠近他的原因,就在于有陈光洽为他主谋。陈光洽虽精通谋略,善于用兵,但浮躁不稳,喜欢亲自接战。请让我替您首先捉住陈光洽,这样,吴秀琳则不战自降。"十八日,丁士良捉获了陈光洽,带着他回来了。

三月下旬,李愬派董少玢等分兵攻打各个营栅,董少玢不久即攻克马鞍山,旋即拿下路口栅。

四五月间,官军又连续攻陷冶炉城、西平、楚城、青喜城等地。

每当有敌兵投降,李愬必来询问情况,因此对敌情了解得很透。李愬厚待吴秀琳,并和他商量夺取蔡州的办法。吴秀琳说:"光靠我是不能夺取蔡州的,必须有李祐帮助才行。"李祐是淮西骑将,有勇有谋,据守兴城栅,常常欺凌官军。一天,李率人到张柴村割麦,被李愬部将史用诚用计擒获。李祐被俘后受到礼遇。

李愬对攻打蔡州的计划极为保密,只把李祐和李忠义找来,避开旁人商议,有时甚至通宵达旦。官军对李祐早有成见,遂散布谣言称李祐乃敌军卧底奸细,还说消息来源于敌军间谍。李愬担心这些流言被朝廷知道处于被动,当众给他带上刑具送往京师,并密奏说:"讨平淮西,非李祐不可,杀了李祐,淮西就得不到了。"宪宗于是下诏释放李祐,把他送还李愬。李愬见到李祐很高兴,拉着他的手说:"谢主隆恩,你终于回来了。"随即委任他为散兵马使,让他佩刀巡逻警卫,出入营帐,有时和他同宿,密谈到深夜。唐州、随州牙队,皆山南东道精锐,号称"六院兵马"。李愬又派李祐担任六院兵马使。

按照以往的军令,窝藏敌军的间谍要全家斩首。李愬采取怀柔政策,取消了这道军令,让人厚待那些家属,间谍们感激不尽,纷纷叛敌投诚,使李愬了解了不少敌军情报。为了麻痹淮西军,李愬组织了一次攻打朗山的行动,自然没有成功。随即,李愬招募敢死军士三千人,号称"突将",从早到晚亲自教练,让他们随时待命。

吴元济见部下接连叛去,形势日渐恶化,便在六月上表请罪,表示愿意归顺朝廷。宪宗派遣中使送来诏书,特许不杀死他,但由于他手下人从中作祟,他还是没能束身归朝。九月,李愬准备攻打吴房县。诸将领都说:"今日不宜攻城。"李愬说:"我们兵马为数较少,正面作战,兵力不够,唯有出奇兵方有胜算。敌人因今天是不利出兵的日子便不会戒备我们,这才是我们杀敌的机会啊。"于是李愬率军前往,攻取吴房的外城,杀敌千余人。剩下的吴房兵马防守内城,不敢出战。李愬遂领兵诈退,以诱淮西将领孙献忠中计出城追击。众人惊惶失措,准备逃走,李愬跳下马来,靠在胡床上,下达命令说:"临阵脱逃者,杀无赦。"众人回军尽力作战,孙献忠阵亡,淮西军也随即败退。有人劝说李愬乘胜攻打吴房的内城,并认为是能够攻克的。李愬却说:"我不这样认为。"于是李愬率领兵马返回营地。

李祐向李愬进言说:"蔡州的精锐兵马全都被派往洄曲及四周的边境上防御守备,城里只剩一些老弱残兵,可趁蔡州城防备空虚,出奇兵直夺其老巢。及至敌军将领得知,吴元济已经就擒。"李愬认为此计很好。冬季,十月,李愬派掌书记郑挟秘函到郾城,把事情禀报给裴度。裴度说:"兵贵计谋,出奇兵方可制胜,不妨采纳李祐之计。"

十月中旬,李愬按预定计划令马步都虞侯、随州刺史史留守文城栅,令李祐、李忠义率三千人为先锋,自己和监军率三千人为中军,李进诚统领三千人为接应,一齐出发。大家不知到哪里去,李愬并不说明,只告诉大家:"只管向东走。"走了六十里,天色黑下来。附近有个张柴村,官军以迅雷不及掩耳之势奇袭守军,并将敌全歼,然后在这里稍作休息。同时布置丁士良带五百人破坏通往洄曲和各条要道的桥梁,义成军五百人留守张柴村,以切断路朗山援军之路,大队人马则乘夜出发,继续前进。将领们请示到哪里去,李愬说:"直奔蔡州城,生擒吴元济。"大家大惊失色,胆小的监军竟然哭道:"果真中了李祐的奸计!"这时风雪弥漫,旌旗撕裂,冻死的士兵和军马沿途随处可见。大家心情紧张地急行军,大约走了七十里来到蔡州城下。风雪更猛了,近城处有个鹅鸭池,士兵们遂借鹅鸭叫声掩其行动的声响。

自从吴少诚抗拒朝命，官军不到蔡州城下已经有三十余年，因此蔡州守军并无防守准备。十六日四更时，李愬来到蔡州城下，敌军全然不知。李愬和李忠义用锄头在城墙上掘出坑坎，率先登城，强壮的士兵便跟随在他们身后，蔡州守城兵士还在梦里就被他们一一斩杀，只将巡夜打更的人留了下来，让他们依旧时打更。接着，李愬等人打开城门，让大家进去。进城后依样行事，使城中人都不知官军已到。鸡叫时，雪停，这时李愬已经进入吴元济的外宅。有人向吴元济报告说："官军到啦！"吴元济还躺着，笑说："不必大惊小怪，无非是几个毛贼罢了，天亮再说罢。"又有前来报告的人说："州城陷落啦！"吴元济说："这必定是洄曲的后生们到我这里来索要寒衣的。"这时，他突然听到外面杀声大起，并传来号令："常侍传话。"响应号令的有将近一万人。吴元济害怕地说："这个人竟敢来此，也太大胆了吧。"于是，吴元济率领亲信，登上牙城，抵御官军。

当时，董重质拥精锐兵马一万余人，占据着洄曲。李愬说："吴元济现在唯一的希望就剩下董重质了。"于是，李愬于是遍寻到董家后人，并安抚他们，派遣他的儿子董传道带着书信前去规劝董重质，最后董重质前来投诚。

李愬派遣李进诚攻打牙城，毁掉牙城的外门，占领兵械库，尽得其军器。十七日，李进诚再度攻打牙城，火烧牙城的南门，百姓争相背来柴草帮助官军。到申时，城门毁坏了，吴元济下城投降，被李进诚用梯子接了下来。两天以后，李愬命人把吴元济押往京城，并且向裴度作了报告。这一天，申、光二州以及各城镇军两万多人相继前来归降。

十一月，宪宗亲临兴安门接受献俘，以吴元济人头祭献于庙神之前。

由于战功，李愬被封为凉国公、山南东道节度使，李光颜等都得到升迁，李祐也被任命为神武将军，统领军队。

十二月，朝廷贬淮西降将董重质为春州司户。董重质是吴元济的谋主，曾屡破官军，又曾阻止吴元济投降。宪宗本欲杀之以后快，但因李愬曾许重质以不死，所以他只被贬官。宪宗还想惩治其他降将，就封一柄上方宝剑要下面执行。幸而裴度未按圣意滥杀无辜，才使相当多的人得以活命。

3. 韩愈谏迎佛骨

元和十四年（公元819年）正月，佛骨至京师，宪宗留佛骨于禁中三日，韩愈厌恶佛教耗财惑众，就上谏宪宗投佛骨于水火。

（1）宪宗迎佛骨

韩愈字退之，河阳人。父韩仲卿，无名位，在韩愈才三岁时就死了，所以韩愈由嫂嫂郑氏抚养成人。韩愈自幼好学，在发愤苦读之后，二十五岁就考中进士，二十九岁已步入仕途，而其文章也流传千古。

韩愈为人直率，多次因直谏犯颜遭受贬逐。德宗贞元十九年（公元803年），韩愈任监察御史，恰逢关中发生旱灾。韩愈就上书，希望能免除关中民徭赋税，让人民休养生息，但未被采纳；书生气十足的韩愈上书不止，结果被贬为连州阳山令。

宪宗元和初期，韩愈被召还朝中，从国子博士升为中书舍人。

元和十二年（公元817年），韩愈随宰相裴度征讨淮西吴元济，因出了不少好计策，立了大功，回朝后升为刑部侍郎。

宪宗笃信佛教，元和十四年（公元819年），大肆张罗迎取佛骨来朝。中使把佛骨迎接到京城，宪宗把佛骨留在宫中瞻仰了三天后遍送各寺。上自王公，下至士子与庶民，都瞻仰供奉，舍钱事佛，唯恐别人说自己不诚心。有人将全部家产充当布施，甚至还有人在胳膊与头顶上点燃香火供养佛骨。

自战国以来，老子、庄子与儒家较量胜负，靠互相贬低对方来抬高自己。待到东汉末年，又增加了佛家，但是喜好佛家的为数尚少。直到晋宋时佛教才兴盛起来，从帝王以至于士子庶民，没有不尊崇信奉佛家的。世俗之人因怕得罪皇上，不敢不信；而清高之人则以佛学理论作为炫耀的资本。唯独韩愈憎恶佛家损耗资财，麻醉百姓，强烈反对佛家，但他的话往往过于偏激。只有他在《送文畅师序》里的见解尚算高明，文章说："大凡飞禽低头啄食，仰头四面张望，走兽藏身于深山密林，很少出来走动，这都是害怕有些物种危害自己，但仍然不能幸免弱肉强食。如今我与文畅安心居住，悠闲饮食，一辈子闲逸自得，与飞禽走兽面临的境况不同，难道我们不知道这其中的原因吗？"韩愈站在儒家立场上阻止迎佛骨触怒了宪宗，差点被杀头。经裴度等人反复讲情才算保住性命，但仍然被贬到潮州去做刺史。直到穆宗即位，才奉诏还京。穆宗长庆元年（公元821年），韩愈任兵部侍郎，其后又成功安抚了镇州的兵变，因功又升吏部侍郎，因此被后人称为韩吏部。

韩愈的政治态度总体上倾向于代表世族利益的保守派。但由于他出身下层地主，因此也对下层民众和庶族地主比较同情，属中立派政治家。

韩愈自幼学儒，以儒家正统自居，因此觉得儒佛两派应水火不相容。为了与佛教对抗，他提出了儒家圣人传道的道统说。他认为君、师为圣贤，应以仁、义教化人民，建立以仁、义治世的"道"。但自从孟子死后，"道"一直被错误理解，直到现在自己才又找到真正的"道"，并一定要延续下去。这一主张显然是唯心主义的，但韩愈站在世俗地主阶级的立场上反对佛教，在那个时候还是有一定的积极意义的。

佛教是一种外来宗教。自汉代传入中国以后，经历长期演化之后，逐渐演变为被国人所接受的中国佛教，并且在南北朝时期达到鼎盛。过分兴盛的佛教严重干扰了封建国家经济，引起统治者的警惕。北魏太武帝及北周太武帝为打击佛教曾两次毁佛。进入隋唐以后，由于统治者的大力提倡，佛教势力又蓬勃发展起来。

武则天统治时，出于政治目的强令各地修建大云寺，崇佛抑道，导致佛教日益昌盛。

代宗时，崇佛已达到荒唐的地步。据记载，每有西蕃入寇，代宗必令群僧齐颂《仁王经》，以求抵御敌人入侵。此时中外臣民亦全都理佛而不理政务，国政受到严重干扰。

佛教作为一种精神麻醉剂，有其维护封建统治的有利面，但如果其发展超过一定限度，就会适得其反，危害封建国家的统治基础。佛教势力的膨胀，一方面劳民伤财；另一方面由于人们都去出家而不事生产，土地都被用作修建寺庙，使得生产发展受影响，国家税收减少。因此有唐一代凡是有远见的政治家对佛教都持限制主张。

韩愈则站在世俗地主的政治立场上反对佛教。他为了维护儒家正统地位，积极反对佛教的思想传播。他屡屡上书，抨击佛教蠹民害政，成为反佛的激进派代表人物。

宪宗时，凤翔法门寺护国真身塔内珍藏的一节释迦佛骨，被视为佛教至宝。传说每隔三十年佛骨才现世一次，且会保佑国泰民安，风调雨顺，宪宗对此深信不疑。元和十四年（公元819年），正值三十年周期，宪宗欲一睹佛骨灵光，便派中使杜黄奇率宫女三十人持香花迎接佛骨入宫。佛骨从光顺门送进皇宫，在皇宫瞻仰三日后，被送到各大寺院轮流存放。这个时期，王公贵族们为讨好朝廷，都争先恐后地施舍财物。老百姓则是盲目信奉，有的因施舍导致破产；更有甚者，以自残来表示虔诚，宗教狂热因迎佛骨一事的推动而达到近乎疯狂的程度。

（2）韩愈冒死上疏

在这样一种混乱不堪的情况下，仍有一部分人能保持清醒的头脑，韩愈便是其中一员。他冒死上疏，反对迎取佛骨，此疏即著名的《论佛骨表》。韩愈的上疏犹如以石击水，在被宗教狂热席卷的社会上引起很大的反响。

刑部侍郎韩愈上表直言劝谏，他认为："佛教无非外邦小族的一种迷信而已。由黄帝至夏禹、商汤、周文王、周武王，都年高寿长，百姓安居乐业，但并不是由于佛的作用。东汉明帝时期，开始有佛法。此后，中国变乱危亡接连不断，朝廷统治反倒岌岌可危。宋、齐、梁、陈、北魏以后，更是虔诚笃信佛教，而这些朝代存在的年代尤其短促。只有梁武帝在位四十八年，最终还是落得个被活活饿死在台城的下场，不久国家也灭亡。信佛是为了祈求福缘，但梁武帝反而招致祸殃，由此看来，信佛不但没用，还会亡国，真是遗害无穷。百姓愚昧无知，冥顽不化，极易上当，难以晓谕开导也就罢了，如果见陛下尚且如此，众人就会说：'天子都信奉佛，我们百姓难道不应跟天子学习吗？'佛本身就不是中华人士，口不讲先代帝王的合乎礼法的言论，身不穿先代帝王规定下来的标准的中国服装，不明父子君臣之义。假如佛本身尚在人世，接受本国的命令前来京城朝拜，皇上大度地接见他，只不过在宣政殿见他一面，然后赐宴礼宾院，再赠以衣物打发掉他，不会让他迷惑众人。何况佛本身久已故去，剩下来的枯朽骸骨，置于宫内更是万万不可。一般人还要先使巫师用桃木与笤帚去驱除不吉祥的鬼魂，可如今陛下竟要把死人骨头拿来把弄，却不先让巫师驱邪。更不可容忍的是大臣们竟放任不管。请求陛下将此佛骨交付给有关部门，把它丢到水里火里消灭掉，杜绝后世的迷惑，使人们认识到它的坏处和欺人的地方，这难道不是盛大之事吗！如果佛有灵性，能够制造祸福，所有灾殃与罪责，我愿一人承担。"

宪宗见到上表，大怒，拿出来给宰相们传阅，欲处韩愈死刑。裴度与崔群为韩愈进言说："韩愈虽然狂妄，但他所言是发自内心的忠诚，陛下应对他宽容，以开通言路。"宪宗怒气不消道："如果韩愈只批评朕事佛太过，朕还能容忍。现如今他竟拿那些短命亡国之君与朕相提并论，实在无理之极。如果这都能容忍，那也太不成体统了。"这时朝臣见宪宗怒气不解，不敢再言，幸好一些国戚权贵出面替韩愈讲情，宪宗怒火渐息，才只把韩愈贬为潮州刺史了事。

不久，宪宗怒气渐渐平息。此时，又接到韩愈的上表，表中自叙至潮州之后的孤苦无依之状，更言自己空有报国之心苦无机会实现，其文言真意切，感人至深。宪宗被文中的情感之言打动了，就又想把韩愈召回来，因此他对宰相们说："昨日朕接到韩愈的《潮州表》，因此想到他的《论佛骨表》。现在看来，他当时也并不是有意辱骂朕，朕就不生他气了。只是韩愈身为人臣，讲君王事佛就短寿这样不利之言，才让朕如此生气。"

宪宗讲完，便观察群相们的反应，希望由宰相们提出复用韩愈的建议。但当时宰相之一皇甫镈却不愿韩愈复职来妨害他的独断，便抢先奏对道："虽说韩愈奏表出于忠心，但其出言不逊，终究过于狂妄。陛下如果想原谅他，也可以让他换一个地方。"于是宪宗把韩愈调职到袁州任刺史。

韩愈在潮州、袁州任刺史期间，深入民间了解疾苦，为民解忧。在潮州时，为民除郡西湫水鳄鱼之害；在袁州时改革旧的习俗，解救那些被卖身为奴婢的百姓，而且宣布废除这种旧习俗，严禁逼迫百姓当奴婢。因此，韩愈虽任地方官时间不长，却颇有政绩。

元和十五年（公元820年），韩愈被召回京城，升任国子监祭酒，不久改任兵部侍郎。当时恰逢镇州发生兵变，朝廷决定派韩愈前去抚慰。韩愈至镇州，对叛乱军民晓之以理，动之以情，圆满地解决了问题。因此，之后又任吏部侍郎、京兆尹兼御史大夫等职。

韩愈的性格比较豁达、开朗，比较真诚，从来不根据别人身份的高低贵贱以及富贵贫穷来决定是否与之交往。韩愈对那些一时得势的豪门权贵更是极为蔑视，由此他颇遭一些权贵的排挤忌恨，引来一些人斥之为狂傲的指责。他多次遭到别人的排挤压迫，尤其是他的那篇建议毁掉佛骨的表奏，使他差点因此而丢了性命。佛教的恶性发展终于引起当权者的警觉。武宗时的"会昌毁佛"使佛教势力遭到毁灭性打击。但武宗一死，佛教势力又死灰复燃了。

4. 杜甫忧国忧民

盛唐诗坛，群星璀璨，杜甫是与李白齐名的另一伟大诗人。

（1）早年出游

杜甫（公元712~770年），字子美。祖籍襄阳，曾祖父杜依艺为巩县令，整个家族就在巩县居住下来，杜甫于玄宗先天元年（公元712年）出生于巩县。远祖杜预是西晋名将，又是注释《春秋左氏传》的学者。祖父审言，是武则天时代的膳部员外郎，与沈佺期、宋之问齐名，很有诗名。父亲杜闲曾担任兖州司马，终奉天县令。杜甫对整个家族世代为官，又有诗歌创作传统感到非常自豪。母亲崔氏，在杜甫小时候就死了。崔家也是大家族，很有名望，当时也有很多的知名人物，他一生中曾多次与或亲或疏的舅父、表弟来往。

杜甫在七岁就能作诗，九岁时就写了很多文章，到十四五岁，杜甫就出入于文人聚会中，与其他人吟诗作赋。杜甫早年接触到各种文化艺术，这对他日后的诗歌创作有极深的影响。例如他五六岁时在济南鄘城看过公孙大娘的剑舞；后在洛阳尚善坊的岐王李范宅里，遵化里玄宗宠臣崔涤堂前，听过李龟年唱歌；在洛阳北邙山顶玄宗元皇帝庙里看过吴道子画的五圣尊容、千官行列，这些都反映在他的诗歌之中。当时社会名流崔尚、魏启心看到他习作的词赋，夸奖他的风格和班固、扬雄相似。还有李邕、王翰这样的长辈也放低身份来拜访他。看来他自称"读书破万卷，下笔如有神",并非虚夸。

杜甫出生时赶上玄宗时的全盛时期,当时农业欣欣向荣,交通也很发达,全国一片太平盛世的景象,政治环境也很好,在许多积极追求功名的青壮年读书人中,漫游蔚然成风。杜甫从二十岁左右到三十五以前,出游过三次。第一次是南游吴越,江浙的山水人情给了他创作的灵感。开元二十四年(公元736年),他第一次参加进士考试,落第了,于是他又带着蔑视功名的傲气,与苏源明等一起,到齐赵平原,作第二次出游。大概这时他父亲正在兖州做司马,他在齐赵一带过了四五年轻松快意的生活,也留下了现存最早的几首诗《登兖州城楼》等,《登兖州城楼》是去兖州看望父亲时的作品;还有《画鹰》《房兵曹胡马》两首,以青年特有的热情赞美了雄鹰和骏马;还有一首《望岳》,更是其中的杰作,结尾的两句是流传千古的名句:"会当凌绝顶,一览众山小",流露了诗人少年时代伟大的志向。

天宝三载(公元744年),杜甫在东都洛阳遇到了被玄宗赐金放还的大诗人李白。同年秋天,李白和杜甫同游梁、宋,会见了诗人高适。这是第三次出游。他的《遣怀》诗说:"忆与高李辈,论交入酒垆。两公壮藻思,得我色敷腴。气酣登吹台,怀古视平芜。"天宝四载(公元745年),他在齐鲁又遇见李白,除了饮酒赋诗之外,又讨论了炼丹求仙,而且共同拜访了兖州城北的隐士范野人。两人还互相赠诗,以表达相互敬佩之情。杜赠李的诗说:"余亦东蒙客,怜君如弟兄。醉眠秋共被,携手日同行。"李赠杜的诗说:"秋波落泗水,海色明徂徕。飞蓬各自远,且尽手中杯!"两人从此以后再未相见。

杜甫一生觉得最为快意的读书游历时期,到三十四岁就结束了。

(2)困守长安

天宝五载(公元746年)杜甫返回了长安。这时长安浪漫游乐的风气尚未过去,汉中王府、郑驸马宅等贵族达官第宅都向他敞开大门。

但他来长安的最主要任务还是参加科举考试，求取功名。这时当权的宰相，正是以嫉贤妒能、口蜜腹剑著名的李林甫。天宝六载（公元747年），玄宗诏天下：有一技之长就可以参加选拔。李林甫认为普通百姓中的读书人会有损皇帝威仪。结果，这一年的科试中，普通百姓中的读书人都没有考上。李林甫为了掩盖自己的丑恶伎俩，又上表祝贺皇帝所有有才华的人都被朝廷所采用了。在这种情况下，杜甫当然也不能当官了。

此后，杜甫的生活一天天贫困下去，经常靠朋友接济，也难免食不果腹，但他却不向那些达官贵人讨好，摇尾乞怜。在《奉赠韦左丞丈二十二韵》里，他一面陈述自己政治上的志向，同时也倾诉了自己的悲愤与辛酸："朝扣富儿门，暮随肥马尘。残杯与冷炙，到处潜悲辛。"

天宝十载（公元751年），玄宗在正月内连续三天举行祭祀玄元皇帝、太庙、天地三个盛典。杜甫觉得这是施展才华的好机会，献上《三大礼赋》，玄宗很是欣赏，命宰相出题，在集贤院考试他的文章。哪知召试的结果，只是说他名实相符，可以参加官吏的选拔。结果，朝廷只给了一个候选官吏的资格。到天宝十四载（公元755年）杜甫才补了一个河西尉的小官，他不愿意赴任，又被赐任右卫率府兵曹参军。

在长安困苦生活十年间，杜甫饱受饥寒交迫之苦，但他却看清了以皇帝为首的封建贵族统治集团的本来面目，对广大人民的苦难，对国家的安危，也有了越来越深的感触和认识。在揭露穷兵黩武的战争给人民带来灾难的《兵车行》里，他十分愤怒地指出："边庭流血成海水，武皇开边意未已！"在讽刺杨氏兄妹腐化堕落生活的《丽人行》里，他明确点出："就中云幕椒房亲，赐名大国虢与秦。""炙手可热势绝伦，慎莫近前丞相嗔！"最后，在《自京赴奉先县咏怀五百字》的长诗里，他反省了自己一生的思想生活道路。"许身一何愚，窃比稷与契"是他一生的政治抱负，"穷年忧黎元，叹息肠内热"是他一生爱憎忧乐的基本倾向。所以当他半夜离开京城，凌晨过骊山，听见君臣们通宵达旦的歌舞声音，便向那些有特权的达官贵族们指出"彤庭所分帛，本自寒女出，鞭挞其夫家，聚敛贡城阙"。向那些只知玩乐、享受美酒佳肴的权贵们，大呼"朱门酒肉臭，路有冻死骨"！最后他自己的那个饱受饥寒疾病折磨的家庭也发生了小儿子被饿死的悲剧。这时他还不知道安禄山已经反叛的消息，却给大唐皇朝的政局描绘出山雨欲来的紧张气氛！

（3）官场沉浮

天宝十四载（公元755年）十一月，安禄山起兵范阳，十二月攻下东京洛阳，次年六月，潼关失陷，玄宗匆匆逃往巴蜀，长安沦陷。此时，杜甫正带着妻子儿女从奉先北上三川，到了鄜州，听到肃宗在灵武即位的消息，及时安顿了家属，就想奔向灵武，结果被叛军抓住，被驱赶回长安。

至德二年（公元757年）四月，杜甫从长安逃到凤翔，见到了唐肃宗，当时自己身上很是狼狈，衣衫不整。肃宗任命他为左拾遗。他这个当官不满一年就逢战乱的小官，能够担任这种官职，心里甚是激动。他当时涕泪横流，真是不知如何报答肃宗的恩德，他半生以来始终怀着致君尧舜的愿望，希望有一天能匡扶社稷，扭转乾坤，现在觉得自己抱效国家的机会来了。但是任拾遗不到一月，就遇到肃宗罢房琯宰相之职的大事，他上书营救，说房琯一直很有名望，有宰相之风。由于贺兰进明的挑拨，肃宗以为房琯只忠于玄宗，不忠于自己，就把杜甫交由三司处理，幸而新任宰相张镐、御史大夫韦陟替他求请说："杜甫说话虽很张狂，但都是在尽自己谏臣的本分。"才没有严加治罪，只下了一纸墨制，叫他回鄜州探亲。这次回家，他写出了《北征》《羌村三首》两篇脍炙人口的作品。

当杜甫在羌村暂居的时候，唐军在郭子仪的带领下，联合回纥骑兵，于九月收复了西京长安，十月收复了东京洛阳。肃宗回到长安，十一月杜甫也从州带着家眷回长安，继续担任左拾遗。

本来杜甫在回探亲时已察觉到肃宗对自己的疏远，但他未必察觉到已被罢相的房琯仍然是肃宗的心腹之患，更不会察觉到肃宗及其心腹李辅国等人正在罗织所谓"房党"，包括贾至、严武、刘秩、杜甫等。所以乾元元年（公元758年）春天，他还与王维、岑参一起写了《奉和贾至舍人早期大明宫》的颂圣诗。不料当诗人们还沉浸在幻想中时，贾至就首先被贬出朝做汝州刺史去了。六月，肃宗就下诏贬房琯为邠州刺史，刘秩为阆州刺史，严武为巴州刺史，杜甫也同时被贬为华州司功参军。

郭子仪、李光弼等九个节度使率军北上，征讨安庆绪，出师不久就取得渡黄河、围邺城的胜利。杜甫在这年冬天来到离前线不远的洛阳，一方面探视洛阳东偃师土娄庄的故居，另一方面就近探问官军打仗的情况。第二年春天，他听说邺城不久就可以攻下，非常高兴地写下了一首长诗《洗兵马》，开头写出激动人心的胜利形势，结尾又描绘"田家望望惜雨干，布谷处处催春种"，鼓励前线战士赶快攻下邺城，脱下战袍，回家帮妻子耕作。诗人在喜胜利、颂中兴、望太平的时候，又特别语重心长地加上"独任朔方无限功"的建议，针对肃宗命九节度出师之时没有立元帅，却让宦官鱼朝恩为观军容使的错误，进行劝谏。此外，他还满怀忧虑："鹤驾通宵凤辇备，鸡鸣问寝龙楼晓。"表面上是颂扬肃宗对太上皇尽儿臣之道，实质上是针对李辅国、张良娣等人离间玄宗、肃宗父子感情的阴谋敲警钟。

然而，就在举国上下都在盼望着官军收复邺城，生擒安庆绪的时候，乾元二年（公元759年）三月三日，唐朝的六十万官军就因为没有立元帅，在邺城外围遭到了一次前所未有的溃败。郭子仪不得已率朔方军退守河阳。

在东京兵荒马乱中，杜甫经过新安、石壕、潼关，回到华州。在一路上杜甫目睹官吏们的丑恶行径，看到他们到处拉夫征丁，不顾百姓的死活，使得很多人妻离子散，只留下孤儿寡妇在哭泣，但他也见到普通百姓援助官军的事。这一次途中的见闻给他以极深的印象，以此写成了六首"即事名篇"的"新题乐府"组诗，后人简称为"三吏""三别"。这六首诗不仅写出人民为战争付出沉重代价，而且写出人民为国为家的自我牺牲精神。

回到华州，旱灾的威胁出现了，而且灾情特别严重，河里没有一滴水，地里颗粒无收，一时饿殍满地。老百姓在天灾和战争的双重负担下走投无路，杜甫这个小官也毫无办法。这年七月，他只得辞官不做，带着家小远走秦州，另谋生路。他弃官的原因不仅是逃荒。从九节度之师溃败以来，他早已看出肃宗小朝廷已经无法容忍忠言，政纪败坏，整个朝廷已经没有清明存在，只留下一片乌烟瘴气。

杜甫到秦州曾打算在东柯谷、西枝村找一块隐居的地方，但是这个地方他不能久住，因为这里少数民族杂居，而且吐蕃的势力又不断扩张。不过在秦州居留的三个多月中，却使他诗卷中增加了不少反映边塞生活的新诗。到十月，他因为思念故土，又领着全家南下同谷。可是奔波了几十天，到同谷后，陷入饥寒交迫的境地。这种种惨痛经历都反映在《乾元中寓居同谷县作歌七首》里。在同谷住了一个多月，又在十二月初一奔赴成都。可以说这是他辛苦奔波的一年，也是他人生转变最大的一年，而诗歌创作也取得了空前的成就。

（4）客居蜀梓

在那个年代，到处民不聊生，整个中原一片萧条，而成都的繁华景象给杜甫以全新的感觉。他全家刚到成都，寄居在一座破败的古寺里，靠着朋友和邻居的接济，全家人的生活不仅可以暂时维持，而且从第二年就开始居住在浣花溪西岸的草堂住宅了。在战乱中奔波多年的杜甫，总算有了一个安身之地了。他的家刚安定，就一面忙着种树、种竹、种菜，一面还得完成营建工程，到蜀州、新津、青城等外面的县去访问乞贷于他的亲友。

但是，好景不长，上元二年（公元761年）五月，他草堂边的一棵有两百年寿命的柟树被暴风连根拔起，更不幸的是同年八月，他新建的草堂又遭一场暴风，房屋被破坏，一下雨就苦不堪言。他在不眠的长夜里，不禁从自家的苦难想到天下无数流离失所的人民："安得广厦千万间，大庇天下寒士俱欢颜，风雨不动安如山。呜呼，何时眼前突兀见此屋，吾庐独破受冻死亦足！"（《茅屋为秋风所破歌》）

同年十二月，老朋友严武由绵州刺史升任兼管东西两川的节度使。上元三年（公元762年）春夏，杜甫和严武往来互相拜访不止一两次，在唱和诗篇中，严武曾劝他重返仕途，他则希望严武能理解自己懒散的个性。

同年四月，玄宗、肃宗父子两人相继去世，代宗即位，七月召严武入朝。杜甫亲自把严武送到绵州奉济驿才相互告别，谁想这时剑南兵马使徐知道就在成都发动了叛乱，严武被兵阻隔出不了剑门，杜甫也回不了成都，只得转到梓州，依靠李梓州、严二别驾等新朋友。八月，徐知道的叛乱被高适平定下去，但动乱未止，杜甫只得把家属移到梓州来，并打算离开东川，经过三峡，赶往长安。

此时战局已经扭转，唐军大为有利，代宗即位后命长子雍王李适为天下兵马元帅，仆固怀恩为副元帅，讨伐史朝义，大败叛军。

广德元年（公元763年）正月，史朝义被迫自杀，河南河北各州全部收复。消息传到梓州，杜甫兴奋得涕泪横流，写下了著名的《闻官军收河南河北》："剑外忽传收蓟北，初闻涕泪满衣裳。却看妻子愁何在，漫卷诗书喜欲狂。白日放歌须纵酒，青春作伴好还乡。即从巴峡穿巫峡，便下襄阳向洛阳。"这是他平生最为快意的一首诗，末两句尤其写出他当时归心似箭的心情。但是，当时他全家逃难在梓州，要回乡谈何容易，他只能亲眼看见朋友一个个离去，而他只能独自留在原地。这一年高适任剑南节度使，吐蕃兵入大震关，代宗出奔陕州，高适率兵临吐蕃南境，欲牵制其主力，却无功而返，致松、维等州相继失陷。朝廷不得已，只得再派严武入蜀。

杜甫得知严武再度归来的消息，喜出望外，于是在广德二年（公元764年）春天，又从阆州领着妻子赶回成都，特意恭候老朋友。三月回到成都，严武就启奏他为节度参谋、检校工部员外郎。杜甫回到草堂，享受着美丽的山水，如沐春风。

他在幕府半年，每天早出晚归，生活拘束，与同僚之间也难免会因意见不合发生一些不愉快，于是在永泰元年（公元765年）正月三日辞幕府归浣花溪。四月严武因病逝世，杜甫在成都没有亲朋故友，毫无依靠。五月杜甫带着全家沿岷江东下，写下《去蜀》一诗："五载客蜀郡，一年居梓州。如何关塞阻，转作潇湘游。世事已黄发，残生随白鸥。安危大臣在，不必泪长流。"

（5）晚年漂泊

杜甫随着东下的小船，五月到嘉州，六月到戎州、渝州，七月到忠州，秋天到云安。此时他的消渴病和疟疾都犯了，就在严明府的水阁过了一个冬春。

大历元年（公元766年）移居夔州白帝城。同年秋，从成都调来夔州任都督的柏茂琳到任，对他很是照顾，又不时派园官给他送些瓜菜。

在大历二年（公元767年）三月，他在夔州瀼西买了四十亩果园，还带有几间房子，柏氏又委托他管理东屯稻田百亩，生活一天天好转了起来。

大历三年（公元768年）正月，正值早春季节，各种生物蓄势待发，杜甫把去年所买的果园草屋一并赠给吴南卿，就全家登舟出峡了。下水船走得快，不久他们就到了新建为南都的江陵府。江陵本来有郑审、李之芳和他比较亲近，郑任江陵少尹，李原任太子宾客，现任尚书，在夔州时就有诗歌互赠。但是到江陵后，只见他们和杜甫多次聚会一起作诗，但他的家眷却过着衣不果腹，而向别人乞讨的生活。

后来，李之芳又病故，四川又发生兵乱，渐渐波及川东。他感到江陵也非久居之地，受到兵乱的搔扰，人民流离失所，只得南下公安，也只暂住了两个月，年底又漂泊到岳阳。

大历四年（公元769年）春天，他又南下，三月到潭州，虽然他已经是一个白头老翁，耳聋目花，还是怀着激情游览了岳麓山道林二寺。接着他又南下投奔衡州刺史韦之晋，韦是他早年时在山西郇瑕认识的朋友，不料到衡州后，韦又调任潭州刺史，二人未能相见。不久，又传来韦之晋在潭州去世的消息，他悲痛欲绝，又折回潭州。

大历五年（公元770年）春天，也是杜甫人生的最后一个春天，他在潭州写了好几首抒情诗，他追溯十年前高适赠给他的那首诗，感情真挚，哀悼高适，也是哀悼自己。

这年四月，湖南兵马使臧玠杀死湖南观察使崔瓘，占据潭州作乱，杜甫全家逃到衡州。

这是他平生最后一次逃难，他的《入衡州》《逃难》《白马》《舟中苦热遣怀奉呈阳中丞通简台省诸公》等诗中叙述了叛乱的发生，与全家被迫逃难，以及衡州刺史阳济联合各郡讨伐臧玠的过程。

随后他又带着全家沿湘江而上，想去郴州投靠舅父崔伟，船至耒阳方田驿，江水猛涨，无法前进，在这里被饿了五天。耒阳县令听到消息，派人给他们送来了牛肉白酒，总算没有被饿死。船既无法南行，只得返回潭州。

等到秋天，杜甫先后写了《回棹》《登舟将适汉阳》《暮秋将归秦留别湖南幕府亲友》，诸诗都表明了他的小船离潭州后将北上襄阳、秦中。

此后，直到冬天，杜甫又写了《风疾舟中伏枕书怀三十六韵奉呈湖南亲友》，这时他病卧舟中，饱受煎熬。此诗写成后不久，他就死在这条船上，家属把他先葬在岳阳。

四十三年后，他的孙子杜嗣业才把他的灵柩归葬河南偃师，并请诗人元稹写了墓志铭。

元稹在墓志中高度评价了杜甫在诗史上的地位："至于子美，盖所谓上薄风骚，下该沈宋，言夺苏李，气吞曹刘，掩颜谢之孤高，杂徐庾之流丽，尽得古今之体势，而兼人人之所独专矣。使仲尼考锻其旨要，尚不知贵其多乎哉，苟以为能所不能，无可无不可，则诗人以来，未有如子美者。"

在这里元稹高度赞扬杜甫，认为杜甫在诗史上空前绝后，无人可比。确实如此，从杜甫的成就来看，"诗圣"的称号他当之无愧。

5. 大书法家颜真卿

中国书法艺术在唐朝时期发展到了顶峰，颜真卿是其中最具成就的杰出代表，他的成就可谓空前。

颜真卿（公元709~785年）字清臣，京兆万年人。祖籍琅玡临沂，开元进士，任殿中侍御史。他为人刚正不阿，因遭权相杨国忠排挤，被迫出外做了平原太守。安禄山叛乱，他联合堂兄抵抗，被推为盟主，率领大军二十万，有效地阻挡了安禄山进攻潼关的兵锋。他官至吏部尚书、太子太师，封鲁郡公，被世人称为"颜鲁公"。德宗在位时，李希烈叛乱，他被派往前方劝谕，被李希烈缢死。颜真卿从小就刻苦好学，很有文学天赋，后人把他的作品收录为《颜鲁公文集》。

颜真卿书法早年受家庭和外祖家殷氏影响，开始学习褚遂良笔法，后来又向张旭学习，深得张氏书法之精髓。之后他广搜群集，从历代名家蔡邕、王羲之、王献之等书法作品中吸收精髓，反复揣摸，创造了出类拔萃、雄伟刚劲、气势磅礴的独特风格，终成书法大家。他的笔体也被称为"颜体"。他的楷书端庄雄伟、气势开张。他用笔横轻竖重，笔力显得雄厚刚劲。竖笔向中略有弧度，刚中有柔，富有弹性，气指中骨。其结构也是方正结合，似圆似方。他的行书遒劲郁勃、凝练浑厚、纵横跌宕，用笔气势充沛、巧妙自然。他的笔法改变了古代风格，开创了新局面，深刻地影响了后世，因此他与稍后的柳公权并称"颜柳"。因颜真卿书法筋力丰满、气派雍容堂正，而且还影响到了后来柳公权的书法，使之偏重骨力刚健，故又有"颜筋柳骨"之称。另外现传的《述张长史笔法十二章》中记载了颜真卿的书法理论。

颜真卿传世的书法作品较多，但赝品更多，而且难以辨别。除《祭侄季明文稿》被公认为真迹外，其余的作品如《竹山堂联句诗帖》《自书告身帖》《刘中使帖》《湖州帖》等是真是假还难以定论。颜氏一生书写碑石极多，流传到现在的都各具特色：《多宝塔碑》端庄秀丽；《东方朔画赞碑》清远深厚；《谒金天王神祠题记》遒劲端正；《臧怀恪碑》雄伟健劲；《郭家庙碑》雍容朗畅；《麻姑仙坛记》韵味十足；《宋碑》雄宏开阔；《八关斋会报德记》气象森严；《元结碑》沉稳敦厚；《干禄字书》平缓舒和；《李玄静碑》劲力十足等等。颜真卿写的最大的楷书是《大唐中兴颂》。它的字体方正平稳，筋骨深藏不露。

《颜氏家庙碑》与1922年出土的《颜勤礼碑》书法筋力丰厚、笔锋严谨，是他晚年时期的代表作。

颜真卿书法法帖很多。历代的许多汇帖中都有他的作品。单帖有《争坐位帖》《奉使帖》《送裴将军传》《小字麻姑仙坛记》《送刘太冲叙》等，这里尤以《争坐位帖》最为著名。此帖为作者手稿，随手挥毫，跌宕起伏，所用笔墨酣畅淋漓，是非刻意而作的杰作。宋刻《忠义堂帖》则专门汇集颜真卿书法法帖，其中有四十五种收在这里边，现在只有浙江省博物馆有宋朝时拓写的一本。

颜真卿书法集古今之大成，为中国书法史之承上启下者，是中国书法艺术的瑰宝和书法发展史上的里程碑。

第七章

唐朝没落

除了藩镇割据外，安史之乱之后的最大祸患就是宦官专权和朋党之争。李辅国、程元振、鱼朝恩都是干政的名宦，他们甚至到了废立皇帝毫无顾忌的地步。宦官的权势熏天引起了皇帝和一些朝臣的不满，于是他们发起了数起反宦官的行动，甘露之变即是一例，但最后都失败了。宦官的权势之大，由此可见一斑。朋党之争实质是牛李之争，两党势力此起彼伏，互相勾心斗角，扰乱了朝政。唐朝末年，土地兼并现象更加严重，广大人民苦不堪言，遂爆发了一系列农民大起义。王仙芝、黄巢起义是最具摧毁性质的起义。虽然起义最后失败了，但经其冲击的唐王朝已是奄奄一息。降唐的农民军将领朱温势力日渐壮大，他于天祐四年（公元907年）逼迫唐哀帝禅位于己，唐朝的统治就此结束。

1. 宦官开始废立皇帝

元和十五年（公元820年）正月，宪宗暴死，宦官梁守谦等共立太子恒为帝，是为穆宗。宦官废立皇帝自此开始。

（1）宪宗暴死

平定淮西后，宪宗逐渐滋长了骄傲奢侈之气。户部侍郎、判度支皇甫镈与卫尉卿、盐铁转运使程异顺承宪宗的心意，屡屡向宪宗的"小金库"里输送额外税收，以供宪宗享乐，因此两人都得到宪宗的宠爱。皇甫镈还大肆收买结交吐突承璀。皇甫镈以本职，程异以工部侍郎的职务都升为宰相，并兼任旧职。制书颁布后，朝廷与民间都感到惊异，就连市井小贩都耻笑他二人。

　　裴度与崔群竭力陈述升他们二人做宰相的坏处，宪宗不从。裴度以与小人同事为耻，上表请求自行引退，又没得到允许。于是裴度上疏说："皇甫镈与程异都是掌管钱财与谷物的官吏，而且都是投机取巧的奸邪之人，陛下突然把他们安置在宰相的职位上，朝廷上下无人不以此为惊奇可笑的。何况皇甫镈掌管度支，专做多取少给之事，所以不论哪个在朝廷中领俸禄的人，无人不想吃他的肉。近来皇甫镈裁减淮西官员的禄粮，激起了将士们的公愤。多亏我来到淮西行营开导、劝慰和勉励他们，才避免了溃散作乱之事的发生。现在，那些原来讨伐淮西的将士得知皇甫镈担任宰相后，肯定惊惶忧恐，自知有苦无处申诉。程异虽然人品平庸低下，但是考虑事情心平气和，用他做一些一般的繁杂事务还可以，做宰相则万万不能。皇甫镈狡猾诡诈，臭名扬天下，却能够使明察善断的陛下受到迷惑，足以看出他奸佞邪恶已到极点。我要是赖着宰相位子不走，早晚要被天下人的唾沫淹死；如果我不发言，天下的人们就会说我辜负了陛下的恩宠。皇上您既不听我的意见，又不让我引退，我心里实在是难受到了极点。可惜的是，淮西荡平，河北归于安宁，王承宗拱手割让土地，韩弘抱病登车讨伐贼人，岂是单凭朝廷的努力可以做到的？只是因为对他们安排处理得当，因而能使他们心悦诚服。陛下建立天下太平的基业，已经达到了十分之八九，又岂能半途而废，令天下人寒心呢？"宪宗认为裴度属于朋党集团，竟然不理他。

　　皇甫镈知道自己不被大家所赞同，就更加变本加厉地恣意妄为来稳固自己的位子，他还奏请削减朝廷内外官员的薪俸来资助国家的用度。给事中崔植奋力驳回诏书，经过极力论说，才没有实行皇甫镈的建议。

　　当时内廷拿出积存多年的丝帛交付度支出卖，皇甫以次充好，竟把这些以高价买来的东西充作边疆军用物资。那些丝帛朽蚀腐败，用手一碰，就会破裂，军士们只好把这些废品烧掉了。裴度借奏报事情的机会谈到此事，皇甫镈却在皇帝面前伸出他的脚来说："我穿的这双靴子也是我用两千钱从内库中买来的，又结实又舒服，皇上您别听裴度胡说。"宪宗认为他讲得很对。从此，皇甫镈更加恣意妄为。程异有自知之明，知道自己在别人面前口碑不好，因此就尽力廉洁谨慎，谦逊自抑。他任宰相一个多月，都没好意思去掌握印信坐堂断事，所以最终免遭祸殃。

五坊使杨朝汶妄自捉拿囚禁百姓，严刑逼供，索要钱财，并让他们相互诬告牵连，竟有近千人被他这样拘禁。中丞萧上奏揭发，裴度与崔群也就此进言。宪宗说："你们只需与朕谈论军国大事，这些毛毛事各位就别操心了。"裴度说："相比较而言，用兵之事只是关于崤山以东而已。而五坊使强暴蛮横，遭殃的却是京城。"宪宗不高兴。退朝后，宪宗传召杨朝汶，恨恨地说："就是因为你，才使我不好意思见宰相！"冬季，十月，杨朝汶被宪宗赐死，而被囚禁的其他人则得以获释。

宪宗晚年喜欢长生不老之术，颁诏全国寻求方术之士。宗正卿李道古先前担任鄂岳观察使，贪婪残暴，恶名昭著。他老是惶惶不可终日，便寻求向皇上献媚之策，走皇甫镈的后门送上术士柳泌，称他能够制作长生的药物。宪宗于是颁诏让柳泌住在兴唐观中炼制仙丹。

唐元和十五年（公元820年），因总是服金丹，宪宗的脾气变得越来越暴躁。身边侍从宦官稍稍不顺他的心，就被毒打至死。宦官陈弘志发难，杀死宪宗，并假托说是服金丹过度毒发而死。

先前，宪宗以长子宁为皇太子，但太子早逝。吐突承曾想立二皇子沣王恽为太子，而宪宗却立三子遂王恒为皇太子。此时，宦官中出现争执，有拥立沣王的吐突承，另外还有拥立遂王的梁守谦等人。但后来后一派杀掉了前一派及沣王。闰正月，太子恒即皇帝位，为穆宗。穆宗于第二年正月改元长庆。

（2）宦官无法无天

长庆二年（公元822年），唐穆宗和宦官在宫中打马球，有一宦官不慎落马，穆宗受惊，于是严重中风，半身不遂，行动不便。以后，百官都不知穆宗的日常活动和行踪。宰相们多次请求进宫面圣，都没有得到答复。裴度屡次为立太子一事进谏上表，并请求入宫面见穆宗。十二月初八，穆宗在紫宸殿接见群臣百官，坐在大绳床上，喝退左右侍卫，只余十

第七章 唐朝没落

余名宦官随侍左右，人心逐渐安定。李逢吉上言说："景王已长大成人，请立为皇太子。"裴度也力谏说为安民心应速立皇太子，中书、门下两省的官员为此事也有人相继上奏。初十，穆宗下诏，立景王李湛为皇太子。随后，穆宗病情好转，并痊愈。

长庆四年（公元824年），唐穆宗疾病再度发作。后病重，就把朝政大权暂时交给了太子李湛。宦官打算请郭太后临朝代行皇权，太后说："过去武后乱权，自立为帝，败坏朝纲，招致万民唾弃，四方反叛，我怎能不晓得前车之鉴呢？太子虽无治国经验，然而有德才兼备的宰相辅佐，成大事不难。只要你们这些宦官不搅和也就没事了。自古以来，哪有女人主宰天下而能达到如唐尧、虞舜一样的大治呢？"说完，就撕掉了宦官拟定的制书。郭太后的兄弟、太常卿郭钊听到宦官的建议，秘密上书给郭太后说："假如您受宦官蛊惑，弄权乱纲，我们只有弃官归隐这条路了。"郭太后哭着说："得兄侄若此，真乃郭家之大幸也！"当晚，穆宗在寝殿驾崩。二十三日，朝廷任命李逢吉兼任冢宰，主持穆宗的治丧事宜。二十六日，太子李湛继位于太极殿东厢，号唐敬宗。唐敬宗游乐没有节制，与身边的小人亲密无间，时常一起游玩。他酷爱蹴鞠、摔跤等玩意儿，禁军和各藩镇为讨好皇上，纷纷进献球童、摔跤力士。敬宗又出钱一万缗给内园栽接使，命令他们为自己招募大力士，敬宗则每日游戏于此众力士之间，不思朝政，他还好深夜外出捕捉狐狸。他性格暴躁，大力士们有时恃宠出言不逊，动辄就被流放，甚至没收家产；宦官若稍犯圣怒，更是动辄毒打，导致人人敢怒不敢言。十二月，敬宗在夜里外出打猎后回宫，与宦官刘克明、田务澄、许文端以及玩球同乐者苏佐明、王嘉宪、石从宽、阎惟直等二十八人一起饮酒。苏佐明等人趁敬宗酒醉后到后房换衣服之机，吹熄灯烛，进内室刺杀了敬宗。刘克明等人随即假传敬宗的旨意，命翰林学士路隋起草遗诏，将朝政大权托付给绛王李悟。初九，宣布敬宗的遗制，绛王在紫宸殿的外廊接见宰相和百官。

刘克明等打算换掉掌权的内侍省宦官。消息传出，枢密使王守澄、杨承和、神策军护军中尉魏从简、梁守谦四人商定，派禁军前往迎接江王李涵入宫，同时，派左右神策军和飞龙兵把杀死敬宗的刘克明等人抓拿问斩。刘克明跳井躲藏，被禁军搜出斩首。绛王也被乱兵杀害。江王李涵即皇帝位，改名李昂，即文宗，文宗第二年二月改元太和。文宗在位十三年，对宦官掌权极为厌恶，曾与大臣谋诛宦官。太和九年（公元835年），发生"甘露之变"，但是没有成功。之后，宦官专权气焰愈盛，终至不可收拾。此后，文、武、宣及其后的懿、僖、昭帝等都是经宦官拥立而继位的，宦官擅权的程度由此可见一斑。

2. 甘露之变

太和九年（公元835年）十一月，郑注与李训企图到凤翔选壮士数百为亲兵，奏请入护王守澄葬事，以乘机尽诛宦官，是为"甘露之变"。

（1）贬宋申锡

宦官专权的局面主要是由于宦官执掌了禁军。从安史之乱时开始，肃宗为赏赐有功的宦官李辅国，给了他一部分军队。肃宗返京后，李辅国权势更盛，禁军全在他掌握之中。从此，宦官势力日长，到后来甚至把持朝政，诛伐异己，废立皇帝，可谓无法无天。朝官们借助于皇权向宦官夺权的事情也时有发生。文宗时发生的"甘露之变"就是宦官与朝官之间的一次血战，但最终朝官因没有兵权还是败于宦官手中。

甘露之变以后，皇帝日益变成宦官手中的玩物，宦官集团完全掌握了军政大权。

穆宗、敬宗都是被宦官杀死的。文宗即位后，杀死二位皇帝的宦官仍有人在文宗左右，他们势力很大，其中尤以宦官头领、掌握禁军兵权的

第七章 唐朝没落

王守澄最为跋扈。有个叫郑注的人倚恃王守澄出入禁军，卖官贩权，人们对此奈何不得。到后来连文宗都无法忍受，就找来翰林学士宋申锡寻求对策。宋申锡给文宗出主意，要他一点一点地解除宦官的权力。文宗相信了宋申锡，升他为尚书右丞，密办此事。太和四年（公元830年），宋申锡又被任命为同平章事。

太和五年（公元831年）二月，唐文宗和宰相宋申锡密谋诛杀宦官，并找来吏部侍郎王共商大事，还把他举荐为京兆尹。不料王却泄露了文宗的意图，郑注、王守澄得知后，暗中进行防备。

文宗之弟李凑文武全才，颇有名声，封爵漳王。郑注令神策军都虞侯豆卢著诬告宋申锡密谋拥立漳王。戊戌（二十九日），王守澄借机挑拨，致使文宗信以为真，要杀宋申锡。王守澄要派二百个骑兵去屠杀宋申锡全家，飞龙使马存亮一再劝阻说："在京城内动兵杀大臣恐怕会引起大乱，不如先和群相们商量一下。"王守澄于是作罢。

这天，正值宰相休假，文宗派宦官召集全体宰相到中书省东门。宰相到齐后，宦官说："此次召见，宋申锡回避。"宋申锡明白自己被人诬告，遥望延英殿，手执笏板磕头后退下。宰相到延英殿后，文宗把王守澄的奏折拿给宰相们看，宰相们都大惊失色。文宗命令王守澄派人逮捕豆卢著所诬告的管理十六宅官晏敬则、宋申锡的亲信侍从王师文等人，统统抓到宫中让太监审问，王师文得知后逃亡。三月初二，宋申锡被贬为太子右庶子。从宰相到大臣百官，都哑口无言，没胆量为宋申锡申辩。只有京兆尹崔绾、大理卿王正雅接连上疏，请求将宫中审讯的结果交付御史台复核。宦官见大势已定，就放松了警惕。王正雅是王翊的儿子。晏敬则等人承认豆卢著所诬告的都是事实，称宋申锡有与漳王勾结欲立其为帝之举。

初四，审讯结束后，太子太师、太子太保以下官员，以及御史台，中书、门下、尚书三省，大理寺的大臣被文宗召集起来当面询问审讯的情况。近中午时，左常侍崔玄亮、给事中李固言、谏议大夫王质、补阙卢钧、舒元褒、蒋系、裴休、韦温等人再次请求见文宗于延英殿，认为结果不公，请求皇上把案件交由专管监督的御史台复审。文宗说："此事已与朝臣议罢，休要再提。"屡次下令让这几个人退出，崔玄亮等人不退。崔玄亮边磕头边哭说："不要说杀宰相，就算杀一个百姓也不能这么随便呀。"文宗的怒气逐渐缓和，说："我准备再和宰相商议。"就再度召集宰相来延英殿。宰相们到后，牛僧孺说："宋申锡身为宰相，已位及人臣，再谋反还有什么意义呢？我认为宋申锡决不会傻到这种地步！"郑注为了不让自己的阴谋被揭穿，就怂恿王守澄尽快定案执行。初五，唐文宗贬漳王李凑为巢县公，宋申锡为开州司马。飞龙使马存亮因宋申锡被冤枉一事，对官场很是失望，当日请求告老还乡。崔玄亮是磁州人；王质是王通的第五代子孙；舒元褒是江州人。牵连此案的晏敬则等近百人被杀或流放，宋申锡最后死在被贬之地。

（2）夺王守澄权

前邠宁行军司马郑注依赖右神策军中尉王守澄，权力和势力非常大，因而唐文宗非常讨厌他。太和九年（公元835年）九月十三日，侍御史李款上奏到紫宸殿，在紫宸殿弹劾郑注说："郑注在宫中交结宦官，在南衙交结百官，不停地活动，结交关系，接受贿赂，观察局势变动，暗地里想窃取大权，而很多人尽管心里感到很愤怒但却都不敢说出来。请求朝廷准许把他交付御史台审查治罪。"在短短的十几天之内，他连上数十次疏弹劾郑注，郑注只好逃到右神策军躲起来了。左神策中尉韦元素、枢密使杨承和、王践言也都恨郑注。左神策军将李弘楚劝韦元素说："郑注这个人狡猾奸诈，现在没有人能够比得上他。如果不在现在趁他势力还没有发展起来的时候把他弄死，等到他势力发展起来以后，一定会成为国家的一个祸害。如今，他被侍御史李款弹劾，躲藏在右神策军中，恳请您能许我借您之名去见他，托辞说您身体不舒服，请他前来诊断。来后您请他坐下来谈话，我就站在你身旁等着，你给我一个眼神，我就将他抓出去杀掉。然后，您再向皇上谢罪，并将他的罪行一一抖露出来。到时，枢密使杨承和、王践言肯定会帮助您说话。况且你在拥戴皇上登上王位的时候做出过很大的贡献，他又怎么会因为你为他除去一个奸人而怪罪你呢？"韦元素认为有道理，就派李弘楚去召唤郑注。郑注来了，毕恭毕敬地对韦元素点头哈腰,随即口若悬河般地拍起了韦的马屁,惹得韦好不快活。韦元素听得入了迷,不知不觉亲切地拉住他的手,全神贯注地倾听,一点都没觉得有病。李弘楚在旁边多次暗示韦元素应该动手,韦元素置之不理。随后,他还把大量的金银财物送给郑注,送他回去。李弘楚大怒,说:"你今天没把握住杀他的最好的时机,将来一定会遭到他的报复的。"于是,辞职而去,很快就生背疮而死。当初王涯升任宰相时,郑注曾在幕后为他活动。这时,王守澄又在文宗的面前为郑注辩护,于是,文宗赦免了郑注。没过多久,王守澄又奏请皇上要郑注做侍御史,充任右神策军判官。朝廷内外无不惊讶。

十二月十八日,文宗中风竟至不能讲话,郑注经王守澄介绍,治好了文宗的病。文宗于是开始信任郑注。

太和八年(公元834年),郑注被征调到京师。太和九年(公元835年)被任命为太仆卿兼御史大夫。

起初,宋申锡被判罪贬官后,宦官更加骄横。文宗虽然外表不露声色,内心却不能忍受。李训、郑注得宠后,知文宗心事。于是,二人在伴读过程中暗示文宗除掉宦官。文宗觉得李训很有才能,能言善辩,认为可以和他商议诛除宦官之事。又因二人与王守澄过往甚密,同时召二人入宫,王也不会起疑,于是就开始和二人商议诛杀王守澄一事。郑注、李训于是下定决心,为皇上献策除掉宦官。二人相互依赖,昼夜商议对策,凡给文宗的建议,文宗无不采纳,二人声势日盛。郑注经常待在宫中,有时休假在家,要求拜见他的人排满他的门前,贿赂他的财物堆积如山。别人只道他二人靠宦官平步青云,却不知他二人正在谋划铲除宦官。当初文宗被拥立为皇帝时,右领军将军、循州兴宁县人仇士良曾经有大功,但他与王守澄不和。这时,李训、郑注建议文宗用仇士良来牵制王守澄。五月二十一日,文宗任命仇士良为左神策军护军中尉,王守澄闻知后很不高兴。

时人都认为郑注做宰相只是迟早的事情,侍御史李甘在朝里说:"我决不会同意让郑注这种人做宰相。"不久,文宗贬李甘为封州司马。不过由于李训也不愿郑注权力太大,千方百计不让郑注做宰相。

太和九年(公元835年)七月下旬,侍讲学士李训又被加封为兵部郎中，知制诰。

八月初四，太仆卿郑注被任命为工部尚书，充翰林侍讲学士。郑注爱穿鹿皮裘衣，给人一种恬淡的假象。有一次文宗问户部侍郎李珏是不是认识郑注。李珏说："岂但认识他，还深知他的为人。此人并非善类，专攻奸邪之术，我不屑与之共处。"此话传至郑注耳中，不久，李珏被贬为江州刺史。

传言杀死宪宗的宦官陈弘志已任山南东道监军。李训要文宗把他召到京师，并派人在青泥驿暗杀了他。

郑注想做凤翔节度使，李训也怕郑注留朝日久，势力太大，非常赞成郑注出任此职。

九月下旬，右神策中尉、行右卫上将军、知内省事王守澄被任命为左右神策观军容使，兼十二卫统军，实际上，王守澄是被架空了权力。

（3）李训拜相

九月二十七日，唐文宗任命御史中丞兼刑部侍郎舒元舆为刑部侍郎，兵部郎中知制诰、充翰林侍讲学士李训为礼部侍郎，二人同为同平章事。同时，命李训每隔两三天就进宫以讲书为名商讨除宦之事。舒元舆看李训得宠，就千方百计为其铲除异己，自己也被李训推荐为宰相。文宗鉴于以前李宗闵、李德裕担任宰相时结党营私，互为对头的教训，认为贾和舒元舆都是家世寒微而刚刚考中进士不久的朝官，因此任其为宰相不致结成朋党。而李训由被流放的罪人而重新起用，仅一年就被任命为宰相，得到文宗全心全意地重用。李训把持朝政，朝中各大小事情都由他一人决定。宰相王涯等人对他阿谀奉迎，唯恐有所违背。朝中其他大小官员，包括禁军在内，更是对其唯命是从。三十日，唐文宗任命刑部郎中兼御史知杂李孝本暂代理御史中丞。李孝本是皇室后代，也不得不靠贿赂李训、郑注来得到升迁。

十月，李训、郑注秘密地向文宗建议，要求趁机除掉王守澄。初九，

第七章　唐朝没落

文宗遣宦官李好古携毒酒前去，赐王守澄一死，随后追赠王守澄为扬州大都督。李训、郑注本来是通过王守澄的推荐才被提拔的，却忘恩负义杀掉了他。所以，百官都为王守澄是奸佞被杀而拍手称快，同时也为郑李二人的阴险狡诈倒吸凉气。这样，元和末年暗害唐宪宗的叛贼逆党业已肃清。三天以后，郑注去凤翔上任。

李训等人虽然扶植了一批言听计从的人任高官，但仍不忘拉拢元老派大臣裴度、令狐楚、郑覃等人，所以士大夫阶层确有人对李训等能有所作为抱有很大幻想。

郑注到了凤翔后积极准备政变，按照预先与李训的约定，在十一月二十七日，郑注带兵以为王守澄送葬为名，将宦官一网打尽。李训想，如依照前约行事的话，事情成功后，头功要被郑注夺去，所以决定提前发动。

十一月二十一日，文宗在紫宸殿视朝。百官按照班秩站好之后，左金吾卫大将军却一反常态未报平安，他说："昨夜有甘露降在左金吾衙门后边的石榴树上。这一祥瑞已被我派人告知了所有的守宫门的宦官。"李训、舒元舆在一旁鼓动文宗前去观看。可惜文宗所乘软舆当时留在含元殿，于是就命宰相及中书、门下二省官员先到左金吾厅堂后面去察看。过了好一阵子，李训才来报告说："我不敢确定是不是甘露，还是确认后再宣布吧。"文宗故意问道："真有这么回事吗？"回头要左、右中尉仇士良、鱼志弘率宦官再去察看。李训趁宦官离去之机，命邠宁节度使郭行余、河东节度使王过来接密旨。王胆怯，哆嗦着不敢向前，只有郭行余拜受殿下。二人事先组织好的几百名部下已拿着武器在丹凤门外待命，李训预先命人告知这一干人上殿待命，偏偏只有王麾下的河东兵进来，郭行余的邠宁兵却没有来。进来士兵不归自己管辖，一时不知所措。

仇士良率领宦官到左金吾后院去察看甘露，韩约紧张得浑身流汗，脸色难看。仇士良觉得很奇怪，问："将军因何紧张？"过了一会儿，一阵风把院中的帐幕吹起来，仇士良发现附近暗伏刀斧手，情知中计，急忙赶回大殿，在关门的一刹那冲出。仇士良等人急奔含元殿，向文宗报告发生兵变，被李训看见。李训急呼金吾士卒说："护驾者重重有赏。"宦官对文宗说："事情紧急，请陛下马上回宫！"随即抬来软轿，把文宗拖上去，冲破大殿后丝网，朝北面奔去。李训拉住文宗的软轿大声说："陛下尚未下朝，不能和你们走。"这时，金吾兵已经登上含元殿。同时，罗立言率京兆尹府三百多人，李孝本率御史台随从二百多人从东西两路杀将过来，见宦官就杀。宦官血流如注，冤声四起，十几人或被杀或被伤。文宗的软轿一路向北进入宣政门，李训拉住软轿不放，呼喊更加急迫，宦官郗志荣趁机将李训打翻在地。文宗的软轿进入宣政门后，大门随即关闭，宦官都大呼万岁。这时，尚留在含元殿的大臣们见大事不好，四散逃窜。李训见事情败露，遂换上随从衣服逃走。一路大声扬言说："我有什么罪而被贬逐！"因而，人们也不怀疑。宰相王涯、贾、舒元舆回到政事堂，相互商议说："皇上稍倾必会召我们到延英殿议论今天之事。"中书、门下两省的官员来问王涯三人发生了什么事？三人都说："各位去了便知。"仇士良等宦官知道文宗也参与了李训的密谋，非常愤恨，竟公然出言责问皇上。文宗理亏，一声不吭。

（4）仇士良大杀朝官

仇士良等人命令左、右神策军副使刘泰伦、魏仲卿等各带禁兵五百人，前去捉捕叛党。这时，王涯等宰相在政事堂正要吃饭，忽然有官吏报告说："来一帮人马，见人就杀。"王涯等人狼狈奔逃。中书、门下两省和金吾卫的士卒和官吏一千多人争相向门外逃跑，最终还是有六百多人被关在门内杀死。仇士良下令分兵关闭各个宫门，逐个搜查南衙各司，务必把余党一个不剩地抓到。各司的官吏和担负警卫的士卒，甚至平民百姓也被枉杀千余人，尸横遍地，血流成河。各司的大印、地图和户籍档案、衙门的帷幕和办公用具被捣毁、洗掠一空。仇士良又出动左右神策军的一千多骑兵继续追捕剩余贼党，同时派兵在京城大搜捕。最终追兵于安化门外捉到化装成士民的舒元舆，在永昌一茶馆内捉到逃亡的王涯。王涯已七十多岁，在受刑逼供下，违心地承认和李训一起谋反，企图拥立郑注做皇帝。王逃回家中，不敢露面，终日大门紧闭，让家兵把守。神策将前来搜捕，到他的门口时，大声喊道："皇上知您与王涯等人无关，不但不降罪，还任您为相，我们来接您了。"王大喜，马上出来相见。出来后才发现被骗，被神策军抓了去。到了左神策军中见到王涯，王说："你参与谋反，为何要牵连我？"王涯说："谁叫你当初出卖宋申锡，这是报应。"王自知理亏，低头不语。神策军又在太平里逮捕了罗立言，还把王涯的亲属奴婢一并抓来，关押起来。户部员外郎李元皋是李训的远房表弟，虽并未得到李训提拔，也被一并定罪问斩。禁军还借口贾餗在前岭南节度使胡证家中，就抢劫胡家，并把胡证的儿子胡溴杀死。禁军又到左常侍罗让、詹事浑、翰林学士黎埴等人的家中掠夺财产，查抄殆尽。浑是中唐名将浑的儿子。这时，京城中恶少也纷纷借机杀人放火，抢劫商户，打架斗殴，致使尘埃四起，漫天蔽日。

二十二日，百官上朝，宦官只准朝官带一名随从进去，禁兵手持武器列于两旁进行监督。百官到了宣政门，门还紧闭着，连宰相和御史领班都没有，百官全无秩序。文宗在紫宸殿上问："为什么连一个宰相也没来？"仇士良答道："王涯等几个宰相谋反，已经关进监狱。"接着把王涯的亲笔供状呈交上去。文宗于是召左右仆射令狐楚和郑覃上殿，让他们确认是否为王涯的笔迹。令狐楚等回答："没错。"文宗说："真是这样，罪不容诛！"于是命令狐楚、郑覃留宿中书省，参决机务，并命令令狐楚把王涯谋反一事公告天下。令狐楚念往日情分没有大肆侮辱、谩骂王涯、贾，未得到仇士良等人喜欢，所以还是没做成宰相。

长安坊市的抢劫活动还没有停息。左右神策军将杨镇、靳遂良等奉命各率五百禁兵分屯交通要道镇压动乱，并杀了十几个人以为警诫，这才把动乱平定下来。贾变换装饰，在民间混了一天，自知无处可逃，便身着素装，骑驴来到兴安门自首道："我是被诬陷的宰相贾，我愿接受神策二军处置。"守门士兵把他带到神策右军。李孝本在逃往凤翔的路上被追获。

李训历来和终南山的僧人宗密关系亲近，便前往投奔。宗密想让李训假扮僧人藏于寺中，他的徒弟们全认为不妥。李训只好出山，打算前往凤翔投靠郑注，半路被周至镇遏使宋楚捉到押往神策军处。走到昆明池，李训怕被押到神策军后会被折磨得生不如死，便对押送他的人说："无论谁抓住我都能得到重赏而富贵！如果把我押往京城恐怕半路会被截去功劳。

不如杀了我，把首级带去也是大功一件。"押送他的人同意了，割下李训的头送往京城。

（5）刘从谏责宦官

左神策军出动三百名士兵，带着李训首级，后面跟着王涯、王、罗立言、郭行余；右神策军出动三百名士兵，押着贾、舒元舆、李孝本到庙社祭献，然后到东、西二市示众，最后令百官到独柳，当着众人面，将这些人腰斩，死者的首级挂在兴安门外随风飘动。犯官还被株连九族，未死的也都没为官婢。围观的百姓有人对王涯搞的茶叶专卖不满，向他投掷瓦砾进行发泄。

同一天，朝廷任命令狐楚为盐铁转运使，左散骑常侍张仲方代理京兆尹。几天里，两个护军中尉背着文宗决定了一切善后之事。

在此以前，郑注已带领五百名亲兵从凤翔出发来到扶风。扶风令韩辽不愿与郑注同谋就携官印、家小逃到武功避难。郑注获知李训已经失败，又回到凤翔。仇士良等派人给凤翔监军张仲清送来密诏，让他将郑注处死。张仲清苦于找不到下手机会，押牙李叔和献计道："我们把郑注骗来之后，让他放松警惕，到时出其不意干掉他。"张仲清听从了这个建议，埋伏好甲士等待郑注。郑注仗着有亲兵护卫来见仲清。李叔和逐渐把郑注的亲兵引到外边吃酒，郑注只和几个人在里边。席间，李叔和突然斩杀郑注，连他所带亲兵也一个没留，并拿出密诏向将士公布，并将郑注一家处死。后来，副使钱可复、节度判官卢简能、观察判官萧杰、掌书记卢弘茂等一千多人也被杀死。

朝廷尚不知道郑注已死，二十六日，下诏削夺郑注官爵，由左神策大将军陈君奕为凤翔节度使，准备出兵讨伐郑注。二十七日夜，张仲清派李叔和把郑注的首级送献长安，悬挂在兴安门外，至此甘露事件告一段落。

此后，宦官的权势更大，宰相成了奉旨行事的傀儡。

开成元年（公元836年），昭义节度使刘从谏上表质询王涯等人的罪名，他指出："王涯他们都是读书人，地位很高，为了保持既得利益，他们不会造反。李训等人搞甘露之变，目的是要除掉宦官。仇士良等为了逃避被杀而将王涯等人杀死。说他们密谋叛乱，这样的罪名恐怕不合适。"又说："假如宰相真有谋逆的计划，应当交给御史台等主管部门按照刑典处罚，怎么能由宦官擅自带领军队为所欲为地劫掠杀人！这次大屠杀中被杀死有数万人，许多百姓无辜受到伤害。我本想亲自到朝廷当面说明是非，恐怕也被宦官所害，解决不了问题。所以现在一定要管理好我管辖的地区，训练好军队，对内可以作为皇上的心腹，对外可以保护国家，如果奸臣实在很难控制，我到时一定会尽全力帮助皇上清除身边的奸臣。"

二月二十六日，朝廷加封刘从谏为检校司徒。刘从谏派牙将焦楚长上表辞官，说："臣先前所奏事关社稷，若在理，臣建议陛下应复王涯等人名誉；若无理，则陛下万不可滥施恩典。"接着传扬仇士良等人的罪恶。

三月二十二日，文宗召见焦楚长，予以慰藉，把他打发回去。

刘从谏上表后，仇士良等人气势有所收敛，因此宰相郑覃、李石大体还能掌权。李石曾说："宋申锡为人忠厚正直，后来是被奸人的逸言诬陷的，因此，应该给他恢复名誉。"文宗低首良久，流涕泫然说："朕也觉得此事处理不妥，但朕也是为奸人所逼啊。这里有宦官也有朝臣，朕也是糊涂了。要是汉昭帝再世，绝不会出现这样的冤案。"怀着追悔的心情，文宗于九月追复宋申锡原爵，让他的儿子宋慎微做了成固县尉。

仇士良对李石非常反感，开成三年（公元838年）派人刺杀他，未能成功。李石被吓得害怕了，打报告请求辞职。文宗知道其中的原因，却没有办法，只好调他去做荆南节度使。

在宦官包围下的文宗心情忧郁，逐渐地患上了重病。开成四年（公元839年）的一天，唐文宗病稍好，这一天，在思政殿召见翰林院值班学士周墀，和他一起喝酒时问道："我可以跟先代的哪些帝王相比较并称？"周墀回答说："陛下是尧、舜一类的帝王。"文宗说："我怎么敢跟尧舜相比较！我问你的意思是，我是否能赶上周赧王和汉献帝？"周墀大惊说："此二帝乃亡国之君，怎么比得上陛下的大圣大德？"文宗说："周赧王、汉献帝只是受制于强权诸侯，而今朕受制于宦官家奴。就此而言，我实在还不如他们！"文宗痛哭流涕，眼泪都沾到了衣襟上。周墀也拜伏在地，流泪不已。从此以后，文宗不再上朝。

3.唐与回鹘交好

文宗开成四年（公元839年），回鹘发生内乱，致使回鹘势力渐衰。从唐初以来，回鹘与唐朝一直保持着友好关系。

（1）唐初交好

回鹘，又称回纥，是我国西北的一个古老民族。从唐后期起，西北地区便成为回鹘族聚集之地了。

传说匈奴人是回鹘人的祖先。公元四世纪时，回纥一族始见于史籍，北魏时，称袁纥、敕勒、铁勒，因高轮车是其最喜爱乘坐之物，所以又称高车。该部落人人精于骑射，作战勇猛，逐水草而居，以游牧、抢掠为生，共有十几个部落，在鄂尔浑河流域散居着。

隋朝时，突厥强大，回纥处于突厥的统治之下。大业元年（公元605年），回纥部落之一的韦纥会同仆骨、同罗、拔野古与突厥决裂，于是开始自称为回纥。

回纥姓药罗葛氏，居于薛延陀以北，距长安七千里，部众十万，军队五万。当时，回纥以时健俟斤做其部众首领。时健俟斤死后，众人又拥戴其贤能的儿子菩萨做酋长。菩萨其人有胆识，善筹策，作战英勇，每次对敌临阵，必一马当先，亲自领兵冲锋陷阵，常以少胜多。其母乌罗浑为政严明，善断争讼，所以回纥外战连战连捷，在内则国泰民安，因此，回纥就越来越强大起来了。

第七章　唐朝没落

唐贞观元年（公元627年），回纥联合薛延陀部一起攻打突厥。菩萨大破突厥颉利可汗，把他们赶到天山的北面去了。此时，北方唯回纥、薛延陀最强，回纥附属于薛延陀。两部唇齿相依，菩萨号为活颉利发。

贞观二年（公元628年），回纥部始来长安朝拜。菩萨死了以后，酋长吐迷度率诸部与唐军共攻薛延陀，大败对手，并全部占领了该地。唐政府将漠北地区划为六府七州，各置都督、刺史管理当地事务，并以回纥之地为瀚海府，封吐迷度为怀化大将军及瀚海都督。这时，吐迷度就以可汗自称，并效法突厥建立了自己的官署、官号；同时又修建了一条由回纥至中原的大道，名之为"参天至尊道"，与其他少数民族一道尊称唐太宗为"天可汗"。从此以后，回纥与唐政府的友好关系一直延续下去。

贞观二十三年（公元649年），吐迷度被其侄所杀。太宗封其子婆闰为左骁卫大将军，继承父职，统领瀚海都督府。婆闰助唐军平定叛乱，收复北庭，并参加了征讨高句丽的战争，因功升为右卫大将军。

唐玄宗开元年间，骨力裴罗被立为回纥首领。

与此同时，为争夺汗位，突厥又在自相残杀。于是为了平定突厥内乱，玄宗令左羽林将军会同回纥、葛逻禄、拔悉密等各部共同出兵，把突厥国的内乱给平定了下来。

天宝元年（公元742年）突厥统辖的拔悉密、回纥、葛逻禄三部联兵攻杀了骨咄叶护，拔悉密酋长被推举为颉跌伊施可汗，回纥、葛逻禄自封为左右叶护。于是突厥残众同立判阙特勒的儿子乌苏为米施可汗，并让乌苏之子葛腊哆做西杀。

玄宗派遣使者劝说乌苏归附唐朝，乌苏并不同意。于是朔方节度使王忠嗣陈重兵于碛口以威胁乌苏。由于害怕唐军，乌苏请求向朝廷归降，但是又迟迟不来。岂知王忠嗣早已看出其中有诈，因此决定派人说服拔悉密、回纥、葛逻禄联兵攻打乌苏，乌苏逃走。王忠嗣乘胜追击，把其右厢消灭了。

后来，突厥西叶护阿布思及西杀葛腊哆、默啜的孙子勃德支、伊然可汗的小妾、毗伽登可汗的女儿等带领部落一千余帐向唐朝接连不断地投降，突厥的势力从此衰落。九月，玄宗亲临花萼楼宴请突厥归降者，并重赏了他们。

天宝三载（公元744年）秋，乌苏可汗被拔悉密杀掉，其首级亦被送到京师。突厥人立乌苏之弟为白眉可汗，于是在突厥的内部又发生了自相残杀之事。回纥、葛逻禄不满意拔悉密所为，便合兵一处对拔悉密发动了进攻，杀颉跌伊施可汗。骨力裴罗自立为汗，之后派人向唐政府上书报告这件事，玄宗封之为怀仁可汗。嗣后，骨力裴罗日渐强大，把突厥的故地悉数占尽，又吞并了拔悉密、葛逻禄二部，与原有的九部一起，共有十一部。各部都设了都督，并且在乌德犍山设牙帐统一管理全部十一部。

天宝四载（公元745年），回纥怀仁可汗攻突厥白眉可汗，杀白眉，并大获全胜。自此之后，回纥的势力范围越来越大，东接室韦，西至金山，南跨大漠，尽有突厥故地。后来怀仁可汗死，其子继位，号为葛勒可汗，依旧与唐政府的关系密切。

（2）助唐平叛

肃宗至德元载（公元756年），安禄山、史思明叛乱，叛军势头正盛，唐军无法抵挡。回纥使者奉可汗之命来到长安请求出兵援助朝廷，助国讨贼，肃宗大喜，宴赐回纥使者。

肃宗派敦煌王李承与仆固怀恩到回纥去求援。二人至回纥可汗牙帐，可汗热情款待，为了表示诚意，还将女儿许配敦煌王，而且让自己的重臣陪两位唐使到长安去朝见肃宗。肃宗以厚礼赐回纥使者，并封回纥女号毗伽公主。不久，葛逻支奉回纥可汗之命领兵来救援朝廷，葛逻支先派两千骑兵飞驰至范阳城下。十一月初八，回纥军队与郭子仪部在带汗谷汇合。十一日，回纥及唐兵与同罗及叛乱的胡兵战于榆林河北岸，大获全胜，敌军被杀的达三万多人，被俘的也有一万。郭子仪于是率军班师回朝。

至德二年（公元757年），郭子仪认为回纥兵精，能征善战，于是就上谏给肃宗说以后最好能多征回纥兵来平定叛乱。回纥怀仁可汗遣他的儿子叶护和将军帝德等率领精兵四千余人来到凤翔，受到肃宗的接见和款待，并且赏赐财物，爱要什么就给什么，没有不满足的。十二日，元帅

第七章 唐朝没落

广平王李俶率领朔方等各镇兵再加上回纥、西域各国兵共十五万，号称二十万，以凤翔为出发地。李俶见到回纥叶护，就提出要结拜为兄弟，叶护高兴地称李俶为兄。回纥人到达扶风，郭子仪留他们宴请三天，叶护说："国家有难，我带兵来是救援朝廷的，怎能首先谈吃喝呢！"宴会后便立即出发。唐朝每天供给回纥军羊二百头，牛二十头，米四十斛。

当初，肃宗为了能早日收复京城，与回纥相约定："收复了京城之日，大唐朝廷占有土地和男人，金帛与女人全部归于回纥。"回纥叶护听了此言大喜，马上答应。广平王李俶拜于回纥叶护马前说："现在刚克复了西京，如果大举进行抢掠，反而会将东京的人逼得无路可退，他们就会不顾一切地奋起反抗，难以再攻，希望到东京后再履行约定。"叶护又惊又愧，下马便拜，并跪下捧着广平王的脚说："我当率军为殿下立刻夺取东京。"

十月，朝廷收复东都，回纥兵果真大肆劫掠，并毫不知足，令李俶深为忧虑。为使回纥停止抢劫，城内百姓给了回纥兵马匹罗绵，才平息了劫掠。十一月，回纥叶护被唐政府封为司空、忠义王，并得到唐每年三万匹帛的赏赐。

乾元元年（公元758年）秋七月，肃宗册命回纥可汗为英武威远毗伽阙可汗，并应允回纥的和亲请求，将小女儿宁国公主许嫁，荣王之女为媵妾随嫁，另外还任命汉中王李瑀为册礼使，左司郎中李巽。司勋员外郎鲜于叔明为副使，左仆射裴冕护送公主远嫁。肃宗亲自把公主送到咸阳时，公主诀别道："为了国家安定，女儿死而无恨。"肃宗闻言，不禁老泪纵横。

李瑀等人到了回纥的牙帐，回纥可汗身着红褐色的袍子，头戴胡帽，在戒备森严的帐中床上端坐着，而却让李瑀等人立于牙帐外面。于是李瑀就一动不动地站着。可汗说："我和你们的皇帝天可汗都是国家的君主，君臣之间的礼节你应该是懂得的，你们为什么不下拜？"李瑀与鲜于叔明回答说："过去其他国家向大唐求婚，大唐都许之以宗室女佯为公主。如今我们的天子因为可汗有战功，才许自己亲生女儿予可汗为妻，恩重礼厚。不知可汗为何要以女婿的身份傲视岳丈，在床上坐着来接受册命！"可汗听后，慌忙起身，接受册命。第二天，可汗就立宁国公主为王后，回纥上下一片欢腾。

同年八月，回纥又派骁骑三千助唐讨伐安庆绪，肃宗令朔方左武锋使仆固怀恩统帅回纥兵出征。

乾元二年（公元759年）夏四月，回纥毗伽阙可汗卒，其少子被立，为登里可汗。按照回纥的习惯，丈夫死后，要用妻子作陪葬。回纥人欲让宁国公主为殉，公主道："我中国法，丈夫死了，妻子为他守孝三年即可，朝夕哀哭。回纥因慕中国风俗，才娶中国女为妇。如让汉女从回纥旧俗，那当初为什么要千里迢迢地到大唐求婚呢？"言罢，割面而哭。回纥人觉得此话讲得非常有理，殉葬之事只好作罢。同年八月，回纥以宁国公主无子为由，将其送返长安。另以其荣王女为可敦，号小宁国公主。

宝应元年（公元762年）九月，代宗派遣中使刘清潭出使回纥，重修旧好，而且准备再借回纥兵讨叛贼史朝义。刘清潭来到回纥王大庭，得知史朝义早已勾结了登里可汗。史朝义曾对登里可汗说："唐室相继有大丧事，现在中原没有皇帝，可汗你最好马上与我一道夺取唐室之财宝。"回纥可汗信以为真。刘清潭将诏书递给可汗，说道："先帝虽然驾崩，然而新皇已经登基，皇上就是过去的广平王，也就是与叶护一同收复两京的那位。"当时回纥已经调动军队到三受降城，见州、县都成为废墟，因此就围困刘清潭，并打算侮辱他。刘清潭就把这个情况报告给了朝廷，还说："回纥十万大军马就要杀过来了！"朝廷上下一片恐慌。代宗派遣殿中监药子昂前去忻州南面安抚回纥军。仆固怀恩当时在汾州，代宗命他前去见面。仆固怀恩对回纥可汗说："我们不应该辜负大唐的恩典并失信于朝廷。"回纥可汗高兴，派遣使者上表，提出出兵讨伐史朝义以帮助朝廷。回纥可汗打算从蒲关进入关中，然后经过沙苑向潼关东部进军，药子昂劝可汗说："关中屡次遭受兵荒，州县萧条，物品供应不上，一定会让可汗感到不快的。叛军全在洛阳，请可汗从土门攻略邢州、怀州、卫州，向南进军，在各州得到物资钱财供应之后，以补充军备。"但这个提议没有得到回纥可汗的同意。药子昂又请回纥可汗"从太行山南下，占据河阴，这样叛贼的喉咙就被我们扼住了"，回纥可汗也不同意。药子昂建议回纥可汗"从陕州大阳津渡过黄河，食用太原仓的粟米，与诸道军队共同进军"，才得到回纥可汗的应允。仆固怀恩与回纥左杀为先锋，杀得史朝义大败，率残兵落荒而逃。回纥与唐军追击两千余里，枭史朝义首级而归。但是，在收复洛阳之后，回纥兵却大肆掳掠城中财物，弄得百姓怨声载道，城中人皆登圣善寺与白马寺以避灾祸。

广德元年（公元763年），回纥可汗率众回归，不仅将路过的地方糟蹋得一塌糊涂，而且一不高兴就乱砍乱杀，连官府也奈何不得。泽潞节度使为保本地不遭践蹋，就想要阻止回纥兵这样做，但属下全闻之色变，不敢担当此任，唯赵城尉马燧自告奋勇。他在回纥兵快到泽潞境内时，送重礼给回纥主帅，请其约束部下。渠帅下令禁止士兵抢劫，并允许马燧可以自己作主斩杀违犯禁令者。为儆诫回纥兵，马燧又取死囚若干，稍有犯禁，立斩不贷。吓得回纥兵诚惶诚恐，在过泽潞境内时，都秋毫无犯，守约而过。

同年七月，为感谢回纥协助朝廷剿灭叛贼，唐代宗特下诏令册封回纥可汗为颉咄登密施合俱录英义建功毗伽可汗，可敦为娑墨光亲丽华毗伽可敦，另外也封赏了回纥官吏中左右杀以下之人。

后来，仆固怀恩叛变，多次诱招回纥、吐蕃入侵。

代宗大历三年（公元768年），回纥可敦去世。几天后，代宗任命右散骑常侍萧昕为吊祭使前往回纥吊唁，回纥可汗当庭责问萧昕说："我对唐朝是有大功的，但是你们为什么不守信用买了我的马而却不按时给我马钱？"萧昕说："回纥的功劳朝廷早就报答了。仆固怀恩叛乱，回纥帮助他，并与吐蕃联合进犯我朝，还一直打到我京城附近。及至仆固怀恩去世，吐蕃逃走，回纥害怕了，便向唐朝求和，朝廷不忘旧恩，给你们不少恩惠，放你们回去。否则，你们是插翅难逃！这是回纥违反了协约，怎能说大唐失信于你们呢？"说得回纥可汗很是惭愧，送给萧昕一份厚礼，使他返回唐朝。

自乾元以来，回纥每岁都求互市，匹马换帛四十匹，不仅动不动就送上万匹马来，而且这些马又老又瘦，实在无用。但是唐朝又忌惮回纥，只好暗自叫苦。

大历十年（公元775年）冬，回纥千余骑入寇夏州，大将郭子仪率军相救，击退了回纥兵。

大历十四年（公元779年），唐政府下令留居京师的少数民族人必须穿各自民族服装，禁止穿汉人衣装。这时，有成千上万的回纥人住在长安，而那些穿汉服与汉人杂居的又不知有多少，这些人在城中开店、买房，不仅牟取暴利，而且还仗势欺压良家妇女，就连官府也无可奈何。为防止他们冒充汉人犯法，因而官府才不许他们穿汉服。唐初，回纥民风淳朴，君臣等级不甚严格，而且还团结一致，强劲剽悍。因平定安史之乱有功，唐朝给了回纥丰厚的赏赐。至登里可汗时，文明程度渐高，始筑宫室居住，并且女人们也懂得涂脂抹粉，风俗大变。

代宗死，德宗继位，朝廷派中使梁文秀前往回纥报丧。不仅登里可汗骄慢无礼，而且依附于回纥的众族别有用心地蛊惑登里可汗乘丧入侵。他们怂恿可汗说："中国富饶，若能攻其不备，必可获得大捷。"登里颇为所动。登里堂兄顿莫贺达干此时位居宰位，他深谋远虑，认为此事万不可行，劝谏登里道："唐是大国，又无负于我。前年，回纥入侵太原，掳得数万羊马，战果不可谓不丰。可路途遥远，粮食不济，士卒们还是徒步而行，马羊一点也未能带回来。现在动用全国兵力去攻打唐朝，假如失败，可了不得呀！"登里可汗不听，顿莫贺利用民众不愿南下作战的有利之机，率众干掉登里而取而代之，吞并了九姓胡，自立为合骨咄禄毗伽可汗，并派大臣聿达干护送梁文秀回长安，表示仍视唐朝为宗主，并等待朝廷册封。不久，唐德宗册命顿莫贺为武义成功可汗。

德宗建中元年（公元780年）八月初三，振武留后张光晟将回纥使者董突等九百多人杀死了，董突是武义可汗的叔父。代宗在位期间，九姓胡人常假借回纥之名，经商时恣意暴虐，与回纥一起为害公私。德宗即位后，命令董突带领同来的人悉数回国。董突走时，带了许多包裹，当他们一干人到了振武时，不仅逗留了几个月，索求丰厚的供给，每天吃肉一千斤，消耗其他物品无数，还听任砍柴放牧的回纥人糟蹋瓜果和庄稼，振武的百姓都深受其害。张光晟准备杀死这些回纥人，夺取他们的物品，但又害怕回纥人多势众，没敢草率行事。九姓胡人听说他们的部族被回纥新即位的可汗所杀戮，大批人被吓跑了，因此董突就严密地防范这些人。九姓胡人既不能逃走，又不敢回来，于是向张光晟私下献策，希望能协助他杀掉回纥人。张光晟因九姓胡人与回纥人自相背离而感到高兴，岂有不应之理？再加上德宗因陕州之辱，心中痛恨回纥人，于是张光晟上奏给德宗说:"回纥本族人数并不很多,能够辅助回纥强盛起来的就是那些胡人。如今听说他们之间自相残害,再加上顿莫贺新近即位,登里可汗移地健有个庶生的儿子,另外还有国相、梅录都有部众数千人,互相攻杀,国内尚未稳定。现在他们没钱收拢他们的部众,陛下何不乘此时机将他们铲除呢?若要放他们的人回国,并要送还他们的财物,这正是人们所说的借给寇匪兵马的做法啊,一定得把他们干掉。"三次上奏,德宗都没有批准。于是,张光晟设计故意指使副将到回纥人居住的房门前晃来荡去,并故意拿不礼貌的行为来激他们。董突大怒,捉住副将,将他抽打了数十鞭。这时张光晟趁机率众偷袭回纥人,连同九姓胡人一齐杀掉,尸首堆积起来有如高丘。张光晟只留下几个胡人做活口,好让他回国去告知回纥人:"回纥人用鞭子抽打羞辱唐朝大将,而且图谋偷袭和占领振武城,唐朝无奈之下才诛杀了这些人。"德宗征召张光晟为右金吾将军,派遣中使王嘉祥去送书信礼物给回纥。回纥人要求将杀人凶手送到回纥,好为族人报仇。德宗因此贬张光晟为睦王傅,想以此来消除回纥人心头之恨。

建中三年(公元782年),德宗令出使回纥的源休将董突等回人的棺椁护送到回纥,可汗派遣其相颉干迦斯相迎。颉干迦斯坐于大帐之中,令源休立于帐前雪中,责问唐朝使者凭什么杀害董突。源休等受尽委屈,好几次都差点送命,五十多天后才获准回国。临行前,回纥可汗派人对源休道:"我国中之人都恨不得将你杀死以解唐朝杀董突的怨恨。然而董突等人已死,我再杀你,是以血洗血。现在我就作个干净的了结,以水洗血,我放你回国。不过唐朝一定要将欠我的一百八十万匹帛的马钱还我,速速送来。"可汗并派将军唐赤心跟源休到长安面见德宗。六月,一行人至长安,德宗令以十万匹帛,十万两金银作为马钱,偿还给回纥。

(3)唐回和亲

德宗贞元三年(公元787年),回纥合骨咄禄可汗屡次谋求通好,同时向唐朝求婚,都被德宗拒绝了。适逢边疆的将领报告缺少马匹,而朝廷又没马给他们，李泌便对德宗说："陛下果真能够采用我的策略，不出几年，马价就大跌了。"德宗说："这是怎么回事呢？"李泌回答说："望皇上能三思，为国家之重大谋略着想，我才敢说出来。"德宗道："你把朕看成什么人了！"李泌回答说："我希望陛下在北面与回纥和好，在南面与云南交往，在西面与大食和天竺结交，这些如果能够实现，我们就能切断吐蕃的对外联系，而我们想得到马也想必不是一件难事。"德宗说："对于云南、大食、天竺三国，朕就依你之言，至于回纥，朕是不会答应的！"李泌说："我本来就知道陛下会这样说的，所以不敢及早说出来。为当前考虑我们，还得首先和回纥交好，其他三国还可以略微往后排些哩。"德宗说："回纥免谈！"李泌说："陛下让我做宰相，决定事情是否可行，的确是由皇上您决定的，可是哪至于不允许我讲话呢！"德宗说："朕早已依你所言了。而回纥，最好等待朕的子孙去解决。只要是在朕的有生之年，此事万万不可行！"李泌说："莫不是由于陛下在陕州受到的耻辱吧！"德宗说："是啊。韦少华等人是为了朕才蒙辱而死，朕如何会忘记那些事情！恨只恨当时正值国家处于危难之中，没有能力处置他们，至于通好，则万万不可。你不用再说了！"李泌说："是牟羽可汗杀害的韦少华。陛下即位后，他发兵前来侵犯，没走多远就被现在的合骨咄禄可汗给干掉了。如此说来，现在的可汗是有功于陛下的，咱们连封拜赏赐他们都来不及，又怎能怨恨他们呢？此后，张光晟杀了董突等九百多人。合骨咄禄都没有对朝廷使者怎么样，照这样说，我们更没理怪罪合骨咄禄了。"德宗说："你认为与回纥和好是对的，照你这样说，那就是朕的不对了？"李泌回答说："臣是衷心为社稷着想的。倘若我去迎合陛下，以求容身，叫我有何面目去见肃宗、代宗二位先帝呢！"德宗说："容朕三思。"在此之后，李泌大约奏对了十五次以上，每次都谈与回纥结交之事，但始终没能打动德宗。李泌说："既然陛下不肯答应与回纥和好，恳请陛下容乞骸骨。"德宗说："不是朕不接受规劝，朕只是想和你权衡权衡罢了，你怎么至于马上就要离开朕呢！"李泌回答道："如果陛下能给我讲清道理的机会，那可真是国家的福气啊。"德宗说："朕并不顾惜委屈自己去与回纥和好，但朕又怎能辜负韦少华他们呢？"李泌回答说："在我看来，是韦少华这些人辜负了陛下，怎能恨皇上呢？"德宗说："此话怎讲？"李泌回答说："以前，回纥叶护领兵帮助朝廷讨伐安庆绪时，肃宗仅仅让我在元帅府设宴慰劳他们，而并没有让他们面圣。就是叶护坚持邀请我到他的营垒去，肃宗仍然不肯答应。而后来直到大军临行前，先帝才接见了他们。之所以这样做，是因为回纥是戎狄，豺狼成性，他们发兵进入中原腹地，我们不可不防啊。陛下在陕州时，还很年轻，只是韦少华等人草率鲁莽行事，引着万乘之主的长子径直前往回纥营垒，而并没有预先和回纥人商量好见面大礼，才惹得回纥人大发兽性，这难道不是韦少华这些人辜负了陛下吗？他们死有余辜。并且，香积寺获胜时，叶护准备领兵开进长安，先帝亲自在他马前施礼来制止他，于是叶护便不敢开进长安城了。那时，不下十万人目睹此事，他们都叹息着说：'广平王真是华夏与我们的共主啊！'而且，叶护便是牟羽的叔父。牟羽以可汗的贵体亲率大军为朝廷效力，因而他的心志与气度是傲慢自负的，必定有胆量争求足够的面子。而陛下天资聪慧，神明英武，并没有被他所屈服。在那个时刻，别的不说，若是牟羽可汗将陛下留大营中，欢饮十天酒，普天之下没有一个不为陛下担心的。然而，凭着陛下的神威，豺狼也驯顺起来了，可汗的母亲将貂皮衣服向陛下双手捧上，喝退周围的人，并亲自送陛下乘马而归。从这件事看来，陛下您说您有没有受到委屈？这是陛下向牟羽屈服了呢，还是牟羽向陛下屈服了呢？"德宗对李晟和马燧说："老相识再见面不好。朕痛恨回纥已多时了，现在听李泌说了香积寺的事情，朕也感觉自己理亏。二位爱卿有何高见？"二人回答道："李丞相说得不错，我们不能怨恨回纥。"德宗说："你们二人也不赞成朕的做法，那朕应该如何是好？"李泌说："我认为没有足够的理由去怨恨回纥，这些年来，最可恨的应该是宰相才对。如今回纥可汗诛杀了牟羽，而且又帮助朝廷两次收复京城，何罪之有？可恶的是吐蕃。他们对大唐有难而幸灾乐祸，并且，攻陷了河陇地区几千里地，还领兵进入京城，使先帝被迫到陕州逃难，此仇一定要报，何况当时的赞普尚且在位呢！宰相不辨是非，就想要劝说陛下要和吐蕃和好，以便进攻回纥，这才是应当怨恨的啊。"德宗道："朕以为唐回结怨已多时，他们又听说吐蕃在会盟时作乱，如今又去和他们和好，万一被他们拒绝，这不是惹夷狄之人耻笑，而自讨没趣吗！"李泌回答说："并非如此。过去当我还在彭原的时候，现在的可汗当时担任胡禄都督，他与现在国相白婆帝一起跟随叶护前来，我非常亲善优厚地接待他们。所以，他们听说我出任宰相，便向我们请求和好，哪里会拒绝呢？现在请让我写一封书信与他们约定，让可汗称臣，称陛下为父；每次前来的使者，随员不可超过二百人；做买卖时，回纥马输出量以一千匹马为止限；不许携带汉人以及胡族商人到塞外去。假如这个约定能够实现，那么，陛下就一定要答应与他们和好。这样，陛下威名远扬北方，会对吐蕃产生震慑力，这也是陛下您素日之愿啊。"德宗道："自从至德年间以来，我们与回纥两国结成兄弟关系，而如今却要他们改做大唐臣子，他们怎么肯呢？"李泌回答说："回纥早就想和大唐和好了。他们的可汗、国相一向对我很信任，若一封信还不能把事情处理妥善的话，只需要再发一封书信就可以了。"李泌的建议被德宗采纳了。

不久，回纥可汗派遣使者上表自称儿臣，凡是李泌与他们约定的五件事情，悉数照办。德宗高兴又奇怪地问李泌："怎么回纥这样畏惧并折服于你呢！"李泌回答说："这是托陛下的声威与福气所致，哪里是我的能力呢！"德宗说："在交通了回纥之后，又应该怎样招抚云南、大食和天竺呢？"李泌回答说："在交通了回纥之后，吐蕃便已经不敢轻易侵犯边界了。如果我们再把云南也招抚了，就是砍断吐蕃右边的臂膀。自汉朝以来，云南都服于中央朝廷。杨国忠没缘由地搅扰他们，他们只好弃朝廷而转投于吐蕃。他们被吐蕃的繁重赋役搅扰得困苦不堪，无时无刻不在想着重新归附大唐。大食在西域各国中最为强盛，自葱岭起，直抵西海边，天下几乎有一半是他们的疆土。大食和天竺都仰慕中国，而又世代与吐蕃结下怨仇，我敢保证一定可以招抚他们。"

十三日，德宗打发回纥使者合阙将军回国，并答应可汗将咸安公主嫁给他，还以绢五万匹偿还他们的马价。

回纥可汗得唐许婚，大喜。贞元四年（公元788年），可汗派妹妹骨咄禄毗伽公主及大臣妻以及国相等几千人来迎娶公主，言辞极为恭敬，口称："过去为兄弟，如今为子婿，是半个儿子。如吐蕃为患，儿定为父除之。"与此同时，回纥断绝与吐蕃的关系。十月，回纥可汗上表请求改回纥为回鹘。同月，朝廷封回鹘可汗为长寿天亲可汗，并把公主封为智惠端正长寿孝顺可敦，并任命嗣滕王湛然为婚礼合，和右仆射关播一起送公主入回鹘。

贞元五年（公元789年）十二月，天亲可汗死，他的儿子继位，唐政府册命新可汗为登里罗没密施俱禄忠贞毗伽可汗。

（4）助唐抗吐蕃

这时，吐蕃联合葛禄、白服突厥等进犯北庭，回鹘大相颉干迦斯率大军前去相救。

贞元八年（公元792年），忠贞可汗的弟弟杀掉忠贞可汗，自立为汗，因大相远征吐蕃未还，所以次相率领部众起来杀掉了篡权者，又把忠贞可汗的儿子立为可汗，这时新可汗阿啜年仅十五岁。

回鹘颉干迦斯在与吐蕃的交战中失利，于是吐蕃趁机攻入北庭。北庭民众早就厌烦了回鹘人的压迫搜刮，就和沙陀的酋长朱邪尽忠一起向吐蕃投降，北庭节度使杨袭古率领部下两千人逃赴西州。六月，颉干迦斯领兵回国，次相害怕他废掉小可汗再立新可汗，就赶紧和小可汗一起到部外迎接他，跪着表白自己擅权立可汗的实情，还说："我的生死，就掌握于大相手中。"他郑重地摆出郭锋带来的传国印信，全部交给了颉干迦斯。小可汗也跟着一边跪拜，一边哭泣着说："我年幼无知，如果有幸被立为可汗，一切凭阿多您做主，我不敢过问国家政事。"回鹘人把父亲称作阿多。颉干迦斯早就被他的举动打动了，所以也扶着他哭了。这样，颉干迦斯以为臣的礼节对待可汗，将可汗交给他的物品全都发给随行的人们，自己分文不收，于是回鹘国内渐渐安定下来。

秋季，颉干迦斯率领全国兵马数万人准备收复北庭，却再吃败仗，死去的人马有一半多。杨袭古收拾残余兵马数百人，准备返回西州，这时颉干迦斯跟他说："姑且和我一起到牙帐。"接着就杀掉了他。由此，安西与朝廷的联系便断绝了，朝廷也不知道安西情况如何。然而，西州仍然在为唐朝固守。

顺宗永贞元年（公元805年），回鹘怀信可汗卒。唐派使前去吊唁，又把继位者册命为腾里可汗。

宪宗元和三年（公元808年）二月，咸安公主卒于回鹘，三月，腾里可汗卒。五月，朝廷又把新可汗册封为保义可汗。

元和八年（公元813年）冬，回鹘派兵攻打吐蕃，兵临唐边境，边军防范甚严。

元和九年（公元814年）春，宰相李吉甫上奏宪宗，请求重新设置宥州，以备回鹘，宪宗准奏。这些年来，回鹘多次请求唐朝赐婚，朝廷却以外嫁公主时费用太大难以承受为理由，婉言拒绝。礼部尚书李绛上书道："回鹘凶恶，不可以没有防备。如今江淮大县每年收入可达二十万缗，一个县的赋税就可以支付公主出嫁的花费了。皇上为何不舍得这点财物来羁縻强虏？回鹘若得许婚，必定大喜而无进犯之心，我方可乘此有利之机修城堑，缮甲兵，集中精力来图谋收复淮西，获胜大有希望。如今不许和亲，反修军备，只能使回纥疑心，一旦回鹘发兵前来，收复淮西就遥遥无期了。就算胜了回纥，其费用也定超公主外嫁之资。"宪宗不听。

元和十二年（公元817年），回纥更加迫切地希望朝廷赐婚。有关部门计算其费用要耗费五百万缗，这时中原正用兵，财政吃紧，于是宪宗还没答应。朝廷派使入回鹘，表达朝廷的苦处，以求宽慰。

元和十五年（公元820年），回鹘再次迫切地希望能够获准赐婚，宪宗才算答应。

穆宗长庆元年（公元821年）四月，唐政府册命回鹘太子为崇德可汗。五月，可汗派宰相等五百余人来迎太和公主，太和公主是穆宗之妹。吐蕃得知唐与回鹘和亲之事后就派兵攻打青塞堡，盐州刺史李文悦率军反击。不久回鹘以万匹骑兵出北庭，以万匹骑兵出安西，以袭击吐蕃，并迎接公主入回鹘。

长庆四年（公元824年），回鹘崇德可汗去世，他的弟弟曷萨特又被立为昭礼可汗。

文宗太和六年（公元832年）三月，昭礼可汗的部下杀掉了昭礼可汗，可汗的侄子胡特勒继任为可汗。太和七年（公元833年）四月，唐政府册命其为彰信可汗。

文宗开成四年（公元839年），回鹘国宰相安允合、特勒柴革谋反，被彰信可汗斩杀。这时，宰相掘罗勿正率兵在外，他也密谋反叛，于是，用三百匹马贿赂沙陀酋长朱邪赤心，借沙陀兵造反。可汗兵败自杀，特勒又被回纥人拥戴为可汗。以后，草原连年发生瘟疫，又连降大雪，羊马大批死亡，回鹘因此逐渐衰落。朱邪赤心是沙陀酋长朱邪执宜的儿子。

自唐初以来，回鹘与唐始终保持着友好关系，中间虽然也有过一些不和谐的音符，但双方关系主要还是和睦友好的。在此期间，回鹘多次出兵助唐平乱，建功显赫，而同时唐也下嫁五位公主到回鹘，双方共同谱写了一曲民族友好的史诗。

4.武宗平泽潞

会昌四年（公元844年）武宗派人平昭义之乱，泽潞叛事得以平息。

（1）刘稹拒命

甘露之变后，昭义节度使刘从谏上表，为被杀的宰相王涯等鸣不平，并揭发宦官仇士良等人的丑事。仇士良又反咬一口，说刘从谏有不轨之心。武宗即位时，刘从谏献来一匹高九尺的良马，武宗没有收下。刘从谏认为定是仇士良从中挑拨，怒杀良马，由此对朝廷产生怨愤。于是他招兵买马，聚草屯粮，使得相邻藩镇都不得不提防他。刘从谏生病后对妻子裴氏说："我以忠直对朝廷，朝廷却不把我当作忠臣，相邻的镇也与我们不和。如果再让外人当了节度使，那刘氏必被满门抄斩不可。"于是和幕客张谷、陈扬庭等计议仿效河北藩镇，以刘从谏的侄子刘稹为牙内都知兵马使，族侄刘匡周为中军兵马使，孔目官王协为押牙亲事兵马使，家奴李士贵为使宅十将兵马使，亲信刘守义、刘守忠、董可武、崔玄度分别手握重兵。

会昌三年（公元843年），刘从谏死去。刘稹秘不发丧，逼监军崔士康谎奏刘从谏病重，请求其侄刘稹继任留后。武宗问计于宰相，宰相们多以为边境上回鹘的残余力量还在活动，再把大量精力放在讨伐泽潞上，以现有的国力难以做到，所以希望暂且同意刘稹作留后。唯有李德裕对此看法持有异议，他说："泽潞不同于河朔。河朔割据已有历史，局面不易改变，泽潞地处朝廷腹心之地，对朝廷的影响很大，一定要讨伐。"李德裕还认为，只要成德、魏博二镇不支持泽潞，刘稹必败。

武宗赞成李德裕的意见，决定征讨泽潞。为了稳住河朔，李德裕还受命草诏向成德节度使王元逵、魏博节度使何弘敬晓以利害，对他们说："泽潞的情况与你们不同，不要为了保住你们子孙世袭的地位而支持泽潞。只要听朝廷的话，朝廷自然不会亏待你们的子孙。"

解朝政奉武宗之命到泽潞去探望刘从谏。朝政到上党要见从谏，刘稹推辞说刘从谏病情严重，无法亲来受诏。解朝政不理会他，硬要进去。兵马使刘武德、董可武守在门前，凶相十足。朝政见势不妙，退了回来。刘稹赠以千金，把他打发回朝。武宗又派供奉官薛士干到泽潞宣旨，一要刘从谏到东都洛阳养病，二要刘稹入朝。薛士干与解朝政不同，根本不问刘从谏的病情，让人以为他已知道刘从谏已死。刘稹只得宣布刘从谏死讯并发丧。

朝廷因得闻刘从谏死讯，停止上朝一日，并命刘稹护丧到洛阳，还让刘稹生父刘从素修书给儿子表述朝廷建议，但刘稹不从。

四月，朝廷调任忠武节度使王茂元为河阳节度使，邠宁节度使王宰为忠武节度使。

（2）诸道合力讨刘稹

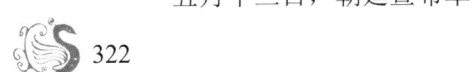

五月十三日，朝廷宣布革去刘从谏和刘稹的官职，并命成德节度使王

元逵为泽潞北面招讨使，魏博节度使何弘敬为泽潞南面招讨使，与河东节度使刘沔、河中节度使陈夷行、河阳节度使王茂元合力攻讨，以迅雷不及掩耳之势展开全面进攻。

此前，河朔地区的藩镇如果节度使死了，其后代承袭自立，朝廷一般先派遣吊祭使，然后册赠使、宣慰使相继前往了解军心向背。如果的确觉得不适合继位，则另外封一个小一些的官职；如果他们拒不从命，此后才开始发兵征讨。所以，从朝廷开始派遣吊祭使到最后发兵征讨，中间一拖就是半年，给了他们喘息的机会。这时，宰相本来打算先派遣使者前往昭义，劝诫刘稹听从朝廷的诏令，武宗则先一步派王元逵屯兵赵州，准备讨伐。

几天以后，唐武宗任翰林学士承旨崔铉为中书侍郎、同平章事。崔铉是崔元略的儿子。这之前，武宗密召翰林学士韦琮，让他起草任命崔铉的诏书，这事连宰相和枢密使都不知道。这时，枢密使刘行深、杨钦义怯弱胆小，不敢对朝中不平直言，老宦官们都埋怨二人说："朝廷风气败坏都是因为刘、杨二人懦弱的缘故。"韦琮是韦乾度的儿子。

六月，王茂元之兵奉命进占天井关南的科斗店，刘稹派衙内十将薛茂卿率亲军两千前往迎战。十九日，朝廷命王元逵、李彦佐、刘沔、王茂元、何弘敬于七月中旬一齐发兵，而且下令绝对不能接受刘稹求降的要求。

十七日，宰相李德裕禀奏唐武宗道："据我观察，朝廷过去发兵征伐河朔的叛乱藩镇时，各个镇都故意骗取朝廷拨给的军需物资，有的甚至与叛军秘密交往，暂借敌人一个县城或一个营地驻屯，然后向朝廷谎报战功，骗取朝廷钱粮，有意拖延时间。现在，希望皇上降旨给各路藩镇，令王元逵攻取昭义管辖的邢州，何弘敬攻取洺州，王茂元攻取泽州，李彦佐、刘沔攻取潞州，但不许进攻县城。"武宗采纳李德裕之计。

晋绛行营节度使李彦佐自徐州出兵，行动迟缓，还反而请求给予援军，并要求在绛州休整。李德裕认为他是有意拖延时间，骗取军需，因此拒绝了他的一切请求，并严令他立即进军翼城。李德裕还任命天德防御使石雄为晋绛行营副使以监视李彦佐。

刘稹上表说："我伯父刘从谏因为反对宦官仇士良而被当权的宦官

憎恨。他们说我伯父心怀不轨，屡次陷害。所以我不敢入朝，希望陛下明察，放我一条活路。"何弘敬也上表为刘稹说情。但是李德裕扣下了这些奏表，没让武宗知道。

河北三镇接到朝命后，成德镇最先行动，宣务栅很快被王元逵攻陷。刘稹派民兵救尧山，再遭败绩。朝廷一方面加封王元逵为同平章事，以元逵之功激励官军，一方面催促李彦佐、刘沔、王茂元迅速行动。

八月初九，昭义大将李丕前来向朝廷投降。这时，讨论这件事的官员有人以为，刘稹派李丕诈降以便疑惑官军，李德裕却对武宗说："自从出兵至今已有半年，一直没有人来归降。现在李丕既然来降，不管是真是假，都要重赏，以便鼓励将来投降的将士。只是不能委以重任。"

王元逵前锋进入邢州一个多月，魏博镇还不出兵。李德裕就命令王宰率忠武军精兵穿过魏博镇的相州、魏州，攻打磁州，与在晋绛的泽潞军作战，其实是想利用这一部署给魏博施压，令其迅速出兵。

不久，昭义衙内十将薛茂卿攻破科斗寨，擒河阳大将马继等，并拿下营寨十七座，还一口气打到离怀州只有十几里的地方才罢兵。因未得到刘稹的命令，薛茂卿未敢轻率攻城。朝议以为刘稹不是轻易可以战胜的。武宗支持李德裕继续用兵，说："乱我军心者，我必杀之！"

何弘敬怕忠武军进入魏州境内导致军中有变，便立刻出兵。八月下旬，何弘敬奏报说，全军已过漳水，正往磁州途中。这正中李德裕攻心伐谋之计。

自科斗寨之败后，河阳军怯战，想要收兵退保怀州。假若河阳军一旦退去，各军士气势必受挫，洛阳也会受到威胁。因此朝廷诏王宰转道救援河阳。

河阳节度使王茂元率众在万善屯兵，刘稹遂命牙将张巨、刘公直等人会同薛茂卿一同进攻，准备在九月初一包围万善。二十九日，刘公直等人先暗地里取道万善，放火烧了雍店；张巨率兵随后接应，从万善城外经过的时候，探知城中守备薄弱。张巨贪功心切，于是率兵攻城。太阳快落山的时候，眼看万善城就要攻下，才派人去通报刘公直等人。这时，义成的军队正要去河阳，恰巧路过。王茂元被攻打得困乏危急，打算率兵弃城逃走，都虞侯孟章劝阻他说："敌军攻城总会退却的。现在贼兵一半在雍店，只有一半在攻城，就可知道这不过是一群乌合之众。义成兵现在刚刚到达，还没有吃饭，若得知您率兵逃走，就会不战自溃。希望暂且留下坚守！"傍晚的时候，刘公直仍未带兵来到，张巨只好引兵退走。他们在爬太行山时，因天黑，又下雨，士兵们担心害怕起来，说："追兵来了！"都拼命逃跑。人马自相践踏，死伤无数。

何弘敬奏报攻下昭义洺州的肥乡、平恩两县，杀伤很多贼兵。同时报告说，得到刘稹公开张贴的告示，竟说官军是贼，还说要格杀勿论。初七，武宗对宰相说："何弘敬已攻下昭义两县，可以消除以前对他的疑心。既然他已帮我们打过了昭义军，再想收手已经晚了。"于是，封何弘敬为检校左仆射。

九月，河阳节度使王茂元病死。两天后朝廷任命河南尹敬昕为河阳节度使、怀孟观察使，河阳兵士改由河阳行营攻讨使王宰统领，而节度使只负责提供钱粮。

朝廷又令石雄代替李彦佐为晋绛行营节度使，命他从冀氏县出兵攻打昭义治所潞州。石雄领命后立即出兵，攻破五个敌寨，杀敌不计其数，接着向潞州进发。

薛茂卿在科斗寨为昭义军打败官军立了战功。可有人说："薛茂卿过于孤军深入，又兼杀人太多，很难博得朝廷好感。看来，想和朝廷在节度使之职问题上达成统一很难。"因此茂卿未能按功获赏。茂卿非常恼怒，偷偷与官兵们商量。十二月初三，王宰率兵攻打天井关。薛茂卿假装出兵，随即率军退走。王宰进据天井关，天井关周围的军寨纷纷后撤。茂卿退到泽州给王宰捎去口信要他进攻泽州，自己暗中接应。王宰怀疑是诱兵之计，不敢草率行动，一直持观望态度直到约定时间过去。这下子害了薛茂卿。刘稹得到情报，把薛茂卿诱至潞州，杀光了他的全族。兵马使刘公直代替了薛茂卿的职务。

十二月十四日，王宰攻打泽州，失利。刘公直一个反击收复了天井关。二十日这天，王宰又发起了进攻，大破公直，随即围攻泽州东北的铜川县，石会关也为河东军所攻破。

昭义洺州刺史李恬，是河东节度使李石的堂兄。李石到了太原，刘稹派贾群去见李石，还带去了李恬的书信，信中说："刘稹愿率全族人归降您，同时，护送刘从谏的灵柩回东都洛阳埋葬。"李石不仅关押了贾群，还将李恬的书信上奏朝廷。李德裕上言说："现在官军四面围攻昭义，我军胜利在望，敌人已是穷途末路，所以伪装投降，想制造我军进攻暂缓的机会，借机喘息休整，然后再来侵扰。因此，希望陛下下诏，命李石写信答复李恬说：'我还没有将你上次的来信上报给朝廷。'若刘稹真心悔过自新，那么，就应把自己和全族亲戚的双手反绑，到边境上待罪投降。由我亲自去受降，然后将他押赴京师。假若刘稹伪装投降，企图借此机会暂缓官军的进攻，并且还要让朝廷给他洗雪冤耻，我怎么敢用我宗族一百多条性命为您替刘稹担保呢？望陛下同时给前线各个藩镇下诏，命令他们乘着刘稹内部不和的大好时机，迅速进兵攻讨。这样，不出一个月，他们肯定会爆发变乱。"武宗同意。左拾遗崔碣上疏，请求武宗接受刘稹归降的请求，武宗大为恼火，把他贬为邓城令。

（3）昭义事平

在河东行营都知兵马使王逢的要求之下，朝廷决定命河东军增派两千人赶往榆社。由于河东已无兵可派，因而不得不让仓库守员和工匠也编入军队一起出征。都将杨弁率领李石从横水召来的兵士一千五百人，前往榆社。十二月，杨弁等率领戍卒来到太原。根据以往的习惯，士卒出征每次每人给绢二匹。可是前任节度使刘沔调任时已全部带走了府库里收藏的财物，新任节度使拿不出物资来分发，只好拿出他以往的私人存物分给士兵，但是每个人也只能分得一匹。士兵们不愿在正月初一前出发，但监军吕义忠不肯，一再催逼大家立即动身。杨弁借着士兵们的不满情绪，又知道太原城守备空虚，于是于正月初一率兵剽掠市场，杀都头梁季叶，占据军府，李石逃往汾州。杨弁放走贾群，并让自己的侄子和贾群一道去见刘稹，并要相约为兄弟，刘稹大喜。石会关守将杨珍听说了太原士兵反叛之后，向刘稹投降。

李石由汾州来到晋州，又奉武宗之诏回到太原行营。武宗又下诏命，令王逢把太原兵留在榆社戍防,动用易定、宣武、兖海三处的兵力进攻杨弁,同时命令王元逵率五千步、骑兵自土门入太原,接应王逢。

榆社河东兵见客军攻打太原,担心城被攻破之后家属难逃一劫,所以自动拥监军吕义忠攻打太原。不久,太原城被攻下,杨弁也被活捉了。

王宰与石雄关系不和。当时,如王宰强攻泽州吸引昭义军的主力,石雄就能轻而易举地拿下空虚的上党。可是王宰却在泽州南部故意拖延,不肯决战长达两个多月之久。三月初,朝廷下诏催促王宰进兵,同时任命石雄为河中节度使。

会昌四年(公元844年),刘稹的心腹将领高文端向官军投降,并说叛贼军营中缺乏粮食,因此只好让妇女们用手搓麦穗,然后捣碎麦粒来供给军队。李德裕召询高文端,征求击败叛贼的计谋。高文端认为:"官军如果现在就直接进攻泽州,既不能攻下城池,又会使大量兵士伤亡。泽州叛军约有兵一万五千人,其中一大半兵力常常在山谷间埋伏。当他们探得官军攻城未克,疲惫不堪之时,伏兵将回击城下官军,我军必然损失惨重。如果朝廷今天能命令陈许的军队渡过乾河扎下营寨,围绕泽州筑起夹城,从寨城一直连到泽州,每天派遣大军于夹城外布阵,以抵御救兵,叛军见夹城将合围必定不会坐以待毙,定会出城死战,这时官军可等击败出城的贼军后,乘势将泽州城攻破。"李德裕上奏唐武宗,建议把高文端的计策传达给前线的指挥官王宰。

高文端又说:"叛贼所据的固镇寨由于地势十分险峻,特别是四周都是绝壁,易守难攻。然而寨中没有水,只能出寨取涧水食用,这股涧水在固镇寨以东约一里路外,应该命令王逢率官军进逼,断其水路,这样不过三天,贼军就得弃寨而逃,官军即可跟踪追击。固镇寨前面十五里外可到青龙寨,情形与固镇寨相同,故可以依照同样的方法攻取。青龙寨往东十五里即是沁州城。"李德裕将这个想法上奏朝廷,并请武宗以诏书的形式告诉王逢。

高文端又建议说:"叛军都头王钊率领士兵万人戍守洺州,叛军首领刘稹已将作战不利的薛茂卿灭族,并杀掉了邢洺救援兵马使谈朝义兄弟三人,这使得王钊动摇、害怕。刘稹派遣使者召王钊,王钊不肯入潞州城,士兵们也不服从调遣,所以王钊肯定不会听令于刘稹。但王钊及所部士卒家属都在潞州，另外，士卒们害怕自己即使投降也不能免除一死，所以招谕他们，他们也肯定不敢前来。只有向王钊宣示上谕，让他带领自己的人马从潞州进攻刘稹，如果成功，就任命他做别道节度使，还给他以重赏，或许王钊肯听从。"李德裕再奏告唐武宗，并请武宗发出诏令，让何弘敬将皇上的意思秘密传达到王钊那里。

刘稹年轻懦弱，因此押牙王协、宅内兵马使李士贵便把持了军府的事务。他们聚敛了大量钱财，却又不肯给有功将士以奖赏，因此人心离散。刘从谏的妻子裴氏，打算把在山东主持军务的弟弟裴问找来掌管军政，希望能改变局面，减轻她对刘稹危险局面的担忧。然而，李士贵只说山东的事情需要裴问主持，根本不让他来。

王协提出每州要任命一名军将，专门主管向商人征税的事务。名为向商人征税，其实是把编户的家财做一个统计，然后折算成绢匹，收取十分之二的税，还经常往高估值。于是人们的钱财和粮食都被榨取殆尽，还不够数，因此百姓怨声载道。

昭义军的将领刘溪特别贪婪残暴，从前刘从谏对他弃而不用。刘溪贿赂王协，王协认为当时邢州富商极多，就任命刘溪为邢州主税官。当时裴问所率领的兵将以富商子弟居多，号称"夜飞"。刘溪到邢州主税，将这些手下的父兄尽数逮捕，夜飞军士向裴问告状，裴问向刘溪求情，并请求释放士兵家属，刘溪不但不允许，还对裴问出言不逊。裴问勃然大怒，与手下秘谋将刘溪杀死归降朝廷，并告知邢州刺史崔嘏，这得到了他的赞同。二十五日，崔嘏、裴问将邢州城关闭，将城里四个大将杀死，并向成德节度使王元逵请降。这时，消息传到党山高元武那里，于是，他也向官军投降。

先前昭义节度使府曾赐给洺州军士每人一端布匹，可是没过多久又下令说要以一端布折充为冬赐。刚好使府派来的负责征税的军将到了洺州，致使人心不安，于是王钊趁机向军士鼓动说："镇守的将军刘稹很年轻，军政命令并非由刘稹所出。今军府仓库充实，支付十年的用度绰绰有余，节度使府的使帖我们不能从命。"于是擅自打开仓库，分给士卒每人绢一匹，谷十二石，士卒皆大为欢喜。王钊趁势关闭洺州城门，请降于魏博节度使何弘敬。安玉在磁州，闻知邢州、洺州都已投降，也以磁州请降于何弘敬。尧山都知兵马使魏元谈等也降于成德节度使王元逵。王元逵对魏元谈等人据守尧山怀恨在心，于是，将他们全都杀掉。

郭谊、王协策划杀掉刘稹向朝廷请罪。刘稹从堂兄中军使刘匡周兼任押牙，郭谊认为他是障碍，决定先夺刘匡周的权。他对刘稹说："刘匡周在牙院诸将不敢讲话，怕被猜疑而获罪。山东三州丢掉也是这个原因。只有匡周离开牙院，大家才敢尽言。大家同心协力，才能扭转局面。"刘稹要求匡周不再到牙院去，匡周怒道："我在牙院，诸将才不敢有异图；一旦离去，大家全得完蛋！"说完，愤愤离去。

郭谊又指使刘稹所信任的董可武游说刘稹说："太行山以东三州的叛变，事由您的舅舅裴回发起，当今上党城中人谁敢保护您！您今天想怎么办？"刘稹回答说："目前上党城中尚有五万人，应当紧闭城门坚守吧！"董可武说："这不是良策，留后您不如将自己捆绑起来归降朝廷，像文宗时张元益那样，还不失做一个刺史。应暂让郭谊充任留后，待得到旌节的时候，从容不迫地奉太夫人以及家室财产归居东都洛阳，不是也很好吗？"刘稹说："郭谊怎么肯这么做呢？"董可武说："我已和郭谊立下重誓，必定不会违背誓约的。"并引郭谊入见刘稹。刘稹与郭谊密谋降唐事宜，密约既定，然后告诉母亲裴氏，裴氏说："归降朝廷当然是一件好事，只恨已经太晚。我弟裴问尚不忠于你，又如何能保证郭谊不背负于你呢！你自己再三考虑吧！"刘稹不加思索，穿着素服出使府牙门，以母亲裴氏之命任郭谊为都知兵马使。这时王协已经告诫诸将领，于使府外庭站立排列，郭谊拜谢刘稹礼毕后，出使府门召见诸位将领，刘稹则于内厅整理行装。李士贵听说事变，率领后院兵数千人攻击郭谊。郭谊向后院兵大喊说："你们为什么不各自求取赏物，而想与李士贵同死呢？"军士听后纷纷后退，共同将李士贵杀死。郭谊改换使府将吏，安插自己的心腹，重新部署军士，一个晚上就全部准备就绪。

第二日，郭谊又指使董可武入室谒见刘稹，说："郭公请您商讨公事。"刘稹说："为什么不到此对我讲？"董可武说："恐怕惊动了太夫人。"于是引刘稹步行出使府牙门，来到使府之北的别宅，摆设酒宴作乐痛饮。当喝得痛快之时，董可武对刘稹说："今天的事是想保全您祖父太尉刘悟传下的一家人，可您必须自己决定去留，这样朝廷才会同情和照顾您的家属。"刘稹回答说："如您所说，我心里也这样想！"于是董可武上前抓住刘稹的手，崔玄度自后面将刘稹斩首。接着，收捕刘稹宗族家人，将刘匡周以下以至襁褓之中的婴儿全部杀死，又杀死原刘从谏父子所信任善待的张谷、陈扬庭、李仲京、郭台、王羽、韩茂章、王渥、贾庠等总共十二家，并株连他们的子侄、外甥、女婿等，无一人能幸存。李仲京是李训的兄长；郭台为郭行余的儿子；王羽是王涯的族孙；韩茂章、韩茂实兄弟皆为韩约的儿子；王渥是王的儿子；贾庠为贾的儿子。唐文宗甘露之变时，李仲京等人逃亡投奔刘从谏，得到刘从谏的保护和抚养。这时郭谊总揽昭义军政大权，凡军中对他稍有嫌隙的人，郭谊就将其诛杀，以致每天都要杀人，血流在地上碾成了血泥。大局稳定后，郭谊将刘稹的首级封装在一个盒子里，派遣使者带着表文和书札，向王宰归降。刘稹的首级经过泽州，刘公直及其营垒的将士痛哭失声，也就一同归降王宰。

刘稹首级送到长安，朝廷下诏："昭义五个州免除一年赋役，军队所经过的州县免除当年秋税。自刘从谏以来，昭义镇随意增加的赋敛一概不算数。造册的土团人员全部遣返归农。各道的有功将士，按等级给予赏赐。"

郭谊杀了刘稹以后，天天盼着朝廷的任命，可一直没有消息。不久石雄来到，郭谊等前来参见。敕使张仲清要求各高级官员当晚到牙院领取任命状，只有郭谊的任命状说是要到第二天才能来。晚上，郭谊等人来牙院听命，听候点名引进。凡凶暴狡诈，或顽抗官军的将领全都抓起来送往京师，刘从谏的尸体被从地下棺椁里扒出来，在潞州的闹市曝晒三日，后来又移到球场，用刀剁烂。

刘稹的部将郭谊、王协、刘公直、安全庆、李道德、李佐尧、刘武德等被斩首。泽潞之叛的事情到此结束了。

5. 王仙芝、黄巢起义

唐僖宗乾符元年，王仙芝起义。第二年黄巢起兵响应，唐末一场大规模的农民起义爆发。中和四年（公元884年），六月，黄巢在狼虎谷壮烈自刎，轰轰烈烈的唐末农民大起义失败了。

（1）义军起事

咸通末年，灾荒不断，黄河以南，到处都是沦为盗贼的饥民。

乾符元年（公元874年）唐僖宗继位后由于年纪小，将权力交到官员们手中。官僚们对严重的社会问题不闻不问，他们除了贪图享受，横征暴敛之外，就是欺上瞒下，粉饰太平，官吏对潼关以东的水旱灾情隐瞒不报，使得这一地区老弱的百姓惨死，强健的甲丁四处流浪，社会问题非常严重。而该地区本来军队不多，再加上太平的时间太久了，官兵们经常不作战，官军与饥民接战屡屡失败。这一年，濮州人王仙芝聚众一千人在长垣起事。

乾符二年（公元875年）六月，王仙芝和同伙尚君长领兵占领濮州、曹州，队伍壮大到数万人，唐天平军节度使薛崇率军征讨，遭王仙芝打败。冤句人黄巢也聚集了数千人响应王仙芝。黄巢和王仙芝少年时都靠贩卖私盐过活，黄巢精通骑马射箭，十分豪爽任侠，粗通史传经书，可是多次参加进士科考试都没有及第，于是成为盗贼，与王仙芝攻占州、县，横行于山东。农民在官府压榨中难以过活，就纷纷投奔黄巢，没几个月，队伍即扩大到数万人。唐卢龙节度使张公素，生性残忍冷酷，士兵都怨恨他。大将李茂勋原来是回鹘阿布思的后裔，回鹘败亡时，投降卢龙节度使张仲武，张仲武收留了他，并让他入军籍戍边，由于战功卓著，赐予他李茂勋的姓名。纳降军使陈贡言是幽州的宿将，军士们都信服他，李茂勋杀死陈贡言，却打着陈贡言的旗号兴兵攻打蓟州，张公素出战不敌，逃奔京师，李茂勋进入幽州城，众人这才发现不是陈贡言，可事已至此，只好推李茂勋为主，朝廷不得以将李茂勋任命为卢龙军留后。

金吾上将军、兖州节度使齐克让率兖州军攻打王仙芝。王仙芝躲避他的进攻，转向淮南，势力很快发展到三十万人。僖宗诏命淮南、宣武、忠武、义成、天平五军加快对王仙芝的征讨。

乾符三年（公元876年）七月，诸道行营招讨使宋威在沂州城下进攻王仙芝，大败王仙芝军，王仙芝于是兵败逃跑。宋威上书称王仙芝已经死去，请将诸道讨贼军遣还，自己返回青州。朝廷百官听闻宋威打死王仙芝，全都入朝向唐僖宗祝贺。没到三天，州、县上奏称王仙芝还活着，而且和以前一样攻掠州县。那时诸道兵才开始休息，就又得到诏命被调发去追剿，这一折腾，使得士兵愤怒怨恨，也想造反作乱。八月，王仙芝带领军队攻下了阳翟、郏城，唐僖宗下诏书命忠武节度使崔安潜率军镇压。崔安潜是崔慎由的弟弟。唐僖宗又命令昭义节度使曹翔率领步兵和骑兵五千人，以及义成兵守卫东都洛阳的宫殿，任命左散骑常侍曾元裕为招讨副使，守护东都洛阳，又下诏命令山南东道节度使李福选步兵、骑兵两千人守卫汝州、邓州的重要道路。王仙芝率军进逼汝州，唐僖宗又下诏令邠宁节度使李侃、凤翔节度使令狐派遣步兵一千、骑兵五百镇守陕州、潼关。九月初二，王仙芝攻陷汝州，抓获刺史王镣，东都震动，洛阳的官员纷纷举家出逃。眼见这种情势，九月十一日，僖宗下诏赦免王仙芝、尚君长的罪行。为了让他们投降，还答应授给他们官职。

可是这时王仙芝又攻破阳武，将郑州包围，军队集结在汝州、邓州一带。十月，王仙芝向南进攻唐州、邓州，十一月攻陷郢州、复州。十二月，分兵攻打申、光、庐、寿、舒、通等州，实力越来越强。

宋威暗中对曾元裕说："咸通年间，消灭了庞勋，讨伐庞勋的大将康承训马上获罪下狱，我们就算是能消灭王仙芝，也要想想前人的例子。"

所以为了保存自身实力唐将们并不积极进击。

吏部侍郎郑畋因为朝廷没有采纳自己讨平贼乱的策略，就以生病为由请求辞去官职，唐僖宗不准。于是郑畋再次进言僖宗："自从宋威于沂州上奏告捷之后，王仙芝愈发猖狂，攻陷屠杀五六个州，数千里遭受刀兵之祸。招讨草贼使宋威已经年老多病，自从妄奏告捷以来，诸道军对宋威特别不服，现在宋威留于亳州一带，丝毫没有进攻征讨草贼的意思。招讨草贼副使曾元裕拥兵于蕲州、黄州一带，更是只想躲避，不敢进击。要是让草贼攻陷扬州，江南地区就会失去朝廷的控制，后果相当严重。我认为崔安潜威望很高，张自勉是最骁勇敢战的良将，宫苑使李是西平王李晟的孙子，治理军队严格而且作战勇猛。请求陛下能将崔安潜任命为行营都统，李为招讨使，代替宋威，张自勉为招讨副使，代替曾元裕。"唐僖宗基本采纳郑畋的建议。

王仙芝领兵进攻蕲州。蕲州刺史裴偓是王铎主掌科举考试时所选取的进士。王镣被农民军俘虏后，替王仙芝写书信劝说裴偓，这样裴偓与王仙芝约好，收回军队不再进攻，并答应向朝廷为王仙芝奏请求得一个官爵。王镣也劝说王仙芝答应裴偓的约和请求。这样裴偓大开蕲州城请王仙芝及黄巢等三十余人入城，摆酒设宴，并拿出很多的财宝赠送给王仙芝等人，以示约和诚意。朝廷诸宰相大都不赞成，说："先帝唐懿宗没有赦免庞勋的罪过，当年就将庞勋诛杀，如今王仙芝仅仅是一个小贼，他的势力还比不上庞勋，赦免他的罪而给予官爵，就只能使奸贼越发猖獗。"仅王铎力主招降王仙芝，唐僖宗听信王铎之言，批准招安。于是将王仙芝任命为左神策军押牙兼监察御史，派遣宦官中使将委任状送到蕲州授给王仙芝。王仙芝得到委任状十分高兴，王镣、裴偓全部前来祝贺。但王仙芝等并没有退出蕲州，因为黄巢对于朝廷没有封赏自己官职，十分愤怒。他对王仙芝说："我与你曾经一道立下誓言，要横行天下，现在你单独获得朝廷的官爵而要去长安为禁军左军军官，让我们五千多弟兄怎么办？回哪里去？"愤怒之余，黄巢居然殴打王仙芝，打伤王仙芝的头，别的部众也喧哗吵闹。王仙芝难犯众怒，只好拒绝接受唐廷的委任状，大肆在蕲州掠夺，蕲州城内的百姓，一半被驱出城外，一半被屠杀，居民的房屋全遭焚毁。唐蕲州刺史裴偓逃到鄂州，宦官中使逃奔襄州，王镣被贼军拘留。这样贼军分兵两路，三千余人跟从王仙芝及尚君长，黄巢带两千多人北上。

王仙芝、尚君长攻陷陈州和蔡州；黄巢在北边也攻下了齐州和鲁州。乾符四年（公元877年）二月，王仙芝攻陷鄂州，黄巢攻陷郓州。三月，黄巢又把沂州攻下。

（2）王仙芝战死黄梅

四月，僖宗颁下《讨草贼诏》，诱降王仙芝。诏书说："根据最近各地方官府的报告，江西、淮南、亳、宋、曹、颍等州，草贼不是攻劫郡县，抗拒官军，就是劫掠商旅，抢夺进俸，他们时聚时散，虽然一段时间内可以想干什么就干什么，但还是在害怕中度日。有限的逆党最终会被强大的王师全部铲除。朕宽宏治民，将天下苍生皆视同赤子，恨不能匀出自己的衣食，让黎民百姓生活得更好，如何还能忍心用刀枪去杀戮人民！故而发下文诰，意欲招安，要是无法奏效，再用兵也就没有什么后悔的了。

"王仙芝及诸草贼首领等，你们见到诏令之后，应该后悔自己的行为，脱下铠甲丢掉武器，到官府去投降。已经命令州府及时奏报，肯定破格授给你们官爵，厚赏赉财，让你们永做忠臣，常居禄位。王仙芝属下的头领也能够在大藩镇内，按照才能给予适合的职务及衣粮赏赐。那些离开家被逼加入贼军的，也可以拥有很好的安排，给你们田地，让你们回去继续当农民。这是弃暗投明、摆脱死亡的光明之路，是最好的选择。要是怙恶不悛，凶强顽劣，不放下武器，继续在乡里为祸，使人们的生活不能正常进行，那就要为民除害，这绝不是穷兵黩武，残害良民！

"现在朕命令各地方官府挑选勇敢的士兵分几路攻打，将贼军铲除，不得放走敌人！讨伐草贼的主兵大将要是可以擒杀一大草贼，消灭贼众三百人以上，可以破格授以将军之职，另赏钱一千贯；要是斩杀草寇比这还多，大破贼党，收夺草寇资财器械，经核查属实，按照军功大小，另外授官赏财。如果遇到贼寇不追击或者不打，或畏敌逃跑而被打败，主管的官员应该认真调查，用军法来处罚败将。地方上如有勇敢之才，能纠率丁夫，捍御寇贼，搴旗斩将，而破阵立功，则委所在长吏迅速奏报朝廷，授官优赏。这已有前例，朝廷一定不会食言！"

七月，王仙芝、黄巢攻打宋州，把宋威围困在宋州城内，幸赖右威卫上将军张自勉率七千官军赶到才解围。

十月，宰相郑畋与王铎、卢携在唐僖宗面前争论怎样用兵征讨王仙芝等。郑畋争论未能获胜，退朝后又上表奏称："自王仙芝起事以来，崔安潜第一个奏请诸道会兵征讨，然后就调发本道士卒，竭尽本道所能供应行征士卒的资粮，王仙芝贼众到处攻掠，纵横千里，使诸州大受其难，可就是不敢侵犯崔安潜管辖地区。崔安潜又把本道兵交给张自勉指挥，才解得宋州之围，使江、淮的漕运得以流通，东南财赋没有落到贼寇之手。现在陛下又将张自勉所统率的七千兵全部交予张贯率领，隶属于宋威，而让张自勉单独返回许州，宋威却上书诬陷张自勉。张自勉立下战功却反遭诬陷，我十分痛心。崔安潜出兵讨伐王仙芝以来，前后胜利捷报不止一次，如果把强兵统统交付于他人，良将空自回城，而强敌突然进攻，又怎么抵抗，如何交代！我请求将忠武军四千人交给宋威指挥，剩下的三千人让张自勉率领，保卫本道，这样既不剥夺宋威的战功，又可以让崔安潜免去耻辱和羞愧。"卢携马上反对郑畋的建议。唐僖宗无法裁决。郑畋又再次上言："宋威欺瞒朝廷，被王仙芝打得溃不成军。我又听闻王仙芝曾七次上表请求投降，宋威都隐瞒不报，朝野对此非常愤恨，我认为应该将宋威按军法处置。宋威罪恶累累，不应该让他再握兵权，希望能与左、右神策军中尉和左、右枢密使商量，早日罢免败将宋威。"唐僖宗没有听从。

十一月，招讨副都监杨复光派人劝降王仙芝。王仙芝派尚君长与杨复光联系，可是宋威却派军队在半路上把尚君长劫走了。十二月，宋威上奏朝廷说他在颍州西南和尚君长等交战，俘虏了这几个人来献给朝廷；杨复光则向朝廷说明，尚君长等其实是来投降的，并不是在打仗时被宋威逮住。僖宗诏命侍御使归仁绍等审讯，结果还没弄清事情真相，就在狺脊斩杀了尚君长。

（3）转战南北

乾符五年（公元878年），正月初一，天空下起了大雪。荆南节度使杨知温正在接受将吏的新年祝贺，王仙芝已经领兵到达江陵城下，占领外围罗城。荆南将佐同心同德修治内城以拒守，一直等到天黑，杨知温还是没有出节度使府。将佐们请杨知温出来抚慰士兵，杨知温戎装也不穿，穿戴纱帽皮衣就出来了，于是将佐们又请杨知温披甲以防备暗箭流矢。杨知温尽管看见士兵们正在奋勇抵抗，却依然赋诗给幕僚们听，还派遣使者向山南道节度使李福求援，李福调集部下所有人马，亲自赶来营救。那时有五百沙陀族士兵屯驻襄阳，李福与他们会合，行军到荆门，遭遇贼军。沙陀骑兵策马左冲右突，把敌人的军队打得大败。王仙芝获悉，在江陵一带大肆烧杀抢掠后退去。本来江陵城下有户三十余万，经这次杀掠，只余下十分之六七。正月六日，招讨副使曾元裕在申州击败王仙芝。王仙芝损失两万余人。朝廷借宋威长期有病的理由，下敕书把他的招讨使职务免掉了，让他回青州。同时将曾元裕任命为招讨使，颍州刺史张自勉为招讨副使。

二月，曾元裕在黄梅大败王仙芝，王仙芝被追杀，此后，义军五万多人被杀，王仙芝剩下的部队也都溃散到四面八方。

黄巢领兵正在围攻亳州，还未攻下，尚让带着王仙芝残部前来投靠他，合兵一处。众人一道推举黄巢为盟主，称"冲天大将军"，改年号为王霸，设立官职属僚。黄巢接着率军占领沂州、濮州，随后却多次被唐朝官军打败，于是黄巢给唐天平节度使张杨写了一封求降信，请求代向朝廷上奏。唐僖宗得到奏文后下诏任命黄巢为右卫将军，命令黄巢统领部众到郓州解除武装。黄巢不服从这一命令，根本没去郓州。

三月，黄巢从滑州进取宋州、汴州，转而进攻叶县、阳翟。僖宗下诏调集一千河阳兵开赴东都洛阳，与两千多宣武军、昭义军一起守卫洛阳宫殿。任命左神武大将军刘景仁任东都应援防遏使，统领宣武、河阳、昭义三镇的军队，还让他在洛阳招募两千士兵。又命令曾元裕带兵直接返回洛阳，增派三千义成军驻守辕、伊阙、虎牢、河阴，加强了洛阳的守卫工作。

于是，黄巢率兵渡过长江，进入江西，攻陷了虔州、吉州、饶州、信州。

八月，黄巢打到宣州，被宣歙观察使王凝打败，便转入浙东，辟出了七百里山路，转战到福建。

十二月，黄巢占领福州。

乾符六年（公元879年）正月，镇海节度使高骈派部将分兵进击黄巢，收降了黄巢的将领秦彦、李罕之、毕师铎、许京等好几十人。黄巢于是向广南开去。

黄巢向唐浙东观察使崔、岭南东道节度使李迢写信，请求天平节度使的职位。崔和李迢代黄巢上奏朝廷，朝廷没有答应。黄巢又向朝廷上表乞求广州节度使的职位，唐僖宗命满朝大臣讨论此事。左仆射于琮认为："广州有市舶司，每年蕃船往来，聚集有很多宝货，是不能让盗贼掌管这么重要的地方的。"于是又拒绝黄巢担任广州节度使的要求，而让大臣们商议给黄巢其他官职。六月，宰相们建议可任命黄巢为率府率，唐僖宗同意。

九月，黄巢收到朝廷给予的率府率的委任状，十分生气，痛斥当朝宰相，并且马上领兵进攻广州，当天即攻陷广州，俘虏广州节度使李迢，并进兵岭南地区各州县。黄巢又让李迢起草表文向朝廷表明自己想当广州节度使的愿望。李迢回答说："我长期蒙受国家的恩典，当官的亲戚遍布朝廷，我就是被砍断手腕也不替你草写表文。"黄巢将其杀死。黄巢自号"义军都统"，发布文告说，即将进攻长安，还斥责宦官专权，官吏贪污，科举黑暗，要求禁止贪污，惩治贪官污吏。

黄巢在岭南的时候，部队的士兵们得了瘴疫，病死了许多人，部下劝他先回北方再计划以后的事。黄巢听从了这个意见，在桂州编造了几十个大筏，沿湘江而下，经永州、衡州，十月抵达潭州城下。守将李系不敢出来迎战，黄巢猛攻，只用一天的时间就攻下了潭州。黄巢将戍守的士兵统统杀死，尸体布满了江面，顺着水流向下游。

尚让乘胜进逼江陵，声称有五十万士兵。江陵孤立无援，守军不到一万人。王铎以与刘巨容会师为由率众逃往襄阳，仅留下部将刘汉宏在江陵防守。王铎去后，刘汉宏大肆在江陵抢劫，居屋全被烧毁，百姓只得逃入深山。当时正赶上大雪，许多人被冻死了。尚让十多天之后才赶到。刘汉宏是兖州人，这时他已率军回北方做强盗去了。

黄巢向北进攻襄阳，唐山南东道节度使刘巨容与江西招讨使淄州刺史曹全合兵一处，在荆门屯驻以抗拒黄巢。刘巨容在林中设下伏兵，农民军到达，曹全率轻骑迎战，诈败退走，农民军追赶，伏兵全部进攻，大破农民军，并乘机追击到江陵，俘虏和斩杀十分之七八的农民军。黄巢与尚让带着余部渡过长江向东逃窜。有人建议刘巨容继续追击，可将农民军杀尽。可是刘巨容却不同意，他说："国家常说话不算数，有危急时就抚慰将士，大肆赏官予人，事情平定下来就对我们不闻不问，还有人因功获罪；倒不如将残贼留下来，作为我辈捞取富贵的资本。"部众于是放弃追击黄巢之事。曹全领军渡过长江追赶农民军，恰逢朝廷任命泰宁都将段彦谟代替曹全为招讨使，这样曹全也放弃了追击。农民军才借机逃掉，实力恢复以后，进攻鄂州，攻陷外城，接着转而进攻掠夺信州、饶州、宣州、池州、歙州、杭州等十五州之地，部众再次壮大到二十万人。

僖宗广明元年（公元880年）三月，淮南节度使高骈派遣部将张璘等征讨黄巢，打了多次胜仗。朝廷任命高骈为诸道行营都统。高骈下达檄文，征调各地军队，还到处募兵，聚集淮南士兵和各地方军队，共有七万人，非常有声势，得到朝廷的信赖。

四月，张璘渡江作战，黄巢军将领王重霸投降。在这之后黄巢接连吃败仗。

五月，黄巢军屯扎在信州，爆发传染病，士卒大量死去，张璘抓住机会加紧进攻农民军。黄巢以黄金引诱张璘，并向高骈写信请求投降，请求高骈向朝廷保奏；高骈也准备诱使黄巢上钩，许诺愿为黄巢向朝廷求得节钺。那时感化、昭文、义武等军队全部赶到淮南，高骈害怕这些军队抢了他的功劳，于是上奏朝廷说农民军用不了几天就能够平定，用不着征调诸道军队，请求将诸道军队全部遣归本镇。朝廷听从高骈，准许了他的奏请。黄巢打听到唐诸道兵已经往北渡过淮河，就与高骈翻脸，而且派兵出击。高骈获悉勃然大怒，命令张璘进攻黄巢军，却被杀得大败，张璘也战死，这样黄巢的势力得以恢复。

六月，黄巢别将攻取睦州、婺州，六月二十八日，又占领宣州。

（4）力克东都

秋季，七月，黄巢军从采石渡过长江，围攻天长、六合，兵势十分强大。淮南军将毕师铎向高骈进言："朝廷把安危托付给您，现在贼众数十万乘胜长驱直入，如同进入无人之境，要是不抓住时机占据险要之地攻击贼军，等他们越过淮河，就无法制服他们了，必然成为中原的大患。"高骈由于诸道援军已经遣散，张璘又战死，自己感到无力阻挡黄巢北进，畏惧之心加上懦怯让他不敢出兵，仅命令诸将加强防守，以图自保，并且上表朝廷告急，声称："黄巢贼六十余万人集聚天长，距我城不到五十里。"之前，卢携声言："高骈文武双全，只要将兵权全都交给他，肯定能够平定黄巢。"朝野人士尽管有不少人说高骈不能够完全依靠，可仍对他抱有一线希望。等高骈的表文送达朝廷，朝野上下十分失望，一片惊恐。唐僖宗下诏斥责高骈自作主张遣散诸道军，使得黄巢贼众乘唐军没有防备而渡过长江。高骈上表辩解："我上奏建议遣归诸道军队，不可以说我专权。如今我竭尽全力保卫一方，这是肯定可以的，只是担心贼众连绵曲折渡过淮河，应该马上命令东面诸道将士加强戒备，全力抵抗为是。"于是高骈宣称患有风痹症，不再派兵与黄巢军作战。

朝廷收到高骈的奏表，急忙命令河南各道派军队驻扎殷水，又命泰宁节度使齐克让屯驻汝州，抵抗黄巢军的进攻；另外任命淄州刺史曹全为天平节度使兼东面副都统。

九月，曹全率六千军众与黄巢交战，黄巢军号称十五万人众，因为实力相差太多，官军退到泗上防守，等待各地方军队前来支援再与黄巢作战。而军高骈一直没来救援，黄巢乘机打垮了曹全。

徐州派遣三千兵赶赴殷水，经过许昌。徐州士卒一直以凶狠闻名，节度使薛能自己宣称从前曾经镇守彭城，对徐州人有恩威，于是将士兵安排在球场宿营。到入夜的时候，徐州士卒高声喧哗，薛能登上内城楼问讯，徐州士卒回答说宿地设备太差，供应缺少，薛能慰劳很长时间，众情才安定。许州人知道后十分惊恐。那时忠武军也派遣大将周岌领军前往殷水，没走多远，听说城中徐州士卒闹事，领兵退回。到第二天天亮，忠武军进入许州城进攻徐州军队，把徐州兵统统杀死；又埋怨薛能对徐州兵卒太好，把他赶了出去，薛能准备逃往襄阳，却遭到乱兵追杀，结果，全家都被杀死。于是周岌自称留后。唐汝州都指挥制置把截使齐克让担心受周岌袭击，带着军队返回兖州，驻扎在殷水的诸道军队也统统撤退。黄巢于是借机带着所有军队渡过淮河，所过之处并不劫掠，仅是收纳丁壮以壮大实力。

十月，黄巢攻陷申州，进入颍州、宋州、徐州、兖州境内。

开始，黄巢即将率领军队往北渡过淮河，唐宰相豆卢请求唐僖宗授予黄巢天平节度使的节钺，等到黄巢到镇上任时，再进行攻讨。宰相卢携说："盗贼们都是贪得无厌，即使授予黄巢节钺，也不一定能够阻止他四处抢掠，不如尽快征调诸道军队驻防泗州，任命汴州节度使为都统，指挥大军阻击黄巢贼众。黄巢要是往前无法进入关中，必然转而攻掠淮、浙一带，逃往大海中去偷生！"唐僖宗听后十分赞同。不曾想没过多长时间淮北诸州接连来使告急，卢携情知不妙，就以生病为由，而不再上朝议政，京师长安上下一片恐慌。十日，东都送来奏状，禀报黄巢已经攻入汝州境内。

汝州都指挥制置把截使齐克让向朝廷奏称：黄巢已经自称天补大将军，并且写下牒文送交唐朝诸镇军宣称："你们应该把守自己的城垒，莫要拦挡我军的前进！我将亲率大军攻入东都，接着攻入京师，向朝廷问罪，与你们无关。"唐僖宗召宰相们到内殿商议对策。豆卢、崔沆建议集中关内的诸藩镇军及左、右神策军前往坚守潼关。十二月，冬至，唐僖宗召开延英殿最高决策会议，苦于难觅御敌良策，居然当着宰相的面流下了眼泪。观军容使宦官田令孜上奏："请皇上选左、右神策军中的弓弩手去守潼关，我亲自任都指挥制置把截使，前往御敌。"唐僖宗回答说："禁军侍卫将士，很久没有练习征战，只怕派不上什么用场。"田令孜说：

"从前安禄山作乱的时候，曾有过玄宗去四川避难的先例。"崔沆说："安禄山部众仅有五万人，无法和黄巢相比。"豆卢说："先前哥舒翰率领十五万大军都守不住潼关，现在黄巢贼众有六十万，而潼关又没有像哥舒翰当年那样强大的守军。要是说田令孜真为大唐社稷考虑的话，蜀中三川帅臣陈敬、杨师立、牛勖倒全是田令孜的亲信，可以到西川躲避，这和玄宗时的情形相比，自然可以说是有备无患了。"唐僖宗听后不悦，对田令孜说："请你为朕调集军队，去拒守潼关。"这一天，唐僖宗来到左神策军军营，亲自看望将士。田令孜将左神策军马军将军张承范、右神策军步军将军王师会、左神策军兵马使赵珂推荐给僖宗。唐僖宗于是召见三人，任命张承范为兵马先锋使兼把截潼关制置使，王师会为制置关塞粮料使，赵珂为勾当寨栅使，又任命田令孜为左、右神策军内外八镇及诸道马都指挥制置招讨等使，飞龙使杨复恭被任命为副使。

十三日，齐克让上奏朝廷："黄巢贼众已经进入东都，我聚集散兵退守潼关坚持抵抗，驻扎在潼关之外设立的营寨。我部战士屡经战斗，战备物资已经缺乏很久，关东州长期残破不堪，几乎没有人烟，四方不见大唐朝廷管辖下的人。官军饥寒交迫，兵械军器破旧，士兵们全都思念自己的故乡闾里，恐怕容易溃败，乞请朝廷早日运送粮草，加派援军。"唐僖宗下令选拔左、右神策军弓弩手共两千八百人，令张承范等率领赶往潼关。

十七日，黄巢军攻克东都，唐东都留守刘允章带着百官拜迎。黄巢大军入城，对城中百姓仅是劳问，坊里和平常一样，百姓生活如常。刘允章是刘的曾孙。田令孜上奏请招募长安坊市居民几千人用以补充左、右神策军。

（5）勇破潼关

直到二十一日，长安才接到从陕州传来的洛阳陷落的消息。二十二日，僖宗任命田令孜为洛、汝、绛、晋、同、华都统，统率左、右神策军去同黄巢作战。几天里，田令孜搜捕了几千普通市民补充神策二军。

二十五日，张承范等率领神策军弓弩手离开长安。神策军的士兵都是长安的有钱人家的子弟，依靠向宦官行贿的手段在神策军中登记挂名，领取优厚的供给和赏赐，他们光会穿着漂亮的衣服纵马兜风，凭借神策军的势力逞威风，从来没有打过仗。听说要出征，父子一道哭泣。许多人花钱找坊里的贫民代替自己出征，雇佣来的人却大多连武器都不会拿。

僖宗到章信门楼为这支军队送行。张承范向僖宗提出要求说："听闻黄巢率十万大军，擂着战鼓向西一路杀来，齐克让将一万名饥饿的士兵安置在关外扎营，又命我带着两千人在关上屯驻，却丝毫没有得知有供应粮饷的准备。依靠这点军队来抵御黄巢的大军，实在令人寒心，希望催促各地方的精锐部队早点到来支援。"僖宗说："你们放心出发，援军很快就到。"

二十七日，张承范等到了华州。刺史裴虔余恰好调任宣歙观察使，军民全都逃进华山，城中没有人，十分冷清。州库中只剩下几只老鼠，幸好粮仓里还有一千多斛米，军士们每人带了三天口粮接着赶路。

十二月初一，张承范等领兵到达潼关，在草丛中找到一百来村民，役使他们运石汲水，作守城的准备。做时张承范军与齐克让军全部断粮，士卒毫无斗志。这天，黄巢军的前锋进逼潼关城下，漫山遍野全是白旗，一眼望不到边。齐克让率军出战，黄巢军暂败。随后黄巢率大军赶到，全军齐声高喊，声震黄河、华山。齐克让奋力拼战，自午时至酉时才休战，这时士卒已经十分饥饿了，于是吵闹着把营寨烧毁，四散溃逃，齐克让也败走潼关。潼关左边有山谷，平时不让人在谷中往来，以方便征收商税，人们将之称为"禁坑"。黄巢大军来得十分迅速，官军没有防备，溃兵从山谷入禁坑，里面犹如蜘蛛网般茂密的灌木长藤，仅一夜工夫就踏成平坦的大道。张承范将辎重和私囊统统分发给士卒，派人上表朝廷告急，表称："我离京六天，士卒没有增加一人，军饷更连影也未见到。到潼关那天，黄巢强敌已来到关下，我以两千余人抵抗六十万敌众，在关外的齐克让军由于饥饿而溃散，踏入禁坑。我要是将潼关失守，就是处以投身油锅的极刑也不敢躲避。可是朝廷宰相谋臣，羞愧之颜又将寄托在什么地方！听人说陛下已经议论准备西巡到蜀中，而如果皇帝一离开京城，那么朝廷恐怕就完了。我敢在战死之前，以一息尚存的身躯，冒死大胆说几句话，希望陛下与身边宦官及宰相大臣仔细考虑，赶快调兵来救援潼关的关防，要是潼关能够守住，我大唐高祖、太宗创立的基业也许还能够维持，使黄巢步安禄山的后尘遭到毁灭，而微臣我即使战死了也胜过哥舒翰了！"

二日，黄巢加快了进攻潼关的速度，张承范等待援军，尽力抵抗，从寅时战到申时双方僵持不下。

关外有禁坑这条天堑。黄巢军队让一千多平民百姓跳到坑里，并挖土填坑，不一会儿，坑就被填平了。他们悄悄度过天堑，夜晚纵火烧关，把潼关的关楼烧毁。张承范分派八百士兵让王师会去守禁坑，由于迟了一步，这支军队到达的时候，黄巢已经越过禁坑。

第二天早晨，黄巢夹击潼关，关上的士兵不停逃跑，王师会自杀，张承范换了普通衣服，带领剩下的士兵逃走了。到达野狐泉，奉天派来的两千援军接连到达，张承范说："你们来晚了！"撤军返回长安渭桥。他们看见田令孜招募的新军穿着又新又暖的皮衣，十分愤怒地说："这些新军没什么功劳反而穿得这样好，而我们打仗却没吃没穿！"于是爆发火并，抢劫了新军，有人还为黄巢作向导，盼他们尽早打到长安。

（6）挺进长安

黄巢攻打潼关的时候，唐廷的确任命前京兆尹萧廪为东道转运粮料使专司运送军饷，但是萧廪却慌说自己有病，干不了，后来被贬为了贺州司马。

黄巢进入华州，将华州将领乔钤留下守城。河中留后王重荣也投降了黄巢。四日，唐朝廷下制书任命黄巢为天平节度使。

初五，唐僖宗任命翰林学士承旨、尚书左丞王徽为户部侍郎，任翰林学士、户部侍郎裴澈为工部侍郎，二人都为同平章事；将宰相卢携贬为太子宾客、分司东都。田令孜获悉黄巢率大军已进入关中，担心天下人追究自己的责任，于是将罪责推到卢携身上而将他贬官，举荐王徽、裴澈为宰相。这天傍晚，卢携服毒自杀身亡。裴澈是裴休的侄子。百官退出朝堂，获悉乱兵已入长安城，纷纷躲藏。田令孜带着五百神策军士兵护卫着唐僖宗从金光门出城，仅有穆王、福王、泽王、寿王等四王和几个妃嫔跟随圣驾而去，百官居然没有人知晓皇帝去了什么地方。唐僖宗夜以继日地赶路，很多随从官员跟不上。唐僖宗的车驾既已远去，长安城中的军士及坊市百姓纷纷闯入皇家府库抢掠金帛。

黄昏时，黄巢的将领将柴存到了长安城里。金吾大将军张直方率领几十文武官员到霸上迎接黄巢。黄巢坐着黄金装饰的轿子，士兵们用红缯扎起披散的头发，身穿锦绣，手执武器跟随其后。甲士和马队组成了一道长长的人流，辎重塞满了道路，千里络绎不绝。

尚让边走边说："黄王起兵，本来是为了百姓，不会像李氏皇帝那样残暴地鱼肉百姓，你们只管平安地生活，不必害怕。"

黄巢经过春明门，进入了太极殿，有好几千宫女出来迎接拜见，都把黄巢称为"黄王"。

黄巢和他的将士们都住在田令孜家里，他的部下士兵过去都当过很长时间的盗贼，所以都很有钱，每当他们看到穷人时，都会给穷人一些钱或物。但是几天以后，又纷纷出来肆意抢劫，焚烧坊市，随意杀人，结果死尸满街，黄巢难以制止。黄巢部下痛恨唐朝官吏，只要抓到一律杀死。

唐僖宗奔向骆谷，凤翔节度使郑畋在道路旁边等候并拜见了皇帝，请求唐僖宗一定要留在凤翔。唐僖宗对郑畋说："朕不想和强大的贼子离得太近，暂时到兴元，调集天下兵以图收复京师。你留在这里东拒贼军的兵锋，西向招抚诸蕃族，联合邻道的军队，竭尽全力建立丰功伟业。"郑畋回奏说："这一带道路狭窄，有事难以向陛下报告，请求让我可以随机从事。"唐僖宗马上恩准，初九，唐僖宗到达婿水，颁下诏书给牛勖、杨师立、陈敬，告诉他们京城已经被黄巢贼寇攻陷，所以皇上暂时住在兴元，如果黄巢贼军势力仍然很强盛，那么皇帝会到成都，让他们预先做好迎接皇上的准备。

十一日，黄巢把留在长安的唐朝宗室统统杀光，一个不剩。十二日，黄巢开始到禁宫居住。十三日，黄巢在含元殿即皇帝位，在黑色丝织物上作画，作为天子礼服，敲战鼓数百声，以代替金石音乐，作为登基之礼。黄巢登上丹凤楼，颁下敕书：定国号为大齐，改年号为金统。宣称当朝年号广明,广明是去掉了"唐"字的下半截,再加上了"黄"家"日月",再把日、月合并为"明"字,指的是黄家日月,把这看作是自己即将成为皇帝的先兆。黄巢又发布命令,只要是唐朝三品以上官员一律停任,四品以下官员保留官位。将妻子曹氏册立为皇后。任命尚让为太尉兼中书令,赵璋为兼侍中,崔、杨希古同为同平章事,孟楷、盖洪为左右仆射、知左右军事,费传古为枢密使。又任命太常博士皮日休为翰林学士。崔就是崔郾的儿子,那时刚被罢免了浙东观察使的官职住在长安,被黄巢俘获后任命为宰相。

二十日,黄巢发布命令:"唐朝百官只要到大齐宰相赵璋的宅第投报官位姓名,就能够恢复其官位。唐宰相豆卢、崔沆以及左仆射于琮、右仆射刘邺、太子少师裴谂、御史中丞赵、刑部侍郎李溥、京兆尹李汤因为来不及出逃,被困在长安,隐藏在百姓家,结果被黄巢军搜获,全都被杀死了。广德公主说:"我是唐朝皇室的女儿,誓与于仆射同死!"抓住行刑队的刀不放,被黄巢军一起杀死。黄巢军又挖开卢携的坟墓,把他的尸体放于街市砍杀。唐将作监郑綦、库部郎中郑系坚守臣节,拒绝向黄巢军投降,全家自杀。唐左金吾大将军张直方尽管投降黄巢,可是因为他收容大量亡命之徒,并将唐公卿大臣藏在私宅复壁中,被黄巢处死。

(7)大败官军

黄巢攻破长安后,僖宗经过兴元来到成都,把西川府舍作为行宫,这一天是中和元年(公元881年)正月二十八日。

追随僖宗的大臣们慢慢汇聚到成都,南北司朝见僖宗的大臣有近二百人。各道和四夷不断送来贡奉和礼品,成都府库财物充足,俨然是一个小长安。这里赏赐不断,士兵们倒也愉悦。

还在兴元的时候,僖宗就已经下诏,令各个方镇发动所有兵力收复长安。

唐僖宗首先向淮南节度使高骈下诏,派往高骈处的使者接连不断,催促高骈派兵攻伐黄巢，但高骈却始终没有奉命出兵。唐僖宗到了成都，依然希望高骈能讨贼立功，给高骈下达诏书，只要其领辖境内的刺史及诸将领讨贼有功，可用墨敕授予自监察御史到散骑常侍的官爵，任命后再奏报朝廷。

随后，僖宗加封河东节度使郑从谠兼侍中，并让他继续担任行营招讨使，希望河东军从北面出击攻打黄巢。代北监军陈景恩带着沙陀酋长李友金及安庆、萨葛、吐谷浑几部赶赴长安救援，计划在绛州渡黄河。绛州刺史瞿稹也是沙陀人，他对陈景恩说："军事形势仍对黄巢方面有利，不可以轻进，最好还是先回代北多招募些兵再说。"这样，他们又返回雁门。

唐将瞿稹、李友金到了代州，过了十多天，募得三万士兵，全部是北方人，屯驻在崞县之西，这些士兵暴虐凶狠，粗犷剽悍，瞿稹和李友金两人全都没有办法节制。李友金就劝说陈景恩："现在尽管有好几万兵众，要是没有威信卓著的将领统帅他们，最后还是无法成功的。我的兄长司徒李国昌和他的儿子李克用，全都有过人的勇略，得到士兵的信服。陈骠骑要是能够上奏大唐天子赦免他们的罪，将他们任命为统帅，就能够得到代北诸胡士兵群起响应，贼寇再猖狂也能够平定了！"陈景恩听后深以为是，就派遣使者到成都行宫奏请唐僖宗；唐僖宗颁下诏书准许了陈景恩的请求。李友金携着诏书带五百骑兵到鞑靼迎接李国昌、李克用父子，李克用奉诏后马上带着鞑靼诸部万余兵众进入塞内救援。

李国昌是忠武节度使，他的儿子李克用是沙陀副兵马使。乾符五年（公元878年）戍守蔚州，那时黄巢正为祸河南。云州沙陀兵马使李尽忠与牙将薛志勤、康君立、程怀信、李存璋等认为，时局混乱，朝廷难以号令四方，正是地方割据的好机会，就计划拥立李国昌、李克用割据代北。那时恰逢代北饥馑，漕运不及。大同防御兼水陆发运使段文楚削减军士服装和军粮，执行军法又太过严苛，引起了士兵的不满。李尽忠派康君立暗中跑到蔚州鼓动李克用起兵，杀掉段文楚取而代之。李克用说："我父亲在振武，我先和他商量一下。"康君立说："事态紧急，夜长梦多，没有时间了！"李尽忠当夜率军进攻牙城，把段文楚和判官柳汉璋抓起来，自己管起军州事务。他遣人寻找李克用，李克用急忙赶往云州，一边行军，一边招募士兵壮大力量。到了云州，已经有了大约一万人屯驻在城外斗鸡台下。过了一天，李尽忠派人送来符书，请李克用担任防御留后。第二天又将段文楚等五人带上刑具，送到李克用驻地。李克用让士兵们剐死这几个人，吃他们的肉，并派骑兵践踏他们的尸骨；示威之后，才进入府舍视事，并让将士上表，请朝廷承认既成的事实，追加敕命，朝廷没有批准。

李国昌在振武上表要求朝廷尽快任命大同防御使，说："要是李克用置朝命于不顾，我就率本道军讨伐他，一定不会为了儿子辜负国家。"朝廷正欲让李国昌调解此事，收到李国昌的上表，就任命司农卿支详为大同军宣慰使，让李国昌告诉李克用，要是李克用尊敬朝廷，听从命令，必会给他一个满意的职务，同时任命太仆卿卢简方为大同防御使。

同年四月，由于李克用依然占据云中，故而把李国昌和卢简方对调，让卢简方担任振武节度使，而让李国昌任大同节度使，以为李克用会听从李国昌的指挥。

可是这只是朝廷自己的想法。李国昌实际是想父子并据两镇，于是毁掉制书，杀死监军，不服从朝廷的命令；同时与李克用联合攻破遮虏军，进击宁武军和岢岚军。

十月，昭义节度使李钧、幽州节度使李可举与吐谷浑酋长赫连铎等一道前往蔚州征伐李克用。十一月，朝廷任命河东宣慰使崔季康为河东节度使、伐北行营招讨使。

崔季康和昭义节度使李钧同李克用作战，李钧在战斗中死去，二镇兵败，昭义军退回代州，剩下的部队从鸣谷返回上党。

广明元年（公元880年）六月，朔州守将高文集将李克用派来调兵的傅文达扣留，和沙陀酋长李友金、萨葛都督米海万、安庆都督史敬存一道投降官军。七月，李克用来攻高文集，被官军在半路截杀，损失七千人。官军乘胜进入雄武军境内。蔚朔节度使李琢与赫连铎进入蔚州，李国昌败退，和李克用率领全族向北投靠鞑靼。

鞑靼原来是羯的别部，生活在阴山一带。赫连铎派人告诉鞑靼豪帅，李克用父子才识过人，长期居住阴山，一定会吞并鞑靼，让鞑靼杀掉李氏父子，除却后患。李克用知道后，借与豪帅游猎的时候，演练百步穿杨，箭无虚发，令鞑靼豪帅十分佩服。接着置酒畅饮，酒酣耳热，李克用道："我得罪天子，难以效忠，获悉黄巢北来，已成中原大患，如果天子赦免了我，我愿和你们一道南下平定天下，总不能老死在这个荒僻的地方。"鞑靼知道李克用没有长久居留阴山的意向，就放弃了加害李克用的打算。

朝廷果然被陈景恩说动了。沙陀酋长李友金派五百名骑兵到鞑靼送达诏书，迎接李克用。李克用率鞑靼各部一万人到达代州。李克用奉诏率领五万兵马讨伐黄巢，送文书给郑从谠，说让他一路接应，设置邮传。郑从谠关闭城门，防止李克用偷袭。李克用在城下扎营五日，得到资粮钱米之后，纵沙陀兵剽掠居民，随后回代州去了。一直到中和二年（公元882年），李克用才再次奉诏派出四万兵马出河中，与黄巢作战。

中和元年（公元881年）四月，朝廷还任命凤翔节度使郑畋为京城四面诸军行营都统，让他建立战功。给郑畋的诏书说："不论是蕃军还是汉军将士，凡是赴难有功，一概听任郑畋用墨敕委任官职。"郑畋任命泾原节度使程宗楚为副都统，前朔方节度使唐弘夫为行军司马，准备和黄巢交战。

黄巢命朱温为东南面行都虞侯出兵作战。朱温占领邓州，在邓州戍军，又控制了荆州和襄州。可是在关内的战斗中，黄巢失败。唐弘夫设下埋伏大败进攻凤翔的尚让、王播，在龙尾陂杀死两万多人，尸体连绵数十里。

（8）血洗长安

四月，黄巢将其部王玫任命为邠宁节度使，唐邠州通塞镇将朱玫起兵诛杀王玫，命别将李重古为邠州节度使，自己领兵进攻黄巢军。这时，唐弘夫率军在渭北驻扎，王重荣率军在沙苑屯驻，王处存驻军渭桥，拓跋思恭屯军武功，郑畋统领大兵进达鳌屋，形成全面围攻长安之势。唐弘夫借着龙尾大捷的余威领兵急攻，逼近长安。

初五，黄巢撤出长安城向东方转移，唐将程宗楚领军率先从延秋门进入长安城，唐弘夫紧接着率军赶到，王处存率领五千精锐士兵当夜也进入长安。长安坊市居民万分高兴，纷纷出来迎接官军，欢呼声响彻云霄，有的人还向黄巢军投击瓦砾,也有人为官军收拾箭头。入城的程宗楚等人担心别的将领入城分去他们的战功,居然没有通报凤翔节度使郑畋和夏节度使拓跋思恭。入城的官军士兵们放下军器闯入居民私宅,掠取金帛,抢夺姬妾。王处存命令军士系上白色丝绸头巾当做记号,可不少坊市无赖少年也戴上白丝头巾,跟着掠人劫货,使得长安城内十分混乱。黄巢率军露宿于霸上,打探到城内官军号令不齐,而且围长安的诸路官军没有相互联络,就领兵偷袭长安,黄巢军从各个城门分别进入,大战于城中,唐将程宗楚、唐弘夫全被杀死,官军士兵因为抢劫财物太多,负重难行,被黄巢军杀得大败,十分之八九的人都被杀死。王处存集合残兵余众逃回到渭桥扎营地。

十日,黄巢再次进入长安,对长安居民协助官军相当愤怒,于是纵容兵士大肆屠杀,长安城血流成河,称之为洗城。于是唐诸路军全部撤退,黄巢军的声势更大。

十三日,黄巢与拓跋思恭、李孝昌在土桥激战,再次获胜。

黄巢军将王播围攻兴平,邠宁节度使朱玫撤到奉天和龙尾陂,西川黄头军使李带着一万人,巩咸率五千人进驻兴平,修筑了二个军寨。黄巢与他们交战,一直没有占到便宜,后来同平章事陈敬又派了两千人增援官军。

开始,唐僖宗的车驾抵达成都的时候,赏赐蜀中军队每人三缗。田令孜出任行在都指挥处置使后,只要有各地贡输而来的金帛,就擅自颁发和赐予随从车驾来到成都的外镇诸军,并且几乎每日都有赏赐,而蜀中军队却没有再得到奖赏,于是蜀军十分不满。二十日,田令孜设宴款待本土蜀军和外来客军都头,用金杯行酒,并将金杯赐给诸都头,都头们都拜而接受,只有西川黄头军使郭琪不愿接受赏赐,并站起来说:"诸都将每月领有俸料钱,十分丰厚,能够养活一家老小,由此时常想到无以回报所蒙受的厚恩,怎么敢贪得无厌,再受金杯。我看到蜀中军队与外镇诸军一样宿卫,可是得到的赏赐相去甚远,所以蜀军多有怨气,只怕万一激起变乱,无法收拾。愿田军容省下给予诸将的额外赏赐,用以平均地赐给蜀军,使土军与客军奖赏一致,这样上下都会觉得高兴和欢天喜地的!"田令孜听后默默无语,好一会儿才问郭琪说:"你曾经立过什么军功?"郭琪回答说：“我生长在崤山以东地区，并不是蜀地人，曾经在边远地区征讨屯戍，领兵与党项作战十七次，与契丹作战十余次，全身都有金创伤疤，又曾经出征吐谷浑，被打伤肚皮，连肠子都流出来了，用线缝上后又立刻投入战斗。”田令孜就用另外一个酒杯亲自给郭琪斟酒，郭琪明白酒中已下毒，可是没有办法，再拜将酒饮下。返回家中，杀死一个婢女，吮吸她的血来解毒，结果吐出好几升黑色的毒汗，于是率领所部作乱造反，二十一日，焚烧和抢劫成都坊市，成都城一片混乱。田令孜保护着唐僖宗退居东城，紧闭城门并登上城楼，命令诸军进攻郭琪所率领的乱军。郭琪带着军队回到营地，陈敬派都押牙安金山领兵前来围攻，郭琪突出重围，逃奔广都，随从他的士兵全都散去，仅剩一个军府厅吏跟从。在江边休息时，郭琪对厅吏说：“陈公敬明白我无罪，可军府已被惊扰，只得清除我而使军府安定下来。你始终如一地追随我，现在有一个办法能够报答你。你可奉我的官印和利剑去向陈公报告，就说：'郭琪渡江逃走，我用剑将他击落于水中，尸体随急流而下，缴得他的官印和剑，献给陈公。'陈公肯定会依照你所说的，将我的印和剑悬于成都坊市，张榜以安定民心。你也必然能够为此获得丰厚的奖赏，我的一家人也可因此得保无恙。我从这里前往广陵，投奔淮南节度使高骈，过几天，你可以暗中将我的情况告诉我家。"于是解下印和剑授予厅吏，顺流东逃。厅吏把官印和剑献给陈敬，果然，郭琪一家获得赦免。

　　高骈与镇海节度使周宝都曾经在神策军任职，起先高骈把周宝视作兄长。后来高骈职位高起来，就不怎么尊重周宝了。镇海与淮南相邻，经常为了一些琐碎的事情出现摩擦。高骈传檄周宝让他派兵增援京师。周宝备好舟船，却见高骈并无准备出发的迹象。有的幕僚对周宝说：“高骈趁黄巢起事，时局混乱之机，想吞并江东。他说进京援救，可能是在打我们的主意，还是要小心提防他。”周宝本来不太相信，在派人观察到高骈确无北上的意思后相信了。这时高骈又派人约他在瓜州议事，周宝认定这是高骈设置的陷阱，就以生病为由不去赴会。两人恶语往来，仇怨日深。尽管朝廷反复催促高骈出兵，可是高骈以周宝和浙东观察使刘汉宏将为后患为理由，收兵回到扬州，实际上他也根本没打算出兵。

（9）朱温降唐

中和二年（公元882年），黄巢任命朱温为同州刺史，可同州仍在官军掌握中，黄巢让朱温自己去取。二月，同州刺史米诚逃往河中，朱温占领同州。在这之前，朱温与尚让在东渭桥将李孝昌、拓跋思恭打跑，又与孟楷在富平袭击、夏二军，二军战败，逃回本道。朱温占据同州后，进攻河中，被王重荣击败。

到了四月份，诸道行营都统王铎统领东西川和兴元军集结感灵寺，泾原军在京西，易定、河中军在渭北，鄜宁、凤翔军在兴平，保大、定难军在渭桥，忠武军在武功，对黄巢军形成包围。黄巢将领朱温据同州、李详据华州，黄巢号令所行，出不了同、华两州。

六、七月间，黄巢与官军交战，互有胜败。八月，有三十艘河中粮船道经夏阳，被朱温劫下。王重荣派重兵赶来，朱温遭到围困。朱温多次请求增兵解困，都被知右军事孟楷扣下，不向黄巢报告。朱温见黄巢已现颓势，早晚必然失败，就杀掉监军严实，九月十七日，举州投降王重荣。朱温投降后，王铎根据朝廷制书委任他为同华节度使。据守华州的李详见王重荣待朱温甚厚，也准备投降，遭监军告发，黄巢将他杀死。黄巢的弟弟黄思邺担任了华州刺史。后来，李详旧部赶跑黄思邺，推举华州镇将王遇为主，举州向王重荣投降。

十月，僖宗赐朱温名全忠，将他任命为右金吾大将军、河东行营招讨使。

黄巢的兵势仍然十分强大，王重荣对此非常忧虑，他对行营都监杨复光说："对贼寇称臣就背叛了大唐，讨伐贼寇又没有足够的兵力，应该怎样做？"杨复光说："雁门节度使李克用英勇善战，并握有重兵，他的父亲与我已故的养父曾经一起共事，关系很好，他也有舍身报国的决心，他不来是由于他和郑从谠不和。如果诚恳地用朝廷的旨意谕劝郑从谠，然后召唤李克用，李克用肯定会来。李克用要是来了，则平定贼寇指日可待！"东面宣慰使王徽也这样认为。那时王铎在河中，就用墨敕召集李克用，谕劝郑从谠。十一月，李克用带着一万七千沙陀人马，从岚州、石州赶往河中，可是不敢进入太原境内，仅仅带几百骑兵经过晋阳城向郑从谠辞行，郑从谠赠送给他名马、器具和钱币。

李克用的弟弟李克让从前被南山寺庙的僧人杀死，他的仆人浑进通投靠了黄巢。李克用到河中后，派堂弟李克修先带五百士兵渡过黄河打探黄巢军的情况。黄巢军对李克用有些畏惧，由于他的将士身着黑衣，就称他们"鸦军"，说："鸦军来了，应该避其锋芒。"还抓了南山寺庙的十几个僧人，派人送交李克用，同时派浑进通同李克用讲和，为此送去了诏书和许多财物。李克用为李克让之死痛哭了一场，杀死僧人，接受了财物，可是焚毁了诏书，把黄巢的使者打发回去，率军从夏阳渡河，驻扎到同州。

中和三年（公元883年）春季正月，李克用的将领李存贞在沙苑击败黄揆。初二，李克用领兵屯驻沙苑。黄揆是黄巢的弟弟。王铎遵照旨意，任命李克用为东北面行营都统，杨复光为东面都统监军使，陈景恩为北面都统监军使。初八，唐僖宗任命中书令、充诸道行营都统王铎为义成节度使，命他前赴镇所。田令孜欲加重北司权，上奏称王铎讨剿黄巢很长时间都没有什么功绩，最后采用杨复光的策略，召来沙陀才击败贼寇，所以削夺了王铎的兵权以取悦杨复光。朝廷又将副都统崔安潜任命为东都留守，命都监西门思恭为右神策中尉，充任诸道租庸兼催促诸道进军等使。田令孜自以为提议唐僖宗出走蜀地、收藏传国宝和各先帝的画像、散放家中资财犒赏官军有功，就让宰相藩镇一起请求为他加恩赏赐，唐僖宗于是任命田令孜为神策十军兼南牙十二卫观军容使。

二月十五日，李克用进占乾阮，与易定、河中、忠武军会合。尚让等带领十五万兵众出去迎敌，驻扎在梁田陂。第二天发生恶战，从午时杀到申时，尚让大败，损失了数万人。

（10）撤离关中

黄巢部王蟠、黄揆袭取华州，被李克用围困在城内。

连续失败，军粮又全部耗尽，黄巢决定秘密撤退，并派出三万部队加强对蓝田的控制，以便经由蓝田撤退。

三月六日，李克用、王重荣在零口迎战尚让，将他打败，华州失去了援军。三月二十七日，李克用等攻取华州，黄揆弃城逃跑了。

李克用经常派部将薛志勤、康君立潜入长安，烧毁仓库，抓捕俘虏，搞得人心惶惶。后来李克用与忠武军将庞从、河中军将白志迁带兵率先进城，和黄巢在渭南同时打了三次大仗，结果，黄巢全部失败。义成军、忠武军乘黄巢兵败之机，紧跟上来，恢复了斗志。

四月初八，李克用等自光泰门攻入京师长安，黄巢坚决抵抗但无法获胜，最后纵火焚烧宫殿后逃跑。贼寇战死和投降的人非常多，可是官军残暴抢掠，与贼寇毫无二致，长安城内的房屋和百姓没剩下多少。黄巢从蓝田进入商山，在路上丢下大量珍宝，官军争相抢夺这些东西而放缓了追击，贼寇趁机逃脱了。

杨复光遣使向唐僖宗报捷，朝中百官向皇上道贺。僖宗下诏，留下忠武等军两万人，委派大明宫留守王徽和京畿制置使田从异进行处理，守护长安。五月，朝廷为朱玫、李克用、东方逵加封同平章事。把陕州升级为节度，以王重盈为节度使。又在延州设立保塞军，任命保大行军司马、延州刺史李孝恭为节度使。李克用那时只有二十八岁，是最年轻的将领，但是在打败黄巢、收复长安的战争中，李克用的功劳最著，军队实力也最强大，因此，各位将领都很畏惧他。李克用的一只眼睛稍微小一些，当时人们都叫他"独眼龙"。

唐僖宗下旨，斥责崔家世富贵，出身显赫，却在黄巢手下做同平章事三年，既没有逃走也没有藏匿，于是将他斩杀在住所。

黄巢派遣他的骁将孟楷督率一万人去攻打蔡州，并打败了迎战的节度使秦宗权，贼寇再进攻蔡州城，秦宗权就向黄巢投降，把他的队伍与黄巢的人马合二为一。

赵招募大量勇猛的士兵用来抵挡农民军。黄巢的骁将孟楷既然已经占领蔡州，便调动军队进攻陈州，领兵进驻项城；赵先是向孟楷故意示弱，乘其不备，发动突然袭击，孟楷的人马差不多全部被斩杀擒获，自己也被活捉处斩。六月，黄巢与秦宗权集合人马围攻陈州，挖开层层密布的五重堑壕，分上百条路线向陈州发起进攻。陈州城内的人们十分恐慌，赵对他们说："忠武军一直以正义勇敢闻名，陈州的兵马号称为最有作战能力的队伍，何况我赵一家长期食用陈州的俸禄，誓与陈州共存亡。男子汉要以死求生，况且为国捐躯而死，难道不比向敌军称臣苟且偷生要好吗？有异议者一律斩首！"赵数次带领精锐人马打开城门出去攻打敌军，挫败了敌军的进攻。黄巢愈发震怒，在陈州的北面设立行营，设立宫室百官，准备长期围困。那时民间没有钱粮积蓄，敌军抓捕百姓当做粮食，把活人扔到石磨里面去磨，连同骨头一块吃掉，称供给粮食的地方是"舂磨寨"。黄巢纵容士兵四处抢掠，所有河南府许州、唐州、汝州、孟州、邓州、汴州、郑州、濮州、曹州、徐州、兖州等几十个州的地方都受到黄巢的侵扰。

十二月，赵遣使向邻道忠武节度使周岌、东面兵马都统、感化节度使时溥、宣武节度使朱全忠求救。

黄巢的兵力还比较强大，周岌、时溥、朱全忠无法抵挡，一同向河东节度使李克用求援。中和四年（公元884年）二月，李克用统率五万兵马杀出天井关。河阳节度使诸葛爽以河阳尚未完工为理由进行推托，在万善屯驻军队不让李克用经过这里，李克用于是领军返回从陕州和河中渡过黄河向东前进。

三月，朱全忠占领瓦子寨，黄巢将领李唐宾、王虞裕投降。

黄巢围攻陈州接近三百天，赵兄弟与黄巢激战几百次，尽管官兵的粮食很快耗尽，但大家抗击贼寇的决心愈发坚定。李克用在陈州与许州、徐州、汴州、兖州的各路官军会合。那个时候，尚让驻守太康，夏季，四月初三，各路官军进占太康。黄思邺驻扎西华，各路官军又进攻西华，黄思邺逃跑。黄巢获知这些战况越发恐惧，将人马撤退到故阳里，陈州逐渐解围。

朱全忠见黄巢北撤，赶紧领兵返回大梁。五月初三，天降大雨，故阳里积水达到三尺，黄巢军营全遭大水淹没，又听闻李克用来了，就领军向东北汴州方向转移。尚让派遣五千骁骑进逼大梁，在繁台被朱珍、庞师古阻住。朱全忠向李克用告急。六日，李克用与忠武都监使田从异从许州出发，八日，在中牟县北面的王满渡遭遇黄巢军。李克用乘黄巢军尚未完全过河之机，全力猛攻，黄巢军大败，战死一万余人。尚让率部投降了时溥，别将霍存、李谠、葛从周、张归霸和归霸弟张归厚率部投降。黄巢越过汴河向北败退。九日，李克用追到封丘，再次击败黄巢。十日，下起大雨，黄巢转向东方，经胙城、匡城向兖州方向败逃。黄巢只剩下残余将士一千多。李克用轻骑追击，一晚上跑了二百多里，追到冤句，能跟上他的骑兵也仅有几百人，人困马乏，粮食耗尽，于是回到汴州。这一仗，李克用抓住黄巢的幼子，缴获了黄巢的乘舆器服符印，还收容了被黄巢裹胁在军中的男女人众一万余人。

五月二十日，时溥派部将李师悦领一万人众追踪黄巢。

六月十五日，李师悦与尚让在瑕丘和黄巢打了最后一仗。黄巢势微难敌，伤亡殆尽，退入狼虎谷。十七日，黄巢的外甥林言砍下黄巢及其兄弟和妻子的头想向时溥投降，却碰到博野军，让他们夺去首级，自己也被博野军杀死。

秋季，七月二十四日，时溥遣使臣进献黄巢和他家人的头颅及黄巢的众妾，唐僖宗亲自登上成都大玄楼接受进献。僖宗向黄巢的众妾问话："你们全部是显贵人家的子女，世世代代领受国家的恩惠，怎么要追随贼寇呀？"站在前面的一位回答说："贼寇起兵反叛，大唐有军队百万，却无法固守祖庙，流落到巴蜀一带，如今陛下斥责一个女子不能抵抗贼寇，那么朝中的王公大臣将军统帅们又怎么说呢！"僖宗无言可对，下令统统在集市杀掉。人们争相送酒给黄巢的众妾，别的人都悲痛恐惧昏昏沉沉地喝醉了，只有站在前面的那一个既不喝酒也不哭泣，到了行刑的时候，神态和脸色显得肃穆坦然。长安宫室被焚毁，僖宗依然留在成都。京兆尹王徽把流散失所的人招集起来修缮宫室，十月，百官衙门大体准备就绪，关东藩镇请僖宗返回京城长安。

僖宗于光启元年（公元885年）正月从成都起驾，二月到凤翔，三月十一日回到长安。经过战争动乱后的长安城里长满了荆棘，狐狸和兔子到处跑来跑去，呈现出一片凄凉的景象。

6. 王朝末日

（1）昭宗之死

文德元年（公元888）三月六日，27岁的僖宗走完了颠沛流离的一生。被葬在了靖陵（位于今陕西乾县）。僖宗死后，唐懿宗第七子、唐僖宗之弟李晔即位，是为唐昭宗。

李晔于咸通八年（公元867年）出生，6岁时被封为寿王，初名杰。后被封为幽州卢龙节度使，加封开府仪同三司，授幽州大都督。唐僖宗即位之后，因为是其同母弟弟的缘故，待他十分优厚。广明元年（公元880年）因为黄巢起义军逼近长安，唐僖宗逃往成都，李晔一直随侍僖宗左右，让他参与军国大事，唐僖宗与朝野上下都十分看重他。

昭宗即位之后的第一件事就是驱除宦官。因为昭宗即位后仍是宦官控制朝政，此时的宦官头目正是极力拥护拥立昭宗即位的杨复恭，昭宗表面上对杨复恭表示尊敬。同时，却尽量回避与杨复恭等人的接触，政事都和宰相们商议。暗地里，昭宗经常与大臣们谈论限制宦官，提高君权的事情。昭宗也借助各地节度使的力量与宦官较量。经过一年多的明争暗斗，以杨复恭为首的宦官败下阵来，杨复恭本人在逃亡的途中被活捉斩首。

经过一系列斗争，昭宗初步掌握了权力，狠狠打击了多年以来宦官骄横跋扈的状况。打击宦官过程中又一个问题出现了，这就是越来越庞大的藩镇势力。

自安史之乱后，藩镇割据就已经形成。到昭宗时，已成尾大不掉之势。面对这种情况，昭宗认识到皇权衰退的主要原因是没有自己的武装力量与地方藩镇抗衡，所以藩镇才拥兵自重。僖宗时，中央禁军已经被彻底摧毁。因此，昭宗即位后，便决定重新组建禁军，在禁军初建后，昭宗便开始了对藩镇的斗争。

在对藩镇用兵时，实力最强的河东节度使李克用被朱全忠、李匡威、赫连铎联军打败，这对昭宗来说是一针强心剂。昭宗对李克用一直没有好感。李克用出身沙陀贵族，他曾帮助唐王朝镇压黄巢起义，为复兴唐朝立过大功，他也曾率兵包围过长安，迫使僖宗流亡，所以说李克用对唐朝是功过参半。昭宗讨厌李克用的主要原因是，当时对朝廷威胁最大的几股势力中，李克用是最难对付的一个。李克用足智多谋，善于用兵，加之他兵多将广，势力大，是当时屈指可数的几个强藩之一，这对朝廷的威胁实在太大了。

在接下来对李克用的征讨中，出师不利，朝廷派去的几路大军大败。昭宗面对这种结局，心中十分沮丧，看着自己即位后所做的削藩努力都付之东流，眼见天下四分五裂，伤心不已。

无力回天的昭宗逐渐沦落为藩镇诸侯们随意侮辱的对象，陇西郡王李茂贞开始对朝政指手画脚，大有当皇帝的意思。一些正直大臣认为他指手画脚，眼中没有君主，便对他加以斥责。李茂贞大怒，领兵进长安问罪。忠心耿耿的宰相杜让能站出来，用性命为昭宗化解了一难。但是，自此以后，大臣们也和昭宗疏远了。

没过多久，李茂贞又兵临长安，并且杀死了另一个宰相崔绍纬，昭宗无处可逃，想到只有李克用势力可与李茂贞抗衡，决定逃往河东去寻求李克用的庇护。走到半路被李茂贞的盟友、华州刺史韩建追上，韩建挟持昭宗抵达华州，堂堂一国之君就这样被大臣幽禁了将近三年，期间皇室宗亲十一人等被杀。

朱全忠见昭宗不能还朝，遂占据了东都洛阳，决定拥兵自重，图谋大事。李茂贞、韩建见朱全忠图谋不轨，马上把昭宗送回长安。于是昭宗在乾宁五年的八月回到长安，同时宣布改元"光化"。昭宗回到长安，发现宦官已经重新抬头，并且和臣僚之间引起了危机。宦官谋划废黜昭宗，拥立太子。朱全忠派人将图谋不轨的宦官一个个都杀了，于是，昭宗加封朱全忠为梁王。

自此，昭宗事事依赖朱全忠，宰相崔胤想借朱全忠的力量将宦官势力彻底肃清，大宦官韩全诲和李茂贞联合对付朱全忠。朱全忠毫不让步派重兵围攻李茂贞，最后，李茂贞实在不是朱全忠的对手，和昭宗商量了一下，便将韩全诲等二十多名宦官斩杀，将他们的首级送给城外的朱全忠。朱全忠见宦官被杀就此收兵。朱全忠恨透了这些宦官，他命令手下士兵将几百名剩下的宦官统统杀掉，困惑晚唐的宦官问题终于被朱全忠解决了。随着宦官被诛杀殆尽，昭宗也完全落入了朱全忠的掌控之下。为了报答朱全忠，昭宗加封朱温为梁王。朱全忠早有废帝自立之意，怎么会看重区区的梁王呢？

天祐元年（公元904年）正月，朱全忠上表请求迁都洛阳，昭宗只得同意，他对左右侍臣说："朕今漂泊，不知竟落何所！"到洛阳后，朱全忠把昭宗左右的小黄门、内侍全部缢杀，取而代之的是自己的亲信。昭宗长叹，"左右前后皆梁人矣！"

朱全忠自立野心已久，他担心昭宗再次成为自己对手的招牌，决定对昭宗痛下杀手。天祐元年（公元904）八月十一日壬寅夜，昭宗正在皇宫安歇，朱全忠派大将蒋玄晖和史太带领人深夜来到宫殿，将昭宗杀害，时年37岁。

（2）朱全忠毒杀哀帝，唐朝灭亡

唐昭宗被杀后，李柷被立为帝。李柷初名李祚，是唐昭宗第九子。李柷即位这一年13岁，是为哀帝，哀帝不过是朱全忠立的傀儡皇帝罢了。哀帝是一个孩子，而且大权在朱全忠手里，所以他在位期间，没有下达过任何实际的政令。朝中大权政令都由朱全中说了算，所谓"时政出贼臣，哀帝不能制"。哀帝唯一能够做的，就是顺着朱全忠的意思办事就行了。天佑二年（905）十月，为了避朱全忠祖父朱信、父亲朱诚的名讳，改藁城县改为藁平，信都为尧都，栾城为栾氏，阜城为汉阜，临城为房子。朱全忠父、祖的名字要避讳，说明朱全忠已经有了不臣之心。

天佑二年（905）十一月十九日，哀帝准备祭天。这是大事，当时各部门已经做好了祭祀用的各项准备。朱全忠听到后很不高兴，认为举行祭天之礼是有意延长大唐国祚。主持祭天仪式的官员听说后，马上停止准备活动，此事不了了之了。

没过多久，哀帝加授本是梁王的朱全忠为相国，总百揆，后又进封魏王，所担任的诸道兵马元帅、太尉、中书令、宣武、宣义、天平、护国等军节度观察处置等使的职务照旧，同时朱全忠可"入朝不趋，剑履上殿，赞拜不名，兼备九锡之命"，基本上超过了汉初相国萧何和汉末丞相曹操。至此，天下人人尽知，朱全忠距离九五之尊仅一步之遥了。

朱全忠的不臣行为，惹怒了一些朝臣。朱全忠索性就大开杀戒，他先后杀死了枢密使蒋玄晖、宰相柳璨以及他的弟兄，又将哀帝母后何氏杀死。对此哀帝与满朝文武敢怒不敢言。

天佑四年（907）三月，哀帝的傀儡皇帝当的实在是不是滋味，他也明白其中厉害，只好"禅位"于朱全忠，朱全忠假意推脱一番后接受了哀帝的"禅位"。建国号梁，改元开平，以开封为国都，史称后梁。盛极一时的唐王朝走到尽头，就此灭亡了。

哀帝退位后先被封为济阴王，迁于开封以北的曹州（今山东菏泽）。朱全忠称帝，全国各地手握重兵的节度使有不少人反对他，如太原李克用、凤翔李茂贞、西川王建等，鉴于这种情况，朱全忠担心各地军阀以哀帝为幌子与自己作对，索性于天佑五年（开平二年，908）二月二十一日（3月26日）给年仅17岁的哀帝送去一杯毒酒，将哀帝鸩杀了。

图书在版编目（CIP）数据

这才是大唐史 / 张杰编著. -- 北京：中国书籍出版社，2017.11
ISBN 978-7-5068-6358-2

Ⅰ.①这… Ⅱ.①张… Ⅲ.①中国历史—研究—唐代
Ⅳ.①K242.07

中国版本图书馆CIP数据核字(2017)第277345号

这才是大唐史

张　杰　编著

策划编辑	王志刚
责任编辑	王志刚
责任印制	孙马飞　马　芝
版式设计	添翼图文
出版发行	中国书籍出版社
地　　址	北京市丰台区三路居路97号（邮编：100073）
电　　话	（010）52257143（总编室）（010）52257140（发行部）
电子邮箱	chinabp@vip.sina.com
经　　销	全国新华书店
印　　刷	河北省三河市顺兴印务有限公司
开　　本	710毫米×1000毫米　1/16
字　　数	400千字
印　　张	23
版　　次	2018年1月第1版　2020年4月第3次印刷
书　　号	ISBN 978-7-5068-6358-2
定　　价	45.00元

版权所有　翻印必究